MERIAN
Reiseführer

Bretagne

Die Autorin *Beate Kuhn-Delestre, Absolventin der Deutschen Journalistenschule, lebt und arbeitet als freie Journalistin und Europabürgerin zwischen Deutschland, Frankreich und Österreich. Die Liebe zum Meer zog sie in die Bretagne und wurde ihr schon bei der Geburt in Bremerhaven in die Wiege gelegt. Kultur im weitesten Sinne ist ihr Hauptthema und -anliegen als Autorin von Büchern, Artikeln, Dokumentarfilmen: vom bretonischen »Fest-noz« bis zu den Salzburger Festspielen, von interkultureller Kommunikation bis zu Reisen, Wellness, Essen und Trinken.*

TRAVEL
HOUSE
MEDIA

Der malerische Marktplatz von Rennes

Salzgärten von Guérande

3

Petit Fours in Le Conquet

Landzunge Pontusval in Brignogan-Plage

Saint-Quay-Portrieux in der Bucht von Saint-Brieuc

La Fête des Filets Bleus in Concarneau

⭐ DER GUTE TIPP VON MERIAN
Top-Empfehlungen unserer Autorin,
Karte siehe Seite 8/9

Titelbild: Leuchtturm
Pointe St-Mathieu
Foto: Andia.fr/Boëlle

REISE-SERVICE 288

Informationen, die Ihnen helfen,
sich besser zurechtzufinden

KARTEN UND PLÄNE

Herausnehmbare Faltkarte
im Maßstab 1:500.000 (hintere Tasche)

HINWEISE

Preise für eine Ü im DZ ohne Frühstück

•••• über 150 Euro
••• 100–150 Euro
•• 60–100 Euro
• bis 60 Euro

Preise für Hauptgerichte ohne Getränke

•••• über 40 Euro
••• 30–40 Euro
•• 20–30 Euro
• bis 20 Euro

Querverweise

in das Planquadrat der Übersichtskarte auf Seite
8/9, z.B. ➤ S. 8/9, [c 1], oder in eine Detailkarte,
z.B. ➤ Stadtplan S. 251, [a 2] sowie zusätzlich
(mit Großbuchstabe) in das entsprechende Planquadrat der herausnehmbaren Faltkarte ➤ [B 2]

Am Strand von Saint-Cast-Le-Guildo

1 FORT LA LATTE

Nicht umsonst diente die gewaltige und
respektvoll restaurierte Festung über der gefährlich brodelnden Brandung mehrfach als
Kulisse großer Hollywoodschinken (S. 145).

2 SAINT-MALO

Man bummelt durch die traumhafte Altstadt der einst uneinnehmbaren Festung wie
durch ein Open-Air-Museum, in dem die jahrhundertelange Geschichte der Korsarenstadt
und Handelsmetropole weiterlebt (S. 146).

3 BÉCHEREL

Leseratten, Bücherwürmer und Liebhaber
interessanter Antiquariate fühlen sich wohl
beim großen Buchmarkt an jedem ersten
Sonntag des Monats auf demn Marktplatz
der pittoresken »Cité du Livre« (S. 162).

4 ART DANS LES CHAPELLES

Moderne Kunst in alten Kapellengemäuern
rund um Pontivy – das schafft interessante
Kontraste und eine neue Beziehung zwischen
Zeitgenössischem und Historischem sowie
zwischen Besuchern und Künstlern (S. 197).

5 CARNAC

Die Heimat der »Hinkelsteine« – Carnac.
Stumm bleiben sie, die langen Reihen Dut-
zender oder gar Hunderter von Menhiren
und lassen jedem freien Raum für die eigene
Interpretation dieser uralten Kultur (S. 216).

7 CHÂTEAU DE SUSCINIO

Von der Blütezeit der Bretagne und dem feinen Lebensstil der bretonischen Herzöge zeugt dieses Bilderbuchschloss aus dem 13. Jahrhundert. Klassische Burgarchitektur verbindet sich hier mit wunderschönen Bodenmosaiken aus Terrakottafliesen (S. 241).

8 OCÉANOPOLIS IN BREST

Die Unterwasserwelt des nahen Atlantiks, aber auch der maritime Mikrokosmos von Tropen und Eismeer ist in diesem Riesenaquarium – eine Kombination aus Museum und Erlebnispark – zu entdecken (S. 253).

9 ÎLE D'OUESSANT

Vielen gilt diese Insel als die Seele der Bretagne, gebeutelt von Sturmtiefs und mit atemberaubenden Lichteffekten während der Zwischenhochs. Da scheinen sich die bizarr geformten Felsen zu Figuren aus Legende und Geschichte zu wandeln (S. 264).

6 CITÉ DE LA VOILE ÉRIC TABARLY

Dem berühmten französischen Segler widmete man 2008 in Lorient dieses erste reine Segelmuseum. Am vorgelagerten Kai liegen oft die Riesenboote der Weltumsegler – bereit für das nächste Abenteuer (S. 227).

10 POINTE DE SAINT-MATHIEU

Aus den Ruinen der einst bedeutenden Abtei aus dem 12. Jahrhundert ragt kein Kirchturm mehr, sondern ein mächtiger Leuchtturm, der Schiffen den Weg in die Bucht von Brest weist (S. 270).

★ DER GUTE TIPP VON MERIAN
Top-Empfehlungen unserer Autorin,
ab Seite 110

Bretagne

St. Helier
Kanalinseln ○ *Jersey*

0 ——— 21 km

N

St - Malo

e d' Emeraude

Granville ○   ○ Villedieu

Fréhel St-Coulomb ○ *Pte. du Grouin*
Latte St-Malo ○   Le Mont-
Dinard ○ Cancale   St-Michel

Dol-de-Bretagne

○ Dinan
St-Magloire ○
    Château
    de Combourg
Béchérel ○ Château
Hédé ○ La Bourbansais   Fougères ○

Ille - et

St-Méen-
le-Grand ○
    ○ Liffré

Forêt de Paimpont RENNES   Vitré ○
N24   14   N157
    Chât. des
    Rochers-Sévigné

Vilaine   La Roche-
    aux-Fées

    Bain-de-
dré   Bretagne

○ La Gacilly

    Châteaubriant

edon ○
Vilaine

Roche-
nard

Isac

L o i r e -

A t l a n t i q u e

St-Nazaire ○ NANTES

© MERIAN-Kartograph

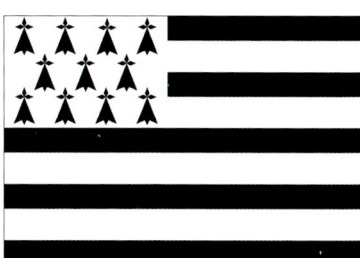

MERIAN TOP TEN
Höhepunkte der Bretagne, die Sie gesehen haben sollten, siehe Seite 6/7

BRETAGNE

Fläche: 27 208 Quadratkilometer, die Ausdehnung beträgt von Ost nach West 250 km und von Nord nach Süd bis zu 150 km.

Küstenlinie: 2730 km

Einwohner: ca. 3 Millionen

Verwaltung: Hauptstadt ist Rennes. Die Region umfasst die Départements Côtes-d'Armor (bret. Aodoù-an-Arvor), Finistère (bret. Penn-ar-Bed), Ille-et-Vilaine (bret. Il-ha-Gwilen) und Morbihan (bret. Morbihan).

Religion: Die Mehrheit der Bretonen ist römisch-katholisch.

Sprache: Französisch; etwa 250 000 Menschen sprechen noch das einst weit verbreitete keltische Bretonisch.

Durchschnittliche Jahrestemperatur: 10,9 Grad Celsius

Sonnenstunden pro Jahr: ca. 2000

Flagge: Die bretonische Flagge, »Gwenn ha Du« genannt, bedeutet so viel wie »weiß und schwarz«. Entworfen wurde sie in den 1920er-Jahren vom Architekten Morvan Marchal und symbolisiert seitdem die Bretagne als kulturelle und politische Region in Frankreich.

FARBEN UND FORMEN

Vier Fünftel der bretonischen Küste werden von Wellen umspült.
Bei Saint-Quay-Portrieux vereint sich der schroffe Fels mit saftigem Grün.

BRAUCHTUM UND FOLKLORE

Die eigene Identität zu bewahren heißt auch, Traditionen zu pflegen. Bei der Fête des Fleurs d'Ajonc in Pont-Aven wird alljährlich eine Blumenkönigin gekrönt.

MENSCH UND NATUR

Einzigartig ist das Spektrum der Landschaftsformen in der Bretagne.
Die Küste bei Ménéham zieren Felsblöcke wie von Riesenhand drapiert.

FISCHE UND FRÜCHTE

egal ob Küsten- oder Hochseefischer, für die Seeleute sind die Früchte
des Meeres ein bedeutender sozialer und wirtschaftlicher Faktor.

WELLEN UND GEZEITEN

Ebbe und Flut bestimmen den Tagesablauf nicht nur der Küstenbewohner. Flora und Fauna sind davon ebenfalls betroffen.

WILLKOMMEN IN DER BRETAGNE

Im Nordwesten Frankreichs schimmert das Meer türkisblau an feinen, nicht enden wollenden Sandstränden. Nur wenige Kilometer weiter stellen sich schroffe Steilküsten dem Atlantik entgegen. Zu jeder Jahreszeit kann es hier Sturm und Regen geben; ein lauer Strandspaziergang ist aber auch im Dezember möglich. Eine Region, mal rätselhaft fremd, fast surreal, dann wieder lieblich schön und anmutig. Als ähnlich facettenreich werden auch die Bretonen charakterisiert. Sie gelten als stolz und eigensinnig, einfallsreich und fröhlich. Kein Wunder, dass die Autoren von Asterix und Obelix ihre Helden in dieser Gegend angesiedelt haben.

Sinnbild für bretonische Erdverbundenheit – das »Haus zwischen den Felsen« bei Plougrescant

Das Meer und mächtige Mauern machten Saint-Malo einst zur Festung:
Noch im 18. Jahrhundert war die Stadt ein gefürchtetes Piratennest.

IM LAND, WO DIE BOOTE FÜSSE HABEN

Nirgendwo in Europa ändern Ebbe und Flut einmal am Tag den Verlauf einer Küste so einschneidend wie in der Bretagne – da verwandelt sich ein »Bungalow am Meer« vorübergehend in ein »Landhaus«.

Seltsam, diese Region, wo die Boote auf Füßen stehen und man am Strand das Wasser suchen muss! Zumindest zeitweise ... Seit einer Viertelstunde schon irrt eine Gestalt im schicken, blütenweißen Bademantel auf der weiten Sandwüste umher und wirkt genauso verloren wie die Boote: auf dem Trockenen liegend, durch Stützen beidseitig aufrecht gehalten. Bei näherem Hinsehen entpuppt sich der weiße Punkt als ein älterer, distinguiert wirkender Herr, der höchst erregt fast flehende Blicke zum Horizont wirft, wohin sich das Wasser bei dieser großen Ebbe zurückgezogen hat. Schließlich packt er sich ein Herz und fragt, wo in aller Welt denn das Meer geblieben sei, das er noch gestern Abend genau hier gesehen habe. Vorsichtig – um sein Grundvertrauen in die Natur nicht zu erschüttern – erzähle ich ihm von den Gezeiten, der ständigen rhythmischen Bewegung des Wassers, das je nach Mondzyklus sechs bis sieben Stunden lang ansteigt, dann wieder fällt. Wie sich dann im Gespräch herausstellt, kommt der gute Mann vom Genfer See, wo das Wasser stets ordentlich genau an derselben Stelle zu verharren pflegt und nie jemanden in Verlegenheit bringt, der sich morgens vom Seehotel aus kurz ins erfrischende Nass stürzen möchte.

Ebbe und Flut, die ständig Küste und Landschaft verändern, dazu die wechselnden Lichtspiele und die Vielseitigkeit der Region – wilde Natur und festungsartige Städte, keltische und christliche Monumente, bizarr geformte Granitblöcke auf weißem oder rosafarbenem Sandstrand, schroffe Felsen neben lieblichen Wiesen und sanften Hügeln –, auf den ersten Blick spröde wirkende Menschen, die sich beim »fest-noz«-Abend als offene charmante Tanzlehrer entpuppen ... Dies alles macht den Charme der Bretagne aus, erfordert aber auch ein gewisses Maß an Einsicht und Weitsicht. Sonst entpuppt sich das Ferienhaus am Meer unter Umständen als Domizil, das eben nur bei Flut-Höchststand am Wasser liegt, den Rest der Zeit aber in einiger Distanz dazu.

Es müssen ja nicht gleich 18 Kilometer sein wie am Mont-Saint-Michel (genau an der Grenze zwischen Bretagne und Normandie), der weltweit den Gezeitenrekord hält – knapp vor der Bay of Fundy an der kanadischen Ostküste.

Auch »nur« zwei oder drei Kilometer können sich als durchaus hinderlich erweisen, will man mit kleinen Kindern und Sandspielzeug samt Liegestuhl und Sonnenschirm »mal eben kurz« an den Strand. So erbost war ein deutscher Tourist über den stundenlangen Rückzug des Wassers von seinem gemieteten bretonischen Feriendomizil »am Meer«, dass er einen Prozess anstrengte ... den er natürlich unter Schmunzeln aller Bretonen

verlor. Schließlich gehört der krasse Wechsel von Ebbe und Flut genauso zur Bretagne wie Crêpes und Meeresfrüchte, Kalvarienberge und Kapellen.

Eine Exotik ganz besonderer Art zieht jeden Besucher in ihren Bann. Türkisblaues Meer und prächtige Palmen, überschwängliche Vegetation in allen Regenbogenfarben zu jeder Jahreszeit, Hunderte von Vogelarten aller Herren Länder beim Nisten, Rasten auf der Durchreise oder beim Überwintern, dazu für mitteleuropäische Ohren fremde Klänge und Laute von keltischer Musik und bretonischer Sprache. Zugegeben – das Klischee von Exotik stimmt beim Wetter nicht ganz: Zu jeder Zeit des Jahres kann es in der Bretagne Sturm, Sonne, Regen geben ... mitternächtliche Strandspazier-

Diese Landschaft zeigt sich immer wieder in neuem Licht und ständig wechselnder Gestalt

gänge im T-Shirt sind manchmal auch im Dezember möglich, aber im August nicht immer garantiert.

Und auch wenn natürlich niemand frohlockt, sollte ein Wolkenbruch oder eine plötzliche Nebelwand dem Sonnenbad ein vorzeitiges Ende setzen – jedenfalls kommt keine Langeweile auf. Ein Bretagne-Urlaub steckt immer voller Überraschungen. Kein Tag gleicht dem anderen. Natur und Landschaft zeigen sich in immer neuem Licht und ständig wechselnder Gestalt. So wirken die in

Stein gemeißelten Zeugen keltischer und christlicher Kultur – von Dolmen über Kalvarienberge bis zu Heiligenstatuen – vor schwarzen Wolken manchmal düster drohend, bei strahlender Sonne und stahlblauem Himmel aber wie kunstvoll in die Natur drapierte Meisterwerke eines gigantischen Freilichtmuseums.

Als solches betrachten denn auch viele Pariser die Bretagne, übrigens Erbfeinde der Bretonen wie einst für Obelix und seine Freunde die römischen Besatzungstruppen. Vielleicht weil die wohlhabenden Feriengäste invasionsartig von Mitte Juli bis Mitte August einfallen, Cafés, Strände, Spazierwege füllen, den Einheimischen zudem die schönsten Häuser in Meeresnähe wegkaufen und diese dann nur wenige Wochen im Jahr bewohnen ... was ganze Küstenstriche im Winter zu durchaus reizvollen surrealistischen Phantomdörfern verkommen lässt, weil sich kein Bistro, keine Bäckerei, kein Geschäft mehr außerhalb der Saison halten kann.

Einmal am Tag sinkt der Meeresspiegel um zwölf Meter. Dann sind die Inselchen vor Saint-Malo zu Fuß zu erreichen.

Alle Nicht-Pariser sind den Bretonen umso herzlicher willkommen, übrigens auch, wenn sie nicht perfekt Französisch parlieren! Die Urangst deutscher Urlauber, sich in Frankreich wegen mangelnder Sprachkenntnisse zu blamieren, mag bei stolzen Parisern vielleicht bisweilen gerechtfertigt sein, in der Bretagne ist sie jedoch völlig unbegründet. Erstens betrachtet man hier nicht Französisch, sondern das mit dem Walisischen und Gälischen verwandte Bretonisch als Mutter- und Landessprache – auch wenn es allmählich in Vergessenheit zu geraten droht, trotz vielfacher Bemühungen kultureller Art wie etwa den zweisprachigen Ortsschildern oder den Diwan-Schulen. Und zweitens fühlen sich Bretonen besonders mit Kulturen nicht-lateinischer Herkunft, eigentlich aber mit der ganzen Welt verbunden – was sich sicher auf ihre Seefahrertradition zurückführen lässt.

Meer und Küste spielen in der Bretagne heute die Hauptrolle bei Fremden und Einheimischen. Leicht vergisst man die einst reichen mittelalterlichen Städte und schmucken Festungen, besonders im Landesinneren. Quintin, Montcontour, Josselin, Fougères, Vitré, auch Combourg und natürlich der Bilderbuchort Locronan zeugen mit hübschen Fachwerkhäusern, historischen Burgen und Schlössern von Zeiten des Wohlstands, als der Leinenhandel blühte und viel Geld für Kultur ausgegeben wurde. Und natürlich auch für Verteidigungsanlagen – einmal an der bretonischen Ostgrenze, um den Erzfeind Frankreich fernzuhalten, andererseits an der Küste. Letztere sollten seit alters Schutz bieten vor insbesondere englischen Eindringlingen sowie vor Piraten. Einige Städte wie das prächtige Saint-Malo, aber auch Morlaix verdanken allerdings ihren Reichtum größtenteils ebendiesen Korsaren, die im Auftrag der französischen Regierung fremde Handelsschiffe überfielen und die Schätze gewinnbringend in ihrer bretonischen Heimatregion anlegten.

Es lohnt sich, abseits der touristischen Hauptrouten auf Entdeckungsreise zu gehen. Am besten verliert man sich bewusst im Auto, zu Pferd, auf dem Rad oder zu Fuß auf einem der Hohlwege, die beidseitig von hohen Erdwällen und Hecken eingerahmt sind und perfekt vor dem Wind schützen, allerdings auch nur selten Ausblicke in die umgebende Landschaft erlauben. Bleiben Sie also ruhig ab und zu stehen – auch wenn Ihr

Gefährt dann die Straße blockiert, denn auf dem Land ist es durchaus üblich, sich minutenlang zu unterhalten, ohne dass dies ein lautes Hupkonzert eiliger Passanten provozieren würde –, und erklimmen Sie den Erdwall, um rundum Ausschau zu halten. Vielleicht entdecken Sie jenseits der Hecke ein Blumenkohlfeld oder Artischockenstauden, die Ende August wunderschön lila blühen. Oder Ihr Blick fällt auf eine überraschend nahe einsame Meeresbucht. Oder Sie sehen plötzlich einer Kuh, einem Schwein, einer Ziege ins Auge. Vielleicht erwartet Sie jenseits des Erdwalls auch ein längst vergessener, halb überwachsener Menhir. Oder ein exquisites Landschlösschen. Denn obwohl die Bretagne traditionell als armer Landstrich galt, ließen sich doch auch hier Fürsten und reiche Händler prunkvolle Manoirs und Schlösser bauen, von denen heute viele als Hotel genützt werden oder als Kulturstätte für Theaterevents, Erzählabende, Ausstellungen oder Musikfestivals dienen.

Musik ist überhaupt allgegenwärtig: Auf den Märkten sorgen immer einige bretonische Akkordeon- oder Dudelsackspieler für Unterhaltung. Jedes Dorf, jeder Verein veranstaltet seinen »bal«, seine »soirée dansante«, vor allem aber sein »fest-noz« oder »fest-diez«. Machen Sie ruhig mit! Kein Mensch wird Sie komisch anschauen, wenn Sie sich einreihen in den Kreis der Tanzenden. Und meist haben Sie den anderen schnell abgeschaut, welcher Fuß wohin zu setzen

ist und in welche Richtung die ineinanderverhakten kleinen Finger nun drehen – kreiseinwärts oder kreisauswärts.

Völlig zu Unrecht stehen die Bretonen und die Bretagne im Ruf, sie seien rüde und nördlich-kühl ... Erstens liegt die Bretagne auf der geografischen Höhe von Stuttgart, also gewiss nicht im Norden. Außerdem wird sie vom Golfstrom umspült, der dafür sorgt, dass Brest im Winter vergleichbare Temperaturen meldet wie Marseille. Zwar ist das Wetter völlig unvorhersehbar, immer aber mild, die Natur ganzjährig grün und durchaus exotisch: Zwischen majestätischen Palmen (zugegebenermaßen im Windschatten von Häusern, Felsen und Mauern) und gewaltigen, häufig zu Toren oder Türmen zurechtgeschnittenen Zierlorbeerhecken blüht zu jeder Saison irgendeine Pflanze: Eröffnet wird dieser Reigen Anfang Januar von Kamelien, die gigan-

In Quimper treffen sich alljährlich Hunderttausende zum Festival de Cornouaille.

tischen roten, rosafarbenen oder weißen Blumensträußen gleich fast jeden Garten zieren. Dann folgen im Februar die Mimosen mit ihrer Fülle an sonnengelben Blüten – woher der Ausdruck »sensibel wie eine Mimose« kommt, ist allen Bretagne-Liebhabern ein Rätsel, entwickeln sich Mimosenbäume hier doch trotz Wind prächtig und gelten manch einem Gartenbesitzer gar als Unkraut, so breit und hoch machen sie sich in kürzester Zeit. Eine Etage tiefer sprießen währenddessen Narzissen aus dem in der Bretagne so gut wie immer frostfreien Boden. Und dank der zahlreichen Ginsterbüsche verwandelt sich gleichzeitig die Küste in ein gelbes Blütenmeer. Rhododendren sind die Nächsten im Bunde und beweisen ab März mit vielfältigsten Farbtupfern, dass der Frühling einzieht und den Winter endgültig besiegt – in Westfrankreich einen Monat früher als in deut-

schen Regionen. So entsprechen unserem typisch wechselhaften »Aprilwetter« denn auch die »giboulées de mars«.

Werden die Tage länger, dann zeigen sich die ersten Hortensien an Mauern, Hecken und Straßenrändern. So spekta-

Wo sonst erfreuen sich Urlauber im August an fast einsamen Stränden?

kulär wirken ihre riesigen Blüten in Rot-, Weiß- und Blautönen, dass sie sicher zu den am meisten fotografierten Motiven der Bretagne zählen. Sie wachsen einfach überall, ganz ohne Pflege, dem milden und feuchten Klima sei Dank!

Übrigens eine wahre Schönheitskur für Haut und Atemwege, diese reine feuchte Luft vom nahen Atlantik oder vom Ärmelkanal! Darin liegt der sprichwörtlich wunderbare Teint der Engländerinnen begründet … und Gleiches hat die Bretagne zu bieten. Denn feucht ist es hier fast immer – was jedoch keineswegs bedeutet, dass es dauernd regnet. Die Mär von der immer grauen, kalten Bretagne wurde vielleicht – so meinen Insider – von den Bretonen selbst in die Welt gesetzt, um ihre Heimat vor allzu großen Touristenströmen zu bewahren. Und es hat geklappt: Wo sonst in Europa erfreut sich ein Urlauber auch im Juli und August noch an fast menschenleeren Stränden? An Hafenkneipen und Caféterrassen, die nicht überfüllt sind? Wo kann man so friedlich die

Seele baumeln lassen, den Rücken an sonnenwarme Felsen gelehnt, Nase und Lunge von der jodreichen Meeresbrise umweht, als Geräuschkulisse höchstens ab und zu eine kreischende Möwe, sicher aber kein lärmendes Transistorradio?

Es gibt kaum Beruhigenderes für gestresste Großstadtgemüter, als dem ewig sich wiederholenden Rhythmus der Wellen zu lauschen. Dazu das nicht enden wollende Spektakel für die Augen: oben, am Himmel, im Spiel von Sonne, Licht und Wolken alle Töne der Farbpalette; unten, im blauen oder grünen oder bei Dämmerung auch rosaroten Meer, malerisch drapierte Felsengruppen, auf denen sich Dutzende Vogelarten und gelegentlich auch einige Seehunde sonnen.

Nichts könnte den geistigen, intellektuellen und spirituellen Horizont mehr

Entspannen bei Musik und Tanz, Cidre, Crêpes und Meeresfrüchten

öffnen als der Blick über die Unendlichkeit des Meeres. Besonders bei Ebbe, wenn sich das Wasser kilometerweit zurückzieht und unendlich scheinende Flächen zum Spazieren, Beobachten und Flanieren freigibt, die bei Flut mehrere Meter unter dem Wasserspiegel liegen. Manch einer mag sich wie Robinson Crusoe allein auf der Welt fühlen, wenn keine Spur der Zivilisation mehr zu sehen ist, nur noch Felsen, Vögel und Krebse, die fleißig Steine umräumen, um sich ein neues Heim zu schaffen.

So lädt die Bretagne jeden ein, auf ganz individuelle Weise seine höchstpersönlichen Lieblingsferien zu gestalten. Im Sommer, Frühling, Herbst oder Winter (es gibt hier keine »beste« Reisezeit), nach Lust und Laune (und Wetter) einmal faul am Strand zu liegen, dann sportlich aktiv zu werden – lähmende Hitze wie am Mittelmeer ist hier nie zu erwarten, eher energieschaffende frische Jodluft. Anschließend beim Durchwandern mystischer Steinlandschaften und Wälder einzutauchen in die Welt der Legenden, am Tage darauf zwischen Menhiren zu schlendern, mittelalterliche Stadt- oder Schlossarchitektur auf sich wirken zu lassen, in historischen Gassen zu shoppen. Und schließlich zu entspannen bei Musik und Tanz, bei Cidre, Crêpes und Meeresfrüchten, die sich so herrlich unkonventionell mit den Fingern essen und genussvoll schlürfen oder auslutschen lassen (was laut französischem Knigge sogar im Restaurant erlaubt und empfohlen ist). Der Appetit kommt beim Essen, heißt es doch. Und Appetit auf noch mehr Bretagne kommt beim Reisen und beim Entdecken der unerschöpflichen Vielfältigkeit dieser Landschaft, dieses besonderen Lichts, dieser Kultur, dieser Exotik am Westrand Europas.

Übrigens haben die Boote in der Bretagne wirklich Füße oder »pieds«: zwei Stützen beidseits des Schiffsrumpfes, die dafür sorgen, dass die Boote auch bei Ebbe auf dem Trockenen liegend ihr Gleichgewicht halten und nicht auf spitzen Felsen aufschlagen oder innen alles umkippt.

Bei Ebbe Arbeit: In Saint-Cast-le-Guildo werden Muscheln auf Pfählen gezüchtet.

GESCHICHTE

Wir befinden uns im Jahre 50 v.
Chr. Ganz Gallien ist von den Römern besetzt ... Ganz Gallien? Ja!
Sogar die Bretagne ist in römischer
Hand – allerdings interessierte
dies die Einheimischen nur wenig.
Heute sind hier kaum noch Spuren
der alten Römer zu entdecken.
Dafür ist das Erbe der Kelten lebendig – beispielsweise in der
bretonischen Sprache. Und noch
etwas bewahren sich die Bretonen
seit Jahrhunderten: ihr Misstrauen
gegen das übrige Frankreich.

Im 19. Jahrhundert genossen vor allem
Briten die Vorzüge des Seebads Dinard.

Königin der Herzen: Anne de Bretagne (1477–1514), Herzogin der Bretagne und Herrscherin über Frankreich. Wie ihr Volk kämpfte sie ein Leben lang um Selbstbehauptung.

VOM STOLZ, EIN BRETONE ZU SEIN

Hinter der Chronologie der Ereignisse verbirgt sich der Kampf eines
Volkes um politische Unabhängigkeit. Zugleich galt es aber auch,
den Widrigkeiten der Natur zu trotzen, um zu überleben.

In der Bretagne ist Geschichte immer auch
Gegenwart: Die Römerzeit lebt in Asterix
und Obelix weiter, die jahrhundertelange
Unabhängigkeit von französischer, Pariser Zentralgewalt in bretonischer Tradition, Poesie und Musik, die Urzeit in den
allgegenwärtigen geologischen Strukturen: Gigantischen Skulpturen gleich ra-
gen Tierfiguren, Totenschädel und Rie-
sengesichter aus rosa Granit in den
stahlblauen Himmel, über den schwarze
Wolkenfetzen jagen. Die Entstehung der
Welt aus dem Zusammenprall urzeitli-
cher Energie, die Teilung von Licht und
Dunkelheit, von Wasser und Land wird in
der Bretagne täglich neu inszeniert von
einer unzähmbaren, unvorhersehbaren
Natur.

Welche gewaltigen Kräfte müssen am
Werk gewesen sein, um beispielsweise
bei der Rosa-Granit-Küste von Ploumanach die ungeheuren Gesteinsmassen
aufzutürmen? Bretonisches Gestein zählt
zu den ältesten Formationen in Europa.
Es ist mit 2,1 Milliarden Jahren beinahe
halb so alt wie der Planet Erde selbst und
stammt von einem urzeitlichen armorikanischen Kontinent.

Als dieser vor rund 50 Millionen Jahren mit einem neu entstandenen Kontinent kollidierte, entstand eine etwa 7000
Meter hohe Bergkette, ähnlich dem heutigen Himalaya. Dabei bildete sich aus
dem langsam abkühlenden Magma aus
dem Erdinnern harter Granit, der erst
nach langer Erosion an die Oberfläche
stieg und heute Landschaft, aber auch
Bauten der Bretagne charakterisiert.

Als der Ärmelkanal trocken war

Immer wieder wechselten kältere und wärmere Klimaperioden einander ab, ver-
änderten die Tier- und Pflanzenwelt, den
Meeresspiegel und damit auch die Küsten.
In den kalten Perioden dehnte sich die
Eiskappe bis zum südlichen England aus,
speicherte große Mengen Wasser und
ließ den Meeresspiegel sinken. Aus dem
trocken liegenden Ärmelkanal trug der
Wind feine Staubteilchen heran, sodass
sich aus Quarz und Kalk eine mehrere
Meter dicke, fruchtbare Löss-Schicht entlang der Nordküste des armorikanischen
Massivs ablagerte und im wahrsten Sinne des Wortes den Boden bereitete für die
blühende Landwirtschaft der Bretagne.

In den letzten 18 000 Jahren erwärm-
te sich das Klima, der Meeresspiegel stieg
um 120 Meter auf das heutige Niveau.
Das einst hoch aufgetürmte alte Gebirge
verflachte, bildet aber noch immer das
Rückgrat der großen Halbinsel, die heute
Bretagne heißt. Rund um das dünn besiedelte Landesinnere mit Wäldern, Mooren,
Heiden und Seen säumen Felsenkliffs
die buchtenreichen Küsten, an denen sich
die Städte und Bewohner konzentrieren.
Weiter auf S. 38

GESCHICHTE IN ZAHLEN

➤ **5000–2000 v. Chr.**
Erste »Bretonen« einer vorkeltischen Kultur errichten Dolmen, Menhire, Gang- und Hügelgräber. Sie betreiben bereits Viehhaltung und Ackerbau.

➤ **Um 500 v. Chr.**
Kelten aus dem östlichen Mitteleuropa besiedeln die Halbinsel und nennen sie Armor oder Armorika: Land des Meeres.

➤ **56 v. Chr.**
Julius Cäsar besiegt in der Seeschlacht von Quiberon den mächtigsten Volksstamm der Bretagne. Es beginnt die Romanisierung der Region.

➤ **4.–6. Jahrhundert**
Christliche Kelten werden von Angeln und Sachsen aus Großbritannien vertrieben und besiedeln das Land südlich des Ärmelkanals, das sie nun »Bretagne« (kleines Britannien – im Gegensatz zu ihrer alten Heimat Großbritannien) nennen. Allmählich setzen sich ihre Sprache und das von ihnen eingeführte Christentum durch.

➤ **799**
Das Königreich Bretagne wird von Karl dem Großen unterworfen.

➤ **845**
Der bretonische Herzog Nominoë ringt in der Schlacht von Ballon Karl den Kahlen nieder und begründet ein von der Frankenherrschaft unabhängiges Herzogtum.

➤ **Ab 900**
Immer wieder fallen Normannen in die Bretagne ein, sodass König Alain Barbetorte ab 919 zahlreiche Schutzburgen errichtet. 939 gelingt es Barbetorte, die Normannen endgültig aus seinem Machtbereich vertreiben.

➤ **952**
Kämpfe um die Erbfolge führen zu politischer Instabilität und zum wirtschaftlichen Niedergang.

➤ **1341–1364**
Nach dem Tod von Herzog Johannes III. verwüstet der Erbfolgekrieg (»guerre de succession«) zwischen Charles de Blois und Jean de Montfort die Bretagne. Charles wird von Frankreich unterstützt, Jean von England. Letzterer behält in der Schlacht bei Auray (1364) die Oberhand und wird als Jean IV. Herzog der Bretagne. Bis 1468 erlebt das Land, nun unter der Herrschaft des Hauses Montfort, eine neue Blütezeit in Kunst und Wirtschaft. Trotz der Anerkennung der Souveränität des französischen Königs durch die jeweiligen Herzöge bleibt die Bretagne weitgehend unabhängig.

➤ **1488**
Das bretonische Heer unter dem gegen Paris rebellierenden Herzog Franz II. wird von den Franzosen bei Saint-Aubin-du-Cormier geschlagen. Seine erst 12-jährige Tochter Anne besteigt den Thron.

Französischer Soldat in der Schlacht von Auray 1364 im Bretonischen Erbfolgekrieg

sche Krone angegliedert wird. Die Region behält jedoch eine gewisse juristische, fiskalische und militärische Autonomie.

➤ 1572
In der Bartholomäusnacht (23./24. August) ermorden Katholiken in ganz Frankreich Tausende Protestanten. Danach wüten die Religionskriege, bis Heinrich IV. 1598 mit dem Edikt von Nantes der Verfolgung protestantischer Hugenotten ein Ende setzt.

➤ 1664
In Port-Louis (heute Teil von Lorient) wird die Handelsgesellschaft »Compagnie des Indes« gegründet, die für Frankreich den Handel mit den Kolonien kontrolliert: Gewürze, Stoffe, aber auch Sklaven.

➤ 17./18. Jahrhundert
Bürger und Adelige werden mit dem Tuch- und Seehandel reich. Sie lassen sich städtische Bürgerhäuser, Schlösser und Manoirs (Landsitze) bauen. Vor allem im Nordwesten entstehen viele umfriedete Pfarrbezirke mit Kalvarienbergen.

➤ 1675
Ein Bauernaufstand richtet sich gegen das sogenannte »Stempelpapier«.

➤ 1720
In Rennes fallen 900 Häuser einem enormen Brand zum Opfer. Die Stadt wird im klassizistischen Stil wieder aufgebaut.

➤ 1491–1498
Anne de Bretagne heiratet Karl VIII. von Frankreich. Sie bleibt souveräne Regentin und Herzogin der Bretagne.

➤ 1498
Nach dem Tod von Karl VIII. kehrt Anne zunächst in die Bretagne zurück, bevor sie durch ihre Heirat mit Ludwig XII. erneut Königin von Frankreich wird. Ihrem Einfluss ist es zu verdanken, dass die Bretagne zunächst weiterhin ein autonomes Herzogtum bleibt.

➤ 1514
Anne de Bretagne stirbt und hinterlässt das Herzogtum ihrer Tochter Claude, die ihren Cousin François d'Angoulême ehelicht, den späteren Franz I., König von Frankreich.

➤ 1532
Die bretonische Unabhängigkeit endet, als das Herzogtum Bretagne an die französi-

➤ **1765**
Ansiedlung französischer Kanadier aus Akadien auf Belle-Île, nachdem diese französischen Emigranten ihre neue Heimat in Übersee verlassen mussten.

➤ **1789**
Die anfängliche Begeisterung der Bretonen für die Französische Revolution lässt bald nach, als sie dadurch ihre relative Selbstständigkeit gefährdet sehen und die neuen Herrscher die bretonische Sprache und die freie Religionsausübung verbieten.

➤ **1794**
Die Bretonen weigern sich unter Hinweis auf den Vertrag von 1532, für Frankreich in den Krieg zu ziehen. Als Reaktion auf die Hinrichtung Ludwigs XVI., die antiklerikalen Gesetze sowie die Massenanwerbung von Soldaten wird der Bund der Chouans gegründet: eine königstreue, antirevolutionäre Widerstandsgruppe, die vorwiegend aus bretonischen Bauern besteht. Unter ihrem Anführer Cadoudal werden die Chouans im Sommer 1795 in einer Schlacht bei Quiberon vom französischen General Hoche geschlagen. Cadoudal wird 1804 hingerichtet.

➤ **1806**
Napoleon verhängt die Kontinentalsperre gegen England. Die Bretagne wird in der Folge zur Drehscheibe des Schmuggels über den Ärmelkanal. Daraufhin lässt der Kaiser den Zöllnerpfad (»sentier des douaniers«) anlegen, heute ein beliebter Küstenwanderweg.

➤ **1898**
Die Gründung der »Union Régionaliste Bretonne« markiert den Beginn der bretonischen Autonomiebewegung.

➤ **1914–1918**
Zahlreiche Bretonen fallen im Ersten Weltkrieg – einige werden von französischen Kameraden erschossen, da diese die Bretonen wegen ihrer fremdartig klingenden Sprache für Deutsche halten.

➤ **1932**
Gründung der Nationalen Partei der Bretagne und Attentate der separatistischen Geheimorganisation »Gwenn ha Du« zum 400. Jahrestag des Staatsvertrags von 1532, welcher der Bretagne eine gewisse Selbstständigkeit garantierte.

➤ **1940–1944**
Besetzung der Bretagne durch die deutsche Wehrmacht. Das Deutsche Reich versteckt seine U-Boote in den Häfen von Lorient und Brest. An der Küste werden zahlreiche, teilweise bis heute erhaltene Betonbunker als Teil des »Atlantikwalls« errichtet. Alliierte Bomber zerstören Lorient, Brest und Saint-Malo, um die U-Boot-Basen der Deutschen zu treffen.

➤ **Ab 1950**
Die bretonische Kultur, Sprache und Musik erlebt eine neue Blütezeit.

➤ **1960**
Die Region Bretagne wird in den derzeitigen Grenzen eingerichtet.

➤ 1962
Gigantische Parabolantennen im Küstenort Pleumeur-Bodou empfangen die erste Fernsehübertragung über Satellit aus Amerika.

➤ 1964
Angliederung der Loire-Atlantique an die Region »Pays de la Loire« (damit verliert die historische Bretagne ihren südlichen Teil und die Metropole Nantes).

➤ Ab 1966
Bestrebungen (»Breizh libre«) für eine unabhängige Bretagne: Extremisten wie die »Front de Libération de la Bretagne« verüben Sprengstoffanschläge.

➤ 1967
Havarie des Tankers »Torrey Canyon«: erste große Ölpest an der bretonischen Küste.

➤ 1978
Der Öltanker »Amoco Cadiz« kentert vor Portsall (Finistère).

➤ 1980
Erfolgreicher Widerstand der Einheimischen gegen die Errichtung eines Atomkraftwerks in Plogoff an der Pointe du Raz.

➤ 1985
Die ersten zweisprachigen Straßenschilder mit französischen und bretonischen Ortsbezeichnungen werden aufgestellt.

➤ 1986
Die Regionalräte werden erstmals durch direkte Wahlen bestimmt.

➤ 1990
Das Département Côtes-du-Nord wird in Côtes-d'Armor umbenannt.

➤ 1993
Alan Stivell macht mit seinem Album »Again« keltische Musik wieder populär.

➤ 1994
Brand des Parlaments von Rennes und anschließender Wiederaufbau.

➤ 1999
Der Öltanker »Erika« kentert vor der Südküste der Bretagne. 10 000 Tonnen Rohöl fließen ins Meer und überziehen anschließend die gesamte südliche Bretagneküste mit einem Ölteppich, der in einer gigantischen Putzaktion von zahlreichen, oftmals ehrenamtlichen Helfern innerhalb weniger Monate beseitigt wird.

➤ 2000
Erste Sendung des zweisprachigen (Bretonisch und Französisch) Fernsehkanals TV Breizh (über Satellit und Kabel) und Gründung des Amtes für bretonische Sprache in Carhaix (Ofis ar brezhoneg = Office de la langue bretonne). Der französische Staat stellt erstmals Grundschullehrer für den Unterricht von Regionalsprachen wie Bretonisch ein.

➤ 2004
Die regionale Regierungsbehörde Conseil Régional verabschiedet einen Entwicklungsplan zugunsten der Erhaltung der bretonischen Sprache.

Seit rund 400 000 Jahren leben Menschen in der Bretagne. Man fand von den Ureinwohnern bearbeitete Feldsteine, sogenannte Choppers, mit denen sie damals Fleisch schnitten, Knochen zertrümmerten, Zweige spalteten. Viel gewaltiger präsentiert sich jedoch die Hinterlassenschaft der jungsteinzeitlichen Megalith-Kultur aus dem 5. bis 3. vorchristlichen Jahrtausend: Steinreihen, Dolmen, Menhire und Hügelgräber prägen bis heute Landschaft und Selbstverständnis der Bretonen, die stolz sind auf ihr so unfranzösisches Kulturerbe.

Keltische Sitten und Bräuche

Ab 500 v. Chr. besiedelten ihre keltischen Vorväter die Halbinsel und nannten sie Armor oder Armorika: Land des Meeres. Sie machten die Bretagne urbar, fertigten

Werkzeuge und Waffen aus Eisen, entwickelten eine hochstehende, eng mit der Natur verbundene Kultur und Religion, die allerdings auf mündlicher Tradition beruhte und daher zum großen Teil rätselhaft geblieben ist. Nur ihre gebildeten Priester, die Druiden, sind bis heute präsent und jedem Kind bekannt aus Film, Comic und Fernsehen. Miraculix und seinesgleichen kümmerten sich (und kümmern sich in esoterischen Zirkeln noch immer) um Körper und Seele ihres Stammes, mischten Medizin aus Kräutern und Wurzeln, ehrten ihre Götter und die Natur mit poetischen Texten und zelebrierten alte Riten an heiligen Stätten wie Quellen, Brunnen und Wäldern.

Dolmen bei Saint-Nic im Département Finistère

Gegen diese stark verwurzelte keltische Kultur taten sich selbst die Römer schwer, ihren Einfluss geltend zu machen. Asterix und Obelix sind zwar Fantasiefiguren, beruhen aber durchaus auf Geschichten, die als wahr überliefert wurden. Während die römische Herrschaft nur wenige Spuren hinterließ, konnten sich mit der nächsten Einwanderungswelle bis heute gültige Ideen und Ideale durchsetzen. Die um 600 n. Chr. vor den germanischen Angeln und Sachsen aus England nach Süden fliehenden Kelten brachten nicht nur ihre Gesänge, Lieder, Barden und Riten mit, sondern auch christliche Missionare, meist irischer Herkunft.

Die Legende erzählt, die Kelten seien seinerzeit mit Steinbooten über den Ärmelkanal gekommen. Als Beweis führt man gern an, dass häufig Steine rund um die von ihnen gegründeten Oratorien und Kapellen gefunden wurden. Unromantische Seelen erklären das ganz vernünftig damit, dass diese Steine einfach nur zur Beschwerung dienten, damit die leichten, aus Leder und Holz gefertigten Boote bei der häufig sehr stürmischen Überfahrt über den Kanal nicht allzu schnell zum Spielball der Wellen und Strömungen wurden.

Andere nehmen die Steinboot-Legenden ernst und deuten sie als Wunder Gottes. Oder als Beweis für die Fähigkeiten früher Schiffsbaumeister. So setzte ein Bretone namens Jean-Yves Menez alles daran, der alten Legende neues Leben einzuflößen, und konstruierte ein vier Meter langes Boot aus einem 35 Tonnen schweren Granitblock, das anlässlich des großen Bootsfestivals »Brest 2000« mit acht Mann an Bord im Hafen von Brest seine Jungfernfahrt absolvierte. Inzwischen fuhr »Maen Vag« (so der bretonische Name des Granitbootes) mehrmals hinaus aufs Meer – zum großen Erstaunen aller Beobachter, die nicht glauben mochten, dass Stein schwimmen kann.

Christliche Missionierung

Granitboot hin oder her, jedenfalls gelang es den Missionaren, die Bretonen für den neuen Glauben zu gewinnen. Allerdings passten sie das Christentum den lokalen Traditionen an und praktizierten es nicht unbedingt in der von Rom gewünschten Art und Weise. So erteilte der Papst längst nicht allen der überaus zahlreichen bretonischen Heiligen seinen Segen: 7777 sollen es sein, oft Stammesführer und Mönche, deren Namen in vielen Ortsbezeichnungen weiterleben.

Das Christentum wurde nun zum Ordnungsprinzip der bretonischen Gesellschaft – sowohl in moralisch-ethischer Hinsicht als auch in der Verwaltung. Man schuf sieben Bistümer, jeweils mit einem Bischof als Führer der Bewegung und mit jeweils eigener Identität. Die umfriedeten Pfarrbezirke (»plou«) der Bretagne wurden zu Zentren des Gemeinschaftslebens. Noch in heutiger Zeit begleiten Heilige und Ortsnamen, die mit »plou« beginnen, den Reisenden in der Nordbretagne auf Schritt und Tritt. Die vielen »Pardons«-Prozessionen zu Ehren der Heiligen lassen sich nur mit Mühe auf die 52 Sonntage eines Jahres verteilen.

Die christianisierte Bretagne war im Lauf der Jahrhunderte einmal Königreich (zumindest teilweise mit Cornouaille im

Finistère), wurde dann ab 799 dem Frankenreich unter Karl dem Großen einverleibt und konstituierte sich schließlich 845 als unabhängiges Herzogtum, nachdem der bretonische Herzog Nominoë die Franken zurückschlagen konnte. Von da an behielten die Bretonen für nahezu 700 Jahre ihre Unabhängigkeit.

Bevor die Bretagne unter zentralfranzösischer Herrschaft zum wenig bedeutenden westlichen Anhängsel der Grande Nation verkam, lebten und wirkten viele regional mächtige Fürsten und Herrscher. Sie errichteten Schlösser, förderten die Künste und führten selbstverständlich auch Krieg – gegen den Erbfeind England und untereinander. Zur Verteidigung baute man Festungsanlagen wie die »Marches de Bretagne« an der Ostgrenze des bretonischen Herzogtums zum Königreich Frankreich. Im Schutz der Burgen entstanden zahlreiche Dörfer und Städte wie Fougères oder Vitré.

Viele dieser glanzvollen Machtzentren fielen zwischen 1341 und 1365 dem bretonischen Erbfolgekrieg (»guerre de succession«) zum Opfer. Fast 25 Jahre tobte dieser Bürgerkrieg, zerstörte Ländereien, Bauten, Gemeinschaften, Familien und fand schließlich, mit dem Sieg von Jean de Montfort, ein Ende. Dieser herrschte als Duc de Bretagne 1365 bis 1399 über die Region – der Erste einer Reihe von Herzögen, die nach außen hin formell die Oberhoheit Frankreichs anerkannten, in der Bretagne selbst aber souveräne Entscheidungen trafen. In den nun folgenden friedlichen Jahren konnten sich die Menschen auf Ackerbau, Viehzucht und Fischfang konzentrieren und brachten es zu bescheidenem Wohlstand. Kunst und Kultur erlebten eine Blütezeit.

Die Ehen der Anne de Bretagne

Doch die Rebellion liegt den Bretonen im Blut. Und so erhob sich 1488 der damalige Herzog der Bretagne, Franz II., gegen Frankreich, wurde jedoch besiegt und musste sich verpflichten, seine Tochter Anne nicht ohne Einwilligung des französischen Königs zu verheiraten. Als der Herzog kurz darauf starb, wurde Anne 1489 mit zwölf Jahren Herzogin der Bretagne und im Jahr darauf mit dem damaligen Erzherzog von Österreich und späteren Kaiser Maximilian I. von Habsburg vermählt. Dies veranlasste den französischen König Karl VIII., in die Bretagne einzumarschieren. Er annullierte die nicht vollzogene Ehe und zwang Anne, ihn zu heiraten. Von 1491 bis 1498 war sie damit Königin von Frankreich und musste nach dem Tod ihres Gatten 1499 auch den da-

Kunstvolle Kalvarienberge wie jener in Guimiliau (Finistère) sind die Wahrzeichen der Bretagne.

Da die oberste Rechtssprechung und die Festlegung der Steuern in bretonischer Hand blieben, profitierten die Küstenstädte von der boomenden Handelsschifffahrt. Die Leinenproduktion und der Tuchhandel florierten und schenkten den innerbretonischen Städten wie Quintin oder Moncontour einen beträchtlichen Wohlstand.

Mauern um die Kirchen

Als äußeres Zeugnis ihres Erfolges ließen florierende Gemeinden der Nordbretagne prächtige umfriedete Pfarrbezirke anlegen – für Außenstehende heute wie damals ein Mysterium: Warum umkränzten die Bretonen ihre Kirchen und Kapellen mit engen steinernen Höfen, während sich im übrigen Europa christliche Bauwerke zur Welt hin öffneten, Mauern niederrissen, um Klerikales mit der übrigen Gesellschaft zu versöhnen? Vielleicht weil die Bretonen sich etwa bewusst abgrenzen wollten vom Rest Frankreichs, weil sie ständig fürchten mussten, von der Pariser Zentralregierung vereinnahmt zu werden, und zumindest ihre religiösen Bauwerke vor Fremden und unbefugten Eindringlingen zu schützen versuchten.

»Enclos« heißen denn auch diese Kirchhöfe, was sich im Französischen ableitet von »clos« = geschlossen, »cloître« = Kreuzgang: Eine Mauer umgibt Kirche, Taufhalle und Friedhof, das kulturelle Erbe

rauffolgenden französischen König Ludwig XII. ehelichen. Allerdings gelang es ihr – einer starken Persönlichkeit ganz in der matriarchalischen Tradition der Region – als Bedingung ein souveränes Herzogtum Bretagne zu erhalten, in dem sie ihren Einfluss zur Förderung der bretonischen Kunst einsetzte. Kein Wunder also, dass »Anne« in ihrer Heimat bis heute hoch verehrt wird. Bei ihrem Tod 1514 hinterließ sie ein eindrucksvolles kulturelles Vermächtnis. Doch ihre Souveränität behielt die Bretagne nur bis 1532, dann wurde sie als autonome Provinz endgültig mit Frankreich vereinigt.

Wirtschaftlicher Aufschwung

Obwohl die Bretonen es den Franzosen nie verziehen haben, dass sie einverleibt wurden in die Grande Nation, bescherte diese Union – wie eine EU im Kleinen – der bretonischen Küstenregion im 16. und 17. Jahrhundert ein goldenes Zeitalter.

und Zentrum einer Gemeinde, wo Beginn und Ende des Lebens zelebriert werden.

Erste Revolten gegen Paris

Mit dem beginnenden Absolutismus unter Ludwig XIII., der in Frankreich 1617 die Macht übernahm und von Kardinal Richelieu tatkräftig unterstützt wurde, nahmen die Spannungen zwischen Paris und der Bretagne wieder zu. 1643 bestieg der »Sonnenkönig« Ludwig XIV. den Thron und setzte 1675 die Steuerhoheit der Bretagne außer Kraft. Sein luxuriöser Lebensstil erforderte viel Geld, und der entmachtete Adel wollte bei Laune gehalten werden. Dies löste in Teilen der Bretagne eine Revolte aus, die als »Blumenkohl-Krieg« oder »révolte du papier timbré« (Stempelpapier-Revolte) bekannt ist und blutig niedergeschlagen wurde.

Zur Abschreckung ließ der Landesfürst die Aufständischen an Kirchtürmen oder an Bäumen rund um die geplünderten Schlösser aufhängen. Zahlreiche Kirchtürme, deren Glocken zur Revolte gerufen hatten, wurden zur Strafe abgerissen – einige davon wie in Lambour bei Pont-l'Abbé nie wieder aufgebaut. Die Erinnerung an die blutige Niederschlagung des Aufstands und die anschließende Unterdrückung aber blieb in den Köpfen und Herzen der Bretonen tief verankert.

Zum Schutz vor äußeren Feinden und der ständig drohenden englischen Flotte ließ der Pariser Monarch die bretonischen Verteidigungsanlagen entlang der Küste ausbauen, wobei sein Baumeister Vauban Regie führte. Vom Fort National in Saint-Malo zum Château du Taureau in Morlaix über das Fort la Latte in Fré-

hel wurden die Festungsanlagen an der Küste so angelegt, dass alle strategischen Punkte abgesichert waren. An der Südküste schützte die Zitadelle von Port-Louis den Zugang zur Reede von Lorient, die Zitadelle Vauban auf der Insel Belle-Île bot dem Hafen von Le Palais Deckung.

Nun entwickelte sich die Bretagne zur wichtigsten französischen Küstenprovinz. Nicht nur Seehandel und Fischfang trugen dazu bei, sondern auch Schmuggel und Korsarentum. Städte wie Roscoff oder Saint-Malo an der Nordküste wurden reich, während das Argoat (das bretonische Hinterland) kaum davon profitierte.

Die Wirren der Revolutionszeit

Die Französische Revolution, derer die Franzosen alljährlich am Nationalfeiertag mit Feuerwerken und Volksfesten gedenken, stürzte auch die Bretagne ins Chaos. Mit dem Sturm auf die Pariser Bastille am 14. Juli 1789 wurde das feudale Herrschaftssystem abgeschafft, um nun Freiheit, Gleichheit und Brüderlichkeit zur Basis der französischen Gesellschaft zu machen. Zunächst allerdings wurde gerichtet, getötet, gerächt; Schlösser und Klöster fielen der wilden Zerstörung anheim. Wie ganz Frankreich erfuhr auch die Bretagne drastische Veränderungen in allen Lebensbereichen.

Der zentralfranzösische Staat teilte das Land nun in Départements auf (über deren Auflösung derzeit diskutiert wird, mehr als 200 Jahre später!) und setzte an ihre Spitze einen Präfekten, der mithilfe der Polizeimacht alle Lebensbereiche seiner Kontrolle unterwarf.

Wie in allen französischen Regionen durfte auch in der Bretagne nur noch die Nationalsprache verwendet werden. Bretonisch war offiziell abgeschafft – für lange Zeit: Noch Mitte des 20. Jahrhunderts hingen in Bussen Schilder: »Es ist verboten, auf den Boden zu spucken und Bretonisch zu sprechen«. In der Schule wurden Kinder bestraft, wenn sie sich der Muttersprache bedienten; was umso schrecklicher war, als die meisten bis zum Schulpflichtalter nur Bretonisch sprachen und in der Schule plötzlich auf Französisch antworten mussten. Wer sich nicht daran hielt, bekam ein Schild um den Hals, das auf sein Vergehen hinwies – so lange, bis er selbst einen Mitschüler beim

Im Ersten Koalitionskrieg (1792–1797) landeten königstreue Emigranten in Quiberon, um in den Kampf gegen die Republikaner zu ziehen.

Bretonisch-Sprechen ertappte. Das Denunziantentum wurde »guten« Bürgern in dieser Zeit also schon früh nahegelegt.

Stagnation und Emigration

Die Bretagne verlor ihre Kultur, ihre Seele ... und ihre Menschen. Denn mit Beginn der Industrialisierung suchten viele verarmte Bauern und Landarbeiter in Paris oder anderswo ein Auskommen. Das ehemals reiche Land konnte nicht Schritt halten mit dem Zeitalter der Dampfmaschinen. Der technische Fortschritt fand anderswo statt, die Bretagne blieb größtenteils Agrarland und wurde damals zum größten Abwanderungsgebiet Frankreichs. Massenhaft emigrierten die Bretonen aus ihrer von Hungersnöten geplagten Heimat in die Industriezentren im Norden des Landes. Mehr als eine Million waren es zwischen 1850 und 1950.

Die Zurückgebliebenen betrieben weiter Ackerbau, heuerten bei der Kriegs- und Handelsmarine an oder versuchten als »Islandfischer« während der Sommermonate in den fischreichen, aber gefährlichen Gewässern rund um Neufundland genug Geld zu verdienen, um ihre Familien daheim versorgen zu können. Doch der naturbelassene Charme der Bretagne abseits der Moderne – daneben auch das hier noch recht billige Leben – faszinierte Künstler wie Monet und besonders Gauguin, der an der Südküste die Malerschule von Pont-Aven begründete.

Mondäne Seebäder

Den Künstlern folgten Ende des 19. Jahrhunderts die ersten Touristen. Und mit der Entdeckung des Badens im Meer und der therapeutischen Wirkung des Klimas erlebten mondäne Seebäder wie Dinard einen kulturellen und wirtschaftlichen Boom. Britische Ausflügler und Pariser Schickeria suchten Erholung an der Küste und bauten dort verspielte, prächtige Ferienvillen. Der Alltag der Einheimischen aber blieb davon meist unberührt. Sie lebten getreu ihren Traditionen und versuchten diese gegen den Zentralismus der Pariser Regierung zu verteidigen. Ihre alte keltische Sprache ging in der Folgezeit fast unter und wurde erst vor Kurzem durch mittlerweile 36 bretonische »Diwan«-Schulen und einige Medien vor dem Aussterben bewahrt. Traditionelle Tänze und Musikinstrumente, überlieferte Geschichten und Legenden, überhaupt der Stolz auf die eigene Kultur blieben so erhalten und werden liebevoll gepflegt.

Atlantikwall und Luftangriffe

Viele Bretonen begegneten den deutschen Besatzern im Zweiten Weltkrieg durchaus wohlwollend. Besonders diejenigen, die schon lange gegen die französische Zentralmacht für eine unabhängige Bretagne kämpften. Sie hofften sogar, mit der Hilfe der Deutschen die Bretagne von Frankreich befreien zu können. Andererseits war die französische Widerstandsbewegung gerade in der Bretagne besonders stark. Von der Küste aus gab es eine rege Kommunikation mit England, oft tarnten Spione, Flüchtlinge und Menschen, die sich dem in England residierenden De Gaulle anschließen wollten, ihre Schiffe als harmlose Fischerboote.

Im Verlauf des Westfeldzugs fiel die Bretagne im Juni 1940 fast kampflos an

die Deutschen, die nach der Niederlage Frankreichs das Land in zwei Zonen teilten und den Norden und Westen Frankreichs einschließlich der Bretagne besetzten. An der gesamten Atlantikküste und am Ärmelkanal wurde an einem »Atlantikwall« gearbeitet, dessen Reste in Form von Bunkern und Geschützstellungen bis heute die Küstenwanderwege säumen.

Hafenstädte wie Brest, Saint-Malo und Lorient wurden zu Festungen ausgebaut und von den Alliierten bereits während der Anfänge der deutschen Besatzung ständig bombardiert. Während Saint-Malo nach dem Krieg originalgetreu wiederaufgebaut wird, behalten Brest und Lorient fast nichts von ihrer historischen Bausubstanz. Die rasch hochgezogenen und nicht immer ästhetisch ansprechenden modernen Bauten der Nachkriegszeit sind nicht unbedingt besichtigenswert. Als geradezu hässlich gelten Brest und Lorient, dafür aber auch als sehr lebendig. Lorient öffnete kürzlich die alte, von den Deutschen erbaute, dann vom französischen Militär übernommene U-Boot-Basis für Einheimische und Besucher.

Eine aufstrebende Region

Den Verlust einiger historischer Altstädte haben die Bretonen längst überwunden. Für echte Betroffenheit sorgt aber noch immer die Amputation der Region, seit 1964 das historisch wichtige Département Loire-Atlantique ausgegliedert wurde, sodass nun nur noch die vier Départements Morbihan, Côtes-d'Armor, Finistère und Ille-et-Vilaine zur Bretagne gehören.

Dennoch hat die Bretagne ihre Seele bewahrt. Natürlich ist sie nicht nur Idylle und Natur, sonst könnte sie kaum überleben. Vielmehr hat sie sich in den letzten zwei Jahrzehnten rasch entwickelt von einer armen Agrarregion zum begehrten Lebensraum für Ingenieure

(France Télécom und Alcatel haben im »Trégor Valley« bei Lannion ihre Forschungsabteilungen), für Künstler (wegen der Landschaft, des »Abseits«-Liegens, der Ursprünglichkeit dieser Region), Lehrer (es kostet viele »Punkte«, um von der Éducation Nationale eine Stelle in der Bretagne zugeteilt zu bekommen), Wissenschaftler (schließlich gilt der Ozean als die letzte unerforschte Region der Erde, von der man sich neue Medikamente und gesunde Nahrungsmittel wie Algen verspricht), auch für Rentner und Touristen. Aber ohne echten Massentourismus!

Tankerhavarien und Algenpest

Natur ist Trumpf. So treffen Umweltkatastrophen die Bretagne besonders hart. An erster Stelle steht dabei die »marée noire«, wie eine durch ein Tankerunglück verursachte Ölpest in Frankreich heißt: 1978 der Öltanker »Amoco Cadiz«, 1999 die »Erika« ... Und tagtäglich lauert die Gefahr der nächsten Havarie, gehört doch der Ärmelkanal zu den meistbefahrenen Schifffahrtswegen der Welt.

Ein weiteres Problem ist an manchen Orten die »marée verte«, die Algenpest, verursacht durch die Überdüngung der Felder und den dadurch bedingten hohen Nitratgehalt von Grundwasser und Flüssen, der wiederum das explosionsartige Wachstum einer bestimmten giftgrünen Algenart fördert, für die fieberhaft eine Verwendung oder Kommerzialisierung gesucht wird. Bisher gelang es nicht, eine für alle Beteiligten akzeptable Lösung zu finden: Die Schweinezüchter müssen ihren Mist loswerden, die Tourismusmanager wollen saubere, algenfreie Strände,

die Umweltschützer ebenfalls, die Lokalpolitiker denken an Arbeitsplätze sowie ihre Wiederwahl, schwanken zwischen Agrarwirtschaft und Ökologie.

Knapp drei Millionen Einwohner hat die Bretagne heute – das sind fünf Prozent der französischen Gesamtbevölkerung – und steht damit an siebter Stelle der französischen Regionen. Vom Emigranten- hat sie sich zum Einwandererland gemausert und begrüßt jährlich 25 000 Zuwanderer. Die Behörden gehen davon aus, dass die Bevölkerungszahl bis 2030 auf 3,5 Millionen steigen wird.

Denn in der Bretagne ist die Welt noch heil, die Natur noch mächtig, der Gemeinschaftssinn der Menschen noch intakt. Als stur und dickköpfig gelten die Bretonen, aber auch als ehrlich und treu.

Seit den 1970er-Jahren und der Rückbesinnung auf ihre keltische Kultur feiert die Bretagne stolz in zahllosen großen und kleinen Festivals (das bedeutendste in Lorient) ihre Musik, ihre Poesie, ihre Naturreligion. Der Sorge vor der Globalisierung setzen die Bretonen ihre authentische Lebensweise und regionale Verwurzelung entgegen.

So prägte die Lage der Bretagne am Rande des Kontinents ihre Geschichte und Kultur zwischen Kelten, Kalvarienbergen und Bauerntradition. Außerdem zeigt die Natur mit riesigen Gezeiten täglich ihre Kraft. Vielleicht liegt in diesem ständigen Wechsel von Ebbe und Flut der Schlüssel zum Verständnis der Besonderheit und der mystischen Dimension der Bretagne.

Stolze Traditionen: Festlicher Umzug beim »Jour des Mariages« 1907 in Plougastel

Pierre-Jakez Hélias (1914–1995) landete 1975 mit seiner augenzwinkernden Biografie »Pferd des Stolzes« einen Bestseller. Claude Chabrol verfilmte den Stoff mit dem Titel »Traumpferd«.

»RINGSUM LEUCHTETEN DIE KLIPPEN«

Das einfache Leben, die Macht des Meeres, Einsamkeit, Lust und Leid – drei Autoren aus verschiedenen Epochen verbinden in ihren Werken auf meisterhafte Weise die Themen der Bretagne.

Fragt man Bretonen nach »ihrer« Literatur, so fällt sofort der Name Pierre-Jakez Hélias. Dieser 1914 bei Audierne geborene Landarbeitersohn, später Lehrer und Autor, machte 1975 mit der flott geschriebenen Biografie »Le cheval d'orgueil« seinen Landsleuten bewusst, dass sie durchaus stolz sein können auf ihre lange von Paris und ganz Frankreich belächelte oder gar bemitleidete Tradition und Lebensweise. Mehr als zwei Millionen Mal wurde das Buch verkauft, das mit Humor und viel Herz vom Alltag der Bretonen im 19. Jahrhundert erzählt. Hélias schrieb sein Werk »Pferd des Stolzes« in Bretonisch, übersetzte es dann selbst in Französische. Es folgte eine englische Fassung (»Horse of Pride«), aber bis heute leider keine deutsche.

Während Hélias hauptsächlich die bäuerliche Bretagne beschreibt, machen der im südbretonischen Rochefort geborene Marineoffizier Pierre Loti (1850–1823) und der deutsche Autor Bernhard Kellermann (1879–1951) das Meer zum Thema – nicht als zierendes Dekor, sondern als lebensspendende und gleichzeitig todbringende Hauptperson. Um »Islandfischer« (1886) geht es bei Loti, um »Das Meer« (1923) in Kellermanns expressionistischem Roman, den viele Bretonen als das Beste rühmen, das jemals zu diesem Thema geschrieben wurde. Schauplatz der Handlung ist die Insel Ouessant ganz im Westen, die bis heute zu den mythischen Orten der Region zählt, wo Naturgewalt, Tradition, Matriarchat und Stolz kaum bereit sind, Kompromisse mit der modernen Welt einzugehen:

> »Wir hatten alles, was das Herz begehrt. Wir hatten Frauen die Fülle, wir hatten zu trinken, wir hatten Stürme. (...) Auf unserer Insel gab es weder Baum noch Strauch.«

Und weiter: »Wie ein in Schutt gefallenes Gebirge sah sie aus, und ringsum leuchteten die Klippen in der Brandung. Tag und Nacht aber donnerte es, horch! Das war das Meer.«

Kellermanns Romanheld ist ein Seemann, der mit seinem Hund Poupoul eine Zeit lang auf Ouessant lebt, dort mit seinem einheimischen Freund Yann fischt, zecht und mit den jungen Frauen der Insel anbandelt. Während die Männer monatelang auf See unterwegs sind, müssen die Frauen allein zurechtkommen und sind froh über jede Abwechslung auf dieser abgelegenen, von Sturmtiefs gebeutelten Insel im Westen Europas. Wer einmal einen echten Sturm erlebt in der Bretagne, der kann Kellermanns Worte nachempfinden:

»Was für ein Gesang war das, bei allen Göttern? Es war das Lied vom Chaos, als es noch nichts gab als die schwarzen Wasser und das nackte Gestein. Es war das Schlachtenlied der Urriesen, die um Erde und Meer kämpften und sich zerschmetterten. (...) Das Toben vereinigte sich zu einem hohlen, surrenden Brausen, das alles erschütterte.«

Vor dem Hintergrund dieser alles beherrschenden Naturgewalten entwickelt Kellermann eine Dreiecksgeschichte zwischen dem Ich-Erzähler (dem Fremden), seinem Freund Yann und der mysteriösen, unberechenbaren Rosseherre, der einzigen blonden Frau auf Ouessant.

Weitere Protagonisten der Geschichte sind neben dem Hund Poupoul die Inselbewohner – die vielen einsamen Frauen, die wenigen Fischer, der Postbote, der nur einmal in der Woche Dienst hat, wenn das Schiff vom Kontinent kommt, der wohlhabende Bar- und Ladenbesitzer Noël, der einäugige Armorik und seine hübsche Tochter Yvonne –, vor allem aber Meer, Klippen und Felsenmonumente, die von Menschenhand geschaffen und im ständigen Lichtspiel lebendig zu werden scheinen. Kein Wunder, dass diese Landschaft zahlreiche Legenden entstehen ließ! Dass Geister der Unterwelt, ja der Tod in Person – der in der Bretagne »Ankou« heißt – die Lebenden häufig heimsuchen. Allzu präsent ist die ständige Gefahr, zu häufig forderte das Meer seinen Tribut, begrub Fischer oder Seeleute unter seinen Fluten, ließ Männer, Väter, Brüder nicht mehr nach Hause zurückkehren.

Mit Schiffskatastrophen und Sturmopfern muss jeder in der Bretagne zu leben lernen, wie Kellermann beschreibt:

»Die Heide war braun und gelb, aber an einer Stelle hatte sie eine frische Narbe – dort lagen sie (...) und sie waren glücklich zu preisen! Eines herrlichen, wilden Todes waren sie gestorben.

»Ihr Götter da droben«, heißt es im Roman, »lasst mich sterben wie sie! Schleudert Felsblöcke nach mir oder Donnerkeile, in einem Eisenbahnzusammenstoß vernichtet mich oder auf wildem Meer, einerlei, aber lasst mich nicht im Bett sterben wie ein altes Weib.«

Von Liebe, Tod, Verlustangst und Gefahren auf See erzählt auch der zu den Klassikern der Bretagne-Literatur zählende Roman »Pêcheur d'Islande« von Pierre Loti. Die Fischzüge im Nordatlantik bilden den dramatischen

Hintergrund dieser Liebesgeschichte. Von 1852 bis Mitte des 20. Jahrhunderts machten sich in jedem Frühjahr Boote aus der Nordbretagne auf den Weg zu den reichen, lange unerschöpflich scheinenden Fischgründen zwischen Island und Neufundland, um dort über die Sommermonate Dorsch und Kabeljau zu fangen – bis zu tausend Fische in 30 Stunden. Auch für Yann aus dem Hafenstädtchen Paimpol, die Hauptfigur des Romans, ist das Leben an Bord teils geliebter, teils öder Alltag:

> »Das Schiff schaukelte sanft auf und nieder mit dem immer gleichen Klageton, monoton wie ein bretonisches Lied, das von einem Schlafenden im Traum wieder und wieder gesungen wird.«

Im Bauch der Schiffe stapelten sich die in Salz eingelegten »morues«, die im Herbst gewinnbringend verkauft werden sollten. Allmählich füllten sie den Lagerraum, ohne Unterlass wurde gefischt, bis sich Ende August die gefährlichen Herbststürme des Nordatlantiks ankündigten.

Während die Männer auf See fernab der Heimat fischten, mussten die Frauen den ganzen Sommer allein zurechtkommen – mit dem Alltag, aber auch mit ihrer Sehnsucht nach dem Geliebten. Trotz seines störrischen, schroffen Wesens hat sich die hübsche Gaud in Yann verliebt und bangt um ihn. Selbst die sommerliche Natur stimmt sie traurig: »An den Kreuzwegen breiteten die verwitterten Christusstatuen, die das Land beschützten, ihre schwarzen Arme aus wie wirklich Gekreuzigte«. Und weiter:

> »In der Ferne blinkte der Ärmelkanal wie ein großer gelber Spiegel vor einem Himmel, der zum Horizont hin bereits dunkel wurde. Doch in diesem Land hatten selbst die Ruhe und das schöne Wetter etwas Melancholisches.«

Obwohl Gaud als Tochter eines reich gewordenen Kaufmanns in der Stadt aufwuchs, fühlt sie sich in der Bretagne heimisch. Nach dem plötzlichen Tod des – wie sich herausstellt – hoch verschuldeten Vaters, akzeptiert sie ohne Bitterkeit, nun als Schneiderin ihren Lebensunterhalt verdienen zu müssen. Zumal sie sich so auch der Fischerfamilie ihres geliebten Yann näher fühlt. Als Gaud und Yann endlich nach vielen Komplikationen und Schicksalsschlägen zusammenkommen und zu heiraten beschließen, steht der nächste Islandfischzug vor der Tür. So ist ihre Hochzeitsnacht geprägt von einer Mischung aus Liebe und Angst, Geborgenheit und Sturm:

»In ihrer ersten Liebesnacht spielte ohne Pause draußen das unsichtbare Orchester. Huhu! Huhu! Bald machte der Wind dröhnenden Lärm mit zornigem Tremolo, bald wiederholte er seine Drohung sehr viel schwächer, in verborgener Arglist mit leise lang gezogenen Tönen, die wie der flötende Ruf eines Käuzchens klangen. Und das große Grab der Seeleute war ganz nahe, wogend, verschlingend brandete es gegen die Felsen mit immer gleich dumpfen Schlägen. Eines Nachts würde er dort hineingeraten, dagegen kämpfen müssen inmitten der Raserei schwarzer, eisiger Elemente – sie wussten es beide ...«

Tragischerweise gibt das Schicksal Gaud und ihren bösen Vorahnungen recht: Als die Boote der Islandfischer Ende August zurückkehren an heimische Gestade, fehlt diesmal ausgerechnet die »Leopoldine«, auf der Yann angeheuert hatte. Verzweifelt sucht Gaud Trost in der Kapelle und am Granitkreuz über der Hafeneinfahrt von Paimpol, das bezeichnenderweise bis heute »Witwenkreuz« genannt wird, weil so viele Frauen hier Gott – oder das Meer? – um Gnade anflehten, ihnen den Mann zu lassen.

Gaud muss das Schicksal vieler Seemannsfrauen teilen, verliert den geliebten Gatten, mit dem sie nur eine einzige Woche gemeinsamen Ehelebens genießen konnte, an das Meer. Yann hatte seinen frühen Tod wohl schon immer geahnt und über Jahre jede ernsthafte Liebesbeziehung oder gar Ehe mit dem Argument abgelehnt, er werde das Meer heiraten. So endet Lotis Roman erschütternd nüchtern, fast wie ein seelenloser Zeitungsbericht:

»Er kehrte **nie zurück**. In einer Augustnacht,
im Tosen eines **entsetzlichen Sturms** wurde dort oben vor
dem düsteren Island seine **Hochzeit mit der See** begangen.

»Mit der See«, fährt der Autor fort, »die zuvor auch seine Ernährerin gewesen war, die ihn gewiegt hatte, die ihn groß und kräftig hatte werden lassen und die ihn dann in seiner herrlichen Männlichkeit wieder zu sich genommen hatte, um ihn ganz allein für sich zu haben.«

Das Meer spielt in der Bretagne unbestritten die erste Geige, seinen Launen sind alle ausgeliefert. Einheimische und Fremde. Es kann Wohlstand bringen mit reichen Fischzügen oder Fernhandel. Aber es kann auch töten, bleibt immer unberechenbar. Sowohl Kellermann als auch Loti schildern mit großer Sensibilität die faszinierende, alles beherrschende Natur, die hier nie lieblich ist, bisweilen berauschend schön, immer jedoch gewaltig.

Quellenangabe: Bernhard Kellermann, Das Meer, Fischer Verlag, Berlin 1910
Pierre Loti, Islandfischer, dtv, München, 2008

Fischfang als Lebensgrundlage: Die Männer in Pierre Lotis Roman »Islandfischer« sind von Frühling bis Spätsommer auf hoher See.

REPORTAGEN

Es sind die großen und die kleinen Dinge, die das Besondere bretonische Kultur und Forschung ausmachen. Mächtig wie die Mythen um die Ritter der Tafelrunde, um Artus, Merlin und Lancelot. Winzig wie die Algen, die sich – lange als Schädlinge verunglimpft – heute in Kosmetik und Medizin wiederfinden. Bedeutend wie die Tugenden der Druiden und mächtig wie deren Wissen um die Heilkräfte der Natur. Zart wie die schmackhaften Krebse, Muscheln und Seespinnen, die – auch im Restaurant – ohne Etikette geknackt und mit den Fingern gegessen werden.

Die »Golden Twenties« – Strandschönheiten auf der Tapete des Hotels »L'Agapa« in Perros-Guirec

Weißer Bart und wallendes Gewand, mit goldener Sichel Mistelzweige im dunklen Wald sammelnd: So stellt diese Illustration aus dem 18. Jahrhundert die geheimnisumwitterten keltischen Druiden dar.

DIE NEUE MACHT DER DRUIDEN

Selbst Julius Cäsar zollte den weisen Männern der Kelten Respekt.
In Druidenbünden werden deren Rituale heute wieder gepflegt.

Miraculix und Merlin genießen Starruhm als die berühmtesten der Druiden. Weniger bekannt ist aber die große kulturelle Tradition, für die sie stehen. Druiden – das waren die Zauberer, Ärzte, Weisen und Richter der Kelten, gleichzeitig auch ihre Dichter, Musiker, Astrologen und Astronomen. Sie lebten zumeist in den Wäldern – daher ihr Name »Druwides« aus »dru« (Treue, Baum, Eiche) und »wid« (Wissen, Weise, Wald) – und gaben ihre Kenntnisse nur Eingeweihten weiter. Und zwar nur mündlich, damit das Wissen nicht in falsche Hände oder Köpfe geriet, aber auch, um die kleinen grauen Zellen ihrer Schüler zur Höchstleistung zu aktivieren. Da es keine schriftlichen Dokumente gibt, weiß man nur wenig über die Lehren der Druiden. Ironischerweise verdanken wir den Feinden der Kelten die einzigen überlieferten Zeugenberichte – selbst der große Cäsar zeigte sich beeindruckt von der intensiven Schulung der Hohepriester:

»Wie es heißt, lernen sie eine große Zahl an Versen auswendig. Deshalb bleiben einige 20 Jahre lang im Unterricht. Sie halten es für Frevel, diese magischen Formeln aufzuschreiben, während sie in fast allen übrigen Dingen im öffentlichen und privaten Bereich die griechische Schrift benutzen. (...) Wie mir scheint, haben sie das aus zwei Gründen geregelt: Einmal wollen sie nicht, dass ihre Lehre allgemein bekannt wird, zum anderen wollen sie verhindern, dass die Lernenden sich auf das Geschriebene verlassen und ihr Gedächtnis weniger üben.«

In der 20 Jahre dauernden Ausbildung lernten die angehenden Druiden zunächst zahllose überlieferte Reime, Sagen und Gesänge auswendig, danach übten sie sich in der Kunst der Weissagung und der Kommunikation mit den Göttern.

Von Plinius dem Älteren weiß man, dass Druiden weiß gekleidet waren und mit goldenen Sicheln Mistelzweige für ihre Zeremonien abschnitten (»Naturalis historia« XVI). »Die Druiden halten nichts für heiliger als die Mistel und den Baum, auf dem sie wächst, wenn es nur eine Eiche ist. Sie wählen an sich schon die Eichenhaine und verrichten kein Opfer ohne das Laub des Baumes.«

Medizin aus Engelwurz

Man munkelt, die Druiden hätten auch Menschen geopfert und aus den Eingeweiden die Zukunft gelesen. Praktiken dieser Art sind natürlich längst verfemt. Doch untergegangen ist die Druidentradition keineswegs, bestehen doch in allen keltischen Regionen – leider oft auch miteinander konkurrierende – Druidenorganisationen. Sie alle verbindet die Nähe zur Natur, die Liebe zur Poesie, das Streben nach Menschlichkeit und Frieden, der Wunsch, das Gute im Menschen anzusprechen und zu fördern. Alles Tugenden, die in ökologischen und wirtschaftlichen Krisenzeiten wieder hoch im Kurs stehen. Regelmäßig versammeln sich die Druiden bei rituellen Festen: »gorsedd« heißen sie in Wales, »goursez« in der Bretagne (wörtlich: »Thron«, aber auch »Versammlung«). Bei der öffentlichen Zeremonie des »Gorsedd Digor« am dritten Sonntag im Juli etwa werden neue Mitglieder feierlich in den bretonischen Druidenorden »Breudeuriezh Drouized, Barzhed hag Ovizion Breizh« (Bruderschaft der Druiden, Barden und Ovaten der Bretagne) aufgenommen. Großen Wert legt die heutige Druidenorganisation auf die humanistische Tradition der keltischen Weisen. Entschieden verurteilt sie die Verwendung keltischer Symbole durch die extreme Rechte, lehnt Antisemitismus wie Rassismus ab und anerkennt ausdrücklich die Erklärung der Menschenrechte.

So mögen die Druiden heute – angesichts von Schlag-

worten wie Ganzheitsmedizin und neu entdeckter Spiritualität – beispielhaft zusammenführen, was lange als gegensätzlich galt: die Werte der Aufklärung einerseits, die Verbundenheit mit der Natur andererseits. Ihre alten Zaubertränke kommen ebenfalls zu neuen Ehren als allgemeine Stärkungsmittel für Körper und Seele – wenn auch eher in Form von Kräutertees serviert und nicht mit der Kelle aus dem großen Kessel.

Schließlich gelten die uralten Ingredienzen auch in der modernen Pharmazie als therapeutisch wirksam: Verbena officinalis (Eisenkraut), Fraxinus excelsior (Esche), Sambucus nigra (schwarzer Holunder), Heracleum sphondylium (Bärenklau), Stachys officinalis (Ziest), Erythraea centaurium (Tausendgüldenkraut), Angelica sylvestris (Engelwurz), Artemisia vulgaris (Beifuß), Achillea millefolium (Schafgarbe), Rumex (Ampfer), Spiraea ulmaria (Spierstaude, Mädesüß).

Miraculix, Druide mit Zaubertrankrezeptur

DER LANGE WEG DES WASSERS

Die Heilkraft des Meeres ist seit über 2000 Jahren bekannt. Die Bretonen haben daraus ein modernes, ganzheitliches Therapeutikum entwickelt.

Im Meer zu baden oder zu planschen, einfach so aus Spaß oder zur Erholung – das schien den Menschen in der Bretagne lange völlig abwegig. Ins kühle Nass wagte man sich nur zwangsläufig, um Muscheln oder Krebse zu sammeln und damit die Familie zu ernähren.

Erst im 19. Jahrhundert entdeckten englische Ärzte die Wohltaten des Salzwassers für die körperliche Hygiene und schickten daher Patienten an die Küste zur Kur. Noch 1718 erklärte das Lexikon der Académie française den Begriff »baigner« (baden) folgendermaßen: »Wer von tollwütigen Hunden gebissen wurde, der badet im Meer.« Davon ausgehend, sprachen Mediziner dem Salzwasser allerdings bald auch andere therapeutische Einflüsse zu, sodass es – analog zu den bereits sehr beliebten Thermalquellen – schick wurde, im Sommer ein paar Wochen ans Meer zu fahren. Geschäftstüchtige Unternehmer wussten die Mode zu nutzen, eröffneten Tanzsalons, Restaurants, Hotels und Kasinos, um die Gäste während der Kur zu unterhalten. Dies war die Geburtsstunde des Seebadtourismus, der von der englischen Südküste nach Frankreich schwappte und Orten wie Dinard zu einem immensen Aufschwung verhalf. Zunächst ließen sich die wohlsituierten Kurgäste von muskulösen Bademeistern ins Meer tragen und dort einige Male ins Wasser tauchen – in voller Bekleidung, versteht sich. Die viktorianische Sittenstrenge verbot das öffentliche Zurschaustellen eines jeglichen nackten Körperteils. Schamhaft mieteten Begüterte sogenannte »bathing machines«, Umkleidekabinen auf Rädern, die ins Wasser gezogen wurden und die Badenden mit einer speziellen Markise vor neugierigen Blicken schützten.

Coco Chanel bricht das Tabu

Wer diese Etikette sprengte, musste mit einem Skandal rechnen. Dessen war sich die berühmte französische Modedesignerin Coco Chanel sicher bewusst, als sie im Sommer 1913 von ihrem Partner Arthur Capel das Schwimmen im Meer erlernte. Trotz des Skandals gab sie damit das Startsignal für einen neuen Trend: Bisher hatten Feriengäste das Meer nur als Kulisse betrachtet und waren höchstens im Gehrock oder bunt bedruckten Kleid am Ufer entlanggeschlendert, um Segelschiffe zu betrachten und reine, jodhaltige Luft zu atmen. Sonnenbaden war unüblich, weil ein möglichst heller Teint als erstrebenswert galt und man außerdem glaubte, Hitze sei lebensgefährlich und sich der Sonne auszusetzen bedeute den sicheren Tod.

Aber plötzlich wollten diese frühen Touristen wie Coco Chanel schwimmen lernen, um ihre Angst vor dem Wasser zu überwinden. Zum Umkleiden stellten die Seebäder am Strand Zelte auf und bauten Badekabinen – beides noch immer typische Attribute der bretonischen Küstenorte. Genauso wie die etwas erhöht angelegte Uferpromenade, auf der heute wie damals Touristen flanieren und parlieren. Unter ihnen seit einigen Jahren auch wieder viele Kurgäste. Denn mit der in Frankreich sehr populären Thalassotherapie hat man sich zurückbesonnen auf die Heilerfolge, die schon der griechische Arzt Hippokrates vor rund 2500 Jahren mit Meerwasser gegen Rheuma und Ischias verbuchen konnte. Die Bretagne zählt inzwischen zahlreiche Zentren für diese marine Wellnesskur, die den ganzheitlichen Gesundheitsaspekt betont.

Zentrum der Thalassokuren

Neu entdeckt wurde die Heilwirkung des Meeres durch den bretonischen Radrennfahrer Louison Bobet, der 1964 im bretonischen Quiberon das erste echte Thalassotherapiezentrum gründete, weil er

seine Genesung nach einem schweren Unfall auf die Heilwirkung des warmen Meerwassers und anderer maritimer Wirkstoffe zurückführte.

Schnell wuchs in den folgenden Jahrzehnten die Zahl der Anhänger und der entsprechenden Einrichtungen. Die Behandlungsmethoden wurden seither verfeinert, basieren aber noch immer auf dem Prinzip, die in Meerwasser, Meersalz, Algen, Meeresluft und Meeresschlamm enthaltenen Spurenelemente, Vitamine, Proteine, Mineralstoffe und Aminosäuren dem Organismus zuzuführen – und zwar von außen durch Bäder, Packungen, Massagen, Aqua-Gym und Duschen, von innen durch Algentee, Meerwassertrinkkuren, Algenkapseln, Seefisch und Meeresfrüchte, dazu auch ganz einfach durch das bewusste Einatmen ionisierter Luft.

Als besonders wirkungsvoll erweist sich diese Naturpflege für dermatologische Probleme, außerdem als Therapie gegen Allergien, Venenleiden, vorzeitige Alterserscheinungen und Cellulitis.

Zu einer »thalasso« – wie die Franzosen ihre Lieblingskurart zärtlich nennen – gehören unbedingt auch sportliche Ak-

Das Pendant zum deutschen Strand-
korb: die gestreiften Zelte in Dinard

und enthält rund 90 Mineralien und Spurenelemente, die vom Organismus vollständig verwertbar sind – vor allem nach einer Erwärmung auf Körpertemperatur.

Alle Behandlungsmethoden der Thalassotherapie zielen darauf ab, das durch das Älterwerden, durch Umweltverschmutzung und Stress gestörte Gleichgewicht des Körpers wiederherzustellen. Aufgrund der physiologischen Ähnlichkeit von menschlichem Plasma und Meerwasser kann die Haut im Meer oder im Algenbad, einem Filter gleich, alle dem Organismus fehlenden Mineralien aufnehmen. So werden die Zellen erneuert und aktiviert, das Gewebe gestrafft, Körper und Seele verjüngt.

Und das Beste daran ist, dass diese wertvollen Heilstoffe geradezu im Übermaß vorhanden sind, besonders auch in der Bretagne, wo das Meer alle mit einem gigantischen Reservoir an Pflegesubstanzen umgibt, aus dem man sich gratis bedienen darf. Da hat selbst das geruhsame Schlendern über den Strand eine therapeutische Wirkung, denn die von Meeresdunst schwangere Luft versorgt den Organismus mit vielen Mineralien und negativen Ionen, die ungeheuer wohltuend sind für den Sauerstoffhaushalt, das Atemsystem und die Entspannung der stressverkrampften Gesichtszüge. So gesehen, ist ein Bretagne-Urlaub immer auch eine »thalasso« ...

tivitäten, dazu Vorträge und Kurse über Ernährung, Sport, Entspannung, Stressabbau und gesunde Lebensführung.

Thalassotherapie ist somit die Ganzheitskosmetik par excellence: Die vitalisierenden Meereskräfte sollen die Harmonie zwischen Körper, Geist und Seele wiederherstellen und für Wohlbefinden rundum sorgen. Bewegung, eine gesunde Ernährung, dazu Behandlungen mit Meerwasser, Meersalz, Algen und Meeresschlamm bilden zusammen ein umfassendes Beautytreatment. Denn Meerwasser wirkt von Natur aus antibiotisch

AUFSTIEG EINER LANG VERKANNTEN

Früher wurde die Alge als »Mikro-Terrorist« oder »Chemiewaffe« desavouiert. Heute gilt sie als Allheilmittel mit ungeahnten Ressourcen.

Glitschigen Fangarmen unterseeischer Ungeheuer gleich scheinen manche Algen nach Schwimmern, Fischern, Booten zu greifen, um sie hinabzuziehen in das kalte Nass der See. So mancher Angler flucht sich die Seele aus dem Leib, wenn er in der Hoffnung auf einen guten Fang die schwere Angelschnur aufkurbelt und zum wiederholten Mal doch nur wieder ein riesiges Algenpaket am Haken hat.

Algen mit Spiralen ernten

Was Touristen manchmal Ärger bereitet, das betrachten die Einheimischen von jeher als wertvollen Rohstoff. Schon im 17. Jahrhundert sammelten Küstenbewohner Seetang, um ihn in Kuhlen direkt an der Küste zu verbrennen (heute noch zu sehen im Nord-Finistère) und das dabei entstehende Kaliumkarbonat an Glas- und Seifenproduzenten zu verkaufen – für viele die einzige Möglichkeit, etwas Geld zu verdienen. Die ganze Prozedur war unglaublich aufwendig: Um 50 Kilo Kelp- oder Potasche – im Wert von einem Euro! – zu gewinnen, musste man fast eine Tonne Seetang auf die Uferböschung schleppen und trocknen.

Bretonische Bauern düngen ihre Felder seit Urzeiten mit Algen, die Industrie fertigt daraus heute in großem Maßstab Kosmetika, Arznei- und Lebensmittelzusätze. Seit Langem schon bringen hauptberufliche Fischer – besonders an der bretonischen Nordküste zwischen Saint-Brieuc und Ouessant – allsommerlich mit gigantischen, »scoubidous« genannten Spiralen die Algenernte ein.

95 Prozent der französischen Algenproduktion stammen aus dem unter Naturschutz stehenden Meer zwischen Brest und der Insel Molène. Auf 1000 Hektar werden dort jährlich allein 60 000 Tonnen Seetang der Gattung Laminaria geerntet – eine mehrere Meter lange Braunalge, die 2007 von der Deutschen Botanischen Gesellschaft als die erste »Alge des Jahres« geehrt wurde.

Die darin enthaltene Alginsäure dient in vielen Lebensmitteln, Medikamenten und Kosmetika als Stabilisator. Sie sorgt für die richtige Konsistenz in fast jeder Art von Creme, Zahnpasta, Pudding, Tomatenketchup, Joghurt oder Eisdessert. Ihre pflanzliche Herkunft kommt ihr dabei besonders zugute, seit mit dem »Rinderwahnsinn« die aus Tierknochen gewonnene Gelatine als BSE-Überträger in Verdacht geriet. Da Alginsäure zudem vom menschlichen Körper nicht verwertet wird, sich also nie zum unliebsamen Fettpölsterchen wandelt, ist sie in vielen Diät- und Schlankheitsmenüs zu finden.

Algin macht nicht dick

Eigentlich kein Wunder, dass Wissenschaftler heute den Algen unzählige Tugenden zusprechen. Schließlich verdanken wir es winzigen Blaualgen, dass das höhere Leben auf der Erde möglich wurde. Diese ersten grünen Lebewesen verwandelten vor mehr als drei Milliarden Jahren mithilfe von Sonnenlicht, Wasser und den darin gelösten chemischen Elementen durch den Prozess der Fotosynthese die unwirtliche Uratmosphäre aus Schwefel und Methan in eine sauerstoffreiche, lebensfreundliche Atmosphäre.

Erstaunlich ist, dass es so lange dauerte, bis man den Nutzen von Algen auch für Medizin, Ernährung, Schönheit und Wellness erkannte. Schließlich stehen Algen am Beginn der Nahrungskette, versorgen uns zudem durch die ständige Produktion von Sauerstoff mit Luft zum Atmen. Im Unterschied zu Landpflanzen holen Algen ihre Nährstoffe ausschließlich aus dem Meer und verfügen über die Fähigkeit, diese in 1000- bis 10000-facher Konzentration zu speichern. Sie reinigen das Blut, enthalten Vitamine, Kalzium, Mineralien, Eisen und vieles mehr, das wir zur Regeneration unseres Körpers benötigen – ein wahrer Jungbrunnen.

Kein Müll, sondern wertvoller Rohstoff: Algen gelten heutzutage als Jungbrunnen.

Zukunftsforscher sind sich einig, dass im Meer – das immerhin mehr als 70 Prozent des Planeten Erde bedeckt – ungeahnte Ressourcen für unser Überleben liegen. Wer einmal probiert hat, Fischgerichte mit Algenpaste zu verfeinern oder Salat mit getrockneten Algen zu würzen, der mag bald nicht mehr auf den angenehm frischen, süßlich-salzigen Geschmack verzichten. Köstlich und für viele ein nicht zu ungewohnter geschmacklicher Zugang zu den Meerespflanzen sind auch die sauer eingelegten »salicornes«, die an feine Cornichons oder Essiggurken erinnern und hervorragend zu Fisch und bestimmten Pasteten passen. Wohl bekomm's! Bon appétit!

Gouren – die bretonische Variante des Ringens

ANDERE LÄNDER, ANDERE SPIELE

Es gibt Sport, der nicht olympisch ist, aber ebenso unterhaltsam. Etwa, wenn zwei Männer auf dem Bauch liegen und an einem Stock ziehen.

Zugegeben: Die schottischen »Highland Games« locken Massen an, die »jeux bretons« höchstens die Bewohner der umliegenden Dörfer. Aber beide zählen – wie auch bestimmte alte Schweizer Wettkämpfe – ganz ähnliche Sportarten zu ihrem Programm und entstanden aus derselben Tradition. In Schottland genau wie in der Bretagne wurden dabei Leistungen ausgezeichnet, die im Alltag bäuerlicher Gesellschaften überaus nützlich und wichtig waren: etwa Gewichte zu heben, schwere lange Balken aufzurichten, massive Kugeln zu werfen, im Team

zusammenzuarbeiten. Letzteres der zumindest beim Publikum beliebteste und witzigste Wettkampf: Getragen von je vier Personen plus einem fünften Teilnehmer zum Festhalten der Füße liegen sich horizontal zwei Kämpfer gegenüber und versuchen, einen Stock, von dem je der ein Ende hält, auf die jeweils eigene Seite zu ziehen und dem Gegner zu entreißen. Eine Art Seilziehen, das es übrigens auch bei den Highland Games gibt.

Die bretonischen Spiele mit klingenden Namen wie »ar maen pouez« (ein Gewicht schwungvoll werfen), »ar vazh a benn« (horizontales Stockziehen), »krog perchenn« (eine Stange seitlich aufrichten) oder »an ahel karr« (Gewicht mit einer Hand stemmen) entwickelten sich im Mittelalter aus Handwerksberufen, vor allem rund um den Bau. So war es beim Errichten von Kathedralen und Burgtürmen wichtig, lange schwere Stäbe aufstellen zu können – ohne Maschine!

Diese Geschicklichkeit und Kraft maß man dann bei den sportlichen Spielen … Und wer die bis zu 5,50 m lange Stange mit dem größten angehängten Gewicht aufrichten konnte, der erhielt als Gewinn die ehrenvolle Auszeichnung, beim nächsten Pardon das Banner tragen zu dürfen.

Die »jeux bretons« bedeuten Spaß

Seit einigen Jahren kämpft Serge Falezan mit seinem Verein »C'hoarioù Treger« darum, die fast verschwundene alte Tradition wieder aufleben zu lassen. Für ihn vermitteln solche Wettkämpfe, für die er vor allem Jugendliche zu gewinnen versucht, die Grundwerte der bretonischen Gesellschaft. Serge selbst ist seit dem Alter von zehn Jahren im bretonischen Kampfsport »Gouren« aktiv.

Diese Ringkämpfe dienten schon bei den Kelten dem gegenseitigen Kräftemessen und folgen strengen Regeln. Dabei gilt es auch, ähnlich wie bei asiatischen Kampfsportarten, dem Gegner die gebührende Achtung zu erweisen und überlieferte Grußformeln zu respektieren – natürlich in bretonischer Sprache. Im 19. Jahrhundert begeisterten sich viele Künstler und Reisende aus ganz Europa für diese Sportart, die ihnen archaisch und romantisch schien. Eine wirkliche

Wiedergeburt erlebte Gouren jedoch erst 1930, als der bretonische Arzt Charles Cotonnec den Verband »Fédération des Amis des Luttes et Sports Athlétiques Bretons« (FALSAB) gründete. Heute zählt man offiziell 1000 aktive Gouren-Sportler – mehr als 300 davon allein in den Côtes-d'Armor. An manchen Schulen kann man sogar die Sportprüfung beim Abitur im Fach Gouren ablegen.

Dagegen sind die anderen bretonischen Spiele – darunter auch eine Variante des Boule-Spiels – noch wenig sportlich organisiert und haben eher den Charakter eines großen gemeinsamen Festes für Groß und Klein, das man gegen jede Kommerzialisierung zu verteidigen gelobt. Die »jeux bretons« bedeuten Spaß, niemals fehlt die klassische »buvette«, eine improvisierte Bar. Es wird gelacht, gespielt, musiziert und getanzt. Und natürlich werden die Sieger gebührend geehrt – mit einem Pokal und einer kleinen Gewinnprämie.

Ganz nebenbei dienen die sportlichen Wettkämpfe als Brücke zwischen den Generationen, wenn Vater oder Onkel dem Sohn oder der Nichte zeigen, wie man eine lange schwere Stange am besten und möglichst rückenschonend aufrichtet. Auch das Lokalkolorit kommt nicht zu kurz. Beim Kugelstoßen etwa verwendet man (für über 18-Jährige) häufig ein sogenanntes »poids local«, das um die 12 Kilo wiegen sollte, sonst aber fast jede beliebige Form oder Konsistenz annehmen kann. Nicht selten kommen dabei Metallkugeln zum Einsatz, die einst Strafgefangene am Weglaufen hinderten. Eine besondere Form des Recyclings …

SCHATZSUCHE MIT HARKE UND EIMER

Kleine Löcher im Sand signalisieren: Hier hat sich ein Krebs vergraben.
Im Frühjahr und Herbst brechen viele Familien zum »Fußfischen« auf.

Tief schauen sie sich in die Augen, das Kind und der Taschenkrebs – der eine fasziniert von dem Wesen aus der Wasserwelt, halb kniend vor dem Spültisch, der andere Blasen produzierend und drohend seine Scheren schwenkend im Spülbeckengefängnis. Völlig unausgewogen sind die Machtverhältnisse in der Küche: Das Schicksal des Krebses ist besiegelt, »Monsieur Tourteau« wird am Abend auf dem Esstisch die Meeresfrüchteplatte zieren. In Frankreich steht essbares Meeresgetier ganz oben auf der Beliebtheitsskala: Krebse, Muscheln, Seespinnen und Meeresschnecken schmecken wunderbar zart und dürfen am Tisch – auch im Restaurant! – ganz formlos geknackt, ausgelutscht und mit den Fingern gegessen werden. Sie sorgen darüber hinaus schon vorher als Auftakt zur Mahlzeit für großen Spaß beim Finden, Fangen, Fischen.

Sobald sich das Meer bei den Springtiden im Frühling und Herbst weit zurückzieht, brechen in den bretonischen Küstenorten viele Familien gemeinsam auf zum Fußfischen, der »pêche à pied«. Bei solch einer »grande marée« , wenn Sonne und Mond mit vereinten Kräften das Wasser an sich ziehen, der Meeresspiegel binnen sechs Stunden um bis zu 15 Meter sinkt und kilometerweite Küstenstriche trocken liegen, pilgern selbst bei Sturm und Regen ganze Scharen in Richtung Ozean.

Hinterm Felsen kniet ein Fischer

Ausgerüstet mit Fangnetz, Schaufel, Harke, Eimer und Gummistiefeln zieht man los. Zum Fischen, aber auch zur Biologielektion: Eltern erklären ihren Kindern die diversen Habitate im von Löchern und Häufchen überzogenen Sand, der unzählige Würmer und Muscheln birgt. Jedes Loch dient der Luftzufuhr und kann einem Lebewesen zugeordnet werden.

Wie ein Schlüsselloch sehen etwa die Atemlöcher der Schwertmuscheln aus, die vertikal im Sand stecken und auf das Ende der Ebbe harren. Um sie aus ihrem Loch nach oben zu locken, streut man Salz auf das Atemloch und gaukelt damit der Muschel vor, die Flut komme zurück. Sie steigt nach oben, wo man sie rasch mit beiden Händen aus dem Sand zieht. Roh oder in Olivenöl angebraten schmeckt sie köstlich. Weniger appetitlich sind die zahlreichen, bei Fischern als Köder beliebten Würmer im Boden, die sich durch den Sand fressen, ihm Nährstoffe entziehen und den Rest in Form von Ringelhäufchen ausscheiden.

Überall sind bei solch einer »grande marée« Menschen am Werk: Der Sandboden wird geharkt und umgegraben auf der Suche nach Muscheln. Steine und Felsen werden gedreht und gewendet auf der Jagd nach Krebsen. Algen und Kies werden abgetastet nach darin verborgenen Meeresschnecken. Die Einheimischen wissen aus langer Erfahrung genau, wo sie fündig werden. Eifersüchtig bemüht sich jeder, die anderen in die Irre zu führen, sein Hummerloch oder seinen Krabbentümpel vor Fremden geheim zu halten.

Die auf den ersten Blick leblos wirkende Ebbelandschaft entpuppt sich bei näherem Hinsehen als vielbesuchte Speisekammer: Hinter jedem Felsblock steht oder kniet ein Fußfischer, der in ein paar Stunden seinen persönlichen köstlichen Schatz bergen wird: Krebse, Seespinnen, Muscheln, Krabben, Meeresschnecken, ein paar Algen, mit Glück einen Hummer und sogar vereinzelt Fische, die von der Ebbe überrascht wurden und in einem Tümpel auf die Rückkehr der Flut warten.

Manchmal liegen auch köstliche Jakobsmuscheln wie Ostereier hingestreut auf dem Sand. Die schwarzen Innereien wandern in den Müll, gegessen werden nur der weiße Muskel und der daran hängende rote »corail« – entweder roh mit Zitronensaft und Salz oder klassisch mit Crème fraîche in der Pfanne gedünstet.

Leicht zu finden sind Herzmuscheln. Gedünstet mit Zwiebeln, Tomaten, Knoblauch lässt sich daraus eine schmackhafte Pastasauce im Stil der italienischen »Spaghetti alle vongole« zaubern.

Schwieriger gestaltet sich die Suche nach den fast süßlichen und wie Austern roh zu genießenden Venusmuscheln, die in grobkörnigem, sehr schwerem Sand leben, und das Aufspüren von Teppichmuscheln, die wegen ihres charakteristischen Muschelfleisches auch »couilles de cheval« (»Pferdegenitalien«) heißen.

Immer härter werden die Strafen

Bei allem Meeresgetier gelten inzwischen strenge Regeln für Mindestgrößen. Bis vor wenigen Jahren gab es in den bretonischen Küstenregionen Muscheln, Meeresschnecken und Krebse im Überfluss. Sie zu fangen war früher in der traditionell armen Bretagne eine Lebensnotwendigkeit, heute ist es Freizeitvergnügen für Einheimische und Touristen. Inzwischen hat die Natur daher Nachwuchs in ausreichender Menge zu produzieren. Also entschloss sich der französische Staat, das Fußfischen zu reglementieren. Immer strenger werden die Vorschriften über die Mindestgröße, immer härter die Strafen, die von Gendarmen in Zivil gleich vor Ort verhängt werden. Um Meeresfrüchte auch für zukünftige Generationen zu erhalten, sollten umweltbewusste Fußfischer daher jeden Stein nach der Inspektion wieder in seine ursprüngliche Lage zurückdrehen, damit daran haftende Algen, Fischeier und Muschelbabies nicht in der Luft und der Sonne austrocknen.

Die »pêche à pied« ist für die Bretonen allerdings weit mehr als das bloße Sammeln von Meeresfrüchten oder ein Spaziergang auf dem Meeresboden. Es ist ein Fest, das alle Fußfischer in einer Art Verschwörung eint, in der gemeinsamen Begeisterung für die Naturgewalt, das Meer, die Luft, die Meeresfrüchte.

LAND DER STARKEN FRAUEN

Das hohe Ansehen der Weiblichkeit fängt zu Hause an: Wer eine bretonische Familie besucht, geht »chez Anne«, niemals »chez Jean«.

Frauen haben in der Bretagne schon immer eine große Rolle gespielt – auch dies ein Überbleibsel der keltischen Tradition. Wie Felszeichnungen vorchristlicher Monumente beweisen, verehrte man weibliche Gottheiten, ehe die römisch-katholische Kirche die Oberhand gewann.

Weil die Männer als Fischer oder Seeleute oft monate- oder gar jahrelang abwesend waren, konnte sich in der Bretagne das traditionelle Matriarchat vergleichsweise gut erhalten. Noch heute nennt man den Namen der Frau des Hauses, wenn man vom Heim einer Familie spricht: »chez Anne«, nicht »chez Jean«. Dagegen hält sich in der französischen Oberschicht hartnäckig der Brauch, eine Ehefrau als »Madame Jean Dupont« zu bezeichnen, also Vor- und Nachnamen des Ehemannes auf sie zu übertragen.

In der Bretagne jedoch hatten die Ehemänner nicht viel zu sagen im Alltagsleben, wenn sie denn auf Heimaturlaub weilten. Manchmal wurden sie dazu verdonnert, in der Ecke zu sitzen und zu stricken, um nicht im Weg zu stehen. Auf der Insel Ouessant beispielsweise bauten Frauen die Straßen und Häuser, bearbeiteten die Felder, führten das Regiment in Küche und Lokalpolitik.

Auch die berühmteste Herrscherfigur der Bretagne war eine Frau: Anne de Bretagne. Ihr gelang es, trotz Verrat durch die bretonischen Barone, die sich an den französischen König verkauft hatten, die Unabhängigkeit ihres Herzogtums zu erhalten. Zeitzeugen zufolge war diese faszinierende junge Frau eine hervorragende Strategin, konnte sich daneben aber auch begeistern für Mode, Musik, italienische Malerei und die Entdeckungen von Christoph Kolumbus. Ein venezianischer Botschafter beschrieb sie im Jahr 1492 folgendermaßen: »Sie weiß genau, was sie will ... und erreicht alles, was sie sich in den Kopf gesetzt hat.«

Von der Magd zur Millionärin

Dieselbe sprichwörtlich bretonische Dickköpfigkeit verhalf auch einer anderen lokalen Berühmtheit zu einem fast märchenhaften Lebensweg: Wie viele Mädchen träumte die 1869 geborene arme Müllerstochter Marie Louise (Mai) Le Manac'h davon, einst als Prinzessin in einem richtigen Schloss zu leben. So wie die reichen Herrschaften des Château de Coat-an-Noz in ihrem Geburtsort Belle-Isle-en-Terre, denen sie im Auftrag ihres Vaters Mehl und Eier brachte. Mit 18 verlässt sie ihre Heimat, um – wie damals für Töchter armer Familien üblich – in der Hauptstadt Paris Geld zu verdienen. Als Dienstmagd, Blumenmädchen oder vielleicht auch als Bardame, ja Kurtisane ... Ein Pariser Gericht verurteilt sie jedenfalls 1893 zu zwei Monaten Gefängnis wegen schamlosen Verhaltens. Irgendwie gelang es ihr, den wohlhabenden Londoner Obst- und Gemüsegroßhändler

Arm geboren, reich geheiratet: »Lady Mond«
zeigte sich als großzügige Mäzenin.

Belle-Isle-en-Terre. Ihr Klein-
mädchentraum wird wahr. Für ihre Heimat finanziert sie nun ein
neues Rathaus, dazu Postgebäu-
de, Gendarmerie und Festsaal,
unterstützt die bretonischen Sportarten und andere keltische Traditionen. Getreu ihrer Maxime, »wie
ein Prinz zu leben, aber nie zu
vergessen, woher man kommt«.

Nach einem mondänen Ehe-
leben zwischen Paris, Dinard,
Belle-Isle-en-Terre und anderswo
lässt sich »Lady Mond« schließlich
für ihre alten Tage in ihrem Geburtsort, auf dem Grundstück der
väterlichen Mühle, ein neues
Schloss bauen: »Castel Mond«, wo
sie – nach der Verhaftung durch
die deutsche Besatzungsmacht
und einem monatelang währen-
den Gefängnisaufenthalt in Guingamp – am 21. November 1949
im Alter von 80 Jahren stirbt.

Einige Jahrzehnte nach Lady Mond
begann auch die Schriftstellerin Maryvonne Fagueret, die sich lieber Yannick
nennt, ihr Leben als armes Bretonen-
mädchen. »Liberté«, Freiheit – die schätz-
te sie schon immer besonders. Die großen
Augen strahlen, wenn sie von ihrer Kindheit auf der Halbinsel Île-Tudy erzählt:
Sie war das älteste von acht Kindern, die
sich in einem winzigen Haus drängten,
in dem es weder Strom noch fließendes
Wasser gab ... und oft auch nichts zu essen, wenn der Vater bei Sturm nicht aufs
Meer hinausfahren konnte zum Fischen.

Das alles tat ihrer Lebensfreude keinerlei Abbruch. Sie schöpfte Kraft und

Simon Gugenheim für sich einzunehmen.
Im Alter von 23 Jahren wird sie seine
Ehefrau ... und kurz darauf seine Witwe.

Dank des beträchtlichen Erbes – und
einer Liaison mit dem spanischen Erb-
prinzen Antoine d'Orléans – führt sie ein
Luxusleben zwischen Paris, London und
der Côte d'Azur, gewinnt durch Schönheit und Geisteswitz die Anerkennung
von »tout Paris« und ganz London. Darunter auch Robert Mond, »König des
Nickels«, Ägyptologe, Kunstmäzen und
später auch Lord. 1921 fand ihre Hochzeit
statt. Und 1929 kauft er ihr zum 60. Ge-
burtstag das Schloss Coat-an-Noz in

Yannick-Yane Jégou sichert sich mit ihren biografischen Erzählungen viele treue Leser.

gen und ließ sich bewundern. Als sie dann wie so viele von ihrer verhärmten Mutter als Mädchen für alles oder »bonne à tout faire« in eine Bürgerfamilie nach Paris geschickt wurde, nahm sie sich die Freiheit, aus dem Haushalt der bösen Herrschaften auszureißen. Frei und zigeunerhaft lebte sie von der Straßenmalerei, teilte ein Bohème-Appartement mit anderen mittellosen Künstlern, darunter späteren Berühmtheiten wie Françoise Sagan oder Georges Moustaki.

Im Rentenalter hat sie nun ihr Leben nach vielen arbeitsreichen Jahren als Pflegemutter von 23 Kindern in Romanform gebracht und veröffentlicht. Seither ist sie ein lokaler Star. Der vierte Roman ist gerade erschienen, eine Sammlung ihrer Gedichte kam durch einen deutschen Professor an der Universität von Düsseldorf zu literaturwissenschaftlichen Ehren. Und ein Chansonsänger vertonte einfühlsam und erfolgreich ihre sehr persönlichen poetischen Liedtexte. Die Augen werden also weiter strahlen, schließlich hat Yannick vor, noch einige Jahre die guten Seiten des Lebens ausgiebig zu genießen und die schlechten mit viel Ironie und Witz erträglich zu gestalten.

So unterschiedlich im Einzelnen diese drei Frauenschicksale aus drei verschiedenen Epochen auch sein mögen, sie alle zeugen vom starken Charakter, von der Großzügigkeit und auch Heimatverbundenheit der bretonischen Frauen.

Energie aus dem Meer und seiner Unendlichkeit, entkam den strengen Eltern und frühen Pflichten, indem sie am Strand unter den Booten Unterschlupf und Zuflucht fand. Selbst die 16-stündige Arbeit in der Konservenfabrik im zarten Alter von elf Jahren konnte sie nicht brechen, war sie doch der Liebling aller älteren Arbeiterinnen, tanzte auf den Fischber-

DAS MEER IM HERZEN

Die Marine leistet sich den Luxus offizieller Hauskünstler. Seit 2005 hat die in der Bretagne lebende britische Malerin Anne Smith diesen Status.

Wenn Anne Smith in offizieller Mission unterwegs ist und britischen Landsleuten begegnet, staunen diese nicht schlecht über ihre französische Uniform. Als »Peintre de la Marine« genießt die in London geborene Malerin in Frankreich Offiziersstatus, vor allem aber das Privileg, auf Schiffen der französischen Kriegsmarine mitfahren zu dürfen – zu Zielen rund um den Globus. An Bord ist sie freigestellt von den üblichen Seemannspflichten und kann sich so ausschließlich ihrer Kunst widmen. Auf diese Weise entstehen – wenn der Wellengang es erlaubt – Gemälde, die das Universum der Marine illustrieren: Bilder von fernen oder nahen Landschaften, vom Meer, von Häfen und Werften, von Fauna und Flora, vom Leben an Bord.

Malen bei Wellengang

Die Idee, Künstler in den militärischen Dienst zu integrieren, geht auf Kardinal Richelieu, den Ersten Minister König Ludwigs XIII., zurück. Ihr offizieller Status wurde jedoch erst 1830 etabliert und mit der Aufgabe verbunden, künstlerisch Zeugnis abzulegen von bedeutenden historischen Ereignissen. Auch heute sind die »POMs« (»Peintres Officiels de la Marine«) Mitglieder der französischen Armee, haben aber bei der Themenwahl freie Hand. Viele schätzen es, an Bord der Marineschiffe abseits liegende Landschaften und Kulturen zu entdecken und unbe-

schränkten Zugang zu den militärischen Anlagen zu genießen. Am Anker neben der Signatur erkennt man die Werke der ausgewählten Maler, Bildhauer und Fotografen. Alle drei Jahre entscheidet eine Jury, welches der 40 POM-Mitglieder weiterhin im exklusiven Club bleiben darf und wer einem neuen Mitglied weichen muss. Wichtigste Voraussetzung: »das Meer im Herzen zu tragen und seine Farben in den Augen zu spiegeln«.

Ferne Kulturen sehen

Mit roten Locken, strahlendem Lächeln und ihrem britischen Akzent entspricht Anne Smith sicher nicht dem Bild, das man sich gewöhnlich von Marinemalern macht. Aber sie hat durch Heirat auch die französische Staatsangehörigkeit erworben, interessierte sich außerdem schon immer ganz besonders für »männliche« Themen wie Schiffsbau, Werften oder Hafenanlagen und hat ihre Werke mehrfach im angesehenen Pariser Marinemuseum ausgestellt.

So entschied die Jury im Jahr 2005, sie als dritte Frau (und erste gebürtige Britin) in den illustren Kreis der »Peintres de la Marine« aufzunehmen ... Vielleicht auch, um dem nun dank der europäischen Einigung verbrüderten Erzfeind ein Schnippchen zu schlagen und der Royal Navy die zumindest kulturelle Überlegenheit der französischen Marine vor Augen zu führen.

ARTUS LÄDT ZUR TAFELRUNDE

Die bretonischen Sagen und Legenden sind weltbekannt – von hier stammt nicht nur der Stoff zur Tragödie von Tristan und Isolde.

Artus und Lancelot, Viviane und Merlin … die Bretagne ist reich an legendären Persönlichkeiten, die Dichter, Komponisten und Maler inspiriert haben. Hinzu gesellen sich unzählige Geschichten von Zwergen und Kobolden, von Riesen, Gespenstern, guten und bösen Feen, von Geisterschiffen und Meerjungfrauen, von wundertätigen Quellen und mysteriösen Ruinen.

In der mystischen Landschaft des Forêt de Brocéliande im Landesinnern scheint die berühmte Sage von König Artus und seiner Tafelrunde ganz reell und nah: Die Ritter der Tafelrunde suchen nach dem Gral – nach christlicher Auslegung der Abendmahlskelch, der das Blut Jesu aufnahm, nach keltischer Tradition der Kessel mit dem Zaubertrank, in dem man in der Schlacht gefallene Krieger zu neuem Leben erweckte. Bei ihren Abenteuern bemühen sich die Ritter redlich, allen Versuchungen zum Trotz auf dem Pfad der Tugend zu bleiben, tapfer für Gott, Ehre, den König oder ihre Edelfrau zu kämpfen.

Artus, schon im 7. Jahrhundert ein berühmter keltischer Held, leitete die Suche nach dem Gral. Er wuchs beim Magier Merlin auf, zog mit 16 Jahren das Zauberschwert Excalibur aus einem Amboss und wurde so zum Herrscher über die große und kleine Bretagne (also Großbritannien und Bretagne). Artus versammelte regelmäßig die zwölf tapfersten Ritter an seiner berühmten Tafel.

Eine wichtige Rolle spielt auch Merlin (alias Myrdinn). Er wurde als Sohn des Teufels und einer Priesterin in der Nähe des Schlosses von Comper geboren und setzte seine Zauberkraft stets zum Guten ein. Seiner Geliebten Viviane baute er einen Unterwasserpalast aus Kristall, verriet ihr außerdem alle Geheimnisse der

Zauberei – darunter auch, wie sie einen Mann für immer an sich binden könnte. Die Versuchung war zu groß ... Als Merlin im Kristallpalast schlummerte, legte Viviane einen Zauber über ihren Geliebten, sodass sich der beim Erwachen von neun Zauberringen eingeschlossen fand, die nur Viviane durchbrechen konnte.

Flucht ins Tal ohne Wiederkehr

Hohe Achtung genießt die Fee Morgane (in der Bretagne ein sehr beliebter Mädchenname), die »Meergeborene« (bretonisch: mor = Meer; gan = Geburt). Sie war eine Halbschwester von König Artus und wurde von Merlin in die Kunst der Zauberei eingeweiht. Weil König Artus sich ihrer Magie nicht unterwerfen wollte, blieben sich die beiden lange feindlich gesinnt. Doch nach dem Tod des Halbbruders brachte sie seinen Leichnam auf die Insel Avalon, ins Paradies der Kelten, wo sie seither über ihn wacht. Aus Rache an der Männerwelt beschloss sie, alle Ritter, die ihrer Herzensdame untreu wurden, in einem friedlichen Tal im Wald Brocéliande einzusperren. Aus dem »val sans retour« (Tal ohne Wiederkehr) gab es kein Entkommen ... bis Lancelot schließlich die Gefangenen befreite.

Neben Artus ist Lancelot unbestritten Star der alten Sage. Er gilt als einer der edelsten Ritter der Tafelrunde. Der Sohn eines bretonischen Königs wurde von der Fee Viviane in ihrem Kristallpalast auf dem Grund des Sees großgezogen. Später verliebte er sich unglücklicherweise ausgerechnet in Ginevra, die Frau von König Artus. Diese schuldbehaftete Liebesbeziehung verursachte zahlreiche Konflikte.

Für romantische Liebesgeschichten mit tragischem Touch scheint die Bretagne prädestiniert. Auch die aus Oper und Literatur berühmte Beziehung zwischen Tristan und Isolde ist voller Liebe, Schmerz, Eifersucht und Rivalität. Schauplatz ist die südbretonische Landspitze Penmarc'h im alten Königreich Cornouaille: Im Auftrag des Königs, seines Onkels Marke, reist Tristan nach Irland, um dessen Braut Isolde in die Bretagne zu holen. Auf dem

Die Fee Morgane rächt im Wald von Brocéliande alle betrogenen Frauen.

Schiff trinken Tristan und Isolde versehentlich den Minnetrank, der die beiden auf ewig aneinander bindet. Nachdem Marke ihren Ehebruch aufdeckt, trennen sich Tristan und Isolde: Sie bleibt bei ihrem Gatten, er heiratet eine andere.

Doch als Tristan im Kampf schwer verletzt wird, schickt er nach Isolde, seiner ewigen Liebe, die ihn als Einzige zu heilen vermag. Ein weißes Segel am Schiffsmast sollte ihre Ankunft ankündigen. Doch die eifersüchtige Ehefrau Tristans berichtet ihm fälscherlicherweise von einem schwarzen Segel. Tristan stirbt aus Schmerz, Isolde folgt ihm in den Tod, sodass sie letztlich doch vereint wurden.

Untergang von Ys

Natürlich ging es in der Bretagne nie ausschließlich um Liebe, sondern wie überall auch um Macht und Reichtum. Zeiten des Wohlstands und der Armut wechselten hier vielleicht noch häufiger als anderswo. Die Menschen suchten Trost in Legenden von untergegangenen, sagenhaft reichen Städten wie der Sage von Ys: Der verwitwete König Gradlon (Grallon Meur) herrschte über Cornouaille (heute südliches Finistère) und liebte seine Tochter Dahut abgöttisch. Für sie ließ er die unter dem Meeresspiegel liegende, von Deichen und einem Schleusentor geschützte, wunderschöne Stadt Ys bauen, in der Wohlstand, Freiheit und Lebensfreude herrschten. Dahut ließ jeden Abend einen neuen Liebhaber zu sich in den Palast kommen und ihn am folgenden Morgen töten. Als verführerischer Prinz verkleidet stellte sich dort auch der Teufel selbst vor. Dahut erlag

seinem Charme und vertraute ihm den Schlüssel für die Schleusen an. Natürlich öffnete der böse Teufel die Schleusentore, sodass innerhalb kürzester Zeit Stadt und Einwohner in den eindringenden Fluten untergingen. Fischer aus Douarnenez behaupten, bei ruhiger See bisweilen noch Glockengeläut aus den Tiefen des Meeres zu hören … und manch einer hofft, dass die versunkene Stadt Ys eines Tages schöner und bezaubernder denn je aus den Fluten auftauchen wird.

Auch die bretonische Figur des Todes »Ankou« gehört ins Reich der Legenden, bleibt aber bis heute präsent im Volksglauben. Einige Dörfer feiern gar statt Halloween an Allerheiligen Ankou, der mit seinem schwarzen, breitkrempigen Hut und mit einer umgekehrten Sense in der rechten Hand auf einem klapprigen quietschenden Karren durch die Gegend zieht und den berüchtigten, lichtlosen »schwarzen Monat« November einläutet. Eigentlich sollte man Ankou lieber nicht begegnen. Denn wer ihn je getroffen hat, der ward nie wieder von einer lebenden Seele gesehen. Zahlreiche Geschichten ranken sich um diese gnadenlose Figur, die jeden einmal holen wird aus dieser Welt. Mahnend warnen in einigen Kapellen entsprechende Sklupturen vor einem Lebenswandel, der dem Tod nicht gebührenden Respekt zollt. Auch die Gestalt des Ankou vereint in sich christliche und keltische Elemente in der für die Bretagne typischen Art und Weise.

Ankou, der bretonischen Verkörperung des Todes, wird an Allerheiligen gedacht.

ZU GAST IN DER BRETAGNE

Stilvoll logieren, gepflegt speisen, teilhaben an den Besonderheiten der Region: Die Bretagne erfüllt alle Voraussetzungen für einen gelungenen Urlaub. Ein wenig Planung in den Monaten Juli und August kann dabei nicht schaden. Denn dann machen die Franzosen Urlaub, bevorzugt im eigenen Land.

Gastgeber im »Jardin Gourmand« (S. 226): das Ehepaar Beauvais (r. u.) aus Lorient

In dem kleinen, feinen »Hôtel de la Vinotière« in Le Conquet (S. 268) haben alle Zimmer
Namen: Unter dem Dach schläft es sich im »Le Lieu« fast wie zu Hause.

GRAND PRIX DE LA CHAMBRE

Zum Tipp für gepflegte Gastlichkeit entwickeln sich »chambres d'hôtes« – Häuser mit weniger als sieben Zimmern. Darunter fallen zum Beispiel auch ehemalige Gutshöfe. Nicht immer ganz billig, aber schön gestaltet.

Vom Luxushotel mit privatem Spa bis zum Ein-Stern-Hotel reicht das Spektrum. Und jede Kategorie hat durchaus ihren Charme – vorausgesetzt, das Wetter spielt mit. Da in dieser Beziehung nichts so sicher ist wie der Wechsel, empfiehlt sich in der Bretagne doch eher eine komfortable Unterkunft, wo man sich auch bei Sturm oder Regen wohlfühlt.

Übrigens gelten die angegebenen Preise in Frankreich fast immer für das Zimmer, egal ob man allein oder zu zweit übernachtet. Erst ab der dritten Person (und einem zusätzlichen Bett) fällt ein Aufpreis an. Zu präzisieren ist, ob man sich ein großes Bett teilen will (»grand lit«) oder zwei getrennte Betten bevorzugt (»deux lits«).

Übernachten mit Stil

Die Hotels sind entsprechend dem gebotenen Standard in vier Kategorien eingeteilt, die an einem bis vier Sternen bzw. »étoiles« zu erkennen sind (nicht zu verwechseln mit den »Sternen« des Gastroführers »Guide Michelin«). Unterkünfte mit lediglich einem Stern bieten nur rudimentäre Anlagen; zum Übernachten mit Komfort, jedoch ohne große Ansprüche genügt ein Zwei-Sterne-Hotel (meist um die 60 bis 90 Euro). Sehr edel präsentieren sich dagegen Drei-Sterne-Hotels, und echten Luxus bieten dann die Vier-Sterne-Häuser (150 Euro und mehr).

ZUR ORIENTIERUNG

Die Aufschlüsselung unseres Preisklassensystems nach Punkten von ●●●● bis ● steht im Inhaltsverzeichnis auf Seite 5. Empfehlenswerte Adressen finden Sie jeweils bei den Orten im Kapitel »Unterwegs« ab Seite 104.

Die Hotels der oberen Kategorie (mit drei oder vier Sternen) liegen fast durchwegs in traumhafter Landschaft – am Meer, über einem Fluss oder in keltisch-mystischer Wald- und Wiesenumgebung. Oftmals können die Häuser zurückblicken auf eine ereignis- und anekdotenreiche Geschichte als Schlösser, Burgen, Landhäuser oder Ferienvillen wohlhabender Städter – wovon die Besitzer auf Nachfrage sicher gern erzählen.

Überall steht das »bien-être«, also das Wohlbefinden der Gäste, an erster Stelle. Nirgends herrscht Krawattenzwang oder eine sonstwie geartete strenge Kleiderordnung. Leger geht es meistens zu – schließlich stehen vielerorts Sport und Wellness an oberster Stelle, ob Segeln, Golf, Reiten, Thalasso oder anderes.

Moderne Hoteliers sind bemüht, den Gästen ein angenehmes Heimatgefühl zu vermitteln. Kleine Salons mit Büchern und Brettspielen, das Bereitstellen von Strandausstattung und Sportgeräten, vor allem aber die wachsende Zahl von Familienzimmern oder -suiten soll Bretagne-Urlauber davon überzeugen, dass ein Hotelaufenthalt auch mit Kindern möglich ist – und damit den Trend der letzten Jahre zu Ferienwohnungen und Ferienhäusern bremsen.

Denn vor allem dank der Verbreitung des Internets ist es jedem auch mit wenig Kontakten und beschränkten Sprachkenntnissen möglich, in der Bretagne eines der zahlreichen Ferienhäuser zu buchen – zur Hochsaison, Mitte Juli bis Mitte August, zu überteuerten Preisen, sonst aber zu sehr moderaten Tarifen. Grund dafür ist die seit Jahren andauernde, weit verbreitete Mode der Franzosen, sich schon in relativ jungen Jahren als Alterssitz ein Ferienhaus am Meer zu kaufen, dieses ab und zu für den privaten Urlaub zu nutzen, sonst aber zu vermieten.

Zimmersuche vor Ort

Das Angebot ist dementsprechend riesengroß. Wer nicht selbst im Internet suchen möchte, der wende sich an die lokalen oder regionalen Tourismusbüros, die mit diversen Labels eine gewisse Ordnung und Qualität in die Palette zu bringen versuchen. Etwas komplizierter, unter Umständen jedoch preiswerter kann es sein, bei den Gemeinden direkt nach einer Liste mit Mietwohnungen und -häusern zu fragen – normalerweise ist die »mairie«, das Rathaus, dafür zuständig. Fremdenverkehrsämter (»Office de tourisme« in größeren, »Syndicat d'initi-

ative« in kleineren Orten) helfen auch bei der Suche nach Gästezimmern alias »bed and breakfast« alias »chambres d'hôtes«.

Und in dieser Sparte sind sicher die größten Veränderungen festzustellen: Was früher für den kleinen Geldbeutel bestimmt war, entwickelt sich immer mehr zur Luxuskategorie. Denn nach französischem Gesetz gelten grundsätzlich alle Etablissements mit weniger als sieben Zimmern als »chambres d'hôtes« – also zahlreiche Landschlösschen, Gutshöfe, Ferienvillen. Am besten fragt man

Auch manche Pension bietet Urlaubern viel Komfort. Die O'Briens in Huelgoat etwa servieren Tee im Gästesalon.

sind sehr häufig auch Müsli, Joghurt, Obst und Käse oder Wurst im Angebot.

Familienpensionen

Bei einigen »chambres d'hôtes« bekommt man neben dem im Preis inbegriffenen Frühstück auf Bestellung auch ein Abendessen: Im Katalog steht dann »table d'hôte«. Und je nach Kochkunst der Hausfrau und Vermieterin bzw. Gastmutter kann man auf diese Art köstlich speisen – für rund 25 Euro inklusive Aperitif, Wein und Kaffee; und erfährt nebenher auch noch eine ganze Menge über französische Ess- und Wohnkultur. Denn etwas Familienanschluss ist bei dieser Art der Unterbringung meist dabei, selbst wenn die Tendenz zu Einzeltischen und hotelähnlich anonymem Betrieb geht.

nach einem Prospekt der Region, in die man reisen möchte, um die Liste der Gästezimmer zu studieren und sich die »Perlen« herauszufischen. Diese wahren Mini-Luxushotels bieten häufig den Service und den Komfort eines großen Hotels – manchmal gar mit Spa oder Pool, oft mit kleinem Park oder Garten, dazu Frühstück im Preis inbegriffen ...

Auch wenn das typische französische Frühstück nach wie vor nur aus Brot, Croissants, Butter, Konfitüre und Kaffee oder Tee besteht: Auf Frühstücksbuffets

Bei der Auswahl der richtigen Unterkunft können spezielle »labels« hilfreich sein, die etwas über den Stil des Quartiers verraten, also Kategorien wie »hôtel de charme«, »bienvenue au château« u. a. – wobei die interessantesten und typischsten wohl die folgenden Gruppierungen sind: »les pieds dans l'eau« – Hotels direkt am Meer (»die Füße im Wasser«); »Relais & Châteaux« – durchwegs edle Hotels in schlossartigen Gebäuden; und »Relais du Silence« – besonders ruhig gelegene Luxushotels.

Feinschmecker loben die frischen Produkte der Region: Gemüse, Äpfel, Erdbeeren und natürlich Fische und Meeresfrüchte. Die Familie von Yvon Madec züchtet seit 1898 in Lannilis Austern.

BRUST ODER KEULE

Im gleichnamigen Film nahm Louis de Funès einst die Krise der französischen Esskultur vorweg. Doch die ist längst überwunden. Die Franzosen frönen wieder ihrer Lieblingsbeschäftigung: Essen – und darüber reden.

Wer es nie erlebt hat, der mag es vielleicht nicht glauben: Aber Franzosen reden beim Essen wortreich und engagiert fast ausschließlich über das Essen – und ausnahmsweise halten es die Bretonen bei den Mahlzeiten wie ihre nicht-keltischen Landsleute. Tischgespräche drehen sich in durchaus unterhaltsamer Form darum, was man heute, gestern, vorgestern, beim letzten Familienfest zu sich genommen hat, was man morgen, übermorgen, an Weihnachten zu verzehren gedenkt, mit wem man zu speisen bevorzugt und in welchem Ambiente. Wie man persönlich die Gerichte auf der Speisekarte zubereitet, wo man am besten speist im Ort, in der Umgebung, in Frankreich, Europa, der Welt (wobei die Antwort – natürlich – lauten muss: in Frankreich bzw. in der Bretagne).

Dabei hatte die Bretagne lange keinen guten Ruf bei Feinschmeckern. Die waren zwar des Lobes voll für die frischen Produkte dieser Region, die dank Algendüngung und Golfstromklima besonders feinen Gemüse, die knackigen Äpfel und die aromatischen Erdbeeren (»fraises de Plougastel«), die im kühlen, sauberen Atlantik hervorragend gedeihenden Fische und Meeresfrüchte ... Aber bei der Zubereitung mangelte es ihrer Meinung nach oft an Kunstfertigkeit und Fantasie. In den letzten zehn, zwanzig Jahren hat sich dies allerdings grundlegend geändert.

ZUR ORIENTIERUNG

Die Aufschlüsselung unseres Preisklassensystems nach Punkten von ●●●● bis ● steht im Inhaltsverzeichnis auf Seite 5. Empfehlenswerte Adressen finden Sie bei den jeweiligen Orten im Kapitel »Unterwegs« ab Seite 104. Im »Spezial« auf S. 86/87 stellen wir die Bedeutung der Jakobsmuschel für die Küche der Bretagne vor.

Zahlreiche Restaurants schmücken sich mit Sternen des Gourmetführers »Michelin«, zudem ist nun eine neue Generation von Köchen, Wirten und Hotelbesitzern am Ruder und versucht – oft mit Erfolg –, frischen Wind in die traditionelle Gastronomie zu bringen.

Französische Esskultur

In Frankreich öffnen Restaurants meist nur zur Essenszeit, also mittags zwischen 12 und 15 Uhr, abends ab 19.30 Uhr. Die Ausnahme sind Bistros und Brasserien sowie natürlich die Fast-Food-Ketten, wo man rund um die Uhr warme und kalte Gerichte bestellen kann.

Fast immer bieten Restaurants mehrere drei-, vier- oder fünfgängige Menüs an – in der Regel preiswerter als »à la carte« –, inzwischen haben sich auch sogenannte »formules« durchgesetzt, die aus zwei Gängen bestehen, wobei dem Gast überlassen bleibt, ob er oder sie lieber Vorspeise und Hauptspeise oder Hauptspeise plus Dessert wählt. Ein Körbchen Brot und ein Krug mit Leitungswasser (»carafe d'eau«) sind im Preis enthalten und werden auf Nachfrage kostenlos nachgefüllt. Zahlreiche Gourmetführer helfen bei der Auswahl gastronomischer Restaurants – berühmt und von manchen als »Bibel« bezeichnet sind der rote »Guide Michelin« sowie »Gault Millau«.

Doch Essen wird in Frankreich mindestens genauso kompliziert dekliniert wie deutsche Substantive. Zu unterscheiden ist einmal zwischen Arbeiterrestaurants (»ouvrier«), der bürgerlichen Küche (»traditionnel«) und hoher Kochkunst geweihten Lokalen (»restaurant gastronomique«). Dem Anspruch entsprechend variieren auch die Preise.

Noch immer ein Tipp für einfache und preiswerte, in der Regel aber hervorragende Hausmannskost sind die Arbei-

terrestaurants oder »routiers« – auf Anhieb zu erkennen an den vielen kleinen Lieferwagen, die pünktlich ab 12 Uhr rundherum parken. Inmitten der Stammkunden – meist Handwerker, Fahrer, Arbeiter – isst man da in einfachem, auch mal lautstarkem Ambiente für 10 bis 15 Euro (meist inklusive Wein und Kaffee).

Für das gepflegte Ambiente, vor allem aber die zelebrierte Zubereitung und Präsentation in Gourmetlokalen sind mindestens 40 Euro für ein Menü einzuplanen, dazu ein vom Sommelier empfohlener Wein, der leicht genauso teuer sein kann. Im großen Feld zwischen diesen Extremen ist alles möglich: Bei Preisen von meist 20 bis 50 Euro für ein dreigängiges Menü erlebt man manchmal Enttäuschungen, manchmal erstaunlich positive Überraschungen, oft schlichtweg

Einen guten Ruf genießt die Crêperie »La Cancalaise« in Cancale. Hier war Claude Chabrol Stammgast, als er »Die Farbe der Lüge« drehte.

gute Hausmannskost. Die Qualität dieser »normalen« Restaurants, in denen man mit Familie, Kollegen oder Geschäftspartnern speist und einfach nur ein gutes Essen erwartet, hat in den letzten Jahren insgesamt zugenommen, nach einer eher deprimierenden Phase in den 1980er- und 1990er-Jahren, als Tiefkühltruhe und Mikrowelle die wichtigsten Küchengeräte zu sein schienen.

Immer beliebter sind kleine Restaurants, Bistros oder »salons de thé«, wo man eine salzige oder süße Kleinigkeit zu sich nimmt bei einem Glas Wein (einem »pichet«, einem viertel oder halben Liter preiswerten Weines) oder Bier. Auch Franzosen ist es heute oft zu viel, zweimal am Tag ein ganzes Menü zu verspeisen.

Crêpes für den kleinen Hunger

Wer in der Bretagne vom Essen spricht, kommt natürlich nicht vorbei an den zahllosen Crêperies, die unter demselben Oberbegriff qualitativ höchst unterschiedliche Crêpes (süß, Desserts) und Galettes (salzig, Hauptspeisen) servieren. Um auf diesem heiß umkämpften Markt ein wenig Ordnung zu schaffen, wurde ein Gütesiegel eingeführt: »Crêperie Gourmande« dürfen sich nur die Lokale nennen, die aus frischen Zutaten und von Hand mindestens acht Monate im Jahr die dünnen Pfannkuchen backen.

Übrigens lieben die Franzosen Gütesiegel und systematische Einteilungen, sind sie – unter dem Deckmäntelchen romanischer Leichtigkeit – doch zutiefst geprägt von der jahrhundertelangen Tradition der alles überwachenden und kontrollierenden staatlichen Hand.

Natürlich macht die Labelmanie manchmal durchaus Sinn. So krönt die Tourismusbehörde seit den 1990er-Jahren mit dem Siegel »Tables et Saveurs de Bretagne« jährlich die 40 besten Küchenchefs der Bretagne und empfiehlt seit 1997 als »Restaurants du Terroir« 60 Lokale, die Menüs auf Basis fast nur bretonischer Produkte anbieten.

Auf der »Route des Saveurs« finden Reisende kleinere Restaurants mit regionaltypischen Gerichten und lokale Produzenten, die sich durch besondere Qualität auszeichnen und deren Betriebe oftmals auch zu besichtigen sind.

Das Gütesiegel »Authentique plateau de fruits de mer frais bretons« garantiert einen nicht überteuerten Meeresfrüchteteller mit frischen Muscheln und Schalentieren aus der Umgebung, nicht etwa mit aus Kanada importiertem Hummer.

Sehr sinnvoll ist das Label »Cafés de Pays« (seit 2007). Wer wirklich Lokalkolorit schnuppern mag, der findet hier gemütliche Kneipen, wo sich Einheimische treffen, aber Fremde herzlich willkommen sind. Dort gibt es Broschüren, anhand derer sich jeder über den Ort und dessen Geschichte informieren kann. Für das leibliche Wohl sorgen Produkte aus der Umgebung, die man gern vor Ort probieren darf oder aber beim Bauern »nebenan« käuflich erwerben kann. Diese Bistros organisieren häufig auch kulturelle Veranstaltungen, Konzerte, Ausstellungen oder Erzählabende.

Die Liste aller »Cafés de Pays« und der anderen durch Gütesiegel der Tourismusbehörde geadelten Lokale sind zu finden auf www.tourismebretagne.com.

KÖNIGIN DER MEERESFRÜCHTE

Handtellergroß muss sie sein, fein gerillt und in edlem Weiß oder Beige – die Jakobsmuschel ist eine Delikatesse der Bretagne.

Die Rolle des exklusiven, begehrten und teuren Stars überlässt sie vornehm dem Hummer, doch unbestritten ist sie die eigentliche Königin der Meeresfrüchte: die Kamm- oder Jakobsmuschel alias »Coquille Saint-Jacques«.

Schon ihre äußere Form zeugt von Prestige: einem Fächer nicht unähnlich, in edlem Weiß oder Beige, handtellergroß und fein gerillt. Nicht weiter erstaunlich, dass ihre charakteristische Schale in aller Welt vor allem als Markenzeichen eines großen Mineralölkonzerns und als Symbol einer Wallfahrt bekannt wurde. Weniger bekannt war

lange, dass ihr feines zartes Muskelfleisch zu den köstlichsten Delikatessen zählt.

Heilig gesprochen wurde die Coquille Saint-Jacques jedoch nicht wegen ihres kulinarischen Wertes, sondern weil sie den Pilgern auf dem Weg zum Grab des heiligen Jakobus im spanischen Santiago de Compostela als Abzeichen diente. Wie europaweit diverse archäologische Funde aus dem 12. und 13. Jahrhundert beweisen, brachten Wallfahrer sie schon im Mittelalter als Souvenir mit. Auf dem Heimweg trugen sie die untere, stärker gewölbte Muschelhälfte an ihrer Kleidung befestigt und machten dieses Zeichen damit in ganz Europa publik.

Strenge Regeln für den Fang

Natürlich hat die Jakobsmuschel Werbung eigentlich nicht nötig. Wer einmal das zarte Muskelfleisch probiert hat, der bleibt ihr treu und wird immer versuchen, sich die Köstlichkeit zu besorgen. Allerdings nur frisch, denn beim Tiefgefrieren geht viel an Geschmack verloren. Und damit beginnen die Komplikationen. Denn die »Königin der Meeresfrüchte« fühlt sich nur an wenigen Stellen wohl – ganz besonders in sandreichen Buchten wie beispielsweise der Baie de Saint-Brieuc an der bretonischen Nordküste, wo sie lange überfischt wurde. Heute ist der Fang streng

Der Fang der Schalentiere ist stark reglementiert. Für André Thierry (l.) lohnt er nicht mehr: Er hat sein Boot inzwischen verschrottet.

Objekt der Begierde, fang-
frisch ab Ende Oktober: die Jakobsmuschel

regle-
mentiert: Zwischen
Oktober und März dürfen ausschließlich
lizenzierte Fischerboote diese Meeresfrüchte
nur zweimal in der Woche und jeweils nur
45 Minuten in sehr begrenzter Menge mit
riesigen Kämmen, die den Meeresboden
rechen, einsammeln und an Land bringen.
Dabei gilt ein vorgeschriebener Mindest-
durchmesser von etwas mehr als zehn Zen-
timetern. Mit Boot und Flugzeug wird das
Ganze übrigens genauestens überwacht.

Auch Privatpersonen und Urlauber dürfen die Coquille Saint-Jacques an der Nordküste der Bretagne fischen – sei es als
Muschelsammler bei Ebbe, sei es als Taucher
(allerdings nur ohne Atemgerät). Auf 30
Jakobsmuscheln pro Person und Termin ist
die Beute in der Bucht von Saint-Brieuc
begrenzt. Sehr oft muss man kräftig mit der
Schaufel graben, will man sich diese beliebten Sandbewohner verdienen.

Weitaus leichter ist es, die während der
Saison in der Bretagne überall auf Märkten
und in Geschäften erhältlichen Coquilles
Saint-Jacques fangfrisch zu kaufen. Für das

Öffnen der Schale sind biologische Kenntnisse von Nutzen, um das Messer genau an
der richtigen Stelle des Schließmuskels anzu-
setzen. Die schwarzbraunen Innereien wandern in den Müll (oder in den Hühnerstall),
gekocht und gegessen werden nur der weiße
Muskel und der daran hängende rote »corail«
– entweder roh mit etwas Zitronensaft
als eine Art Carpaccio oder kurz angebraten,
heute die beliebteste Zubereitungsweise.
Traditionsreicher ist folgendes Rezept, das
zwar noch immer viele Anhänger zählt,
manchmal jedoch etwas schwer im Magen
liegt: Danach werden die Jakobsmuschel-
muskeln klassisch französisch mit (recht
viel) Crème fraîche und etwas abgeriebener
Orangenschale in der Pfanne gedünstet.
Oder aber mit Paniermehl, Butter und ein
paar Spritzern Muscadetwein aus der Region der früheren bretonischen Hauptstadt
Nantes im Ofen überbacken. Bon appétit!
Oder auf Bretonisch: Apetit mat, memestra!

Von wegen Franzosen trinken nur Rotwein! In Le Roc-Saint-André braut die Brasserie Lancelot eine Reihe von Bieren, darunter das Lancelot, ein helles Malzbier mit 6 Prozent Alkoholgehalt.

TYPISCH BRETONISCHE MITBRINGSEL

Cidre, direkt vom Bauern, Karamellbonbons mit salziger Butter oder der Klassiker, ein blau-weiß gestreifter Matrosenpulli: Die regionalen Geschäfte bieten eine Reihe von Produkten, die unverkennbar bretonisch sind.

Kein Bretagne-Urlauber kommt daran vorbei: Ein typischer blau-weiß gestreifter Seemannspulli ist nicht wegzudenken aus dem Reisegepäck. Die Formen- und Farbenvielfalt hat sich inzwischen deutlich modernisiert, die klassischen Modelle bekommt man jedoch noch immer am besten in einem »comptoir de la mer« (oder »comptoir des pêcheurs«), Läden für Fischereibedarf, die es in jedem größeren Ort gibt. Oft liegen sie direkt neben dem Hafen, denn neben seefester Kleidung ist dort alles erhältlich, was Fischer, Matrosen und Urlauber brauchen: Gummistiefel, Fischernetze, Angelbedarf, Segelschnur, Hummerkäfige, Regenjacken, Schrauben, Haken oder Dübel. Jeder darf hier einkaufen, Berufsfischer bekommen Sonderpreise, schließlich sind sie Mitglieder der jeweiligen lokalen »Cooperative Maritime« und damit Miteigentümer des Ladens.

In vielen Geschäften findet man bretonische Mitbringsel und Souvenirs für jeden Geschmack. Sehr beliebt die typischen Butterkekse in hübsch verzierten Blechdosen – jeweils mit dem Motiv des Ferienorts, in dem sie verkauft werden. Heute haben sich rund 30 Keksfabriken (»biscuiteries«) und einige Konditormeister auf die Herstellung dieser einfachen, aber schmackhaften Kekse spezialisiert. Ebenfalls für Schleckermäuler geeignet: Karamellbonbons, denen salzige Butter die besondere Note verleiht. »Caramel au

ZUR ORIENTIERUNG

Empfehlenswerte Adressen finden Sie bei den jeweiligen Orten im Kapitel »Unterwegs« ab Seite 104.

beurre salé« sind fast überall zu finden, die besten aber stammen vom Chocolatier Henri Le Roux in Quiberon.

Auch Flüssiges bretonischer Herkunft ist zu erwerben: Bretonischer Whisky gilt als eher gewöhnungsbedürftig, ebenso der traditionelle Honigmet »chouchen«. Dagegen schwören Kenner auf das hervorragende Bier von gut zwei Dutzend kleiner Brauereien (z.B. Lancelot, Coreff, Dremmwel, Brasserie de la Soif u. a.). Diese sehen sich in der Tradition des ebenfalls keltischen Guinness und brauen starke, unpasteurisierte und nicht filtrierte Biere, die weltweit Preise eingeheimst haben für ihren besonderen Geschmack – einige gar mit Algen oder Meerwasser.

Cidre und Meersalz

Natürlich gilt Cidre weiterhin als Grundstein bretonischer Trinkkultur – fast ohne Alkohol und süß heißt er »doux«, in der herberen Form »brut«. Heute stellen viele Landwirte ihren eigenen Cidre her (zunehmend unter dem Biosiegel »AB« für »Agriculture Biologique«) und freuen sich über Besucher, denen sie ihre Produktion zeigen und den Cidre anbieten können.

Ein gewichtiges, aber preiswertes Souvenir ist grobes Meersalz, das vielen Fisch-, aber auch Gemüsegerichten die besondere Würze gibt, in jedem Supermarkt erhältlich ist und für Autotouristen ein ideales Mitbringsel darstellt – vor allem in edler Verpackung und mit Algen angereichert. Salzige Butter, eine weitere Spezialität der Bretagne, lässt sich relativ leicht in der Kühlbox transportieren.

Meeresfrüchte für zu Hause

Schwieriger wird es mit Meeresfrüchten. Bei Preisen von weniger als vier Euro für ein Dutzend Austern packt so manchen die Lust, die wohlschmeckenden Muscheln als Souvenir mitzunehmen. Wenn Sie im Winter reisen, dann bitten Sie den Fischverkäufer, die Austern in eine Kiste mit feucht-kühlen Algen zu packen. Das ist üblich und wird von vielen Pariser Touristen regelmäßig praktiziert. So bleiben die Austern zwei, drei Tage frisch – vorausgesetzt, man hält sie kühl (aber nicht eiskalt, da es sich um lebende Tiere handelt!). Auch Schalentiere wie »tourteau« (Taschenkrebs) oder »araignée« (Wasserspinne) lassen sich, ähnlich verpackt, zu kühlen Jahreszeiten lebendig mitführen und schmecken auch fern der See köstlich.

Gesundheitsbewusste greifen gern zu Algenprodukten, die in diversen Formen zu erwerben sind – als Gewürz, als Trockengemüse oder verarbeitet zu Saucen, Brotaufstrichen und Kosmetika. Köstlich und für viele ein nicht zu ungewohnter geschmacklicher Zugang zu den Meerespflanzen – denen Zukunftsforscher eine große Zukunft als gesundes, reichlich vorhandenes Nahrungsmittel vorhersagen –

sind sicher die sauer eingelegten »salicornes«, die an feine Cornichons oder Essiggurken erinnern und hervorragend zu Fisch und bestimmten Pasteten passen.

Wer dauerhaftere Souvenirs erwerben möchte, der findet – neben den klassischen, mit Namen beschrifteten »bols« oder Schalen – ein reiches Angebot an hübschen Anrichteplatten, Essgeschirr, Keramik. Berühmt sind natürlich die von Hand verzierten Keramikteller, -schalen und -figuren der traditionsreichen Porzellanmanufaktur HB-Henriot ⚜ (→ Der gute Tipp von MERIAN, S. 283). Eine gute Auswahl bietet die Ladenkette »Produits de Bretagne«, die in jedem größeren Ferienort eine Filiale unterhält – übrigens nicht immer im Stadtzentrum oder am Strand, manchmal auch neben normalen Supermärkten in einer der Einkaufszonen entlang der Zufahrtsstraßen.

In einer so inspirierenden Landschaft mit einer so reichen Kultur ist es kein Wunder, dass Künstler und Kunsthandwerker mit viel Fantasie und Können ganz verschiedene hübsche Dinge zaubern. Das Spektrum reicht von klassischen Töpferwaren über Bootsmodelle und originelle Glaskunst bis hin zu Kreationen aus Steinen, Algen oder Muscheln. All dies ist zu bewundern in den Ateliers der Künstler, aber auch auf den vielen Märkten, die zu jeder Jahreszeit stattfinden. Über den Markttag (meist nur vormittags) informieren die lokalen Fremdenverkehrsämter.

Originelle Souvenirs, wenn auch etwas teurer, findet man ebenfalls in Museumsshops. So entpuppten sich Mäppchen und Taschen aus recyceltem Segeltuch als Verkaufsschlager im Segelmuseum Tabarly in Lorient. Ähnliches ist in entsprechenden Läden in Saint-Malo oder Brest zu finden (z. B. Vent de Voyage, Saint-Malo) oder auch direkt bei einem der Hersteller.

Qualitätslabel der Bretagne

Seit 1993 garantiert die blau-gelbe Qualitätsmarke »Produit en Bretagne«, dass es sich bei einem Mitbringsel wirklich um ein bretonisches Erzeugnis handelt und nicht um Billigware aus Fernost (www.produitenbretagne.com). Alljährlich vergibt der gleichnamige Verband Preise an bretonische Musiker, Künstler, Autoren, Verlage und Firmen, die mit ihrem Produkt der Bretagne Ehre machen. Kürzlich geehrt wurden beispielsweise das musikalische Brüderpaar Les Frères Guichen für ihr Album »Dreams of Brittany«, der Verlag Coop Breizh für das Buch »Toulhoat« und die Porzellanmanufaktur HB-Henriot für ihre Kreativität. Garantiert echt ist ein Produkt, das sich zur allgemeinen Überraschung innerhalb kurzer Zeit zum Kultobjekt entwickelt hat: Breizh Cola. Als ein gewisser Bernard

Lancelot (nein, nicht der Ritter, sondern einer der erfolgreichsten bretonischen Bierbrauer) auf einer Reise durch Guatemala bei einem indianischen Häuptling tief im Dschungel eine Coca-Cola-Flasche sah, dachte er: Warum nicht trinken, was das eigene Land produziert? Also entwickelte er ein Cola-ähnliches Getränk in der Bretagne: Breizh Cola. Schon im ersten Jahr kauften die traditionell gegen jede Großmacht eingestellten, auf die eigene Kultur stolzen Bretonen 500 000 Flaschen des neuen Zaubertranks.

Vielleicht auch wegen der sehr einfallsreichen Werbung: Breizh Cola – so wurde da gepriesen, auf einem Plakat mit bretonischem Leuchtturm im Hintergrund – sei »l'autre Cola du Phare Ouest«. Ein geschicktes Wortspiel: Auf Französisch klingt dieser Slogan – wörtlich übersetzt: das andere Cola vom Leuchtturm West – wie: das andere Cola aus dem Wilden Westen. Eine von vielen Erfolgsstorys aus dem europäischen »Far West«.

Charakteristisch für die Bretagne und ein beliebtes Mitbringsel ist das Salz von Guérande.

Ein Spektakel der Superlative mit 4500 Künstlern: Das Festival Interceltique (S. 96) präsentiert Ende Juli in Lorient keltische Musik aus Irland, Schottland, Wales und der Bretagne.

DER GANZE SOMMER EIN FEST

Im Mai beginnt der Reigen der Festivals und Feste. Man huldigt Heiligen, feiert das Mittelalter, liebt das Musical, ehrt die Volkskunst und die Kelten. Fremde sind dabei gern gesehene Gäste und immer willkommen.

Wie so häufig in lange unterdrückten Kulturen haben sich die Bretonen ihren starken Gemeinschaftssinn und die Freude am Festefeiern bewahrt. Dabei werden auch Fremde im Nu einbezogen bei einem »fest-noz« oder »fest-deiz«, bei den Straßenfesten und den populär-religiösen »pardon«-Feiern. Zahllose Kulturkneipen organisieren regelmäßig Erzählabende oder ein »bœuf musical«, bei dem jeder eingeladen ist, sein eigenes Instrument mitzubringen, um dann gemeinsam zu musizieren, zu singen und zu tanzen.

Da die Bretagne lange Zeit streng katholisch war, entwickelten sich religiöse Zeremonien mancherorts zu großen Kirchenfesten. Besonders die »pardons« sind noch heute, trotz Priestermangels und leerer Kirchen, nicht wegzudenken aus dem Alltag einer Stadt, eines Dorfes. Seit der Christianisierung der Bretagne durch keltische Mönche um das 5. Jahrhundert finden diese Wallfahrten statt. Sie führen zu Grab oder Geburtsort eines Heiligen (wie Saint Yves in Tréguier), zu einer wundertätigen Statue (wie jener in Sainte-Anne-d'Auray) oder sonstwie geweihten Stätte (wie die Pferdewallfahrt in Saint-Gildas ⭐, → Der gute Tipp von MERIAN, S. 156). Am Ehrentag des Schutzheiligen der Dorfkirche brechen die Gemeindemitglieder gemeinsam auf, ausgestattet mit Fahnen und Prozessionskreuzen. Im Anschluss an die Messe und den Segen wird gegessen und getrunken – oft im Pfarrgarten, manchmal auch auf der Dorfwiese –, anschließend der neueste Tratsch ausgetauscht, musiziert und getanzt. Die Sünden sind vergeben, man darf wieder lustig sein ...

Traditionelle Musik wird von nahezu allen Bretonen geschätzt, selbst von jüngeren Leuten. Aus früherer Zeit überlieferte Instrumente wie Harfe, Flöte bzw. Oboe (»bombarde«), Dudelsack (»biniou«) oder Ziehharmonika führen beileibe kein Schattendasein bei Folkloregruppen, sondern sind gut in den bretonischen Alltag integriert. Viele Hobbymusiker gründen

FEIERTAGE

1. Jan.	Neujahr
1. Mai	Tag der Arbeit
8. Mai	Ende des Zweiten Weltkriegs/ Jahrestag der deutschen Kapitulation 1945
14. Juli	Nationalfeiertag
15. Aug.	Mariä Himmelfahrt
1. Nov.	Allerheiligen
11. Nov.	Waffenstillstand am Ende des Ersten Weltkriegs 1918
25. Dez.	Weihnachten

Bewegliche Feiertage
Ostermontag
Christi Himmelfahrt
Pfingstmontag

ART ROCK 09

28-29-30-31 MAI // SAINT-BRIEUC // CÔTES D'ARMOR

Das Plakat zu Art Rock 2009 entwarf Grafik-designer Laurent Fetis, dessen farbenfroher Entwurf dem Festival die Richtung weist.

mit Freunden und Geschwistern eine »bagad« (Plural: »bagadoù«), die bretoni-sche Form der schottischen »pipeband«. Oft kombinieren sie dabei überlieferte Melodien mit anderen Einflüssen – bei-spielsweise aus Irland, aber auch aus Afrika, Amerika oder Arabien. Spätes-tens Alan Stivell machte die bretonische »Popmusik« europaweit bekannt, sodass sich keltische Musikfestivals in der Bretagne, aber auch in Pa-ris großer allgemeiner Beliebt-heit erfreuen.

»Fest-deiz« oder »fest-noz« (Tag- oder Nachtfest) heißen – je nach Tageszeit – diese tradi-tionellen Feste, die vom Baby bis zum Urgroßvater alle Fa-milienmitglieder vereinen und sich in der Tradition des »bal populaire« (Volksball) verste-hen. Verschiedene »bagadoù« treten nacheinander auf, und schon bei den ersten Tönen füllt sich die Tanzfläche. Man fasst sich an den Händen und schaut dem Nachbarn ab, wel-cher Fuß vor den anderen zu setzen ist und in welche Rich-tung die ineinanderverhakten kleinen Finger nun schwingen.

Einheimische und Fremde, Alt und Jung tanzen gemein-sam. Und wer vorher schon ein bisschen üben will, der findet in vielen Orten am Nachmittag oder am Abend einen Einfüh-rungskurs in die klassischen bretonischen Kreis- und Paartänze. Eins der schönsten »festoù-noz« findet jedes Jahr Ende Juli auf einer Halbinsel zwischen Perros und Tréguier statt: das fest-noz in Port-Le-Goff. www.cotedegranitrose.fr/fr/anima tions-trevou-treguignec.htm oder www. fest-noz.net.

Eine komplette Liste aller Festivals in der Bretagne findet man unter www. crl-bretagne.fr, traditionelle Feste unter www.goueuoubreizh.com.

MAI

Pardon de Saint Yves, Tréguier (Nordküste)

Zahlreiche Anwälte und Richter in Roben sind unter den Tausenden von Menschen, die in Tréguier zum zweitgrößten Pardon der Bretagne zusammenkommen. Seit 700 Jahren wird alljährlich am dritten Maisonntag der Schädel des heiligen Yves mit einer höchst eindrucksvollen Prozession mit Fahnengruß und Kreuzküssen vom Grab in der Kathedrale zum Nachbarort Minihy getragen, wo Yves Hélori de Kermartin 1253 geboren wurde.
www.saintyves-gouelerwan.com

MAI/JUNI

Art Rock, Saint-Brieuc (Nordküste)

Einer der ganz großen Publikumserfolge im bretonischen Kulturkalender. Alljährlich Ende Mai oder Anfang Juni verwandeln sich Säle, Plätze, Straßen in der ganzen Stadt für drei Tage und Nächte in bunte Konzert-, Tanz- und Theaterbühnen. Rund 60 000 nicht nur jugendliche Musikfans bringen Schwung in die Frühlingsnächte von Saint-Brieuc. »Art Rock« ist übrigens ein Wortspiel aus »art« (Kunst), das im Französischen den gleichen Klang hat wie das englische »hard«, (hart) bzw. »hard rock«.
www.artrock.org

JULI

Festival des Vieilles Charrues, Carhaix (Landesinneres)

Seit 1992 gilt das »Festival des Vieilles Charrues«, das Fest der alten Karren, als das Musikfest der bretonischen Jugend schlechthin. Zehntausende von Popmusikfans lauschen bretonischen, französischen und internationalen Stars – von Alan Stivell über Julien Clerc bis Joan Baez – und verwandeln die Stadt und vor allem die Wiesen des Umlandes in einen überdimensionalen Camping- und Festplatz. Nicht immer zur reinen Freude der Anwohner, denen tagelang rund um die Uhr laute Musik »frei Haus« geboten wird. Aber die gute Stimmung lässt sich von den Festivalbesuchern keiner verderben – nicht einmal wenn ein typischer bretonischer Regenguss das Ganze in eine Schlammschlacht verwandelt.
www.vieillescharrues.asso.fr

Fête des Remparts, Dinan (Nordküste)

Alle zwei Jahre am dritten Juliwochenende (nur in geraden Jahren!) wird das Mittelalter wieder lebendig in Dinan, das mit seinen malerischen Altstadtgassen und der mächtigen Stadtmauer den passenden Rahmen abgibt für 800 Schauspieler in mittelalterlichen Kostümen. Ritterturniere, traditionelle Märkte, Feuerschlucker und andere Akrobaten sorgen für spannende Unterhaltung. Täglich 80 000 Besucher genießen dann gemeinsam rund um die Uhr in historischem Ambiente Essen, Trinken, Tanz und Musik.
Tel. 02 96 87 14 61; www.fete-remparts-dinan.com

Pardon de Sainte-Anne-d'Auray (Südküste)

Ein Lichtermeer von Opferkerzen empfängt den Besucher in der riesigen Wallfahrtskirche von Sainte-Anne-d'Auray, auch an ganz normalen Wochentagen. Ganz besonders jedoch alljährlich am

25./26. Juli, wenn sich mehr als 30 000 Gläubige zum Pardon-Fest zu Ehren der heiligen Anne einfinden, zum gemeinsamen Beten, Singen, aber auch Feiern. Anne gilt als Schutzheilige der Bretagne – wohl als Fortsetzung des alten Kultes um Ana, die Mutter der keltischen Götter. Der Legende nach wurde Anne von ihrem Mann verstoßen, als sie schwanger war, dann von Engeln nach Nazareth in Palästina getragen, wo sie ihre Tochter gebar: Maria, die Mutter Jesu. Später kehrte sie in die Bretagne zurück … und führte 1623 den frommen Bauern Yves Nicolazic zu jener farbigen Holzstatue,

Trachten, Tänze, Traditionen: Das Folklorefest in Quimper lockt bis zu 300 000 Besucher an.

die mittlerweile zum meistbesuchten Wallfahrtsziel der Bretagne wurde – eine Art bretonisches Lourdes.
www.sainteanne-sanctuaire.com

JULI/AUGUST
Festival Interceltique, Lorient (Südküste)
Eins der ganz großen Ereignisse im bretonischen Jahreskalender. Kann man doch bei diesem keltischen Musikfestival Ende Juli/Anfang August zehn Tage lang wunderbar Kultur und Spaß verbinden und beweisen, dass allen Unkenrufen zum Trotz die Rückbesinnung auf die bretonisch-keltische Vergangenheit nicht bedeutet, sich zu verschließen, sondern ganz im Gegenteil Tor und Tür und Herz

zu öffnen für andere (zugegeben: ebenfalls keltische) Kulturen. Ein riesiges Hap-
pening und musikalischer Austausch
von Iren, Schotten, Walisern und Bretonen mit 4500 Musikern, 260 Veranstaltungen und 600 000 Besuchern.
Tel. 02 97 21 24 29; www.festival-inter
celtique.com

Festival de Cornouaille, Quimper (Finistère)

Volkskunst und Tradition stehen Ende
Juli neun Tage lang im Zentrum eines der
ältesten Festivals in Frankreich. 1923
wurde es in Quimper ins Leben gerufen,
um die reiche bretonische Kultur mit
Trachten, Tänzen, Musik, Kunsthandwerk, Speis und Trank zu feiern. Bis heute gilt das Folklorefest als Vitrine für das
gesamte bretonische Kulturleben. Eindrucksvoll die Zahlen: ein Budget von
mehr als 1 Million Euro, 4000 Künstler,
200 Vorstellungen, 600 ehrenamtliche
Helfer, mehr als 300 000 Festivalbesucher.
Tel. 02 98 55 53 53; www.festival-
cornouaille.com

AUGUST

Festival du Bout du Monde, Crozon (Finistère)

Am »Ende der Welt« (französisch »bout
du monde«) treffen sich seit 1999 Musiker und Fans aus aller Welt alljährlich
Anfang August. Die urig-wilde Halbinsel
Crozon südlich von Brest stellt zehn Tage
lang die reizvolle Kulisse für diese Konkurrenzveranstaltung zum großen Musikfestival »Les Vieilles Charrues« von Carhaix. Der Name des »Festival du Bout du
Monde« ist eine Anspielung auf den Dé-

partementsnamen »Finistère« (»finis terrae« bedeutet »Ende der Welt«).
Tel. 02 98 27 00 32; www.festivaldubout
dumonde.com

Festival du Chant de Marin, Paimpol (Nordküste)

Alle zwei Jahre verwandeln sich die Ha-
fenquais von Paimpol für drei August-
tage in eine gigantische Open-Air-Bühne.
Von allen Seiten ertönen Seemannslieder, die Sängern und Besuchern einmal
nordisch-langsamen, dann wieder süd-
ländisch-tanzenden Rhythmus vorge-
ben. Zu erleben gibt es Musik von Künstlern aus aller Welt, Instrumente ferner
Kulturen, Boote unterschiedlicher Bauweise, Stände mit Essen und Getränken,
Begegnungen musikalischer, seemänni-
scher und interkultureller Art.
Tel. 02 96 55 12 77; www.paimpol-festival.com

DEZEMBER

Les Transmusicales, Rennes (Landesinneres)

Aus dem Spannungsfeld zwischen keltischer Tradition und französischer oder
gar globaler Moderne entwickelte sich in
Rennes eine sehr aktive Musikszene. Bei
den »Transmusicales« treffen seit 1979
alljährlich Anfang Dezember drei Tage
lang mehr oder weniger bekannte Musiker auf ein junges Publikum, aber auch
auf Produzenten, die Talente suchen.
Zahlreiche Kneipen verwandeln sich als
»bars en trans« zu Konzertbühnen, zum
international anerkannten Experimentierfeld der französischen Rockmusik.
Tel. 02 99 31 12 10; www.lestrans.com

Schwimmen, Surfen und natürlich Segeln: Wassersport wie hier in Belle-Île-en-Mer liegt in der Beliebtheitsskala weit vorne. Rund 500 »centres nautiques« bieten dazu ihre Dienste an.

HART AM WIND, NAH AM WASSER

Segeln und Surfen, Reiten und Radeln, Golfen und Wandern – Frankreichs Westen bietet optimale Voraussetzungen für Vergnügungen, bei denen Bewegung im Vordergrund steht: Bretagne heißt Aktivurlaub.

Bretagne heißt Aktivurlaub. Die Wetterverhältnisse erlauben nur selten das bewegungslose Sonnenbaden am Strand. Für die innere Wärme muss jeder durch ausreichend Bewegung selbst sorgen. »Tonique« sei ein Bretagne-Urlaub, heißt es. Erfrischend-anregend – wie die jodhaltige Brise, die regelmäßig vom Ozean reine Luft an die Küsten bringt. Jede Art von sportlicher Betätigung ist also Trumpf.

Vor allem aber Wassersport wird großgeschrieben in der Bretagne. Kein Wunder bei der 2730 Kilometer langen Küste! Rund 500 »centres nautiques« (Wassersportzentren) bieten Kurse an (nur selten das ganze Jahr über, meistens von März bis November) und vermieten die nötigen Sportgeräte fürs Segeln, Kajakfahren, Tauchen, Surfen, Kitesurfen, Windsurfen und Strandsegeln. Informationen und Adressen zu allen Arten von Wassersport in der Bretagne gibt's unter www.nautismebretagne.fr und im Folgenden.

ANGELN UND FISCHEN

Angeln und Fischen gehören in Frankreich zu den beliebtesten Hobbys, vor allem bei der männlichen Bevölkerung. Vom Ufer aus ist das Angeln jedoch nur mehr selten erfolgreich, sodass man wohl davon ausgehen kann, dass es vor allem als Fluchtmöglichkeit dient, als Chance, einmal mit sich allein zu sein. Nicht jedem Freizeitangler ist es vergönnt, echte

»Zen-Attitude« zu zeigen, also mit der Angel in der Hand geduldig auf das weite Meer zu schauen und der kommenden Dinge bzw. Fische zu harren. Wutausbrüche sind nicht selten, wenn sich der Haken wieder einmal in den Algen verfangen hat, die Angelschnur mysteriöserweise vom Wind verknotet wurde oder eine überraschend heftige Welle das gesamte Angelmaterial überspült.

Ganz anders die privilegierten Bootskapitäne. Sie haben große Chancen, mit etwas Können und Glück ihr Abendessen aus dem Meer zu holen. Makrelen fangen sie oft dutzendweise, auch Seewolf geht häufig an die Leine. Übrigens braucht man für das Fischen im Meer keinerlei Lizenz, nur einen Bootsführerschein für Motorboote. Wer an Flüssen oder Seen sein Glück versuchen will, der muss jedoch zuvor in einem »bar-tabac« einen entsprechenden Schein für das Angeln in Süßwasser erwerben.

Fédération Française des Moniteurs Guides de Pêche: www.ffmgp.com; Fédération Nationale Pêche: www.unpf.fr

BOOTSTOUREN

Bootsausflüge auf Meer oder Fluss, auf modernen Motorbooten oder traditionellen Segelschiffen werden vielerorts angeboten. Beliebt ist Urlaub im Boot auf dem Kanal Nantes–Brest oder auf den Flüssen der Bretagne – wozu kein Bootsführerschein nötig ist – nur etwas Kraft in den Armen, um die Schleusen zu betätigen.

www.canaux-bretons.net, www.nautisme bretagne.fr, www.tourismebretagne.com

BOULE

Das Boule-Spielen wird in der Bretagne höchst ernst genommen. Fast an jedem Wochenende finden Wettbewerbe statt, viele Orte und Bistros verfügen über eine eigene Boule-Bahn.

Confédération des jeux et sports traditionnels de Bretagne; www.falsab.com

BRETONISCHE SPIELE

Bretonische Spiele (»jeux bretons«) sind die regionale Variante der schottischen Highland Games. Manch einer mag es ja nicht als Sport ansehen, aber wer einmal versucht hat, einen Baumstamm hochzuhieven, der weiß diesen Kraftakt zu würdigen. Verschiedene Organisationen bemühen sich, diese Traditionen wieder aufleben zu lassen. Zuschauer wissen das authentische Lokalkolorit zu schätzen! (→ Reportagen, S. 64)

www.jeuxbretons.org

GOLF

Golf wird auch in der Bretagne immer populärer. Zahlreich sind die Golfplätze – darunter einige der schönsten Europas, so behaupten Kenner. Beispielsweise bei Cap Fréhel oder bei Val André (Nordküste), wo man beim Golfspielen immer wieder neue Ausblicke auf Meer und Küste genießen kann. Und wer in den »Bretagne Golf Pass« investiert, bekommt das ganze Jahr über 20 Prozent Ermäßigung auf allen Plätzen.

www.tourismebretagne.com

KAJAKFAHREN

Das Kajakfahren hat sich in den letzten Jahren in der Bretagne zu einer der beliebtesten Sportarten gemausert. Es ist relativ leicht zu lernen, wenig gefährlich, nicht sehr teuer und weniger zeitaufwendig als beispielsweise das Segeln. Auf Meer, See und Fluss kann man allein (dann Achtung vor den starken Strömungen!) oder gruppenweise hinauspaddeln, sich zwischen den Felsen treiben lassen oder auf seiner ganz persönlichen Robinson-Insel zum Sonnenbaden anlegen. Unbedingt Schwimmweste anlegen! Selbst erfahrene Kajakfahrer und Ruderer sind schon untergegangen, weil sie das Meer unterschätzt haben!

www.kayakmer.com

RADFAHREN

Für das Radfahren – besonders VTT (»velo tout terrain«: Moun-

Besonderheit auch beim Boule: In der Bretagne gibt es eigene Regeln.

tainbike) – bietet die Bretagne geradezu paradiesische Bedingungen. Beispielsweise auf den autofreien »voies vertes«, den grünen Wegen, asphaltierten ehemaligen Nebenstrecken der Eisenbahn, früheren Forst- oder Treidelwegen. 500 Kilometer gibt es schon, 2000 sollen es in nicht allzu ferner Zukunft sein.

Perfekt ausgeschildert sind bisher nur die 53 Kilometer der »voie verte« zwischen Questembert und Mauron sowie 62 Kilometer von Rennes in Richtung Nordküste. Geplant sind zudem der Ausbau der Strecken entlang des Kanals Nantes–Brest, längs des Flusses Blavet, des Weiteren die Verbindungen Saint-Malo–Südküste via Rennes und Saint-Brieuc–Sarzeau, sowie Roscoff–Concarneau via Carhaix und Vitré–Camaret über Loudéac. Langfristig soll es auch möglich sein, auf einem ausgeschilderten Radweg die gesamte Bretagne zu umradeln.

Angesichts eines so gut wie nicht existierenden Nahverkehrsnetzes bietet sich häufig das Rad als bestes Transportmittel an. Das gilt vor allem für die Inseln der Bretagne. Vielerorts sind Räder stunden- oder tageweise zu mieten.

www.bretagne-cyclisme.com, www.rando breizh.org/VeloPromenadesEnBretagne.php

REITEN

Reiten hat in der Bretagne keinen exklusiven Touch. Schließlich bietet die Region genug Platz, außerdem ausgedehnte Weideflächen, wo das Gras dank des milden Golfstromklimas fast das ganze Jahr über wächst. Jeder größere Ort hat sein Reitzentrum, das Kurse, Ausritte und oft auch Kutschenfahrten organisiert. Et-

wa 2000 Kilometer Reitwege laden zu Ausflügen hoch zu Ross ein, und zwei große staatliche Gestüte sind zu besichtigen: Haras National in Lamballe (Nordküste) und in Hennebont (Südküste).

www.bretagne-equitation.com

SEGELN

Man braucht in Frankreich übrigens keinen extra Schein für Segelboote, jeder kann also ein Segelboot anmieten. Man geht (wohl zu Recht) davon aus, dass sich niemand blamieren will, ein Boot mietet und dann nicht damit umgehen kann … Bei starkem Wind, Wellen und Strömungen wäre das auch keineswegs ungefährlich! Überall finden das ganze Jahr über große und viele kleine Segelregatten statt, vor allem rund um die 94 Jachthäfen (mit ungefähr 35 000 Liegeplätzen).

Wer lieber sicheren Boden unter den Füßen hat, für den ist Strandsegeln mit einem »char à voile« bei Ebbe ein Traum. Hier zieht sich das Meer von ausgedehnten Sandbuchten weit zurück und gibt riesige Flächen zum Flitzen frei.

www.nautismebretagne.fr

SURFEN

Das Surfen ist besonders bei jungen Leuten beliebt. Wenn hohe Wellen angesagt sind, warten sie oft wie Fliegen im Wasser auf die nächste Chance, auf einer Welle zu reiten. Die Brandung ist allerdings selten spektakulär, da viele vorgelagerte Inseln die Kraft des Meeres schon vor der Küste brechen. Surfclubs gibt es an vielen großen Stränden.

École de surf de Bretagne, Tel. 02 98 58 53 80, www.ecole-surf-bretagne.com

TAUCHEN

Tauchen ist in der Bretagne faszinierend, aber gefährlich. Strömungen, Felsen, Gezeitenunterschiede, das kalte Wasser und der im Sommer lebhafte Bootsverkehr haben so manchen Unfall verursacht. Besser wendet man sich daher an eines jener Zentren, die Tauchausflüge organisieren. Besonders an den felsigen Küstenabschnitten erschließt sich unter dem Wasser eine ganz eigene, geheimnisvolle Welt mit unterseeischen Algenwäldern, vielfältiger Pflanzenwelt und zahlreichen Meeresbewohnern der unterschiedlichsten Form, Farbe und Größe.

Fédération française d'études et de sports sous-marins, www.ffessm.fr

TENNIS

Tennis wird in den Urlaubszentren viel praktiziert. Berühmt ist insbesondere das allsommerliche Tennisturnier in Erquy (Nordküste). Aber auch weniger bekannte Orte haben fast immer ein oder zwei Tennisplätze, die im Rathaus gegen ein geringes Entgelt zu mieten sind.

www.tourismebretagne.com

WANDERN

Das Wandern ist auch in Frankreich Volkssport Nummer eins. Die früher als fußfaul geltenden Franzosen haben seit einiger Zeit entdeckt, dass es in der Bretagne Körper und Seele ganz besonders guttut, beim Gehen oder Laufen gesunde saubere Luft frisch vom Atlantik zu atmen, im Rhythmus der Wellen voranzukommen und die vielfältige Landschaft zu entdecken. Besonders beliebt ist dabei der GR 34, auch »Zöllnerweg« genannt, weil er größtenteils den einst von Zöllnern angelegten Küstenpfaden folgt. Gerade ist man dabei, auch das letzte Stück fertigzustellen, sodass man bald auf 1770 Kilometern Länge vom Mont-Saint-Michel bis zum Staudamm von Arzal die gesamte Bretagne umwandern kann.

Auch das Landesinnere bietet sehr abwechslungsreiche Landschaften von Heide über Berge, Seen und Flüsse bis zu Felsentürmen entlang des GR 37 von Vitré über den Guerlédan-See und die Arrée-Berge nach Douarnenez, sowie entlang des GR 38 von Redon über den Kanal Nantes–Brest und die »schwarzen« Berge (Montagnes Noires) nach Douarnenez. Man kann auch vom Ärmelkanal bis zum Atlantik quer durch die Bretagne marschieren: etwa von Paimpol über den Guerlédan-See nach Lorient.

Mehr als 10000 Kilometer Wanderwege sind inzwischen in der Bretagne ausgeschildert – eingeteilt in 6500 Kilometer »leichtes Wandern« (PR für »petite randonnée«) und 3500 Kilometer GR für »grande randonnée«. Wem das Wandern allein zu langweilig ist, der kann sich mit einer Gruppe zusammentun und seine sportlichen Kräfte mit anderen messen, etwa an einer der zahlreichen »rallyes« oder »rando-challenges« teilnehmen, die an vielen Orten organisiert werden.

Comité régional de la randonnée pédestre de Bretagne, Tel. 02 23 30 07 56, randobretagne @orange.fr; Französischer Wanderverein FFRP Fédération française de la randonnée pédestre, Tel. 01 44 89 93 90, www.ffrandonnee.fr

Die blühende Heide von Cap Fréhel zählt zu den eindrucksvollsten Wanderzielen der Region.

UNTERWEGS IN DER BRETAGNE

In kaum einer Region Europas ist man den Naturmächten so nah wie in der Bretagne: Schroffe Steilküsten stemmen sich Wind und Wetter entgegen, Fluten versenken Landstriche, leichte Winde weichen peitschenden Stürmen. Zugleich sorgt der milde Golfstrom für Palmen auf der Île de Bréhat. Die Bretagne ist ebenso rau wie reizvoll.

Lesen Sie hier außerdem die Top-Empfehlungen unserer Autorin: Die guten Tipps von MERIAN ✦ ab Seite 110.

Bizarre Felsen aus rosafarbenem Granit: die Küste von Ploumanach (S. 137)

Das Meer bei Saint-Malo (S. 146) gehört noch zum Ärmelkanal, kann es aber hinsichtlich Sturmstärke und Strömung mit jedem Ozean der Welt aufnehmen.

REGIMENT DER GEZEITEN

Heute wie vor tausend Jahren bestimmen Ebbe und Flut den Rhythmus des Alltags. Das Hafenbecken ändert täglich seine Öffnungszeiten, Schiffe passen ihre Kurse an, Spaziergänge werden verschoben.

Stolz verweist die Nordküste der Bretagne schon im Namen des Départements darauf, dass Meer und keltische Tradition ihrem Herzen nahe liegen: »Côtes-d'Armor«, Küsten vom Land am Meer – bretonisch »ar«=Land, »mor«=Meer. Streng genommen, ist es zwar der Ärmelkanal, doch der öffnet sich bereits zum Atlantik. An Gefährlichkeit, Sturmstärke und Strömung steht die Küste jedenfalls keinem Ozean nach. So mancher Weltumsegler in spe scheiterte bereits an den tückischen Felsenriffs gleich hinter der Hafenausfahrt, die durch täglich wechselnde Gezeitenhöhe noch unberechenbarer werden.

Ebbe und Flut beherrschen alles in den Côtes-d'Armor: die Topografie der Landschaft, die einmal der Wüste eines fremden Planeten gleicht und nur sechs Stunden später in urweltlichen Fluten zu versinken scheint; die täglich sich um rund eine Stunde verschiebenden Öffnungszeiten der Hafenbecken; den Tagesablauf von Fischern, Bootskapitänen, Badetouristen, die das Meer einmal vor der Haustür finden, sechs Stunden später aber in zwei Kilometer Entfernung.

Bevor Engländer und die französische Oberschicht das Baden im Meer als der Gesundheit förderlich betrachteten und Mitte des 19. Jahrhunderts die ersten mondänen – und heute noch wunderbar nostalgischen – Seebäder wie Dinard oder Perros-Guirec begründeten, begeg-

ZUR ORIENTIERUNG

Übersichtskarte siehe Seite 108.
Die Reihenfolge der Orte in diesem Kapitel ist alphabetisch. Hier die wichtigsten auf einen Blick:

Hotels und Restaurants, die bei den Orten zu finden sind, sortieren wir nach Preiskategorien von ●●●● bis ●. Die Preisstaffeln lesen Sie auf Seite 5.

neten die Nordbretonen dem Meer eher misstrauisch. Zu oft nahm es ihnen Väter, Männer oder Söhne und behielt sie für immer in seinen Fluten. Zu häufig brachte es Sturmfluten, aber auch feindliche Flotten und Piraten. Gewaltige Burgen und Festungen wie in Saint-Malo zeugen von diesen gefährlichen Zeiten und bilden heute eine malerische Kulisse für das einmal friedlich blaue, dann aufgewühlt grüne oder gar schwarze Meer.

CANCALE

5200 Einwohner, 0–45 m ü.d.M. ➤ [H 2]

Austern, so weit das Auge reicht: Ein Meer von Austernkäfigen überzieht den Meeresboden und wird zweimal täglich bei Ebbe sichtbar. 6000 Tonnen produzieren die »ostréiculteurs« jährlich in Cancale. Einen winzigen Teil davon verkaufen sie schon am Hafen, wo Liebhaber Muscheln gleich am Strand schlürfen – mit Blick auf das Meer, die normannische Küste und den Mont-Saint-Michel. So oder so ähnlich stellen sich Austernfans wohl das Paradies vor. Gemütlicher speist man in einem der zahlreichen Lokale entlang der Uferpromenade, in einem der traditionsreichen Häuser der »terreneuvas«, der Neufundlandfischer, die im 19. Jahrhundert aus den Fischgründen des Nordatlantiks reiche Kabeljaubeute mitbrachten und Cancale damit einen gewissen Wohlstand bescherten.

Hotels
Duguay Trouin

Tropische Farben, exotische Möbel und Kunsthandwerk, Schiffsflaggen – das Hotel am Ufer scheint zu zögern, ob es nun auf See oder an Land gehört. Geführt wird es von einem ehemaligen Marineoffizier, der von seinen Seereisen rund um die Welt Möbel, Stoffe und Kunstwerke mitbrachte, die nun die originellen Zimmer zieren. Gäste werden sehr herzlich und anekdotenreich empfangen.
➤ [H 2] 11, quai Duguay Trouin; Tel. 02 23 15 12 07; www.hotelduguaytrouin.com; 7 Zimmer •• ♿

La Pointe du Grouin

Einsam liegt das hübsche Gebäude aus Naturstein auf der Landspitze, gleich neben der Küstenüberwachungsstation, dem »sémaphore«. Frei und weit schweift der Blick über das Meer. Absolute Ruhe kehrt ein, sobald die Tagestouristen abends die

Pointe du Grouin verlassen haben. Lokal mit Panoramafenstern und Terrasse.

➤ [H 2] Pointe du Grouin, Tel. 02 99 89 60 55; www.hotelpointedugrouin.com; April–Mitte Nov.; 15 Zimmer ••

Essen und Trinken
Le Surcouf
Für das gute Preis-Leistungs-Verhältnis gelobt wird dieses Lokal mit feiner Küche. Auch hier beherrschen maritimes Weiß und (Hell-)Blau das sehr gepflegte Ambiente im Speisesaal und auf der Terrasse.

➤ [H 2] 7, quai Gambetta; Tel. 02 99 89 61 75; www.lesurcouf.fr; tgl. außer Mi, Jan. geschl. •••–••

Au Pied d'Cheval
»Pferdefuß« heißt die größte Austernart. Und Austern stehen hier eindeutig im Mittelpunkt. Der Besitzer des Lokals ist Austernzüchter – und mag auch die Einrichtung mit viel Holz wie eine Seemannskantine wirken, die Qualität der Meeresfrüchte ist erstklassig. Man kann sie mitnehmen oder vor Ort genießen.

➤ [H 2] 10, quai Gambetta; Tel. 02 99 89 76 95; Ostern–Mitte Nov. tgl., sonst Sa/So •

Breizh Café ⭐
(→ Der gute Tipp von MERIAN, S. 110)

Grain de Vanille
Ein kleiner Teesalon, wienerisch angehaucht, dazu Schokolade-, Vanille- und Fruchtdüfte aus der angeschlossenen Pâtisserie, die das Wasser im Munde zusammenlaufen lassen. Kein Wunder, das Café gehört zum Imperium »Maisons de Bricourt« von Starkoch Olivier Roellinger.

➤ [H 2] 12, place de la Victoire; Tel. 02 23 15 12 70; www.maisons-de-bricourt.com; tgl. außer Di, außerhalb der Saison tgl. außer Di/Mi 10–12.30, 14.30–18.30 Uhr

Sehenswertes
La Ferme Marine
Ein lebendiges Museum, gleichzeitig funktionierende Austernzucht und Informationszentrum, in dem man alles über den Werdegang der edlen Meeresfrüchte von den Babymuscheln namens »naissins« bis zum Export in alle Welt erfährt. Videos erklären die Details, eine Ausstellung von 1500 verschiedenen Muscheln offenbart die Vielfalt dieser Gattung.

➤ [H 2] L'Aurore, parcs Saint-Kerber, route de la Corniche; Tel. 02 99 89 69 99; www.ferme-marine.com; Führungen Juli–Mitte Sept. tgl. 11, 14, 15, 16, 17 Uhr, Mitte Feb.–Juni, Mitte Sept.–Ende Okt. tgl. 15 Uhr, Nov.–Mitte Feb. geschl.; Eintritt 7/5/4 €

Musée des Arts et Traditions Populaires
Die frühere Kirche Saint-Méen aus dem 18. Jahrhundert beherbergt ein historisches Museum mit Dokumenten, Möbeln, Kleidung, Werkzeugen. Der Schwerpunkt liegt auf den »bisquines«, den typischen Booten für die Fischzüge bei Neufundland (ein in Originalgröße nachgebautes Exemplar liegt im Hafen), von denen jährlich 300 im Frühjahr aufbrachen, beladen mit je einem Dutzend »doris«, die dann auf See zum Fischen ausschwärmten.

➤ [H 2] place Saint-Méen; Tel. 02 99 89 79 32; Juli/Aug. Mo 14.30–18.30, Di–So 10–12, 14–18.30, Juni+Sept. Fr–Mo 14.30–18.30 Uhr, Nov.–Mai geschl.; Eintritt 3,50 €, Jugendliche bis 16 Jahre 2 €

ESSEN UND TRINKEN

1 # CRÊPE GOURMANDE

Erst in der Ferne entdeckte der gebürtige **Bretone** Bertrand Larcher, wie sehr ihm die Werte seiner Heimat am Herzen liegen. Unbedingt wollte er auch asiatische Feinschmecker mit wahren, nach alter Tradition zubereiteten Crêpes für die Küche und Kultur seiner Heimat begeistern. So gründete er 1995 mit seiner japanischen Frau das erste bretonische Lokal in Tokio, »Le Bretagne«, das später für die **Breizh Cafés** Pate stand. Nur biologische Produkte lokaler Erzeuger verwendet er für die salzigen Galettes und die süßen Crêpes. Der Teig wird in traditioneller Art mit Buchweizenmehl angerührt, das den typisch nussigen Geschmack gibt – nicht etwa mit Weizenmehl, das sich leichter verarbeiten lässt und von vielen modernen Crêpiers bevorzugt wird. Die Japaner waren begeistert.

WEGWEISER 1

Breizh Café

➤ [H 2] Cancale, 7, quai Thomas, Port de la Houle; Tel. 02 99 89 61 76; www.breizhcafe.com; Sommer tgl. 12–23.30, außerhalb der Saison Do/Fr und Mitte Nov.–Mitte Dez. geschl. •

Dieser Erfolg ermutigte Bertrand Larcher, sein Konzept zurück in die Bretagne zu bringen. Den Einwand, ob das nicht Eulen nach Athen tragen heiße, lehnt er lachend ab. Die Konkurrenz der mehr als 4000 Crêperien der Region fürchtet er nicht, baut er doch auf die Qualität der Zutaten und der Zubereitung. Außerdem auf originelle Ideen wie die »amuse-galettes«: Sushi-artige kleine Teigröllchen mit pikanter oder süßer Füllung, die selbst anspruchsvolle Gaumen »amüsieren«. Dazu trinkt man natürlich Cidre, auch dieses Traditionsgetränk in edler Version. 20 Apfelweine stehen zur Auswahl, als Krönung der kanadische Eis-Cidre, »cidre de glace« aus Québec.

Neben Zunge, Gaumen und Nase erfreuen sich auch die anderen Sinne des geschmackvollen Ambientes, das interkulturell zwischen Japan und der Bretagne angesiedelt ist. Klare Linien für die Möbel, Schieferplatten als Teller oder »die etwas andere Crêpe« (»la crêpe autrement«) mit Ingwer und Mousse au chocolat oder gar mit Zwiebelconfit und Karamelleis.

Die jeweils besten Elemente beider Kulturen wählte Bertrand Larcher auch für die Einrichtung der fünf Gästezimmer über dem Lokal: Naturmaterialien wie Schiefer und Holz, Verzicht auf folkloristischen Schnickschnack zugunsten einer japanisch angehauchte Zen-Stimmung beim Blick aufs Meer.

Und damit der Austausch in beide Richtungen stimmt, lädt Bertrand Larcher über dem »Breizh Café« in einem japanischen Restaurant bretonische Feinschmecker zu fernöstlichen kulinarischen Entdeckungen ein.

Maison Natale de Jeanne Jugan

Das Geburtshaus der Ordensgründerin und 2009 heilig gesprochenen Jeanne Jugan illustriert die Lebensbedingungen einer Fischerfamilie von 1792. In Jeanne Jugans Nachfolge kümmern sich heute 4500 »kleine Schwestern der Armen« in 31 Ländern um arme alte Menschen.
➤ [H 2] Carrefour des Petites-Croix; Tel. 02 23 15 14 22; Mitte Juni–Mitte Okt. tgl. 14.30–18.30 Uhr; Eintritt frei

Einkaufen
Atelier Mag & Co

Etwas kitschig sind sie schon, die bemalten Austernschalen, aber dennoch ein originelles Souvenir. Ebenso wie die dezenteren maritimen Schmuckstücke aus anderen Muscheln. Oder die kabarettistischen Karikaturen und Comics des Künstlers, auf denen sich zwei Meeresschnecken charmant-ironisch-witzig über die aktuelle Politik und Gesellschaft lustig machen. Mag organisiert auch Kreativkurse für Kinder und Erwachsene.
➤ [H 2] 128, rue du Port; Tel. 02 99 89 72 27; http://ateliermagco.centerblog.net; Kurse tgl. 9–13, 18–20 und 22–24 Uhr; 17–34 €

Épices-Roellinger

»La Maison du Voyageur«, jahrzehntelang das berühmteste Drei-Sterne-Lokal der Bretagne, mutierte nach dem Willen des Chefs zum Gewürzfachhandel. Es duftet himmlisch, schließlich wird hier alles aus edlen Rohmaterialien getrocknet, gemahlen, geröstet, gemischt und dann, hübsch verpackt, in Pulverform oder als Würzöl verkauft. Entsprechend den »nez« (Nasen)

bei Parfüms, definiert sich Meisterkoch Roellinger als »palais«, als Gaumen. Geruch und Geschmack von Gewürzen lassen ihn eine virtuelle Reise antreten, ganz im Geist der Abenteurer aus Saint-Malo, die dem Ruf der Weite folgten.
➤ [H 2] 1, rue Duguesclin; www.epices-roellinger.com; tgl. außer Di/Mi

Am Abend
Le Tapecul

Blau wie das Meer an Sonnentagen ist die Fassade. Innen dient ein halb aufgeschnittenes Boot als originelle Bar, als abendlicher Hafen für gestrandete Seeleute oder Landratten. Samstagabends gibt es gelegentlich Seemannslieder, sonst auch Konzerte und Sportübertragungen.
➤ [H 2] 10, place du Calvaire; Tel. 02 99 89 80 83; www.cancale-en-3d.com/bar/tapecul.html

Feste
Cérémonie des Reposoirs

Am 15. August feiert Cancale das Meer und Mariä Himmelfahrt mit einer ganz eigenen Tradition: Man setzt am Hafen La Houle und in den Straßen dahinter in jede Gasse, jeden Platz, jede Nische in Häuserfassaden oder Felsen Marienstatuen, die abends mit Kerzen beleuchtet sind. Pilger ziehen von einer Statue zur anderen und singen alte Kirchenlieder.
➤ [H 2] Mehr Informationen unter www.ville-cancale.fr/htm/reposo.htm oder beim Office de Tourisme de Cancale

Info
Office de Tourisme de Cancale
➤ [H 2] 44, rue du Port; Tel. 02 99 89 63 72; www.cancale-tourisme.fr

DINAN

11 000 Einwohner, 75 m ü.d.M. ➤ [G 2/3]
Ob im Weihnachtszauber, wenn die Fachwerkhäuser im üppigsten Lichterglanz erstrahlen, oder beim historisch-folkloristischen Mittelalterfest im Sommer: Dinan versteht es, seine über 1000-jährige reiche Geschichte ins rechte Licht zu rücken. Mythisch schon der Name, der sich zusammensetzt aus den alten keltischen Worten »din« (Felsen) und »Ana« – in der keltischen Götterwelt die Beschützerin der Lebenden und Hüterin der Toten. Durch die ideale Lage über dem Fluss Rance, nur wenige Kilometer landeinwärts, doch mit Anschluss an den Handel über die Weltmeere konnte Dinan im Lauf der Jahrhunderte Reichtum und Bedeutung erringen. Davon zeugen die prächtigen Häuser, mächtige Festungsmauern und malerische Gassen wie die steile Rue de Jerzual, die vom Stadtzentrum hinunterführt zum idyllischen Flusshafen.

Hotels
Hôtel d'Avaugour
Mit britisch angehauchtem Charme empfängt dieses komfortable und zentral gelegene Hotel seine Gäste. Behaglich die mit edlen Möbeln individuell eingerichteten Zimmer, ein kleines Paradies der auf der alten Stadtmauer gelegene Garten, der zwischen Hortensien, Brunnen und Schatten spendenden Bäumen sowie mit Blick auf das historische Schloss von Dinan zur Entspannung einlädt.
➤ S. 113 [b 2] 1, place du Champ; Tel. 02 96 39 07 49; www.avaugourhotel.com; Nov.–Mitte Feb. geschl.; 21 Zimmer, 3 Suiten ••• &

Hôtel Résidence Duguesclin
Wer lieber ruhig abseits des Altstadttrubels nächtigt, der kann sich seit Sommer 2008 in dieser Hotel-Residenz einquartieren. Moderne Zimmer, natürlich ohne den Charme der Altstadthotels, dafür funktionell mit allem Komfort. Zu Fuß fünf Minuten zur Altstadt. »Au Coin du Feu« heißt das traditionsbewusste Hotelrestaurant mit modernem Touch, das frische Produkte der Region verarbeitet. Am Herd steht einer der besten Köche der ganzen Gegend, so urteilen Kenner.
➤ S. 113 [westl. a 2] 66, rue de Brest; Tel. 02 96 85 54 80; www.residhotelduguesclin.com; 52 Zimmer, Appartements; Restaurant: Tel. 02 96 85 02 90; www.coin-du-feu.com •• &

Le Logis du Jerzual
Stilvoll der Eingang des Anwesens aus dem 15. bis 18. Jahrhundert, gepflegt der Garten, gemütlich die Zimmer mit antiken Möbeln. Nicht ganz einfach ist die Zufahrt über die steile, schmale, älteste Straße von Dinan, die zum Flusshafen hinunterführt. Aber die malerische Lage passt gut zur Stimmung von Dinan.
➤ S. 113 [c 1] 25–27, rue du Petit Fort; Tel. 02 96 85 46 54; www.logis-du-jerzual.com; 4 Zimmer •

Essen und Trinken
Chez la Mère Pourcel
Eine gastronomische Institution in Dinan, besonders wegen des einladenden Ambientes: Das Restaurant liegt am schönsten Platz von Dinan in einem prachtvollen Haus aus dem 15. Jahrhundert, verziert mit hellblauem Fachwerk. Fast mittelalterlich wirkt der Speisesaal

mit enormen Dachbalken und einer gewaltigen Wendeltreppe aus dunklem Holz.
➤ S. 113 [b 2] 3, place des Merciers; Tel. 02 96 39 03 80; www.chezlamerepourcel.com; Juli/Aug. tgl., Sept.–Juni tgl. außer So/Mo abends ●●

Les 3 Lunes

Dieses modern in Grau und Rot gestylte Lokal gilt derzeit als die beste Feinschmeckeradresse in Dinan. Hinten liegt der Speisesaal, vorne der Teesalon, in dem hausgemachte Kuchen seviert werden.
➤ S. 113 [b 2] 22, rue de la Lainerie; Tel. 02 96 85 10 32; www.les3lunes.fr; tgl. außer So/Mo abends ●●

Crêperie Ahna

Mit Crêperies ist auch Dinan reich gesegnet. Außerhalb der Saison machen einige Pause, andere bleiben halb leer, hier aber drängt man sich vor dem roten Eingangstor, um im engen Speiseraum Platz zu nehmen. Vielleicht liegt es an der Namenspatronin – der keltischen Göttin Ahna.
➤ S. 113 [b 2] 7, rue de la Poissonnerie; Tel. 02 96 39 09 13; tgl. außer So ●

Le Patio

Modern geformte gemütliche Clubsessel prägen den Speisesaal, Leopardenmuster die schicke Bar davor, die abends zu den

MUSEEN

2 SCHATZKAMMER DES TEES

Die Begeisterung für Tee glaubt man dem Besitzer sofort. Auch der kleinste Winkel des schnuckeligen Raums zeugt von der Leidenschaft des gelernten Bankiers, der einst in Monaco mit Geld handelte und sich heute in Dinan mit Tee und Trödel beschäftigt: 65 Teesorten, antikes Teeservice und eine Sammlung von 700 Teekannen, Stövchen und Porzellanfiguren im weltweit ersten Museum von »veilleuse-théière« (Teewärmern). Das älteste Exemplar stammt aus dem Jahr 1760, die meisten aus dem 19. Jahrhundert. Zur damaligen Zei war es Mode, nachts eine Kanne Tee neben das Bett zu stellen – auf einem Stövchen mit Kerze, die den Tee warm

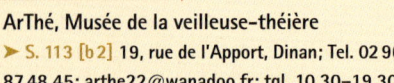

WEGWEISER 2

ArThé, Musée de la veilleuse-théière
➤ S. 113 [b 2] 19, rue de l'Apport, Dinan; Tel. 02 96 87 48 45; arthe22@wanadoo.fr; tgl. 10.30–19.30 Uhr, außerhalb der Saison Mo geschl.; Eintritt frei

hielt und gleichzeitig angenehm sanftes Licht verströmte.

Vom simplen Gebrauchsgegenstand entwickelten sich diese Teewärmer rasch zu Kunstobjekten, die von berühmten Porzellanmanufakturen in mannigfachen Formen und fantasievoller Verzierung hergestellt wurden. Die antiken Werte türmen sich in **ArThé** offen und ungeschützt in Regalen und auf Kommoden, sodass man fast Angst hat, sich umzudrehen in der Enge. Andererseits verlockt das gekonnte Durcheinander zum Gruschteln, zur Schatzsuche. Liebevoll erzählt Gilles-Clément Roullier von seinen Reisen in Sachen Tee und Antiquitäten, seiner Bekehrung vom Geldmenschen zum Tee-Experten, freut sich mit den Kunden, wenn sie fündig werden auf der Suche nach einer besonderen Teesorte oder einem exquisiten Tee-Accessoire. Die Tee-Leidenschaft liegt ihm praktisch im Blut, denn sein Vater Urbain Roullier legte 1932 den Grundstein für die Sammlung, als er die erste Teekanne mit Stövchen in Quintin erwarb. Und obwohl Gilles-Cléments Mutter Wienerin war, er selbst in den USA geboren ist und später lange am Mittelmeer lebte, fühlte er sich immer der Bretagne verbunden. Väterlicherseits lässt sich der bretonische Stammbaum bis 1150 zurückverfolgen. So kehrte er in die Heimat zurück, um hier seine Passion zu leben.

Der Eintritt ins Teekannenmuseum ist kostenlos, aber selten verlässt man die »Tee-Schatzhöhle«, ohne irgendetwas gekauft oder wenigstens eine Tasse der russisch-englischen Spezialmischung des Prinzen Orlov probiert zu haben. Standesgemäß serviert in kostbarem Porzellan und mit antikem Tafelsilber. Dazu wird hausgemachtes Gebäck gereicht.

beliebtesten Treffpunkten der lokalen Trendsetter zählt. Von dem bepflanzten Garten dahinter, der auf der alten Stadtmauer liegt, blickt man auf die Befestigungsanlagen. Die von einer Pergola überdachte Ecke bietet Rauchern seit Einführung des allgemeinen Rauchverbots ein geschütztes Plätzchen.

➤ S. 113 [a 2] 9, place du Champ Clos; Tel. 02 96 39 84 87; www.lepatiobar.fr; tgl. außer Mo •

ArThé ⭐
(→ Der gute Tipp von MERIAN, S. 114)

Sehenswertes
Basilika Saint-Sauveur

Um das Jahr 1120 wurde diese Basilika in Erfüllung eines Gelübdes errichtet – inspiriert von der romanischen Kunst des Poitou in Südwestfrankreich. Angeblich liegt hier in einem Schrein das Herz des tapferen Bertrand Du Guesclin, der einst Dinan vor den Engländern rettete. Seinen Tod 1380 illustriert das Gemälde darüber. Vom Park neben der Basilika, dem früheren Gemeindefriedhof, hat man einen schönen Blick auf das Tal der Rance.

➤ S. 113 [c 2] Tgl. 9–18 Uhr

Beffroi

Der Uhrenturm aus dem 15. Jahrhundert symbolisierte Wohlstand und Macht, die Glocke spendete 1507 die Duchesse Anne. Bis zur Revolution fanden hier Gemeindeversammlungen statt. 160 Stufen führen nach oben zum Blick über die Stadt.

➤ S. 113 [b 2] Rue de l'Horloge; www.mairie-dinan.com; April/Mai tgl. 14–18.30, Juni–Sept. tgl. 10–18.30 Uhr; Eintritt 2,90/1,85 €

Maison d'Artiste de la Grande Vigne

Sehr lebendig wirkt dieses Künstlerhaus: weniger wie ein Museum, eher wie eine Privatvilla, wohin man zu Besuch kommt, um rund 4000 Zeichnungen und Gemälde mit Szenen aus einer heute fast völlig verschwundenen Bretagne zu bewundern. Yvonne Jean-Haffen, Schülerin und Freundin des Malers Mathurin Méheut, hinterließ dieses Anwesen der Stadt.

➤ S. 113 [nördl. c 1] 103, rue du Quai, port de Dinan; Tel. 02 96 87 90 80; www.mairie-dinan.com; Mai–Sept. tgl. 14–18.30 Uhr; Eintritt 2,90 €, Kinder 12–18 Jahre 0,80 €

Maison de la Harpe

Dieses malerische Fachwerkhaus aus dem 16. Jahrhundert ist der Harfe gewidmet, einem der Starinstrumente bretonischer Musik. In diesem einzigen europäischen Zentrum für keltische Harfen finden regelmäßig Konzerte, spielerische Einführungskurse in das Harfenspiel und themenbezogene Ausstellungen statt.

➤ S. 113 [b 2] 6, rue de l'Horloge; Tel. 02 96 87 36 69; www.maisondelaharpe.org; Juni–Sept. Di–Sa 14–18, Herbst/Winter Di–Fr 14–18 Uhr; Eintritt 3 €

Einkaufen
Fleur de Lin et Bouton d'Or

Für handgemachte edle Knöpfe, Stickborten, Fäden und Nadeln jeder Art begeistert sich jeder in dieser hübschen »mercerie«, einer nostalgisch aufgemachten Kurzwarenhandlung mit dem Namen »Leinenblume und Goldknopf«. Hier verkauft die Designerin und Kunsthandwerkerin Claude Le Guen seit 1998 eigene Kreationen (»Bleu lin« und »Rouge griotte«),

aber auch antiquarische Nähutensilien und Knöpfe aus den Jahren 1850 bis 1950.
➤ S. 113 [c 1] 9, rue du Petit Fort; Tel. 02 96 85 05 87; www.fleurdelinetboutondor.com; Mitte Juni–Mitte Sept. tgl. 10–12, 14–19 Uhr

Les Puces Dinannaises
Ein großer Flohmarkt findet in den Sommermonaten jeden Mittwoch auf der Place Saint-Sauveur statt.
➤ S. 113 [b 2] Place Saint-Sauveur; 3. Mi/Juni–3. Mi/Sept.

Am Abend
Le Bistrot d'en Bas
Ein Bistro, wie es im Buche steht und man es aus Filmen der 1950er- oder 1960er-Jahre kennt: warme Farben, einige Art-nouveau-Lampen, Jazz oder französische Chansons als Hintergrundmusik. Auf der Tafel ein Dutzend guter Weine, die auch glasweise zu haben sind – dazu ein Sandwich oder Salat. Gelegentlich Konzerte.
➤ S. 113 [c 2] 20, rue Haute-Voie; Tel. 02 96 85 44 00; tgl. außer So mittags/Mo 11–1 Uhr

Ausflüge
Château de la Hunaudaye
Zur Sicherung der Ostgrenze ließ Olivier Tournemine 1220 diese Festung errichten, die später mehrfach erweitert wurde und nach der Französischen Revolution fast völlig verfiel. Der Staat erwarb schließlich das historische Monument und entschied sich bei der Restaurierung für eine hochinteressante, klare optische Abgrenzung zwischen mittelalterlichem Original und neuzeitlichen Ergänzungen. In einem Turm wurden Räume für jährlich wechselnde Ausstellungen eingerichtet.

➤ [G 2] Plédéliac (zwischen Lamballe und Dinan); Tel. 02 96 34 82 10; www.la-hunau daye.com; Mitte Juni–Mitte Sept., frz. Ferien tgl. 10.30–18.30, April–Mitte Juni, Mitte Sept.–Anf. Nov. Mi, Sa, Fei 14.30–18 Uhr; Eintritt 4,50/3,50 €

Maison de la Rance
Beste Einführung in die Welt des Flusses Rance, der bei Dinan noch eng wirkt, sich dann aber rasch weitet bis zur breiten Mündung zwischen Saint-Malo und Dinard. Über das Vogelparadies mit seinen 120 Zugvogelarten, über die Botanik, aber auch den Granitabbau, die Handelsschifffahrt, die Fischerei und die Gezeitenmühlen erfährt man Interessantes in Ausstellungen und auf geführten Wanderungen zu Fuß, per Rad oder bei Bootsfahrten auf dem Fluss.
➤ [G 3] Quai Talard, Port de Dinan, Lanvallay; Tel. 02 96 87 00 40; maison.rance@cc-codi.fr; April–Juni, Sept.–Nov., frz. Ferien Di-So 14–18; Juli/Aug. tgl. 10.30–12.30, 14–19, sonst So 14–18 Uhr; Eintritt 4 €, Kinder 12–18 Jahre 3 €; Bootstouren: www.compagnie corsaire.com; Mitte April–Mitte Sept.

Info
Office de Tourisme de Dinan
➤ S. 113 [b 3] 9, rue du Château; Tel. 02 96 87 69 76; www.dinan-tourisme.com

DINARD

10 400 Einwohner, 18 m ü.d.M. ➤ [G 2]
Als Perle bretonischer Seebadtradition gilt Dinard. Die Magier, die Mitte des 19. Jahrhunderts das ärmliche Fischerdorf fast über Nacht in ein mondänes Luxusstädt-

chen verwandelten, kamen aus dem Norden – diesmal nicht in feindlicher Absicht wie so häufig rund um Saint-Malo, sondern in friedlicher Urlaubsstimmung. Gerade hatte man die Wohltaten des Badens im Meer entdeckt, und die Engländer zeigten sich begeistert vom milden Klima der bretonischen Küste, von der geschützten Lage, den weiten Sandstränden. Rasch entwickelte sich Dinard zum noblen Urlaubsparadies mit Traumvillen, Casinos, Tennis- und Golfplätzen. Reiche, Adlige, Schöne, Künstler ... alles, was Rang und Namen hatte, traf sich ab Ende des 19. Jahrhunderts zur Sommerfrische in Dinard. Viel von dem alten Glanz ist bis heute geblieben.

Hotels
Accor Thalassa

Dank der großzügigen Terrassenanlage am Stadtrand fühlt man sich in jedem Zimmer beim Blick aus dem Fenster ganz allein mit dem Meer. Balsam für die Seele. Wer für den Körper etwas tun möchte, kann die Einrichtungen des klassischen Spa oder der Thalassotherapie (→ Reportagen, S. 59) nutzen. Etwas unpersönlich wirkt die weite Empfangshalle, doch die Zimmer und »villas« (Mini-Appartements) zeigen viel Charme in edlem Jachtdekor. Das Hotel organisiert auch kulturelle Veranstaltungen, Kurse und Seminare – etwa Ende Oktober ein Jazzfestival »en peignoir«, im Bademantel.

In der Hotelbar »L'Albatros«, die nachmittags als Teesalon fungiert und häufig als Konzertsaal, sitzt man wie im Luxusdampfer. Hinter riesigen Panoramafenstern liegt das blaue Meer vor den Festungsanlagen von Saint-Malo.

Auch das lichtdurchflutete Hotelrestaurant »La Frégate« bietet Meerblick, wirkt sonst aber eher kühl. Angenehm die reiche Auswahl des Vorspeisenbuffets, von dem man bei wenig Hunger auch das Hauptgericht wählen kann. Viele kalorienreduzierte Gerichte.

▶ [G 2] 1, avenue du Château Hébert; Tel. 02 99 16 78 10; www.accorthalassa. com; 106 Zimmer ●●● ♿; Restaurant: tgl. 12–14, 19–22.30 Uhr, Reservierung empfohlen ●●; Bar 10–24 Uhr

Früher Wehrbau, heute Kunstraum: Château de la Hunaudaye in Plédéliac

Eine Schatzhöhle: Der Laden »L'Ancien Temple« befindet sich in einer ehemaligen Kirche.

Grand Hôtel Barrière

Zwar etwas klotzig, aber ein Klotz mit Stil, der Glanzzeit Dinards nachempfunden, mit weitem Blick auf das Meer und die Festungsmauern von Saint-Malo. Edel-elegant und mit dem Komfort eines Vier-Sterne-Hotels präsentiert sich die Einrichtung von Zimmern, Hotelhalle, Restaurant und Bar – Letztere mit schöner Terrasse über dem Meer.

➤ [G 2] 46, avenue Georges V; Tel. 02 99 88 26 26; www.lucienbarriere.com; 90 Zimmer ••• ♿

Hôtel Émeraude Plage

Für die Mercure-Kette ganz untypisch zeigt sich dieses Hotel sehr originell und traditionsverpflichtet. Seit 2008 lässt es den Charme einer typischen Prachtvilla aus der Gründerzeit des Seebades wiederaufleben, besonders in der Pianobar.

➤ [G 2] 1, boulevard Albert 1er; Tel. 02 99 46 15 79; www.hotelemeraudeplage.com; Jan. geschl.; 47 Zimmer ••• ♿

Le Printania

Grandios thront der alte Bau in echter Seebadtradition über der Bucht, majestätisch empfängt einen die Eingangshalle mit dicken Teppichen und einer Fülle an Tischchen, Vasen, Deckchen, gerahmten Bildern. Die Zimmer dagegen bieten eher Basiskomfort, bestechen dafür mit immensem Charme und witzigen Details. Ideal die Lage des traditionsreichen Hotels direkt über der Mondscheinpromenade.

➤ [G 2] 5, avenue Georges V; Tel. 02 99 46 13 07; www.printaniahotel.com; März–Nov.; 56 Zimmer ••

Hôtel Les Mouettes

Das preiswerteste Hotel am Ort, trotz der zentralen Lage. Charmant die kleine Eingangshalle und die nun als Aufenthaltsraum dienende Bar mit viel Trödelkram. Die Zimmer sind einfach und sauber.

➤ [G 2] 64, avenue Georges V; Tel. 02 99 46 10 64; www.hotel-les-mouettes.com; Jan. geschl.; 10 Zimmer •

Essen und Trinken

Didier Méril

Hoch über dem Meer speist man bei Panoramablick, obwohl man sich auf das Essen konzentrieren sollte. Schließlich gilt »Didier Méril« als das beste Lokal in Dinard. Um nicht abzulenken von den delikaten Speisen, ist wohl auch die moderne Einrichtung in edlem Grau eher unspektakulär. Die Frau des Chefs ist Deutsche und hilft des Französischen nicht mächtigen Gästen gerne bei der Auswahl.

➤ [G 2] 1, place du Général de Gaulle; Tel. 02 99 46 95 74; www.restaurant-didier-meril.com; außerhalb der Saison Mi geschl. •••

L'Escale à Corto

Weder Meeresblick noch blau-weißes Dekor im Marinestil gibt es hier. Bisweilen ist es doch recht erholsam, zur Abwechslung zwischen knallgelben Farbtönen und schlichten Holzmöbeln zu speisen. Die Einheimischen jedenfalls lieben dieses Restaurant, das zwar als schick gilt, aber dennoch gemütlich bleibt.

➤ [G 2] 12, avenue Georges V; Tel. 02 99 46 78 57; tgl. abends, außerhalb der Saison Mo geschl. •••–••

L'Appel du Large

In der Brasserie gleich neben den eigentlichen Casinoräumen sitzt man gemütlich auf roten Polstersesseln und mag sich gar nicht sattsehen an dem wahrlich traumhaften Blick aus den riesigen Panoramafenstern hinaus auf Strand und Meer. Ohne Ausweiskontrolle oder Alterslimit kann man dort gut essen – beispielsweise eine köstliche Meeresfrüchteplatte – oder in der Bar einen Kaffee trinken. An der Geräuschkulisse klingender und trötender Spielautomaten darf man sich einfach nicht stören.

➤ [G 2] 4, boulevard Wilson (Plage de l'Ecluse); Tel. 02 99 16 30 30; www.casino-barriere-dinard.com; tgl. 12–14.30, 19.30–22.30; Salon de Thé tgl. 15–18 Uhr ••

Einkaufen

L'Ancien Temple

Ein echtes Erlebnis, selbst wenn man nichts kauft. Wie in der Schatzhöhle von Ali Baba türmen sich in dem stattlichen Gebäude, dessen Name auf seine Vergangenheit als protestantisches Gotteshaus verweist, an allen Wänden bis zur hohen Decke jede Art von kulinarischen Spezialitäten, diverse Tees, Souvenirs, Kristalllüster, Blumen, Schmuck, Trödelkram, Möbel, Schokolade und sogar Musikinstrumente.

➤ [G 2] 29, rue Jacques Cartier; Tel. 02 99 46 82 88; www.ancien-temple.com; Sommer Mo–Fr (sonst Di–Fr) 10–12, 14–19, Sa/So 10–13, 14–19 Uhr

Am Abend

Le Darling

Die charmant nostalgische und doch moderne Pianobar des »Hôtel Émeraude Plage« wurde von den Einheimischen rasch nach der Eröffnung 2008 zum inoffiziellen Treffpunkt erkoren. Während sich Gäste in der Jugendstilveranda an Tee oder Cocktails laben, sorgt ein elektronisches Klavier – manchmal auch ein Pianist aus Fleisch und Blut – für Wohlfühlmusik.

➤ [G 2] 1, boulevard Albert 1er; Tel. 02 99 46 15 79; www.hotelemeraudeplage.com; Konzerte in der Saison Do–So

Ausflüge

Mondscheinpromenade

Zahlreiche Spazierwege laden zur Entdeckung der verwinkelten Küste ein, vorbei an Traumvillen und exotischen Gärten mit Palmen, über zerklüftete Felsen von einer Sandbucht zur anderen. Geradezu mythischen Ruf genießt die »Mondscheinpromenade« (»Promenade du Clair-de-Lune«), die vom Strand du Prieuré zur Pointe du Moulinet am felsigen Hang entlangführt, direkt über dem Meer. Von Mitte Juni bis Mitte September wird die schmale Uferpromenade bei Einbruch der Dunkelheit sanft erleuchtet und mit Hintergrundmusik berieselt.

➤ [G 2]

Saint-Briac-sur-Mer

Eine Postkartenschönheit ist dieser Urlaubsort mit kleinem Hafen, traditionellen Badekabinen am Strand, Villen und Lustschlösschen. Alles präsentiert sich ausgesprochen schick und gepflegt. Hier befindet sich auch der Golfplatz von Dinard. Wie nicht anders zu erwarten, nicht gerade billig, dafür aber sehr elegant.

➤ [G 2] Office de Tourisme de Saint-Briac-sur-Mer, 49, grande rue; Tel. 02 99 88 32 47; www.tourisme-saint-briac.fr; Jan.–Juni, Sept.–Dez. Mo, Mi, Do–Sa 9.30–12.30, 13.30–17.30, Juli/Aug. Mo–Sa 9.30–13, 14–18.30, So/Fei 10–13 Uhr

Info

Office de Tourisme de Dinard

➤ [G 2] 2, boulevard Féart; Tel. 02 99 46 88 22; www.ot-dinard.com

DOL-DE-BRETAGNE

4500 Einwohner, 16 m ü.d.M. ➤ [H 2]
Etwas verschlafen wirkt das Städtchen in der Nebensaison. Dabei hatte Dol im Mittelalter eine große Bedeutung als eine der sieben bretonischen Bischofsstädte und Ausgangspunkt der Wallfahrt »Tro Breizh« zu den Gräbern der sieben Gründungsheiligen der Bretagne. Davon zeugt noch immer die Kathedrale aus dem 13. bis 15. Jahrhundert – die schönste Kathedrale der Bretagne, so meinen viele. In den Straßen rundherum sind zwischen zahlreichen Läden und Lokalen schöne historische Stadthäuser aus dem 11. bis 16. Jahrhundert zu bewundern – darunter die Maison des Petits Palets, eines der ältesten Häuser der Bretagne.

Hotels

Le Domaine des Ormes

»Einst haben die Kerls auf den Bäumen gehockt ... « dichtete Erich Kästner in »Entwicklung der Menschheit«, und in

Bis 1801 war die Kathedrale von Dol-de-Bretagne Bischofssitz. Sehenswert sind die farbenfrohen, 700 Jahre alten Chorfenster.

Themenabende (dreimal pro Woche, z. B. »Ein Land, ein Gericht …«)
➤ [H 2] 43, grande rue des Stuarts; Tel. 02 99 48 01 54; www.foodshop.fr; tgl. außer So, außerhalb der Saison tgl. außer So/Mo •

La Table Ronde
An die »Tafelrunde« von König Artus erinnert dieses stimmungsvolle Lokal. Das mittelalterliche Ambiente inklusive Ritterrüstung und offenem Grillfeuer unterstreicht die Wirkung des schönen alten Gewölbes im hinteren Raum.
➤ [H 2] 34, grande rue des Stuarts; Tel. 02 99 48 06 81; Mi–Fr, So, Sa nur mittags, Jan. geschl. •

Sehenswertes
Cathédrale Saint-Samson
Die nach einem der sieben bretonischen Gründerväter benannte Kathedrale gilt als die schönste der Bretagne. In romanischem Stil wurde sie errichtet, 1203 von den Engländern in Brand gesetzt, danach über mehrere Jahrhunderte hinweg wieder aufgebaut. Außen zeigt sie sich streng, im Inneren gotisch. Die Fenster im Chor stammen aus dem 13. Jahrhundert.
➤ [H 2] Tgl. 9–19 Uhr

Médiévalys
Die Welt des Mittelalters will das Museum Jung und Alt nahebringen. Für Kinder sind im Erdgeschoss einstige Wohnräume und Burgmodelle aufgebaut. Während die Ausstellungen über Weinbau im Mittel-

unseren Genen scheint diese Erfahrung tief verankert. Den Kindheitstraum vom Haus in den Bäumen kann sich jeder erfüllen, der schwindelfrei eine sichere, feste Leiter vier bis dreizehn Meter hinaufsteigen kann. Etwas spartanisch ist das Leben in luftiger Höhe schon: kein Wasser, kein Strom, chemische Toiletten. Der Schlosspark bietet auch klassische Übernachtungsmöglichkeiten und eine Vielzahl an Freizeitaktivitäten.
➤ [H 2] Epiniac; Tel. 02 99 73 53 00; www.lesormes.com; 29 Baumhäuser, 45 Zimmer ••

Essen und Trinken
Food Shop
Was nach Fast Food klingt, entpuppt sich als Edelbistro in modernem Design. Einheimische schätzen dieses Feinschmeckerlokal für sein gutes Preis-Leistungs-Verhältnis sowie die gastronomischen

alter und Tempelritter im ersten Stock eher ärmlich wirken, staunt man über die hochinteressanten, anspruchsvollen Museumssäle im dritten und vierten Stockwerk zur Kathedralenbaukunst und der Symbolik des Mittelalters.

➤ [H 2] 4, place de la Cathédrale; Tel. 02 99 48 35 30; www.medievalys.com; tgl. 10–19, Juli/Aug. 10–20 Uhr; Eintritt 7,50/5 €, Kinder unter 6 Jahren frei

Ausflüge

Mont-Dol

Einer der mythischsten Orte der Bretagne ist dieses 65 Meter hohe Plateau. Hier soll der Erzengel Michael mit dem Teufel gekämpft und diesen unterm Hügel vergraben haben. Versteinerte Kratzspuren des Teufels und der Fußabdruck des Engels werden zur Untermauerung der Legende herangezogen. Sicher ist, dass Menschen hier 70 000 v. Chr. siedelten und die Anhöhe später Druiden als Kultstätte diente.

Heute sind vor allem zwei Windmühlen zu bewundern. Zweimal im Jahr wird der noch funktionierende alte Mechanismus von 1843 in Bewegung gesetzt. Vom Turm der kleinen Kapelle Notre-Dame de l'Espérance aus hat man einen überwältigenden Panoramablick über die gesamte Bucht des Mont-Saint-Michel.

➤ [H 2] Tel. 02 99 48 33 57 oder 02 99 48 20 98; Führungen April tgl. 14–18, Mai–Mitte Juni Sa/So/Fei 14–18, Mitte Juni–Ende Aug. tgl. 10–18 Uhr

Info

Office de Tourisme de Dol-de-Bretagne

➤ [H 2] 5, place de la Cathédrale; Tel. 02 99 48 15 37; www.pays-de-dol.com

LANNION

20 000 Einwohner, 23 m ü.d.M. ➤ [E 1]

Erstaunlich lebendig und jung ist dieses Städtchen – besonders beim Wochenmarkt am Donnerstag. Im Sommer gesellen sich Touristen zu den schicken Damen – die jüngeren mit ziemlicher Sicherheit Ingenieurinnen, die älteren rüstige Rentnerinnen aus Paris –, den jung-dynamischen Geschäftsleuten, den Jugendlichen aus den nahe gelegenen Schulen. In wenigen Jahrzehnten hat sich das ehemals verschlafene Provinznest zu einem internationalen Forschungszentrum und zur Brutstätte zahlreicher Start-ups in den Bereichen Telekommunikation, Optik und Elektronik gemausert. Vom neu gewonnenen Reichtum – der bei der gegenwärtig schnell schwankenden Wirtschaft jederzeit infrage gestellt werden mag – zeugen zahlreiche edle Boutiquen sowie ein breit gefächertes Kulturangebot.

Hotels

Ti Al Lannec

Sehr englisch, cosy und nobel wirkt die hundertjährige Villa durch zahlreiche liebevolle Details und die üppige Innenausstattung der Zimmer, Salons und Speiseräume. Die Ruhe der Anlage in einem weiten Park wird höchstens vom Meeresrauschen der Bucht »gestört«.

➤ [D 1] 14, allée de Mézo-Guen, Trébeurden; Tel. 02 96 15 01 01; www.tiallannec.com; Anf. März–Mitte Nov.; 33 Zimmer •••• ♿

Manoir de Lan Kerrelec

Zu den besten Hotels der Bretagne zählt dieses frühere Herrenhaus mit grandio-

sem Blick auf das Meer. Zur herzlichen Atmosphäre gesellen sich eine stilvolle Mischung von antiken und modernen Möbeln sowie der großartige helle Speisesaal im ursprünglich als Maleratelier errichteten Manoir-Turm. Großzügige Zimmer, teilweise kostbares Holz wie auf einer Luxusjacht.

➤ [D 1] Allée centrale de Lan Kerrelec; Trébeurden; Tel. 02 96 15 00 00; www. lankerellec.com; Mitte März–Mitte Nov.; 19 Zimmer ••• &

Île Milliau 3
(→ Der gute Tipp von MERIAN, S. 124)

Essen und Trinken
La Ville Blanche
Äußerlich hat sich die alte Lastwagenfahrerkneipe an der Straße nach Tréguier kaum verändert. Innen jedoch erwarten die Gäste kulinarische Genüsse vom Feinsten. Die vielen frischen Kräuter und Blüten in den Gerichten stammen aus dem hübschen Garten hinten, wo nach dem Mahl auch der Kaffee gereicht wird.

Vor dem Hafen von Trébeurden liegt die Île Milliau. Bei Ebbe kann man hinüberlaufen.

➤ [E 1] Route Lannion–Tréguier, Rospez; Tel. 02 96 37 04 28; www.la-ville-blanche.com; tgl. außer Mi, So abends, Jan. geschl. ••••

Le Quellen
Dieses ehemalige Arbeiterrestaurant hat sich dank zweier begabter Koch-Brüder zu einem beliebten Feinschmeckerlokal gemausert. Das freundlich-einfache Ambiente mit Werken lokaler Künstler an den Wänden und einer Sammlung von Kaffee- und Pfeffermühlen ist geblieben.

➤ [E 1] 18, corniche de Goas Treiz; Tel. 02 96 15 43 18; www.le-quellen.com; tgl. außer Mo, Juli/Aug. tgl. ••

La Tourelle
Exquisite Küche in exquisiter Lage: Mit Blick auf Strand, Meer und Hafen lässt man sich verwöhnen vom dynamisch-fantasievollen Koch. Sehr ästhetisch die Präsentation der Speisen, wenig gefällig von außen die Beton-Glas-Fassade, die man innen schnell vergisst. Beliebt sind

HOTELS

3 URLAUB À LA ROBINSON CRUSOE

Brandungswellen klatschen gegen die rosa Felsen, über denen Möwen kreischend kreisen. Magisch muss es gewesen sein, als sich zu dieser naturrei-
nen bretonischen Geräuschkulisse auch noch menschliche Chorstimmen aus
Paris gesellten. Aristide Briand hatte dieses Konzert im letzten Jahrhundert
organisiert – als Hommage an die Insel Milliau, auf deren malerischer
Nordspitze der französische Politi-
ker und Friedensnobelpreisträger
seine Ferienvilla errichtet hatte.

Leider wurde das 1913 errichtete Gebäude kürzlich abgerissen,
doch im Sommer dürfen romantische Seelen seine poetischen Ein-
gebungen nachempfinden und für
ein paar Tage ihr Urlaubsquartier auf Milliau beziehen. Allerdings nicht so
nobel wie einst der Künstler, sondern in dem zu drei einfachen Ferienwohnungen umgebauten früheren Bauernhof. Bei diesem Insulanerdasein auf
23 Hektar gilt es, weitgehend auf Komfort zu verzichten: Kein WLAN, kein
Internet, kein Fernsehen, nicht einmal Handy-Empfang ist möglich. Licht
allerdings, Kühlschrank und Herd sowie fließendes Wasser und Dusche
sind vorhanden. Nur sollte man mit dem Strom sparsam umgehen, denn er
stammt ausschließlich von Solarzellen, die auch die Pumpe antreiben, mit
der das Wasser aus großer Tiefe geholt wird.

Alles ist streng nach ökologischen Kriterien eingerichtet, keine chemischen Produkte sind erlaubt. Zwischen Granitwänden und typischen Bau-
ernmöbeln aus dunklem Holz, gleich neben einer prähistorischen »allée
couverte«, lebt es sich fast wie einst. Traditionelle Freuden sind wiederzu-
entdecken: beobachten, wie die Sonne langsam im Meer versinkt, dieses
zuvor orange oder rosa färbt; Robinson spielen und am Ufer Krebse oder
Muscheln für das Abendmahl sammeln; die Honigaromen der sonnengelben Ginsterblüten erschnüffeln. Der schönste Augenblick – da sind sich die
Ferieninsulaner einig – ist, wenn der letzte Tagestourist die Insel verlässt.
Wenn das steigende Meer die schmale Landzunge überflutet, die bei Ebbe
Insel und Festland miteinander verbindet. Dann sind sie wieder unter sich,
die glücklichen Besitzer des Ausweises »Passeport de Milliau«, die sich ver-
pflichtet haben, Flora (280 Pflanzenarten!), Fauna und Kulturschätze der
Insel mit größtem Respekt zu behandeln.

WEGWEISER 3

Île Milliau

➤ [D 1] Drei Ferienhäuser mietbar über Office
de Tourisme de Trébeurden, place de Crec'h Héry;
Tel. 02 96 23 51 64; www.trebeurden.fr;
April–Mitte Sept. ••

die Kochkurse des Chefs Laurent Rouvier am großen Tisch im Speisesaal.

➤ [D 1] Le Port, Trébeurden; Tel. 02 96 23 62 73; tgl. außer Mo, Juli/Aug. tgl. ••

Sehenswertes
Église de Brélévenez

Tempelritter gründeten angeblich die eindrucksvolle Kirche mit romanischen Bauelementen auf dem Hügel Crec'h Tanet. Natürlich ist sie auch mit dem Auto erreichbar. Doch um sie auf sich wirken zu lassen, empfiehlt sich der Aufstieg über die 142 Stufen der malerischen alten Steinstiege. Von oben hat man einen herrlichen Blick über Stadt und Fluss. Führungen organisiert das Tourismusbüro.

➤ [E 1] Mo–Sa 10–12, 14–17.30 So/Fei 14–17.30 Uhr; Eintritt frei

Einkaufen
Jutta Bijoux

Fantasievollen Schmuck aus Gold, Silber, Zuchtperlen und Edelsteinen fertigt die deutsche Wahl-Bretonin Jutta Schaidt in ihrem Atelier über dem Bahnhof von Lannion, wo sie ihre Kreationen verkauft, aber auch gern einfach über ihre Arbeit und das Leben im Trégor plaudert.

➤ [E 1] 5, rue Edgar de Kergariou; Tel. 06 10 70 27 44; www.monbijou-france.de

Librairie Gwalarn

Hinter dem Marktplatz von Lannion liegt diese hervorragend sortierte Buchhandlung, die besonders stolz auf ihr breites Angebot an Bretagne-Büchern verweist.

➤ [E 1] 15, rue des Chapeliers; Tel. 02 96 37 40 53; librairie.gwalarn@wanadoo.fr; Di–Sa, 9–12.15, 14–19 Uhr

Am Abend
La Cabane Bambou's

In dieser Nachtbar mischt sich ein buntes Publikum von englischen Jachtbesitzern bis zu einheimischen Jugendlichen. Das schafft eine sympathische Stimmung. Innen sitzt man auf Bambushockern, draußen auf einer Holzterrasse direkt am Sandstrand. Natürlich gibt es dazu Musik (gelegentlich live) und Tanz.

➤ [E 1] 49, rue de Trozoul; Tel. 02 96 15 48 69; www.cabane-bambous.com; Do–So, Sommerferien tgl. 16–2 Uhr

Carré Magique

Das gut besuchte öffentliche Theater im modernen Kastenbau bietet ein vielfältiges Programm, hat sich aber schwerpunktmäßig auf Zirkustheater spezialisiert. Im Frühling auch Vorstellungen im Zirkuszelt am Fluss. Kleine Bar im ersten Stock.

➤ [E 1] Place des Ursulines; Tel. 02 96 37 19 20; www.carre-magique.com; Mo–Fr 9.30–12.30, 14–18.30, bei Vorstellungen auch Sa/So 15–18.30 Uhr; Tickets ab 9 €

Les Valseuses

International und breit gefächert ist das Angebot in dieser beliebten Kneipe, sowohl was das Essen als auch was das Kulturprogramm betrifft: Musik, Politik, bretonische Kultur, Tanz. Man kann auch einfach nur drinnen plaudern oder im Garten Boule spielen.

➤ [E 1] 1, rue Coudraie, Brélévenez; Tel. 02 96 48 75 19; lesvalseuses@wanadoo.fr

Feste
Festival de Lanvellec ⭐

(→ Der gute Tipp von MERIAN, S. 126)

FESTE UND EVENTS

RENAISSANCE MUSICALE

Schon bei den ersten Orgeltönen scheinen die historischen Kirchenmauern zu vibrieren, als wollten sie sich dehnen und den Gebäuderahmen sprengen angesichts der Klangfülle des Instruments, das der berühmte Orgelbauer Robert Dallam 1653 schuf. Jedes Jahr im Herbst mausert sich das pittoreske Städtchen Lanvellec im Norden der Bretagne zu einem Mekka alter Musik.

> **WEGWEISER** ⭐ 4
>
> **Festival de Lanvellec**
> ➤ [D 2] Rue du Château, Lanvellec; Tel. 02 96 35 14 14; www.festival-lanvellec.fr; 2.–3. Oktober-Wochenende; Tickets ab 10 €

Von nah und fern strömen rund 3000 Liebhaber von Klängen des Mittelalters, der Renaissance und des Barocks in den sonst eher abseits des Touristenstroms liegenden Ort. Dank sorgsamer Pflege wirken Dorfplatz und Kirchhof wie eine würdige Kulisse für die alte Musik und scheinen seit Jahrhunderten unverändert. Der Eindruck verstärkt sich noch, wenn in geraden Jahren (2010, 2012 etc.) als Auftakt des Festivals zwischen traditionellen Granitsteinhäusern mittelalterliches Markttreiben auf der Dorfstraße herrscht. Neuzeitlicher Asphalt verschwindet unter einer dicken Strohschicht, die Stände gleichen einfachen Holzhütten, in denen stilecht gekleidete Händler und Kunsthandwerker ihre der Tradition verpflichteten Waren anbieten – von »chouchen« (Honigmet) über Algenbrot bis zu Leinsamen und Hanfkleidung.

Mit Fanfaren ziehen die Dorfoberen in mittelalterlicher Tracht durch die Gassen und laden ein zu den zahlreichen Konzerten des Festivals, die teilweise in der schönen Dorfkirche, teils in anderen denkmalgeschützten und historisch interessanten Kirchen, Kapellen, Schlössern und Konzertsälen der Umgebung stattfinden. Seit 1986 traten dabei auch viele international bekannte Künstler auf wie Jordi Savall, Kenneth Gilbert oder La Fenice. Zehn Tage lang erklingen Musikwerke aus dem Mittelalter, dem Barock und der Renaissance – jedes Jahr unter einem besonderen Motto. Mal dreht sich alles um Gesang und Tanz, dann um die vier Elemente: Wasser, Feuer, Erde, Luft. Immer aber steht die berühmte, 1986 restaurierte Orgel im Mittelpunkt, das älteste noch erhaltene Meisterwerk des gebürtigen Engländers Robert Dallam, der in der Bretagne Exil fand.

Ausflüge
Château de Rosanbo

Seit 600 Jahren ist dieses traumhafte, in 1000 Jahren immer wieder veränderte Schloss im Besitz derselben Familie. Für Besucher werden der wunderbare französische Park mit einem der längsten Laubengänge Frankreichs und die Innenräume mit einer Sammlung bretonischer Möbel und einer 8000, meist antike Bücher umfassenden Bibliothek geöffnet.

➤ [D 2] Lanvellec; Tel. 02 96 35 18 77; www. rosanbo.net; April–Juni, Sept. tgl. 14–17.30, Juli/Aug. tgl. 11–18.30, Okt. Sa/So 14–17 Uhr; Eintritt 10 €, Kinder 6–15 Jahre 7 €

Château de Tonquédec

Die imposante Burg (in Privatbesitz) aus dem 12. bis 15. Jahrhundert zeigt sich nach einer umfassenden Restaurierung wieder ganz mittelalterlich. Elf Türme wachen über das Tal des Léguer und zeugen vom einstigen Reichtum auch der bretonischen Feudalherren.

➤ [E 2] Tonquédec; Tel. 02 96 54 60 70; www.chateau-tonquedec.com; April–Juni, Sept. tgl. 15–19, Juli/Aug. tgl. 10–20, Okt. Sa/So 14–18 Uhr; Eintritt 4 €

Info
Office de Tourisme de la Baie de Lannion

➤ [E 1] Quai d'Aiguillon, Lannion; Tel. 02 96 46 41 00; www.ot-lannion.fr; 1. Sept.–30. Juni Mo–Sa 9.30–12.30, 14–18, Juli/Aug. Mo–Sa 9–19, So/Fei 10–13 Uhr

MONT-SAINT-MICHEL

(→ Spezial, S. 128)

PAIMPOL (PEMPOULL)

7900 Einwohner, 12 m ü.d.M. ➤ [E 1]

Paimpol hat für viele einen magischen Klang. Einmal ganz buchstäblich wegen des Seemannslieder-Festivals, bei dem in ungeraden Jahren drei Sommertage lang rund um den Hafen aus Hunderten Kehlen gesungen wird. Zweitens steht der Ortsname für die mythischen Fischzüge nach Neufundland und Island, die »pêche à la morue«, die bis in die 1930er-Jahre den Familien ein Auskommen ermöglichten, aber auch ihren Tribut forderten. Monatelang waren die Männer, Väter, Söhne, Brüder abwesend, Nachrichten gab es kaum, viele kamen um im stürmischen Nordatlantik (→ Literarische Stimmen, S. 48). Der Hafen beherrscht noch heute das Ortsbild, daneben laden die autofreien Gassen der hübschen Altstadt mit Läden, Lokalen, Ateliers zum Bummeln ein.

Hotels
Hôtel Le K'Loys

Das schönste Hotel von Paimpol besticht durch gemütliches Ambiente in einem alten Korsarenhaus. Während man in tiefen Polstersesseln versinkt, mag man angesichts der vielen Kunstobjekte darüber sinnen, welche Piratenschätze der Bau in versteckten Winkeln noch bergen mag.

➤ [E 1] 21, quai Morand; Tel. 02 96 20 40 01; www.k-loys.com; 15 Zimmer ●●●

Essen und Trinken
La Vieille Tour

Fast meint man, hier in der Altstadt ein privates Wohnzimmer zu betreten. Ge-

Weiter auf S. 131

FELS IN DER BRANDUNG

Erzengel Michael soll im Jahr 708 befohlen haben, die Felsen-
insel zu besiedeln. Heute ist sie die Hauptattraktion der Region.

Einer Fata Morgana gleich scheint der Klosterberg zu schweben über der urwelt-lichen, weiten Ebene, wo Wasser und Land noch darauf harren, von der Schöpfung getrennt zu werden. Gleichzeitig ist er Insel, Dorf, Berg, im Grunde aber Abtei, wo heute noch etwa ein Dutzend Benediktinermönche leben und arbeiten und über dem Pilger- und Shoppingrummel in der drangvollen Enge der Straßen ganz oben im Kreuzgang paradiesische Stille herrscht und jeder sich allein fühlt beim Blick hinaus auf die Unendlichkeit von Sand und Meer – irgend-wo zwischen Himmel und Erde.

Beizeiten als Weltwunder bezeichnet, steht der **Mont-Saint-Michel**, der eigent-lich zur Normandie (Département Manche) gehört, natürlich ganz oben auf der Liste der Wunschreiseziele von Touristen aus aller Welt. Doch wer nicht gerade zu Stoßzeiten ankommt, vor allem in den Sommermonaten Juli und August, der findet immer irgendwo ein ruhiges Plätzchen zwischen Gärten, Mauern und Terrassen, um die Mystik des Ortes auf sich wirken zu lassen. Frühmorgens etwa, bevor die Busse ihre Menschenladung ausspucken. Oder später am Abend, wenn die Tagestouristen den Heimweg angetreten haben. Unvergesslich bleibt eine Nacht auf dem Mont-Saint-Michel, sozusagen unter dem persönlichen Schutz des Erzengels Mi-chael, der dem Klosterberg den Namen gab und dessen vergoldete Statue hoch über der Abtei (ganz oben auf der Spitze) thront.

Seit 1880 war der Mont-Saint-Michel durch einen Damm mit dem Festland verbunden, das sich alljährlich durch Anschwemmung von Schlick, Sand und Schlamm um 20 Hek-tar vergrößerte und dem Klosterberg seinen Inselcharakter zu rauben drohte. So begann man Anfang dieses Jahrhunderts mit dem »Umbau«: Der Damm wird zerstört, statt-dessen verbindet eine Brücke Festland und Insel; außerdem sorgt ein Staudamm im Fluss Couesnon dafür, dass starke Strömun-gen die Sandablagerungen zwischen Berg und Küste abbauen, sodass der Mont-Saint-Michel 2013 zurückfindet zu einem echten Inseldasein. Von großen Parkplätzen auf dem Festland aus bringen anschließend Shuttlebusse die Besucher zum Klosterberg. Für Rollstuhlfahrer und Gehbehinderte ist der Mont-Saint-Michel wegen der zahlrei-chen Gassen mit Kopfsteinpflaster und der allgegenwärtigen Treppen nur begrenzt zu besichtigen.

➤ S. 130 Abbaye du Mont-Saint-Michel; Tel. 02 33 89 80 00; www.monuments-nationaux. fr; Mai–Aug. tgl. 9–19, Sept.–April tgl. 9.30–18 Uhr; Eintritt 8,50 €, Jugendliche bis 18 Jahre frei

Das Historische Museum

Dieses private Museum gliedert sich in vier Teile. Im maritimen Museum (Eingang nach

Ebbe vor Mont-Saint-Michel: In der übrigen Zeit ist der Klosterberg vom Meer umspült.

ca. 200 Metern rechter Hand, beim Aufstieg) erfährt man alles über die Geschichte und Gegenwart des Mont-Saint-Michel. Vier hervorragende Videofilme erklären die Gezeiten, die lokale Fauna und Flora, warnen auch vor den Gefahren des Treibsandes, der Strömungen und der rasch steigenden Flut (bei Springflut so schnell wie ein galoppierendes Pferd). Außerdem sind 250 Bootsmodelle unterschiedlicher Herkunft und Geschichtsepoche zu bewundern. Kopfhörer mit Kommentartext auch in deutscher Sprache, für die weiteren drei Museen bekommen des Französischen nicht mächtige Besucher ein deutsches Informationsblatt.

Im früheren Wohnhaus des Ritters Bertrand du Guesclin (im 14. Jahrhundert Oberstallmeister der königlichen französischen Armee) und seiner Gattin, der Astrologin Tiphaine de Raguenel, ist auf mehreren Etagen mittelalterliches Mobiliar ausgestellt, dazu jeweils kurze Infotafeln auch in deutscher Sprache (Eingang linker Hand nach ca. 200 Metern Aufstieg).

Von dort aus gelangt man unmittelbar in den dritten Teil des Museums, die in den Fels geschlagenen Kerkerabteile, in denen zahlreiche, darunter auch berühmte Gefangene schmachteten. Dann geht es weiter zum Wachsmuseum mit einer Ton-Licht-Show, die unterhaltsam und informativ die mehr als 1000-jährige Geschichte des Klosterberges und seiner Mönche erzählt.
➤ S. 130 Tgl. 9–18 Uhr; www.lemontsaint-michel.info

Auberge de la Mère Poulard

Magisch wie der Klosterberg ist auch dessen traditionsreichstes Hotel, wo seit mehr als 100 Jahren zunächst Pilger, später zunehmend Berühmtheiten aus Kultur, Politik und Showbiz logieren. Die Wände der engen Treppe, des weiten hohen Speisesaals und der wunderbar nostalgischen Bar zieren Hunderte signierter Fotos der illustren Gäste, in edlen Rahmen: Ernest Hemingway, John F. Kennedy, Charles de Gaulle, Rita Hayworth, Pablo Picasso oder Christian Dior – unter anderen. Nichts in den komfortablen, aber nicht luxuriösen Zimmern lenkt ab vom Blick nach draußen: auf Meer und Küste einerseits, auf die imposanten Abteimauern, bepflanzten Terrassen und alten steinernen Treppenaufstiege andererseits. Ganzjährig. Panoramablick über Bucht, Gärten, mittelalterliches Zentrum, absolute Ruhe.

Im Restaurant sollte man das berühmte Omelett der Mère Poulard probieren, das wie in alten Tagen über einem offenen Holzfeuer zubereitet wird. 700 weitere Rezepte erfand die begabte Köchin, einige kommen noch heute zu Ehren. Malerisch der gotische Torbogen vor einer naturbelassenen Felsengrotte an der Rückwand des Lokals, das teilweise in den Stein gehauen wurde.

➤ S. 130 Tel. 02 33 89 68 68; www.mere-poulard.com; 27 Zimmer ●●●●

La Maison de la Baie

Dieses Besucherzentrum informiert insbesondere über die Muschelzucht in der Bucht des Klosterbergs. Den Besucher erwarten interaktive Ausstellungen, geführte Touren durch Austern- und Miesmuschelzuchtanlagen, aber auch Begegnungen mit Seehunden.

➤ [I 2] Port le Vivier, Cherrueix; Tel. 02 99 48 84 38; www.maison-baie.com; tgl. außer So, im Sommer tgl. 9–12.30, 14–17.30 Uhr, Weihnachtsferien geschl.; Eintritt (Museum) 3 €; Wanderungen ab Roz-sur-Couesnon tgl. 11, 13, 14, 15 Uhr; Ticket 13 €, Kinder 6–12 Jahre 10 €, Kinder bis 6 Jahre frei

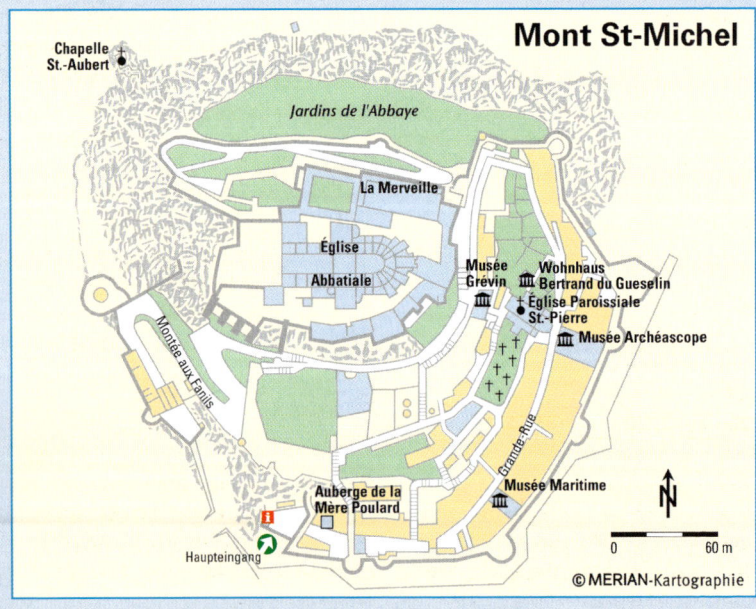

schmackvoll die Einrichtung, genau wie die Menüs, die in allen großen Gourmetführern Frankreichs Erwähnung finden. Nur 35 Gedecke, Reservierung empfohlen.

➤ [E 1] 13, rue de l'Église; Tel. 02 96 20 83 18; So nur bis 15 Uhr •••

La Cotriade

Modern, fast wie ein exklusiver Jachtclub gibt sich dieses neuere Lokal. Einheimische schätzen die exquisite Küche und bei schönem Wetter die Holzterrasse mit Blick auf den Hafen.

➤ [E 1] 16, quai Armand Dayot; Tel. 02 96 20 81 08; www.la-cotriade.com; Sommer Di, Do, Fr, So 12.15–13.45, tgl. 19.15–21.30, sonst Di–Fr, So 12.15–13.45, Di, Do–So 19.15–21.30 Uhr ••

L'Islandais

Der Name und die auf Seegetier spezialisierte Küche verraten, dass sich dieses gemütliche Lokal in die Tradition der »terre-neuvas« stellt, der Islandfischer. In dem früheren Reederhaus am Hafen sitzt man gemütlich zwischen Holz und Polstermöbeln oder auf der Terrasse am Quai.

➤ [E 1] 19, quai Morand; Tel. 02 96 20 93 80; contact@l-islandais.com; tgl. 12–14, 19–22 Uhr ••

Sehenswertes

Abbaye de Beauport

Mönche verstanden es schon immer, die idyllischsten Flecken zu bebauen. »Beauport«, schöner Hafen, heißt denn auch die Abtei aus dem Jahr 1202, einst wichtiges Pilger- und Handelszentrum. Selbst ohne Dach bleibt die alte Abteikirche beeindruckend. Magisch sind in den Sommer-

monaten die nächtlichen Führungen mit Projektionen namens »Escales de Nuit«.

➤ [E 1] Kérity; Tel. 02 96 55 18 58; www. abbaye-beauport.com; tgl. 10–12, 14–17, Juli/Aug. Mi, So 22–1, Mitte Juni–Mitte Sept. tgl. 10–19 Uhr; Eintritt 5–8 €, Kinder 2–4 €

Musée de la Mer

Als Museumsgebäude dient eine Halle von 1880, in der Fisch getrocknet wurde – die berühmte »morue«. Einer der Säle ist wie ein umgedrehter Bootskörper gestaltet. Ausgestellt sind vielerlei Arten von Erinnerungsstücken an die glorreiche maritime Vergangenheit von Paimpol und natürlich alles, was mit der Islandfischerei in Verbindung steht.

➤ [E 1] 2, rue de Labenne; Tel. 02 96 22 02 19 (Sommer), sonst Tel. 02 96 55 31 82; Mitte April–Mitte Juni, Sept.14–18, Mitte Juni–Ende Aug. 10.30–12.30, 14–18.30 Uhr; Eintritt 3 €

Am Abend

Corto Maltese

Ausgelassene Kneipenstimmung herrscht in der Taverne, bei schönem Wetter auch auf der Terrasse. Berühmt ist der »Rumpunch«. Regelmäßige Konzerte – meist keltische Musik oder Seemannslieder.

➤ [E 1] 11, rue du Quai; Tel. 02 96 22 05 76; Di-Do 10.30–1, Fr/Sa, 10.30–2, So 17–1 Uhr, zweite Sept.-Hälfte geschl.

Le Pub

Ein Pub im irischen Stil und Treffpunkt für Nachtschwärmer und Musikfans.

➤ [E 1] 3, rue des Islandais; Tel. 02 96 20 82 31; www.lepub-paimpol.fr; Do–So 23– 5 Uhr; Do Konzerte

Ausflüge

Île de Bréhat (Enez-Vriad)

Prächtige Palmen heißen jährlich mehr als 350 000 Besucher willkommen, tropische Vegetation auf nördlichen Breitengraden – dem Golfstrom sei Dank. Als Kleinod der Nordküste gilt die 3,5 Kilometer lange und 1,5 Kilometer breite Bilderbuchinsel – zehn Bootsminuten vom Festland entfernt –, die im Winter nur 400 Einwohner zählt. Im Hochsommer jedoch drängen sich Hunderte Tagestouristen in den schmalen Wegen zwischen Villen, Palmen, Hortensien, Eukalyptus-, Mimosen- und Feigenbäumen über die dicht besiedelte Süd- und die wild gebliebene Nordinsel zur Kapelle Saint-Michel (1852), zur Gezeitenmühle (1632) und zur Zitadelle (1860–62). In den restaurierten Gewölben ist eine Glasbläserei eingezogen, die originelle Vasen, Gläser, Lampen und Kugeln verkauft.

➤ [F 1] Lokales Tourismusbüro, Le Bourg; Tel. 02 96 20 04 15; www.brehat-infos.fr; Glasbläserei: La Citadelle; Tel. 02 96 20 09 09; www.verreriesdebrehat.com; tgl. 10–13, 14–16.30 Uhr; Eintritt 2 €

Les Korrigan'ès

Übernachten, Essen, Trinken, Stöbern, Kaufen oder Lesen – das alles bietet der Teesalon im romantischen Städtchen Pontrieux, der auch als bioklimatische Herberge mit Gästezimmern, Kunstgalerie und Buchhandlung fungiert.

➤ [E 2] 10, rue des Fontaines, Pontrieux; Tel. 02 96 95 12 46; korrigannesgaby@ wanadoo.fr; Teesalon: April–Dez. Fr–So, Juli/Aug. tgl. 16.30–20 Uhr; Hotel: Mitte März–Anf. Jan.; 5 Zimmer ••

Château de la Roche-Jagu

Gerüche, Fotos, Zeichnungen, Musik und Geräusche aus dem 15. Jahrhundert lassen im Innern die Geschichte des Schlosses und seiner 19 Kamine für alle Sinne lebendig werden. Außen führt der gepflegte Park terrassenförmig hinab zum Fluss Trieux. Berühmt ist La Roche-Jagu für das reiche, vielfältige Programm an Ausstellungen, Konzerten, Theater- und Tanzabenden. Das Burgrestaurant im Innenhof lädt zu Speis und Trank ein.

➤ [E 2] Ploëzal; Tel. 02 96 95 62 35; www.cotesdarmor.fr/larochejagu; Ostern– Anf. Nov. tgl. 10–12, 14–18, Juli/Aug. tgl. 10–13, 14–19, Dez. tgl. 14–17 Uhr; Eintritt 4 €

Vapeur du Trieux

Sicher hätte sich die Dampfeisenbahn, die seit fast 100 Jahren Pontrieux und Paimpol verbindet, nie träumen lassen, einmal als »monument historique« unter Denkmalschutz zu stehen! Von 1922 stammen die Lokomotiven des Typs 231 G und Pacific 213 K8. Heute gilt die 16 Kilometer lange Strecke entlang des Flusses Trieux als romantischste Eisenbahnfahrt Frankreichs. 40 Minuten Zwischenstopp mit Speis und Trank und bretonischer Livemusik. Reservierung empfohlen.

➤ [E 1/2] Bahnhof, Avenue du Général de Gaulle; Tel. 08 92 39 14 27; www.vapeurdu trieux.com; Mai–Sept.; Tickets 20/10 €

Info

Office Intercommunal de Tourisme Paimpol-Goëlo

➤ [E 1] 1, rue Eugène Herland; Tel. 02 96 20 83 16; www.paimpol-goelo.com

PERROS-GUIREC

7500 Einwohner, 0–96 m ü.d.M. ➤ [E 1]

Perros zählt zu den klassischen ersten Seebädern mit prächtigen Ferienvillen reicher Pariser Familien im Stil der vorletzten Jahrhundertwende. Im Sommer wimmelt es von Menschen, Touristen aus aller Welt, Familien mit Kindern. Bei Sonne konzentriert sich das Leben auf den weiten Sandstrand Trestraou und die Uferpromenade, die mit Holzplanken und Reling an das Deck eleganter Kreuzfahrtschiffe erinnert und von vielen Lokalen und Läden gesäumt wird. Auch rund um den Hafen auf der anderen Seite der Stadt herrscht zur Ferienzeit lebhaftes Treiben. Im Winter aber gehört die Stadt weitgehend den Rentnern. Ähnliches gilt für die umliegenden Gemeinden, die mit romantischen Stränden und vor allem den spektakulär geformten, riesigen rosa Granitfelsen zu den absoluten Lieblingsorten aller Bretagne-Reisenden zählen.

Hotels

L'Agapa

Grandios ist der Blick auf Strand und Meer und die rosa Granitküste gegenüber, eher minimalistisch die edle grauweiß-beige Inneneinrichtung, die meditative Ruhe ausstrahlt. Kleine witzige Details geben die Würze: Fotowände mit Badeschönheiten von 1900 in dem wundervollen Spa, überlebensgroße goldene Galionsfiguren in den Suiten, Charlie-Chaplin-Szenen im Lift. Das Hotelrestaurant »Beluga« lockt mit exquisiter Küche und Meeresblick – fast wie an Bord eines Luxusliners auf hoher See.

➤ [E 1] 12, rue des Bons Enfants, Perros-Guirec; Tel. 02 96 49 01 10; www.lagapa.com; 48 Zimmer •••• ⚲

Castel Beau Site

Schönes klassisches Strandhotel alten Stils – kürzlich rundum renoviert – in traumhafter Lage direkt am kleinen Strand Saint-Guirec, gegenüber der Schlossinsel Costaérès. Hotelrestaurant mit Terrasse und Meeresblick.

➤ [E 1] Plage Saint-Guirec, Ploumanach; Tel. 02 96 91 40 87; www.castelbeausite.com; 33 Zimmer; Restaurant: So abends geschl. ••• ⚲

Le Manoir du Sphinx

Jedes Zimmer scheint am Abgrund hoch über dem Meer zu schweben. Man fühlt sich fast allein auf der Welt angesichts des weiten Atlantiks. Dieses Gefühl vermittelt sich auch beim Speisen im hervorragenden Hotelrestaurant.

➤ [E 1] 67, chemin de la Messe, Plage de Trestrignel, Perros; Tel. 02 96 23 25 42; www.lemanoirdusphinx.com; Jan., zweite Nov.-Hälfte geschl.; 20 Zimmer; Restaurant: tgl. außer Mo, Fr mittags, Ende Jan.–Ende Feb. geschl. •••

Les Feux des Îles

Das Restaurant der oberen Gesellschaftsschicht in einer traditionsreichen Villa aus den 1930er-Jahren. Auch hier meint man fast, aus der Hanglage abzuheben zum Flug über das Meer.

➤ [E 1] 53, boulevard Clemenceau; Tel. 02 96 23 22 94; www.feux-des-iles.com; 18 Zimmer; Restaurant: tgl. außer So mittags, außerhalb der Saison tgl. außer Fr/So abends •••–•• ⚲

Les Hortensias

Im Zentrum des kleinen Ferienorts Trévou hat der pensionierte Beaux-Art-
Professor Pierre-Marie Clavier eine frühere Ferienkolonie zum künstlerischen
Urlaubsschloss verwandelt. Jedes Zimmer wurde von einem Maler farben- und
formenfroh gestaltet und dekoriert. Wer
sich in eines der Kunstwerke verliebt,
kann es käuflich erwerben.

➤ [E 1] 17, rue de la Mairie, Trévou; Tel.
02 96 15 19 06; www.les.hortensias.free.fr;
5 Zimmer • &

Essen und Trinken

La Clarté

Den beiden Brüdern Daniel und Jean-
Yves Jaguín gelang es, das Fernfahrerlo-
kal »Ville Blanche« bei Lannion in einen
Feinschmeckertempel zu verwandeln.
Daniel suchte anschließend eine neue
Herausforderung und schaffte es innerhalb kurzer Zeit, auch dieses Restaurant
in Ploumanach zum kulinarischen Pilgerziel zu machen, das inzwischen auch
vom Gourmetführer »Michelin« mit einem Stern geadelt wurde.

➤ [E 1] 24, rue Gabriel Vicaire; Tel. 02 96
49 05 96; www.la-clarte.com ••••

Au Bon Accueil

Die Zimmer des Hotels sind eher alltäg-
lich, das Restaurant dagegen ausgezeichnet – das gilt für die Küche genauso wie
für die Lage in einer Art Glaspalast am
Hafen. Seit 50 Jahren schon steht dieser
Familienbetrieb für das beste Preis-Leistungs-Verhältnis vor Ort.

➤ [E 1] 11, rue de Landerval; Tel. 02 96 23
25 77; 21 Zimmer; Restaurant: 9, rue Anatole

Le Braz, Tel. 02 96 23 24 11; www.au-bon-
accueil.com; tgl. außer Mo, außerhalb der
Saison tgl. außer Mo, So abends ••

Sehenswertes

Cosmopolis *lohnt nicht*

Eine riesige weiße Kugel, schon von Weitem sichtbar, erinnert daran, dass man im
Trégor einst technologisches Neuland betreten hat mit den ersten Satellitenver-
bindungen über den Atlantik und ins All
zur Ariane-Rakete. Heute lädt das »Musée
des Télécoms« als eine Art wissenschaft-
licher Vergnügungspark ein zu spieleri-
schem Lernen und Erfahren von 150 Jahren Telekommunikationsgeschichte und
-technologie – darunter eine eindrucksvolle Ton-Licht-Show im »Radôme«.

➤ [D 1] Pleumeur-Bodou; Tel. 02 96 15 80 30
oder 02 96 46 63 80; www.cite-telecoms.com;
Jan. geschl., Feb., 20.–31. Dez. Mo–Fr 10–18,
So 14–18, Apr., Sept. Mo–Fr 10–18, Sa/So 14–
18, Mai/Juni tgl. 10–18, Juli/Aug. tgl 10–19
Uhr; März, Okt., Nov., 1.–20. Dez. Mo–Fr nur
Gruppen; Eintritt 7 €, Kinder 5–17 Jahre 5,60 €

Église Saint-Jacques

Aus rosa Granit gebaut ist diese Kirche
im Stadtzentrum – sie besteht aus einer
im 12. Jahrhundert errichteten, später er-
weiterten romanischen Kapelle und einer
gotischen Vorhalle (14. Jahrhundert).

➤ [E 1] Tgl. 9–18 Uhr

Planetarium de Bretagne

Gleich neben dem Satellitenzentrum kann
man einen der größten künstlichen Ster-
nenhimmel Europas bewundern und sich
mit eindrucksvollen 3-D-Bildern für etwa
50 Minuten ins Weltall entführen lassen.

➤ [D 1] Pleumeur-Bodou; Tel. 02 96 15 80 32; www.planetarium-bretagne.fr; Juli/Aug. tgl. außer Sa, Okt.–März tgl. außer Mi, Sa; Eintritt 7/5,60 €

Village Gaulois 5
(→ Der gute Tipp von MERIAN, S. 136)

Am Abend
Couvent Alternatif 6
(→ Der gute Tipp von MERIAN, S. 138)

Freilichtmuseum Village Gaulois:
So ähnlich lebten Asterix und Obelix.

Le Digor Kalon
Hinter der bunten Fassade werden Tapas im Trödelmarktambiente serviert: Von der Decke baumeln Kupfertöpfe, Zinnkannen und Blechsiebe, in Regalen stapeln sich Bücher und Spiele. Abends häufig Livemusik, meistens Jazz oder keltische Klänge.
➤ [E 1] 80, rue du Maréchal Joffre; Tel. 02 96 49 03 63; www.digor-kalon.com; tgl. außer Mo 17–1 Uhr

L'Électron Libre
Globetrotter fühlen sich bestimmt wohl zwischen den afrikanischen Skulpturen, türkischen Teppichen, Landkarten, Fotos und Souvenirs aus aller Welt. Neben der windgeschützten Gartenterrasse lädt eine Boule-Bahn zum Spiel – wenn sie nicht gerade als Tanzfläche benützt wird, beim Konzert am Freitagabend oder beim »bœuf musical«, einer Art offener Jamsession, zu der dann auch der Grill angeworfen wird.
➤ [E 1] 50, rue du Royau, Trévou-Tréguignec; Tel. 02 96 23 71 36; kikibomba@hotmail.com; Sommerferien tgl. 15–1, sonst Do 18–1, Fr–So 15–1 Uhr; Ticket für Konzerte 3 €

Feste
Festival de la Cité des Hortensias
Das ganze Städtchen wird zur Blütezeit der allgegenwärtigen Hortensien (an einem Wochenende Anfang August) zur

BESONDERE ORTE

5 DORF DER UNBEUGSAMEN GALLIER

Natürlich darf in der Bretagne ein Ort nicht fehlen, wo der Comic-Helden Asterix und Obelix gedacht wird! Und natürlich entstammen diese Figuren der Fantasie ihrer Schöpfer René Goscinny und Albert Uderzo, doch mit ihrer liebenswerten Dickköpfigkeit und anarchistischen Ader passen sie bestens in die bretonische Gesellschaft – gestern wie heute und wohl auch in der Zukunft. Schließlich leben sie seit dem Jahr 1959 den Protest vor gegen eine starre Verwaltungsstruktur, Polizeigewalt und Zentralismus. Dank des von Miraculix gebrauten Zaubertranks und ihres Mutes rächen sie sich und damit das gesamte bretonische Volk für die erduldete dreifache Frustration: die historische Niederlage Galliens gegen die Römer, die überlegene Pariser Zentralmacht und die fortwährende Missachtung des Bauernstandes durch das Bürgertum.

WEGWEISER 5

Village Gaulois

➤ **[E 1]** Cosmopolis, Pleumeur-Bodou; Tel. 02 96 91 83 95; www.levillagegaulois.org; April–Juni/ Sept. tgl. außer Sa 14–18, Juli/Aug. tgl. 10.30– 19 Uhr; Eintritt 4,50/3,50 €, Kinder bis 5 Jahre frei

So symbolisiert Asterix den sprichwörtlichen Widerstandsgeist der augenscheinlich Schwachen. Die Römer stehen dabei für alle historisch wichtigen Feinde der Bretonen: für die französisch-königliche Armee, die 1532 das Herzogtum Bretagne unterwarf, für die Truppen des »Sonnenkönigs« Ludwig XIV., die im Jahr 1675 blutig den Aufstand der »Bonnets Rouges« niederschlugen, für die republikanischen Revolutionsgarden, die 1793 die revolutionsfeindlichen, royalistischen und traditionstreuen »Chouans« besiegten. Aber auch für die Deutschen, die 1940 die Bretagne besetzten – auch wenn einige Bretonen die deutsche Armee zunächst als »Befreier« vom Joch der Pariser Zentralgewalt zu sehen geneigt waren.

Das wirkliche Römerlager, »Camp de César«, lag zwar nach neuesten historischen Untersuchungen eher am Cap d'Erquy, also einige Kilometer weiter östlich, jedoch stießen Archäologen auch bei Roscoff und bei Lannion auf Spuren der römischen Besatzer.

Ohne wissenschaftliche Ambition erlaubt das für Erwachsene und Kinder spielerisch aufbereitete **Village Gaulois** heute einen Blick hinter die Kulissen des berühmten gallischen Widerstandszentrums. In solch einem Dorf waren Asterix und Obelix zu Hause. Ganz nebenbei erfährt man zwischen nachkonstruierten Wohnhütten und Werkstätten einiges über die gesellschaftliche Struktur, die Architektur und den Alltag der Gallier.

Open-Air-Bühne – ohne Autos, dafür mit viel Musik und Tanz, Straßentheater und Ständen mit Speis und Trank.

➤ [E 1] Tel. 02 96 91 24 07; www.gwalarn. org/hortensias

Grand Pardon Notre-Dame de la Clarté

Mehrere tausend Pilger und Schaulustige nehmen jeweils am 15. August an diesem Pardon zu Ehren der Schutzpatronin der Seeleute teil, der zu den größten religiösen Festlichkeiten der Region zählt. Die im 15. Jahrhundert aus rosa Granit gebaute Kapelle im Vorort von Perros-Guirec lohnt aber auch sonst einen Besuch.

➤ [E 1] Infos beim Office de Tourisme de Perros-Guirec; Tel. 02 96 23 21 15; www.perros-guirec.com

Ausflüge

Ploumanach

Hier zeigt sich die rosa Granitküste am überwältigendsten: Gigantische Felsbrocken in bizarren Formen säumen die steile Felsenküste zwischen dem Parkplatz beim »Camping Le Ranolien« (Küstenstraße Perros–Trégastel) und dem kompakten Leuchtturm von Ploumanach, der als Postkarten- und Prospektmotiv weltweit für die Bretagne insgesamt steht. Besonders beeindruckend wirkt dieser Felsendorn bei Flut und starkem Nordwestwind, wenn die Brandung tobend rauscht und die Wellen bis über die Leuchtturmspitze spritzen. Friedlicher geht es in der Bucht dahinter weiter, wo eine kleine Kapelle seit Generationen Pilgerziel heiratswilliger Frauen ist. Die Nase haben sie dem Heiligen schon lange abgestochen vor lauter Ehewunsch.

Bei Flut ist dies ein traumhafter kleiner Badestrand, bei Ebbe allerdings muss man fast die ganze Bucht bis zum Wasser durchwandern, oft bis zur Schlossinsel, auf der jetzt Didi Hallervorden lebt. Am Küstenweg, dem legendären GR 34 oder »sentier des douaniers« (weil einst für die Zöllner angelegt), gibt es keine Lokale, nur die »Maison Littorale« mit Ausstellungen, Infos über Geologie, Flora und Fauna dieser spektakulären Küste sowie Workshops und geführten Wanderungen. Gastronomiebetriebe in jeder Form findet man im kleinen Ort Ploumanach.

➤ [E 1]

Sept-Îles

Sieben Kilometer vor der Küste liegen aufgereiht die »Sieben Inseln«, »einer Gruppe prähistorischer Walfische gleich, die vor dem Horizont ihr Spiel treiben«, wie der bretonische Poet Anatole Le Braz meinte. Bei der Überfahrt mit dem Ausflugsboot beschleicht einen das Gefühl, ans Ende der Welt zu reisen, die Zivilisation hinter sich zu lassen. Natur pur bietet diese Inselgruppe, alles ist konzentriert auf Felsen, Vögel, vielleicht den einen oder anderen Seehund. Nur eine einzige Insel des Archipels darf man betreten – die Île-aux-Moines (bretonisch »Enez ar Breur« oder »Jentilez«) –, der Rest ist der Natur vorbehalten. Schon seit 1912 sind die Sept-Îles ein Vogelschutzgebiet, das erste in Frankreich und Anlass für die Gründung der LPO, der »Ligue pour la Protection des Oiseaux« (Vogelschutzvereinigung) – ursprünglich mit dem Ziel, der Jagd auf die »macareux moines«, die

Weiter auf S. 140

AM ABEND
6 # FEIERN WIE DIE MÖNCHE

Früher Nonnenschule, heute alternatives Erlebniszentrum: Le Couvent Alternatif

Mitten im sonnengelb blühenden Stechginstergestrüpp verkündet eine riesige bemalte Holztafel: **Couvent Alternatif**. Das klingt nach strengem Kloster, nach puritanischem Lebensstil, doch die knallbunten Figuren auf der Tafel scheinen recht fröhlich das Tanzbein zu schwingen. Neugierig geworden biegt man ab von der Straße und fühlt sich zunächst recht verlassen in dem 700-Seelen-Dorf Camlez. Zum Glück weist der Kirchturm den Weg, und ist man durch das große Holztor getreten, merkt man, wie bunt und fröhlich es hier menschelt: Die einen essen, die anderen reden, wieder andere lesen oder malen, nahebei üben Akrobaten Verrenkungen neben einem Jongleur, der Bälle durch die Luft tänzeln lässt.

Der Schöpfer dieses kreativen Durcheinanders hat erreicht, was er wollte: in ländlicher Umgebung ein lebendiges Zentrum für kulturelle Umtriebe und fairen Handel zu schaffen. 2006 kaufte Sylvain Bouder das 1000-Quadratmeter-Gelände neben der Dorfkirche und baute die ehemalige Nonnenschule um zum »alternativen Kloster«. Anfangs mochte kaum einer so recht an den Erfolg eines alternativen Erlebniszentrums auf dem konservativen bretonischen Land glauben, sechs Kilometer vom Meer entfernt.

Aber Sylvain Bouder, seines Zeichens Maler und Möbeldesigner, hat sich seit Jahren als ideenreicher Bistrotier einen Namen gemacht. Seine Künstlerkneipe »Gwenojenn« im Küstenort Trévou-Tréguignec galt als Geheimtipp. Nicht zuletzt, weil seine Frau hinter dem Tresen Gäste und Freunde nächtelang unterhielt. Wenn nicht gerade beim wöchentlichen »bœuf musical« Musiker im Lokal zusammenkamen zu einer keltischen Jam-Session. Zum Mitsingen wurden Liedzettel verteilt, zum Mittanzen ein paar Stühle beiseitegeräumt. Das Konzept ist geblieben, genauso wie das sympathische Ambiente, eine Mischung aus Kunstausstellung, Spielecke, Trödelmarkt, Bibliothek, Schuppen mit recycelten Fischernetzen und zu Schränken, Tresen, Sitzen umfunktionierten Bootsteilen. Für Unterhaltung sorgen die Gäste, regelmäßig aber auch Veranstaltungen in der früheren Kapelle: Konzerte, Erzählabende, Straßentheater. An schönen Tagen pilgern ganze Scharen

> **WEGWEISER** 6
>
> **Le Couvent Alternatif**
> ➤ [E 1] 6, route de Pont Losquet, Camlez; Tel.
> 02 96 92 80 17; www.lesateliersdeporthos.com;
> Do 10–13, 16–20, Fr–So 10–13, 16–1 Uhr

von »Städtern« der Umgebung aufs Land, zum alternativen »couvent«, der ganz nebenbei auch die bretonische Kultur fördern will.

So gruppieren sich um den früheren Klosterhof eine Reihe origineller Läden. Das geistige Zentrum bildet die witzig-skurril eingerichtete Bar »La Cour des Miracles«. Hervé, seines Zeichens Barmann und Künstler, steht am Tresen, um mit den Gästen zu plaudern und Getränke des »fairen Handels« auszuschenken, darunter natürlich auch bretonisches Bier. Aus der biologischen Bäckerei gegenüber strömen verführerische Düfte von Holzfeuer, frischem Brot und »far breton«. Und in der Buchhandlung daneben empfangen Francine und Erwan in gemütlichem Wohnzimmerambiente mehrmals wöchentlich Autoren zu Lesungen, Kinder für pädagogisch wertvolle Spielnachmittage, Leseratten zu literarischen Workshops. Nach so viel geistiger Nahrung freut man sich dann über ein Stück biologisches Fleisch – am besten vom (lebenslang glücklichen, da auf offenem Feld aufgewachsenen) Schwein, das bei schönem Wetter im Hof nach alter Art gegrillt wird. Zum Nachtisch bietet die Crêperie im ehemaligen Refektorium des Internats so ungewöhnliche Spezialitäten wie »galettes au chèvre glace«, Galettes mit Ziegenkäseeis. Die Wände tragen noch die in Stein geritzten Spuren der früheren Schülerinnen. Und sonntags nach der Messe treffen sich hier die Frauen des Dorfes, um den neuesten Tratsch auszutauschen. Der beste Beweis, dass Sylvain Bouder es entgegen allen Unkenrufen geschafft hat, traditionelle Dorfbewohner, Kunstinteressierte und das Völkchen der alternativen Kulturszene miteinander in Kontakt zu bringen.

Nah an der Küste: Das Feriendomizil Roz Armor bietet familienfreundliche Strände.

Papageientaucher, ein Ende zu setzen. Die pittoresken Meeresvögel sind bis heute Wahrzeichen und Fetisch der Sept-Îles.

➤ [E 1] Ausflugsboote ab Perros (Trestraou), Ploumanach und Trégastel; Tel. 02 96 12 31 00; www.armor-decouverte.fr; Frühling–Herbst tgl.; Dauer 2–3,5 Std.; Ticket 10–25 €

Station Ornithologique de l'Île Grande/ Maison de la Réserve Naturelle des Sept-Îles

Um Besuchern diese mit 20 000 Meeresvogelpaaren bedeutendste Kolonie Frankreichs näherzubringen, wurde an der Küste ein Informationszentrum eingerichtet, das auch kranke oder ölverschmutzte Vögel gesund pflegt. Auf einer großen Leinwand wird während der Brutsaison (Februar bis September) live übertragen, was die Kamera auf der Vogel-insel Rouzic beobachtet: Krähenscharben, Basstölpel, Trottellummen, Tordalke und natürlich Papageientaucher, die kleinen Pinguinen ähneln, hübsche bunte Schnäbel haben und in Erdhöhlen nisten.

➤ [D 1] Station LPO de l'Île Grande, Pleumeur-Bodou; Tel. 02 96 91 91 40; www.lpo.fr/reseau/ile-grande, www.bretagne-environnement.org, www.conservatoire-du-littoral.fr; Jan.–Mai, Okt.–Dez. Sa/So 14–18, Juli/Aug. tgl. außer Sa/So vormittags 10–13, 14.30–19, frz. Ferien, Juni, Sept. tgl. 14–18 Uhr; Eintritt 2,50/1,50 €

Info

Office de Tourisme de Perros-Guirec

➤ [E 1] 21, place de l'Hôtel de Ville; Tel. 02 96 23 21 15; www.perros-guirec.com

SAINT-BRIEUC

46 500 Einwohner, 0–134 m ü.d.M. ➤ [F 2]
Verblüffenderweise kehrt die Hauptstadt
des Département Côtes-d'Armor dem
Meer den Rücken zu. Der Hafen am Fluss
führte lang ein Schattendasein und wird
nun als Freizeitzone entdeckt. Alte Fa-
brikhallen werden zu schicken Shopping-
centern und Lokalen, mutige Stadtväter
planen eine Zahnrad- oder Seilbahn zwischen Hafen und dem Stadtzentrum auf
einem Hügel. Derzeit spielt sich das Leben
vor allem in der hübschen Fußgängerzone um die gotische Kathedrale Saint-
Étienne ab, besonders wenn sich mitt-
wochs und samstags Einheimische und
Fremde zwischen den Marktständen
drängen. Zum Shoppen ist Saint-Brieuc
hoch beliebt bei den Touristen, die im
Sommer in den bekannten Badeorten der
»Smaragdküste« (Côte d'Émeraude) urlauben: im traditionsbewussten Pléneuf-
Val-André mit nostalgischem Casino und
brandneuem Thalassotherapiezentrum,
im Jakobsmuschelzentrum Erquy mit
seinen wilden rosa Stränden unterm Kap
oder in Sables-d'Or, der Stein gewordenen Vision eines idealen Urlaubspara-
dieses aus den 1920er-Jahren.

Hotels

Hôtel de Diane

An der Hauptallee des Edel-Ferienortes
aus der Retorte Sables-d'Or am Cap Fréhel liegt dieses sehr angenehme Hotel mit
exzellentem Restaurant. Die gelungene
Mischung aus modernem Komfort und
Charme des 19. Jahrhunderts begeistert
Sommergäste seit vier Generationen.

➤ [G 2] Allée des Acacias, Sables-d'Or-les
Pins; Tel. 02 96 41 42 07; www.hoteldiane.fr;
Feb.–Dez.; 47 Zimmer ●●●–●● ♿

Hôtel de Clisson

Im (ruhigen) Zentrum der historischen
Altstadt liegt dieses kleine, aber feine
Hotel, das in vier Zimmern Bäder mit
Farbtherapie anbietet. Ein hübsches Plus
ist der kleine Garten zum Entspannen
und Sonnen – auch wenn böse Zungen
behaupten: Wenn es nicht regnet in
Saint-Brieuc, dann hat es entweder gerade geregnet, oder es wird gleich regnen.

➤ [F 2] 36–38, rue de Gouët; Tel. 02 96 62
19 29; www.hoteldeclisson.com; 25 Zimmer
●● ♿

Grand Hôtel du Val-André

Direkt am Strand erstreckt sich dieser
eindrucksvolle Granitsteinbau mit volu-
minösen Zimmern und Hallen sowie großen Panoramafenstern zum Meer hin.
Seit 1895 eine empfehlenswerte Adresse
zum Wohnen und Speisen für alle, die
Qualität zu schätzen wissen. Im letzten
Krieg diente das Haus als Erholungsheim
für deutsche Soldaten von der Ostfront.

➤ [F 2] 80, rue de l'Amiral Charner, Pléneuf-Val-André; Tel. 02 96 72 20 56;
www.grand-hotel-val-andre.fr; 39 Zimmer;
Restaurant: Juli/Aug. tgl., sonst tgl. außer So
abends, Mo ●● ♿

Roz Armor

Dieses Urlaubszentrum für Naturfreunde,
weit entfernt von Geschäften und Ge-
schäftigkeit, besticht durch eine gewaltige Szenerie: In einer Bucht direkt am
Strand zwischen malerischen Felsen liegt

ein Komplex mit Gästezimmern, Ferienwohnungen, Restaurant, Sportzentrum.
➤ [G 2] La Fosse-Eyrand, Erquy; Tel. 02 96 72 30 10; www.rozarmor.com; April–Okt.; 74 Zimmer und Appartements ••

Manoir Saint-Michel

In einem traumhaften Herrenhaus aus dem 16. Jahrhundert gleich über dem langen Sandstrand von Sables-d'Or unweit des Cap Fréhel wohnt man fast familiär. Etwas altmodisch wirkt die Einrichtung, aber das angenehme Ambiente macht das wett. Dazu Gartenterrasse, weiter Rasen mit kleinem See, Meeresblick, nachmittags hausgemachte Kuchen.
➤ [G 2] 38, rue de la Carquois, Sables-d'Or-les-Pins, Fréhel; Tel. 02 96 41 48 87; www.fournel.de; April–Nov.; 20 Zimmer ••–•

Villa Marguerite

Eine traumhafte Villa mit verwinkeltem Garten, hoch über der Küste mit Blick aufs Meer. In dem wunderschönen Bau vom Anfang des 20. Jahrhunderts sind vier hübsch nostalgische Zimmer mit Balkon und Meeresblick zu mieten. Freundlichfamiliäres, absolut stilvolles Ambiente.
➤ [F 2] 34, rue des Garennes, Pléneuf-Val-André; Tel. 02 96 72 85 88; www.villa-marguerite.fr; Ostern–Nov.; 4 Zimmer ••–•

Essen und Trinken

Youpala Bistrot

Hinter einem eher unscheinbaren Äußeren verbirgt sich einer der kulinarischen Tempel der Bretagne. Einen Stern im Gourmetführer »Michelin« hat Chefkoch Jean-Marie Baudic schon erworben, und Kenner prophezeien seiner improvisationsfreudigen Kochkunst einen weiteren steilen Aufstieg. Unbedingt reservieren!
➤ [F 2] 5, rue Palasne de Champeaux, Saint-Brieuc; Tel. 02 96 94 50 74; www.youpala-bistrot.com; Mi–So 12.30–13.30, Mi–Sa 19.30–21.30 Uhr, 1. Jan.-Hälfte, Juni, Sept. geschl. ••••

La Voile d'Or

Im Disneyworld-artigen Seebad Les Sables-d'Or am Cap Fréhel hat sich dieses Ein-Stern-Lokal bei Feinschmeckern einen Namen gemacht. Der Blick auf die Lagune (bei Flut eine Meeresbucht, bei Ebbe Mondlandschaft) soll eine Osmose herstellen zwischen Teller und Wasser, Essen und bretonischer Heimat des Chefs.
➤ [G 2] Sables-d'Or-les-Pins, Plurien; Tel. 02 96 41 42 49; www.la-voile-dor.fr; tgl. außer Mo, Di mittags ••••–•••

L'Escurial

In der Hauptstadt der Jakobsmuschel hat sich dieses Feinschmeckerlokal zur Fangsaison von November bis April ganz dieser köstlichen Delikatesse verschrieben. Wenn es keine frisch gefischten »coquilles« mehr gibt, werden Menüs rund um weitere Meeresfrüchte angeboten. Man speist in gediegenem Ambiente mit schönem Blick auf Strand und Meer.
➤ [G 2] Boulevard de la Mer, Erquy; Tel. 02 96 72 31 56; www.restaurantlescurial.com; tgl. außer Mo, außerhalb der Saison tgl. außer Mo, So abends, Jan. geschl. •••

Relais Saint-Aubin

Im romantischen Bauernhof und dem idyllischen Garten verkehrten einst Mönche aus dem nahen Kloster. Heute führt ein finnisch-bretonisches Paar das Lokal, dessen gemütliches, fast höhlenartiges Ambiente deutschen Gästen besonders gefällt. Auf dem lodernden Kaminfeuer grillt der Chef persönlich Fleisch und Fisch. Pub-Flair schaffen originelle Trödelmarkt-Möbel, Gravuren und Gemälde.

➤ [G 2] Saint-Aubin, Erquy; Tel. 02 96 72 13 22; www.relais-saint-aubin.fr; tgl. außer Mo, außerhalb der Saison nur Mi–So ••

Le Vivier

Dieses ehemalige Fischgeschäft mutiert zum beliebten Fischbistro und demonstriert seinen maritimen Charakter gleich durch die blau-weiße Innendekoration. Gäste schätzen die überdachte Terrasse mit Heizstrahlern für kühlere Tage, besonders zum Aperitif oder Schlummertrunk.

➤ [G 2] 64, rue du Port, Erquy; Tel. 02 96 72 34 24; März–Okt. tgl., Jan./Feb., Nov./Dez. tgl. außer So abends, Mo ••

Crêperie Bleu-Marine

Mit Riesenschürze empfängt die »patronne« ihre Gäste. Sehr familiär geht es hier zu. Die Crêpes und Galettes sind hervorragend, die Preise unschlagbar. Kein Chichi, sondern solide bewährte Kochkunst. Nicht ganz einfach zu finden, im Viertel Robien hinter dem Bahnhof.

➤ [F 2] 28 bis, rue Aristide Briand, Saint-Brieuc; Tel. 02 96 94 26 73; Di–Sa nachmittags •

Crêperie Le Chalut

Viel Charme hat dieses einfache frühere Fischerlokal am Hafen von Erquy, das als beste Crêperie des Ferienortes gilt und wo man sich am Nachmittag gern zu einem Eis oder einem Cocktail trifft.

➤ [G 2] 42, rue du Port, Erquy; Tel. 02 96 72 49 78; tgl. außer Mo–Mi, Juli/Aug. tgl. •

Esprit de Famille

Seit 20 Jahren sind Emmanuelle und Stéphanie beste Freundinnen, einen Kindheitstraum haben sie sich mit diesem originellen, gemütlichen Lokal erfüllt, das gleichzeitig Restaurant, Café, Teesalon, Fotogalerie und Delikatessenladen ist. Ledersessel laden zum Verweilen ein, ein langer Tisch zum kommunikativen Tafeln mit Freunden und Fremden. Alles ist hausgemacht aus regionalen Produkten, teils auch aus biologischem Anbau.

➤ [F 2] 21, rue des Promenades, Saint-Brieuc; Tel. 02 96 61 93 18; tgl. außer So, Mo vormittags 9.30–18.30 Uhr •

Einkaufen

Le Café, Boutique & Botanique

Bei einer Tasse Tee und Gebäck – beides aus biologischem Anbau – plaudert es sich in diesem literarischen Café nett unter Liebhabern guter Bücher und schöner Pflanzen. Im über 100-jährigen Natursteinhaus wie auch im Innenhof hat Dominique eine fast magische Welt geschaffen zum Schauen, Kaufen, Genießen.

➤ [F 2] 4, rue de Gouédic; Tel. 02 96 33 10 25; Mo 14–19, Di–Sa 10.30–19 Uhr, erste Aug.-Hälfte geschl.

Am Abend

La Passerelle

Im Nationaltheater finden regelmäßig Gastspiele mit Theater, Tanzdarbietungen und Konzerten in zwei Sälen statt.

➤ [F 2] Place de la Résistance;
Tel. 02 96 68 18 40; www.
lapasserelle.info

Le Piano Bleu

Rund um die Place du Martray, den überdachten Marktplatz von 1896, konzentriert sich das Nachtleben von Saint-Brieuc. Von Juli bis August donnerstags und freitags draußen bei den »nocturnes«, den Nachtfesten der Stadt, sonst in der gemütlichen Bar. Musik gibt's hier ab 22 Uhr.

➤ [F 2] 4, rue Fardel; Tel. 02 96 33 41 62; tgl. außer So 16–3 Uhr

Ausflüge

Baie de Saint-Brieuc

Das zurückweichende Meer zeichnet geschwungene Linien um schimmernde Wasserlachen, und Ameisen gleich tummeln sich zwischen Vogelscharen einzelne Menschen in der sandigen Weite, scharren einmal hier mit den Gummistiefeln, graben dann dort mit der Schaufel den Boden um auf der Suche nach Muscheln und Angelwürmern. Das Naturschutzgebiet der Bucht von Saint-Brieuc beherbergt in der weiten Sand-, Sumpf- und Salzwiesenlandschaft eine reiche Vielfalt an Flora und Fauna. Allein 50 000 Vögel verschiedenster Gattungen sind hier zumindest auf der Durchreise zu beobachten. Geführte Wanderungen, Ausstellungen und Informationen bietet das Besucherzentrum Maison de la Baie.

➤ [F 2] Site de l'Étoile, Hillion;
Tel. 02 96 32 27 98; www.cabri22.com;
www.reservebaiedesaintbrieuc.com

Cap Fréhel

Atemberaubende Ausblicke auf rosafarbene Sandstrände zwischen schroffen Klippen und enormen Felsbrocken schaffen einen faszinierenden Kontrast zur herben, windzerzausten Heidelandschaft der etwa 70 Meter hohen Steilküste. Jeder Sonnenstrahl beweist, dass die Côte d'Émeraude ihren Namen völlig zu Recht trägt, weil das Meer tatsächlich in tiefen türkisblauen Tönen leuchtet. Am Kap warnen gleich drei Leuchttürme aus verschiedenen Epochen vor den Kliffs. Kein neues Bauwerk darf dieses Naturschutzgebiet verschandeln, Autos sind auf den (in der Saison kostenpflichtigen) zurückgesetzten Riesenparkplatz verbannt. Am besten erlebt man Küste und Hinterland zu Fuß, wenn im Frühling ein Riesenteppich aus gelben Ginsterblüten mit der

Sonne um die Wette strahlt oder im Herbst lila Heidekraut die Flora prägt.
➤ [G 2]

Château de Bienassis

Heiter wirkt das Schlösschen aus dem typischen rosa Sandstein von Erquy. Kinderspielzeug im gepflegten Schlosshof beweist: In diesen historischen Gebäuden aus dem 15. und 17. Jahrhundert wird wirklich gelebt. Die Gärten sowie das Erdgeschoss mit Ballsaal und Speisesaal sind zu besichtigen, in der Schlossküche wird im Sommer immer dienstags gemeinsam gekocht. Den Höhepunkt des Jahres bildet das Mittelalterfest Ende Juli/Anfang August mit Turnierkämpfen, mittelalterlicher Musik und Ritterspielen.
➤ [G 2] Erquy; Tel. 02 96 72 22 03; www.chateau-bienassis.com; Mitte Juni–

Seit über 600 Jahren trotzt die Festung Fort La Latte Wind und Wetter.

Mitte Sept. tgl. außer So vormittags 10.30–12.30, 14–18.30 Uhr; Eintritt 5/3 €

Fort La Latte 🔶1

Am wildesten Felsenkliff des Cap Fréhel trotzt seit dem 14. Jahrhundert eine Burg aus rosa Sandstein der Brandung. Zwischen den Jahren 1690 bis 1715 wurde sie zur mächtigen Festung ausgebaut, die in den letzten Jahrzehnten vielfach eine perfekte Filmkulisse hergab für Kassenschlager wie »Die Wikinger« (1958, mit Kirk Douglas, Tony Curtis u. a.). Der denkmalgeschützte Wehrbau wird von den privaten Eigentümern fortwährend restauriert und beeindruckt alljährlich rund 150 000 Besucher mit seinen Türmen, Zugbrücken, Verliesen und dem gewaltigen Bergfried.
➤ [G 2] Plévenon; Tel. 02 99 30 38 84 oder 02 96 41 40 31; www.castlelalatte.com; April–Juni, Sept. 10–12.30, 14–18, Juli/Aug. 10–19, Okt.–März Sa/So 14–18 Uhr; Eintritt 4,70 €, Kinder 5–12 Jahre 2,80 €

Info

Office de Tourisme de la Baie de Saint-Brieuc
➤ [F 2] 7, rue Saint-Guéno; www.baiedesaintbrieuc.com

Office de Tourisme du Pays de Fréhel
➤ [G 2] Place de Chambly, Fréhel; Tel. 02 96 41 53 81; www.pays-de-frehel.com

SAINT-MALO ⭐ 2

50 000 Einwohner, 0–51 m ü.d.M. ➤ **[G 2]**
Mächtig und uneinnehmbar wirken die rosafarbenen Mauerwälle von der See aus. Allerdings schrecken sie keine Fremden mehr ab. Vielmehr gehört die Festungsstadt zu den meistbesuchten Stätten der Bretagne. Lange war Saint-Malo einer der wichtigsten Häfen des Königreichs: Gewürze aus Fernost, Leinen und Baumwolle, Waffen oder Fische aus Neufundland wurden hier gehandelt, leider auch Sklaven. Viele Seeleute und Forscher machten sich von hier aus auf den Weg zur Erkundung der Meere. »Malouines« heißen beispielsweise die Falklandinseln noch heute in vielen Sprachen.

Im 18. Jahrhundert lebten ungefähr 20 000 Menschen »intra-muros«, 1944 waren es noch 15 000, heute sind es nur noch 1000. Während die äußeren Mauern aus dem 12. bis 14. Jahrhundert den letzten Weltkrieg schadlos überstanden, fiel 1944 fast die gesamte Innenstadt amerikanischen Brandbomben zum Opfer: insgesamt 650 Gebäude. Glücklicherweise wurden die mächtigen Granitfassaden der Reederhäuser ab 1947 wieder originalgetreu aufgebaut, sodass Saint-Malo dem städtebaulichen 1950er-Jahre-Gräuel von Brest oder Lorient entging.

Parkplätze sind Mangelware in diesem immer noch kostenlos zu betretenden Open-Air-Museum, zu dem sich zahlreiche Besucher durch endlos wirkende Vororte, Staus und Schilderwälder quälen müssen. Eine neue unterirdische Riesengarage soll in naher Zukunft die Parkplatznot lindern.

Hotels

Les Thermes Marins

Eines der wichtigsten Zentren für Thalassotherapie beherbergt dieser Mammutbau in idealer Lage direkt am großen Sandstrand. Das Ambiente ist luxuriös, aber ein wenig anonym. Restaurants, Bar, Kinderclub sowie ein (auch für Nicht-Hotelgäste zugängliches) 5000-Quadratmeter-Spa mit sechs Pools und 80 Einzelkabinen gehören zur Anlage.
➤ **S. 147 [nordöstl. c1]** 100, boulevard Hébert, Grande Plage du Sillon; Tel. 02 99 40 75 00; www.thalassotherapie.com; 176 Zimmer ●●●●–●●● ♿

Le Manoir du Cunningham

Wer gern in einem verwinkelten traditionellen Fachwerkhaus normannischen Stils nächtigt, der ist hier an der richtigen Adresse. Entspannt blickt man auf Meer und Jachthafen. In jedem Zimmer stehen Wasserkocher, Tassen, verschiedene Tees und Zucker bereit.
➤ **S. 147 [südl. c4]** 9, place Monseigneur Duchesne, Saint-Servan; Tel. 02 99 21 33 33; www.st-malo-hotel-cunningham.com; März–Mitte Nov.; 13 Zimmer ●●● ♿

Le Valmarin

Ein echtes Kleinod ist diese Malouinière aus dem 18. Jahrhundert, die bis in die 1970er-Jahre das private Heim einer traditionsreichen Reederfamilie war. In dem luxuriösen Salon mit Kaminfeuer wie auch auf dem englisch-grünen Rasen fühlt man sich gleich zu Hause.
➤ **S. 147 [südl. c4]** 7, rue Jean XXIII, Saint-Servan; Tel. 02 99 81 94 76; www.levalmarin.com; 12 Zimmer ●●●

Essen und Trinken
A la Duchesse Anne

Das Restaurant in Saint-Malo, dessen Küche von nahezu allen Einheimischen in höchsten Tönen gelobt und vom strengen Gourmetführer »Michelin« mit einem Stern geadelt wird. Die Stimmung bleibt trotz der Ehren erfrischend normal und in keiner Weise überkandidelt. Eher herrscht ein bistroartiges Flair vor.

➤ S. 147 [c 1] 5, place Guy La Chambre; Tel. 02 99 40 85 33; tgl. außer Mo mittags und Mi, außerhalb der Saison tgl. außer Mo mittags, So abends, Mi ••••

© MERIAN-Kartographie

Le Chalut

Wie der Name schon sagt (»chalut« bedeutet »Schleppnetzfischer«), hat sich das Restaurant in der Altstadt auf Fischgerichte spezialisiert. Türkisblau sind auch Fassade und Einrichtung. Man speist unter einem überdimensionalen Fischernetz und lässt sich gerne gefangen nehmen von der exzellenten Ein-Stern-Küche.

➤ S. 147 [b 1] 8, rue de la Corne de Cerf; Tel. 02 99 56 71 58; tgl. außer Mo/Di ●●●–●●

Le Chateaubriand

Der Name verpflichtet, schließlich wurde dieser berühmte französische Schriftsteller hier geboren und beerdigt. Während die 80 Hotelzimmer nur Standardqualität bieten, zeigen sich die Restauranträume einfach großartig: wahre historische Hallen mit hohen Decken, Kristalllüstern, traditionellem französischem Art-déco-Mobiliar und hervorragendem Service.

➤ S. 147 [c 1] Place Chateaubriand; Tel. 02 99 56 66 52; www.hotel-fr-chateaubriand. com ●● &

Quai des Crêpes

Vor dieser kinderfreundlichen Crêperie bevölkern lebensgroße Figuren aus der Fantasiewelt die schmale Gasse. Drinnen kann der Nachwuchs die Regale voller Comics durchstöbern, während die Eltern Galettes und Crêpes genießen.

➤ S. 147 [b 3] 6, rue de l'Orme; Tel. 02 99 40 85 17; www.quai-des-crepes.com; tgl. außer Mi, außerhalb der Saison tgl. außer Mi/Do ●

Sehenswertes
Fort du Petit Bé 🞲
(→ Der gute Tipp von MERIAN, S. 149)

Fort National

Diese von Frankreich zum »monument historique« erklärte Festung schiebt sich einem Kriegsschiff gleich ins Meer und kann bei Ebbe trockenen Fußes erreicht werden. Das 1689 von Vauban und Garangeau erbaute Fort trotzte zahlreichen Angriffen und trug mit dazu bei, dass Saint-Malo lange als uneinnehmbar galt.

➤ S. 147 [nördl. c 1] Tel. 06 72 46 66 26; www.fortnational.com; Juni–Sept. und frz. Ferien Führungen bei Ebbe tgl. zwischen 10–18 Uhr; Ticket 4 €

Gezeitenkraftwerk

Der Damm, der Saint-Malo mit Dinard verbindet, dient nicht nur als Straße und Treff der Angler, sondern produziert auch jährlich 600 Millionen Kilowattstunden Energie. Wie das erste Gezeitenkraftwerk der Welt, 1961 bis 1965 errichtet, die ständige Bewegung des Meeres zwischen Ebbe und Flut in Strom umwandelt, erfährt man im Besucherzentrum.

➤ S. 147 [südl. c 4] Tel. 02 99 16 37 14; April–Sept. Mo–Sa 10–18, So 10–13, 14–18, frz. Ferien Mi–So 10–13, 14–18, Okt. Sa/So 10–13, 14–18 Uhr

Grand Aquarium

400 000 Besucher erleben hier alljährlich die Unterwasserwelt, steigen in ein Mini-U-Boot zum Eintauchen in das Universum der Meeresbewohner und liebkosen einheimische Arten im Streichelbecken. Daneben erfährt man viel über Schiffswracks, Ölbohrinseln und natürlich über Flora und Fauna des Meeres. Wussten Sie etwa, dass ein Hai im Laufe seines Lebens bis zu 80 000 Zähne haben kann?

LAND UND LEUTE
SCHLOSSHERR FÜR 99 JAHRE

Seine Haare wehen im Wind, während Alain mit leuchtenden Augen die Geschichte seiner Festung erzählt und das Schiff sicher um die Burginsel steuert, um die Passagiere trockenen Fußes am Kai von Saint-Malo abzusetzen.

Alain hat sich seinen Kindheitstraum erfüllt und ist seit 2000 Herr eines echten Forts aus dem 17. Jahrhundert, das er für 99 Jahre von der Stadt Saint-Malo gepachtet hat. Allerdings bezahlt er dieses Privileg teuer, verbringt er doch jede freie Minute mit der historisch getreuen Restaurierung der lange dem Verfall preisgegebenen Festungsanlage – hoch kompliziert vor allem deshalb, weil diese auf einem bei Flut von Wasser umgebenen kantigen Felsenberg liegt. Fehlende Steine findet Alain im Meer rundum verstreut, vieles andere muss er fantasiereich besorgen. Neulich hat er zwei Tonnen schwere Originalkanonen mit einem selbst gebastelten Floß hinübergeschafft und in ihre alten Positionen auf der grasbewachsenen Plattform hinter dem Kasernengebäude gehievt.

Um dies alles finanzieren zu können, organisiert Alain für Privatleute und Firmen originelle Feste, Treffen oder Geburtstagspartys in seinem Fort und führt für fünf Euro Besucher mit viel Begeisterung, Witz und großem Sachverstand durch die alten, mit historischen Plänen und Festungsmodellen geschmückten Räume. Alains Bewunderung für Sébastien Vauban, das Strategie-Genie Ludwigs XIV., und seine farbigen Anekdoten lassen sicher niemanden kalt. Allerdings muss man solch eine Besichtigung gut planen, denn nur bei Ebbe ist das Fort zu Fuß vom Strand aus erreichbar – relativ bequem über einen langen Steinsteg. Das letzte Stück aber gilt es über Felsen zu klettern. Zum Glück hat Alain eine Treppe gebaut, über die man zum Eingang emporklettert, und erspart Besuchern damit die echte historische Strickleiter. Sollte die Flut einmal früher oder stärker als erwartet einsetzen, muss dennoch keiner auf der Festung übernachten. Denn dann bringt Alain alle mit seinem kleinen Boot zum Landungssteg der Stadt. Vielleicht sogar nach einer kleinen Extra-Tour rund um das Fort, um das echte Seefahrer-Feeling zu vermitteln.

WEGWEISER

Fort du Petit Bé
➤ S. 147 [westl. a 2]; St-Malo; Tel. 06 08 27 51 20; www.petit-be.fr; frei zugänglich, Führungen tgl. 11–18 Uhr; Eintritt 5/3 €, Kinder bis 7 Jahre frei; wer »Le petit Bé« besichtigen möchte, der schaut entweder im Gezeitenheft nach und versichert sich, dass die (französische) Fahne auf dem Fort gehisst ist und die Anwesenheit des Besitzers bezeugt.

➤ S. 147 [südl. c4] Avenue du Général Patton; Tel. 02 99 21 19 00; www.aquarium-st-malo.com; April–Juni, Sept. tgl. 10–19, Juli/Aug. tgl. 9.30–20/22, Okt.–März tgl. 10–18 Uhr; Eintritt 16/11 €

Grand-Bé

Auf der bei Ebbe zu Fuß erreichbaren vorgelagerten Insel Grand-Bé, wo in vergangener Zeit alle Toten der Stadt beerdigt wurden, liegt das Grab des Schriftstellers Chateaubriand (1768–1848).
➤ S. 147 [westl. a2]

L'Hôtel d'Asfeld

Eines der wenigen Gebäude, die von den Brandbomben 1944 verschont blieben. Das einstige Korsarenheim wurde kürzlich renoviert und zeigt nun den Luxuswohnsitz eines Reeders im 18. Jahrhundert. Mit Marmor, versteckten Geheimtreppen und ausgedehnten Kellerräumen, um Waren, Schätze oder Beute zu lagern.
➤ S. 147 [c3] 5, rue d'Asfeld; Tel. 02 99 56 09 40; www.demeure-de-corsaire.com; Juli/Aug., frz. Ferien tgl. 10–12.30, 14.30–18.30, sonst tgl. außer Mo 14.30–18.30 Uhr, Dez./Jan. geschl.; Eintritt 5,50 €, Kinder 7–12 Jahre 4,50 €

Malouinière de la Ville-Bague 🟧

(→ Der gute Tipp von MERIAN, S. 151)

Einkaufen

La Droguerie de Marine

Noch immer wirkt diese auf Meeresliteratur spezialisierte Buchhandlung am Freizeithafen Saint-Servan eher wie eine Lagerhalle aus vergangenen Zeiten. Es duftet nach Holz, Stoffen und Gewürzen.

➤ S. 147 [südl. c4] 66, rue Georges Clemenceau, Saint-Servan; Tel. 02 99 81 60 39; www.droguerie-de-marine.fr; Mo 14–19, Di-Sa 10–12.30, 14.30–19, Juli/Aug. tgl. außer So, Dez. tgl. 10–12.30, 14.30–19 Uhr

Librairie du Môle

Eine der vielen originellen Buchhandlungen in Saint-Malo, ein wahres Schlaraffenland für Buchliebhaber. Dort stapeln sich alte und neue Werke nicht nur in Regalen, sondern in Form von gefährlich schwankenden Türmen auf dem Boden.
➤ S. 147 [b4] 12, rue de Dinan; Tel. 02 22 47 00 09; tgl. außer So/Mo

Living Galerie

Edle, originelle, aber auch praktische Souvenirs sind hier zu finden – größtenteils eigene Kreationen der Inhaberin: etwa bunte Plastikhandschuhe zum Austernöffnen. Oder stilvolles Werkzeug zum Knacken von Meeresfrüchten.
➤ S. 147 [c2] 4, rue des Merciers; Tel. 02 99 40 04 88; www.livinggalerie.fr; Di-Fr 10–12.30, 14.30–19 Uhr

Marine d'Autrefois

Wer ein echtes Schiffsmodell kaufen oder ein antikes Modellboot restaurieren will, ist bei Marc Bougnères richtig. Liebevoll baut der gelernte Uhrmacher jedes historische oder moderne Boot im gewünschten Maßstab nach. Wer sich selbst als Modellbauer versuchen will, findet Tipps für Werkzeuge, Materialien und vieles mehr in Marc Bougnères' Buch »Maquettes de voiliers« (Segelbootmodelle).
➤ S. 147 [östl. c1] 5, rue Halle au Blé; Tel. 02 23 18 08 99

BAUWERKE
ADELIGER WANDSCHMUCK

Großherrschaftlich empfängt die 1715 in strenger Symmetrie erbaute klassische **Malouinière** ihre Gäste: Wer durch das antike Eisentor tritt und am Brunnen vorbei durch die Parkallee auf das stolze Gebäude zuschreitet, der hält sich automatisch etwas gerader. Adel verpflichtet – auch wenn die heutigen Eigentümer des noblen Reederanwesens eher zur werktätigen Bevölkerung zu rechnen sind. Was früher 28 Dienstboten in Gang hielten, darum kümmern sie sich nun zu dritt.

Im großen Salon, dem hellen Speisezimmer und in den Schlafzimmern im ersten Stock birgt »La Ville-Bague« eine Vielzahl historischer Gegenstände, die bei der privaten Führung zu bewundern sind: von antiken Waffen der Korsaren über Schatztruhen mit einem Mechanismus, der Unbefugten die Hand abschneidet, bis zu wertvollen Handelsgütern aus Elfenbein und chinesischem Porzellan.

WEGWEISER

Malouinière de la Ville-Bague
➤ **[H 2]** Saint-Coulomb; Tel. 02 99 89 00 87; www.la-ville-bague.com; April–Juni, Sept.–Anf. Nov. tgl. außer Mi, Juli/Aug. tgl. Führungen 14.30, 16 Uhr, sonst Sa/So nach Vereinbarung; Eintritt 8/3,50 €, Kinder bis 12 Jahre frei

Star des Hauses aber und Höhepunkt jedes Besuchs ist die riesige Panoramatapete aus dem Jahr 1810, eins von weltweit nur zwei Exemplaren und vom französischen Staat als nationales Kulturgut unter Schutz gestellt. Jahrzehnte war sie verschollen, bevor der Vater der heutigen Besitzerin sie mehr oder weniger zufällig bei einem Trödler in Aix-en-Provence entdeckte. Ein Kunstwerk, das vor rund 200 Jahren von einem zwanzigköpfigen Team mit großen Stempeln gefertigt wurde! Heute ziert die Panoramatapete wieder die Wände jenes Salons, für den sie einst von einer Pariser Manufaktur hergestellt wurde.

Von außen nicht sichtbar: Star des Hauses ist die berühmte Panoramatapete.

Vent de Voyage

Taschen jeder Art und Größe, Kissenbezüge, Decken und vieles mehr aus Segeltuch fertigt dieses Atelier. Eine moderne Form des Recyclings: Alte Segel und andere Stoffe werden zum Rohmaterial für stabile, originelle Gebrauchsgegenstände.

➤ S. 147 [c 1] 3, rue Saint-Thomas; Tel. 02 99 20 17 91; www.ventdevoyage.com

Am Abend

Bar de l'Univers

Echte Malouins schätzen seit Jahrzehnten diese traditionsbewusste Bar im »Hôtel l'Univers«. Hier trifft man sich zum Aperitif und kommentiert die Gäste.

➤ S. 147 [c 1] 12, place Chateaubriand; Tel. 02 99 40 83 62; www.hotel-univers-saintmalo.com

Cunningham's Bar

Nach einem vollen Tagesprogramm entspannt man hier direkt über dem Meer beim Glas Bier oder Wein in maritimem Ambiente. Viel dunkles Edelholz, antike Bugfiguren, tiefe Ledersessel am Fenster, eine lange Theke an der Bar und warmes Licht schaffen ein besonderes Flair.

➤ S. 147 [südl. c4] 2, rue des Hauts Sablons, St-Servan; Tel. 02 99 81 48 08; www.cunningham-bar.com; Mo–Fr 18–3, Sa/So 16–3 Uhr

Feste

Etonnants Voyageurs

»Erstaunliche Reisende« nannte der Autor und Verleger Michel Le Bris das Buchfestival, das er 1989 ins Leben rief. Drei Maitage zwischen Himmelfahrt und Pfingsten dreht sich alles um Abenteuerliteratur und -filme, reisende Schriftsteller und reiselustige Leser. Die ganze Stadt feiert mit.

➤ S. 147 [östl. c 1] Infos: Palais du Grand Large, 1, quai Duguay-Trouin; Tel. 02 99 20 60 20; www.etonnants-voyageurs.com; Tickets ab 10 €

Info

Office de Tourisme de Saint-Malo

➤ S. 147 [c 1] Esplanade Saint-Vincent; Tel. 08 25 13 52 00; www.saint-malo-tourisme.com; April–Juni/Sept. Mo–Sa 9–12.30, 13.30–18.30, So 10–12.30, 14.30–18, Juli/Aug. Mo–Sa 9–19.30, So 10–18, Okt.–März Mo–Sa 9–12.30, 13.30–18 Uhr

Saint-Quay-Portrieux präsentiert sich in der Bucht von Saint-Brieuc wie im Bilderbuch.

SAINT-QUAY-PORTRIEUX

3000 Einwohner, 0–74 m ü.d.M. ➤ [F 2]

Mehrere Seelen wohnen in der Brust dieses historisch gewachsenen Ortes, der einerseits stolz auf seine lange Seebadgeschichte verweist, sich andererseits auch rühmen kann, den größten und einzigen Tiefwasserhafen der Nordbretagne zu beherbergen. In den Straßen und Bistros der Hafengegend herrscht das ganze Jahr über Betrieb, vor allem aber im Winter, zur Jakobsmuschelzeit. Mit schepperndschweren Metallschleppnetzen bringen dann die Fischer ihre wichtigste Beute und Geldquelle ein. Im Sommer dagegen konzentriert sich das Leben auf das Viertel rund um das Casino, auf die mit traditionellen weißen Barrieren begrenzte Strandpromenade und das in die Felsen geschlagene Naturschwimmbad. Hier ist noch etwas erhalten vom Charme der vorletzten Jahrhundertwende, als die ersten Touristen Saint-Quay entdeckten.

Hotels

Le Gerbot d'Avoine

Auch in diesem Hotel mit Meerblick, etwa hundert Meter vom Hauptstrand gelegen und benannt nach einem riesigen Felsblock, ist etwas zu spüren vom Beginn des Seebadtourismus vor rund hundert Jahren: hohe Räume, lange Flure, deren Wände mit nostalgisch gemusterten Teppichen überzogen sind, familiäre Stimmung. Die eher kleinen Zimmer sind gemütlich und komfortabel. Geschätzt wird vor allem das Hotelrestaurant. Der Blick ist grandios, die Küche exzellent, auch der Rahmen stimmt. Durch Pflan-zen und ein imponierendes Fischbassin mit Goldfischen und Schildkröten gewann der voluminöse Speisesaal im Stil der alten Grandhotels Intimität.

➤ **[F 2] 2, boulevard du Littoral; Tel. 02 96 70 40 09; www.gerbotdavoine.com; 18 Zimmer •••**

Ker Moor

Die orientalische Kuppel hält man zunächst für eine Fata Morgana aus exotischen Gefilden, thront sie doch über typisch bretonischer Felsenküste. Darunter verbirgt sich ein Luxushotel im Stil der vorletzten Jahrhundertwende mit spektakulärem Blick auf Meer, Küste und die vorgelagerte Festungsinsel Île de la Comtesse. Vom Hotel führen zahlreiche Stufen hinunter zum Felsenstrand.

➤ **[F 2] 13, rue du Président Le Sénécal; Tel. 02 96 70 52 22; www.ker-moor.com; Mitte März–Mitte Dez.; 27 Zimmer ••• &**

Essen und Trinken

Le Davy's

Ein Bistro ganz im Stil der 1950er-Jahre – seit 20 Jahren baumelt eine alte Vespa von der Decke und große Schwarz-Weiß-Fotos erinnern an die Stars der 1960er-Jahre. Bei schönem Wetter sitzt man auf der Terrasse über dem weiten Strand.

➤ **[F 2] 3 bis, place de la plage; Tel. 02 96 70 56 91; tgl. geöffnet ••**

Am Abend

Discothèque L'Étrier

Wer sich heiß getanzt hat, darf zur Abkühlung direkt vom unteren Eingang der Disco ins Meer hüpfen. Das gehört zum klassischen Nachtprogramm der Stammgäste – nach dem Dinner im benachbarten Bistro »Le Davy's« (s. o.) oder einem Strandpicknick.

➤ [F 2] 3 bis, place de la Plage; Tel. 02 96 70 48 36; Juli/Aug. tgl., sonst Fr/Sa

Feste

Fête de la Coquille Saint-Jacques
Alljährlich im April zum Ende der Jakobsmuschelsaison feiern Fischer und Gourmets die schmackhafte »coquille Saint-Jacques«, deren weißer Muskel weltweit als Delikatesse begehrt ist. Abwechselnd organisieren die drei Hauptfangorte die Festlichkeiten mit Musik, Theater, Tanz und Jakobsmuschelgelagen: Loguivy ist 2010 an der Reihe, Erquy 2011 und Saint-Quay 2012.

➤ [F 2] Infos unter www.communes. com/bretagne

Chapelle de Kermaria-an-Isquit – für den Namen gibt es viele Deutungen. Am wahrscheinlichsten ist: »Maria, die aus der Not hilft«.

Ausflüge

Chapelle de Kermaria-an-Isquit
Aus dem 13. Jahrhundert stammt diese Kapelle mit einem seltenen, gut erhaltenen »danse macabre«. Diese Fresken aus dem 15. Jahrhundert stellen einen fürchterlichen Tanz dar, bei dem die Toten die Lebenden mit sich ziehen. Die Moral von der Geschichte: Der Tod holt alle und jeden in seinen makabren Reigen, unabhängig von sozialem Stand, Aussehen und Vermögen. Eine Art bretonisches »Jedermann«-Stück mit 47 Figuren.

➤ [F 2] Rue Jeanne d'Arc, Plouha; weitere Infos beim Office de Tourisme de Plouha, 5, avenue Laënnec; Tel. 02 96 20 24 73; www.plouha.com

Les Falaises de Plouha
Sehr stolz ist Plouha, die mit 104 Metern höchsten Klippen der Bretagne zu seinen Attraktionen rechnen zu dürfen. Ganz sicher ein Spaziergang, der sich lohnt! Am besten startet man an der Pointe de Plouha auf dem Küstenwanderweg GR 34. Gleich daneben ist mit Gwin-Zégal einer der letzten Naturhäfen zu bewundern. Er kommt ganz ohne Beton und Kaimauern aus. Stattdessen dienen alte Baumstämme zum Festmachen der Boote.

➤ [F 2] Infos beim Office de Tourisme de Plouha, 5, avenue Laënnec; Tel. 02 96 20 24 73; www.plouha.com

Temple de Lanleff

Überraschend, dieser runde Tempel- oder Kirchenbau, etwas abseits der Küste. Die äußere Umfassung ist halb zerstört, doch den inneren Umgang zieren zwölf Torbogen. Die romanische Kirche ist wahrscheinlich ein Nachbau der Kirche des Heiligen Grabes in Jerusalem. Vielleicht wurde sie von Tempelrittern gegründet.

➤ [F 2] Tgl. frei zugänglich; weitere Infos und Führungen beim Office de Tourisme de Saint-Quay-Portrieux, 17 bis, rue Jeanne d'Arc; Tel. 02 96 70 40 64; www.saintquay-portrieux.com

Info

Office de Tourisme de Saint-Quay-Portrieux

➤ [F 2] 17 bis, rue Jeanne d'Arc; Tel. 02 96 70 40 64; www.saintquayportrieux.com; Mo–Sa 9–19, So 10.30–12.30, 15.30–18, Winter Mo–Sa 9–12.30, 14–18.30 Uhr

TRÉGUIER (LANDREGER)

2600 Einwohner, 0–66 m ü.d.M. ➤ [E 1]

Aus dem Dornröschenschlaf erwacht das alte Bischofsstädtchen rund um die großartige Kathedrale und die malerische Altstadt jeden Sommer zur Tourismussaison. Und die beginnt traditionell im Mai mit dem Pardon zu Ehren des Schutzheiligen Saint-Yves. In einer riesigen Prozession mit Kreuzküssen und Fahnengruß ziehen dann Tausende von Pilgern und Schaulustigen von der Kathedrale nach Minihy zum Geburtsort des heiligen Yves, des Schutzpatrons der Anwälte. Auch eine andere Berühmtheit stammt aus Tréguier: der Schriftsteller, Theologe und Philosoph Ernest Renan, dessen Buch »La Vie de Jésus« im 19. Jahrhundert unter Katholiken einen Skandal auslöste. Die Kirche spielte schon immer eine wichtige Rolle in Tréguier, seit der heilige Tudal oder Tudwal im 6. Jahrhundert hier das Kloster »Landreger« gründete (der bretonische Name der Ortschaft). Zahlreiche Klosterbauten, aber auch reich verzierte Fachwerkhäuser und der idyllische Flusshafen am Jaudy zeugen vom Wohlstand zur Blütezeit des Leinenhandels im 15. und 16. Jahrhundert und machen das Städtchen zum beliebten Ausflugsziel.

Hotels

Aigue Marine

Von außen gibt der Betonbau am Hafen nicht viel her, doch innen verbergen sich ein hübsches Hotel sowie ein schöner Garten mit Palmen und Pool. Das Lokal, »Les 3 Rivières«, führt ein junger, dynamischer Küchenchef.

➤ [E 1] Port de Plaisance; Tel. 02 96 92 97 00; www.aiguemarine-hotel.com; März–Dez.; 48 Zimmer •• ♿

Le Grand Hôtel du Port Blanc

Den Namen »Grand Hôtel« trägt diese kleine Herberge völlig zu Unrecht – es sei denn, man meint nicht das Gebäude, sondern den atemberaubenden Blick auf die traumhafte Bucht von Port Blanc. Leider ist das charmante Hotel in Bestlage von seinem nicht sehr dynamischen Besitzer zu einem unverdienten Dornröschenschlaf verdammt.

➤ [E 1] 1, boulevard de la Mer; Tel. 02 96 92 66 52; www.hotel-port-blanc.com; April– Anf. Nov.; 22 Zimmer ••

FESTE UND EVENTS

 # DIE PROZESSION DER ACKERGÄULE

Eine aufgeschreckte Möwe fliegt laut kreischend davon, Pferdehuftritte schallen über die unendliche, von Felsen, Algen und Wasserlachen übersäte Sandwüste, in der bei Ebbe eigentlich nur Krebse, Muscheln, Schnecken und Würmer zu Hause sind. Außer an einem Tag im Mai. Dann wird die zivilisationsferne Ruhe brutal gestört von lauten Traktormotoren, fröhlich plaudernden Wattwanderern und unzähligen Pferdekarawanen. Ihr Ziel ist die vier Kilometer entfernte Insel Saint-Gildas, die nur bei großer Ebbe zugänglich ist, wenn sich das Meer fast ganz aus der Bucht zurückzieht. Hunderte von Pilgern ziehen hierzu nach »Enez S'ant Gweltras«, um dort der vom Bischof zelebrierten Messe und Segnung der Pferde beizuwohnen.

> **WEGWEISER**
>
> **Pferde-Pardon zur Insel Saint-Gildas**
> ➤ **[E 1]** Île Saint-Gildas; Anf. Juni; weitere Infos beim Office de Tourisme de Tréguier, 67, rue Ernest Renan; Tel. 02 96 92 22 33; www.ot-cotedesajoncs. com; Mo–Sa 9–19, So 10–13, 14–18, außerhalb der Saison Di–Sa 10–13, 14–18 Uhr; am besten durchquert man die Bucht von Buguélès aus, wo auch die Traktoren mit Passagierwagen starten.

Dieser traditionelle Pardon ist gleichzeitig religiöse Zeremonie und Volksfest, eine Mischung aus Tradition, Aberglaube, katholischer Religion und bretonischer Kultur. Anlässlich dieser Prozession öffnen die privaten Eigentümer der Insel ihren Besitz für die Pilger, die zwischen Garten, Manoir, Wiesen und Kapelle beten, singen, picknicken, Pferde streicheln und Neuigkeiten austauschen. Seit Jahrhunderten findet diese Wallfahrt zum mythischen Heiligtum des heiligen Gildas statt, eines irischen Mönchs, der im 6. Jahrhundert von hier die Menschen der Umgebung zum Christentum bekehrte. Die durch dichte Vegetation und riesige Felsen vor kalten Nordwinden geschützte Kapelle birgt eine archaisch wirkende Statue des Heiligen und gehört zu den ältesten religiösen Bauwerken der Bretagne.

Einmal im Jahr öffnet sie ihre Tore zur »Brot-Zeremonie«: Rund um das Heiligtum verkaufen Frauen dicke Brotscheiben; ein Priester streicht jede Scheibe dreimal über den Bauch der Heiligenstatue und gibt dann jedem Wallfahrer sein Stück zurück mit den Worten »S'ant Weltaz d'ha pinnigo: Que Saint Gildas vous bénisse!« (Der heilige Gildas möge dich segnen!) Diesem geweihten Brot wird magische Kraft zugesprochen. Über das Jahr wird es in Stückchen an Pferde verfüttert, um sie vor Krankheiten zu bewahren: Einer alten Legende zufolge überlebten einst nur die Pferde der Insel Saint-Gildas eine in der Umgebung wütende, schreckliche Epidemie.

Nach der Messe ziehen die Pilger in einer langen Prozession hinter der von Freiwilligen getragenen Heiligenstatue her zur Wiese neben der Kapelle, wo Dutzende von Pferden mehr oder weniger geduldig darauf warten, ein Stückchen gesegnetes Brot zu bekommen. Anschließend geht die Zeremonie in ein gigantisches Picknick über. Wer nicht selbst Essen und Trinken im Rucksack hat, der kann sich an diversen Ständen stärken.

Seit 1985 wird diese uralte Wallfahrt wieder praktiziert. Zu den echten Pilgern, die hoch zu Ross, zu Fuß oder auf einem der Traktoren die Bucht durchqueren, gesellen sich inzwischen zahlreiche Touristen, die den besonderen Charme des Ortes zu schätzen wissen. Ob jung oder alt, reich oder arm, fromm oder atheistisch – jeder genießt auf seine Art den »Pardon de Saint-Gildas«. Und sei es nur die einzigartige Gelegenheit, die sonst für Fremde gesperrte Privatinsel zu erkunden. Wenn für das leibliche und spirituelle Wohl gesorgt ist, wird es Zeit zum Aufbruch. Denn die Scharen von Fußgängern, Reitern und Traktoren müssen die Bucht rasch durchqueren, um nicht von der steigenden Flut erfasst zu werden, die binnen kurzer Zeit das Terrain zurückerobert. Am Abend erinnert nichts mehr an den Trubel der Wallfahrt. Möwen, Fische, Muscheln und Krebse sind wieder die Herren der grandiosen Naturlandschaft zwischen rosa Felsblöcken, Wellen und Wogen. Eine weite Wasserfläche trennt Festland und Insel, von wo aus der heilige Gildas in kontemplativer Isolation ein weiteres Jahr hoffentlich wohlwollend über das Schicksal von Mensch und Pferd wacht.

Der Legende nach überlebten einst nur die Pferde der Insel Saint-Gildas eine Epidemie der Region. Seither werden sie jedes Jahr mit gesegnetem Brot gefüttert.

Essen und Trinken
Le Gouermel
Traumhaft allein auf weiter Flur oder besser: am naturbelassenen, meist einsamen Strand liegt das Fischerhäuschen, das als Lokal mit Muschelgerichten und Algeneis Pilgerziel wurde. Unbedingt reservieren!

➤ [E 1] Plage de Gouermel, Plougrescant; Tel. 02 96 92 55 26; März–Juni, Sept. tgl. außer So abends/Mo, Juli/Aug. tgl. außer Mo, Okt.–Dez. Fr–So mittags •

Sehenswertes
Cathédrale Saint-Tugdual
Hell und luftig zeigt sich diese gotische Kathedrale, eine der schönsten der Bretagne. 63 Meter hoch ist der Turm von 1785 mit fünf gewaltigen Bronzeglocken aus dem 19. Jahrhundert – die ursprünglichen wurden während der Revolution zu Kanonen umgeschmolzen. Eine holzgeschnitzte Figurengruppe am Südportal (15. Jahrhundert) erinnert an das soziale Justizverständnis des heiligen Yves.

Der Kreuzgang aus dem 15. Jahrhundert zählt zu den besterhaltenen der Bretagne. Unter den 48 Arkaden durften früher an Markttagen fliegende Händler gegen Entgelt ihre Stände aufbauen.

➤ [E 1] Juni–Sept. tgl. 9–19, Okt.–Mai 9–12, 14–18 Uhr; Eintritt 3 €

Maison d'Ernest Renan
Das Museum erinnert an den Autor, Kirchenkritiker, Sozialethiker und Forscher Ernest Renan (1823–1892), der vor seiner Universitätskarriere (und Heirat) das Priesterseminar besuchte. Er nannte seinen Geburtsort »ein großes Kloster, in das kein Lärm von draußen dringt«. In diesem Gebäude aus dem 16. Jahrhundert sind Erinnerungsstücke und ein Videofilm über das Leben von Ernest Renan zu sehen.

➤ [E 1] 20, rue Ernest Renan; Tel. 02 96 92 45 63; www.monuments-nationaux.fr; April–Juni, Sept. Mi–So 10–12, 14–18, Juli/Aug. tgl. 10–12, 14–18 Uhr, Okt.–März nur für Gruppen, 1. Jan., 1. Mai, 1.–11. Nov., 25. Dez. geschl.; Eintritt 4 €

Am Abend
Bro Dispar
Bretonische Pizza, dazu geistige Nahrung in Form von Büchern und Gemäldeausstellungen – und das Ganze in einer sehr ursprünglichen Landschaft auf der zu Recht so benannten »presqu'île sauvage« (wilden Halbinsel). Die heimelige Atmosphäre dieses Kulturbistros ist genau das Richtige nach einem Spaziergang in Wind und Wetter auf dem Sillon de Talbert, einer zwei Kilometer ins Meer reichenden schmalen Landzunge. Nachmittags und abends häufig Veranstaltungen, Ausstellungen, Musik oder Theater.

➤ [E 1] Côtes-d'Armor, Pleubian; Tel. 02 96 22 86 47; http://brodispar.blogspirit.com; tgl. außer Di, im Winter nur Fr–So nachmittags

Feste
Pferde-Pardon zur Insel Saint-Gildas 🗲
(→ Der gute Tipp von MERIAN, S. 156)

Info
Office de Tourisme de Tréguier
➤ [E 1] 67, rue Ernest Renan; Tel. 02 96 92 22 33; www.otpaysdetreguier.fr

Denkmal für den kontroversen Theologen Ernest Renan in Tréguier

Der Grundstein für die denkmalgeschützte Chapelle de Locmaria (S. 165) in Belle-Isle-en-Terre wurde im 14. Jahrhundert gelegt. Die Kirche ist im Stil der bretonischen Renaissance gebaut.

IM WILDEN WESTEN DER BRETAGNE

Fernab der Küste scheint die Zeit stehen geblieben zu sein: Wie in Filmen mit Jean Gabin ist das »Bar-Tabac« das Zentrum des Dorflebens. Hier spürt man sie noch, die Authentizität.

Abseits der spektakulären bretonischen Küsten führt das Landesinnere seit Jahrzehnten ein zunehmend menschenleeres Schattendasein. In gewisser Weise scheint hier die Zeit stehen geblieben zu sein. Erst seit die kurvenreichen Straßen gut ausgebaut wurden, wagen auch Touristen häufiger einen Abstecher hierher. Es erwartet sie ein völlig anderer Landstrich, eine Art französischer Wilder Westen mit uralten Gebirgsresten, von Riesenhand hingewürfelten Gesteinsbrocken, romantischen Flüssen und Seen, legendenumrankten Wäldern, einstmals wohlhabenden mittelalterlichen Städten, idyllischen Dörfern und überraschend prächtigen Kirchen auch im kleinsten Weiler.

Da wird jeder schnell zum Entdeckungsreisenden: Warum nicht einfach hie und da einem Hinweisschild folgen zu einem in kaum einer Landkarte verzeichneten Dolmen, zu einem originellen Privatmuseum, einer mittelalterlichen Kapelle, vielleicht auch einer Burgruine. Der kulturellen, historischen, auch landschaftlichen Schätze gibt es noch viele zu heben im Landesinnern der Bretagne.

Und wer Authentisches sucht – ein inflationär gebrauchtes Modewort in allen Bretagne-Prospekten –, der findet es hier in Bauwerken, in der Natur und bei den Menschen. Das Bar-Tabac ist in den Ortschaften abseits der Strände noch im-

ZUR ORIENTIERUNG

Übersichtskarte siehe Seite 162.
Die Reihenfolge der Orte in diesem Kapitel ist alphabetisch. Hier die wichtigsten auf einen Blick:

Hotels und Restaurants, die bei den Orten zu finden sind, sortieren wir nach Preiskategorien von ●●●● bis ●. Die Preisstaffeln lesen Sie auf Seite 5.

mer Zentrum des Dorflebens, und unter den »piliers du bar« (den »Barsäulen« alias Stammgästen) ist immer jemand, der dem Fremden mit dem Schlüssel zur Kirche oder mit Auskünften zu Sehenswürdigkeiten der Umgebung weiterhilft. Echtes Lokalkolorit ist garantiert!

BÉCHEREL

750 Einwohner, 176 m ü.d.M. ➤ [H 3]

Das Paradies für Bücherwürmer liegt zwischen Rennes und Saint-Malo. Dort reiht sich zwischen malerischem altem Gemäuer eine »librairie« an die andere. Als erste Buchstadt Frankreichs und die dritte in Europa ist Bécherel stolz auf sein Gütesiegel »Cité du Livre«. Das bedeutet jedoch keineswegs, dass hier alle Menschen 24 Stunden am Tag lesend am heimischen Herd verbringen. Vielmehr laden bunte individuelle Buchhandlungen und literarische Cafés zum Austausch ein, zum Gespräch nicht nur über Bücher und Literatur. Und natürlich zum Schmökern in alten und neuen Schriftwerken. Eine herzliche, lebensfrohe Atmosphäre, die auch viele Künstler und Kunsthandwerker anlockt – und zunehmend Touristen, die gern in den Galerien, Trödelläden und Buchregalen kramen.

Hotels

Le Logis de la Filanderie

Die Gästezimmer in einem wunderschönen alten Fachwerkhaus, das geradewegs der Märchenwelt entsprungen zu sein scheint, sind direkt am Dorfplatz zu finden. Sehr geschmackvolle Inneneinrichtung – kein Wunder, schließlich ist die Herbergsmutter, Catherine Even, eigentlich Lampenschirm-Designerin.

➤ [H 3] 3, rue de la Filanderie; Tel. 02 99 66 73 17; catherine.even@voila.fr; April–Nov.; 3 Zimmer ••

Edith Guimard

In einem der literarischen Teesalons kann man sich einmieten. Das Haus und die Zimmer strahlen den Charme des 18. Jahrhunderts aus – da lässt es sich gut schlafen und träumen von spannenden Zeit- und Weltreisen.

➤ [H 3] 1, porte Saint-Michel; www.becherel-librairie-porte-st-michel.fr; 2 Zimmer •

Essen und Trinken
La Crêpe Bouquine
»Zur schmökernden Crêpe« ist das einzige wirkliche Lokal in Bécherel, neben einer Vielzahl an Teesalons und Cafés, die Snacks servieren. Hübsch gelegen neben dem Schloss, vis-à-vis dem Tourismusbüro. Viele der Zutaten für Crêpes und Salate stammen aus biologischem Anbau.

➤ [H 3] 4, place Alexandre Jehanin; Tel. 02 99 66 77 00; tgl. außer Di, Juli/Aug. tgl. 11–15, 18.30–24 Uhr •

Sehenswertes
Altstadt
Von der einstigen militärischen Bedeutung zeugen die malerischen Ruinen des Schlosses aus dem 12. Jahrhundert und der Stadtmauern (14. Jahrhundert), vom Wohlstand zur Blüte des Leinenhandels im 16. und 17. Jahrhundert die prächtigen Häuser rund um den alten Marktplatz, die Place des Anciennes Halles, vor allem die »Maison du Gouverneur«.

➤ [H 3]

Maison du Livre
Im alten Gemeindesaal wurde ein »Haus des Buches« eingerichtet, das Ausstellungen und Workshops organisiert und Autoren als »artists in residence« empfängt.

➤ [H 3] Infos beim Office de Tourisme du Pays de Bécherel, 9, place Alexandre Jehanin; Tel. 02 99 66 75 23; www.becherel.com

Einkaufen
La Souris des Champs
In der »Feldmaus« dreht sich alles um Pflanzen, Gärten, Küche und Kinder. Nicht nur in Form von Büchern. Es duftet auch nach Natur, nach Erde, nach Blüten: Die Buchhandlung von Valérie Chilou ist gleichzeitig ein Blumenladen.

➤ [H 3] 3, porte Saint-Michel; Tel. 02 99 66 83 67; Juli/Aug. tgl., sonst Mi–So 10.30–12.45, 14–19 Uhr

Librairie Gwrizienn
Hier empfangen Yvonne Prêteseille und Claire Wosiak zwischen rund 5000 alten und neuen Büchern zum Thema Bretagne regelmäßig Künstler und Publikum zu Konzert- und Theaterabenden. In der Café-Ecke sitzt man gemütlich bei Gebäck und Tee aus biologischem Anbau.

➤ [H 3] 3, rue de la Chanvrerie; Tel. 02 99 66 87 09; Juli/Aug. tgl. 10–19, sonst Mo, Mi 14.30–19, Do–So, Fei 10.30–12.30, 14.30–19 Uhr

Marché du Livre
Besonders literarisch gestaltet sich der erste Sonntag jeden Monats, wenn auf dem kleinen Dorfplatz unter einem Zirkuszeltdach ein Buchmarkt stattfindet. Mit neuen Bänden kann man sich dann in den alten Jardin du Presbytère zurückziehen und zwischen Sträuchern und Festungsresten auf einer Bank in idyllischem Ambiente in Ruhe schmökern.

➤ [H 3] Tgl. 9–18 Uhr

Feste
Fête du Livre
Zu Beginn der schönen Jahreszeit lädt Bécherel traditionell am Osterwochenende drei Tage zum Buchfest mit Autorenlesungen, Podiumsdiskussionen, Filmvorführungen, Konzerten, Ausstellungen und Vorträgen ein – alles rund ums Buch.

➤ [H 3] Osterwochenende; weitere Infos beim Office de Tourisme du Pays de Bécherel, 9, place Alexandre Jehanin, Bécherel; Tel. 02 99 66 75 23; www.becherel.com, www.becherel-autour-du-livre.com

La Nuit du Livre

Eine Büchernacht feiern Anwohner und Besucher alljährlich am zweiten Samstag im August. Für Unterhaltung sorgen Konzerte, Straßentheater, literarische Veranstaltungen und ein antiker Buchmarkt. Fast alles bei Kerzenlicht!

➤ [H 3] Comité de Concertation pour le Développement de Bécherel, Cité du Livre; comite.concertation@wanadoo.fr; weitere Infos beim Office de Tourisme du Pays de Bécherel, 9, place Alexandre Jehanin, Bécherel; Tel. 02 99 66 75 23; www.becherel.com

Klosterkirche und Landgasthof, Mausoleum und Crêperie: Das kleine Belle-Isle-en-Terre bietet Curiosités und Savoir-vivre.

Aktiv

Literarische und kunsthandwerkliche Workshops werden angeboten von den zahlreichen in Bécherel ansässigen Experten – beispielsweise zu den Themen Buchbinderei, Kalligrafie und Grafik.

➤ [H 3] Infos beim Office de Tourisme du Pays de Bécherel, 9, place Alexandre Jehanin; Tel. 02 99 66 75 23; www.becherel.com

Ausflug

Saint-Pern

Das unscheinbare Dorf ist Sitz einer religiösen Gemeinschaft, die weltweit Altersheime unterhält: »Les petites sœurs des pauvres«, die kleinen Schwestern der Armen. Im Oktober 2009 wurde die Ordensgründerin Jeanne Jugan heiliggesprochen, die einer Berufung folgend ihr Leben ganz in den Dienst mittelloser alter Menschen stellte. Die nötigen Mittel stammen ausschließlich aus Spenden. Als Bettelorden ist die Gemeinschaft in Deutschland nicht zugelassen. Das Mutterhaus empfängt Besucher, organisiert auch Seminare u. Ä.

➤ [G 3] Chemin de la Tour; Tel. 02 99 45 14 14; Mitte Juni–Mitte Okt. tgl. 14.30–18.30, sonst So 14.30–17 Uhr; Eintritt frei

Info

Office de Tourisme du Pays de Bécherel

➤ [H 3] 9, place Alexandre Jehanin, Bécherel; Tel. 02 99 66 75 23; www.becherel.com

BELLE-ISLE-EN-TERRE

1000 Einwohner, 57–266 m ü.d.M. ➤ [E 2]

Ein Schattendasein führt der Ort Belle-Isle-en-Terre im Landesinnern, verglichen mit seiner berühmten Insel-Schwester Belle-Île-en-Mer vor der bretonischen Südküste. Dabei entstand er schon im 9. Jahrhundert, beherbergte ein Hospiz für Kreuzritter und später ein Kloster, das im 12. Jahrhundert von Mönchen aus Belle-Île-en-Mer gegründet wurde. Die gut erhaltene Klosterkirche lohnt durchaus einen Besuch, ebenso das Mausoleum im benachbarten Friedhof. Dort ist die berühmteste Tochter des Ortes beerdigt: Lady Mond, die es Ende des 19. Jahrhunderts von der armen Müllerstochter zur Adligen und Schlossbesitzerin brachte (→ Reportagen, S. 68).

Hotels

Loge de Randonnée

Eines der zahlreichen von englischer Hand geführten Bed & Breakfast-Häuser in der Bretagne. In einem schönen alten Steinhaus im Ortszentrum. Wie der Name verspricht, ein empfehlenswertes Basislager für Wanderungen (»randonnées«) in der Umgebung.

➤ [E 2] 11, rue de Guic; Tel. 02 96 47 98 89 oder 02 96 43 33 94; www.bonjourlafrance.co.uk/logederandonnee; 4 Zimmer ••–•

Le Relais de l'Argoat

Ein typischer französischer Landgasthof gleich gegenüber der Post mit einfachen, gepflegten Zimmern sowie gemütlichen kleinen Speisesälen, in denen exquisites Essen auf den Tisch kommt.

➤ [E 2] 9, rue du Guic; Tel. 02 96 43 00 34; 1. Nov.-Hälfte, Feb. geschl.; 8 Zimmer •; Restaurant: tgl. außer So abends/Mo ••

Essen und Trinken

Crêperie Ti Ar C'hrampouezh

Im gemütlichen »Haus der Crêpes« – so die Übersetzung des bretonischen Namens – werden Galettes und Crêpes vor den Augen der Gäste zubereitet. Viele Engländer mit Zweitwohnsitz Belle-Isle sind Stammgäste und schätzen die kleine Terrasse auf dem Dorfkirchplatz. Das ideenreiche Crêpier-Paar Mickaël und Sylvie Keromen veranstaltet auch Konzerte und Themenabende, z.B. zu Halloween.

➤ [E 2] 13, place de l'Église; Tel. 02 96 43 00 01; www.creperie-ti-ar-chrampouezh.com; Juli/Aug. tgl., Sept. tgl. außer Mo, außerhalb der Saison tgl. außer Di/Mi •

Sehenswertes

Chapelle de Locmaria

Eine steile, malerisch von Bäumen überdachte Straße führt zu der denkmalgeschützten Kapelle aus dem 14./15. Jahrhundert. Die frühere Klosterkirche des Templerordens gilt als typisches Beispiel der bretonischen Renaissance. Berühmt ist sie für den Lettner aus dem 16. Jahrhundert – einen von nur zehn erhaltenen. Über eine enge Wendeltreppe lässt sich der Turm besteigen.

➤ [E 2] Tgl. 9–18 Uhr

Fontaine Notre-Dame de Pendreo

Etwas unterhalb der Kapelle von Locmaria führt eine steile Steige mit 110 Stufen durch dichten Wald zum steingefassten Brunnen aus dem 16. Jahrhundert – einst

Pilgerziel für Mütter, deren Kinder von Keuchhusten geplagt waren. Um ihnen den Aufstieg zu erleichtern, ließ Lady Mond die steinerne Steige anlegen.
➤ [E 2]

Mausoleum Lady Mond

Das Werk von Yves Hémar (1939) ist außen frei zugänglich, Innenraum und Krypta sind nach Vereinbarung mit dem örtlichen Fremdenverkehrsamt zu besichtigen. Demnächst soll ein Museum an die berühmteste Tochter des Ortes erinnern. Derzeit jedoch ist keiner ihrer früheren Wohnsitze in Belle-Isle der Öffentlichkeit zugänglich: Das Schloss Coat-an-noz von 1856, das Ehemann Sir Robert Mond 1929 für sie erwarb, ist in Privatbesitz; das von ihr selbst 1936 erbaute Kastell Mond, in dem sie bis zu ihrem Tod lebte, beherbergt ein naturkundliches Zentrum; der Pavillon, den sie auf dem Grund der ärmlichen elterlichen Holzmühle errichten ließ, dient jetzt als Rathaus, schmückt sich jedoch weiter mit dem Namen »Pavillon Mond«.
➤ [E 2] Office de Tourisme du Pays de Belle-Isle-en-Terre, 15, rue Crec'h Ugen, Belle-Isle-en-Terre; Tel. 02 96 43 01 71; www.ot-belle-isle-en-terre.com

Einkaufen
Ficelle Atelier

Die Modistin Christel Josien entwirft witzige Hüte und fertigt jedem seine ganz persönliche Kopfbedeckung. Außerdem zaubert die Meisterin des Recyclings aus alten Vorhangstoffen originelle Kleidung und verkauft Accessoires wie Gürtel, Tabakdosen oder Geldbörsen.
➤ [E 2] 5, rue Saint-Jacques; Tel. 02 96 43 30 71; tgl. außer Mi, So 9.30–12.30, 14–19 Uhr

Saboterie Kervoas

Gegenüber der Dorfkirche, direkt neben der Crêperie, versteckt sich in einer Ecke diese schöne alte Bilderbuchwerkstatt. Hier fertigt Bernard Kervoas nach alter Tradition »sabots«, die Holzschlappen, die jeder Bretone vor der Tür stehen hatte. 25 Euro kostet solch ein authentisches und zudem noch praktisches Souvenir.
➤ [E 2] 11, place l'Église; Tel. 02 96 43 30 13; http://kervoas-saboterie.spaces.live.com

Fest
Le Printemps de Lady Mond
Alljährlich Ende Juli ehrt Belle-Isle seine berühmteste Tochter mit dem »Frühling von Lady Mond«, dem einzigen Festival für zeitgenössische Musik in der Bretagne. Die Konzerte finden teils in Belle-Isle, teils in den Kapellen der Umgebung statt.
▶ [E 2] www.printemps-de-lady-mond.com; Tickets ab 12 €; nähere Informationen beim Office de Tourisme du Pays de Belle-Isle-en-Terre; www.ot-belle-isle-en-terre.com

Aktiv
Centre Régional d'Initiation à la Rivière
Dieses Naturkunde- und Sportzentrum organisiert Ausflüge, Ausstellungen, geführte Wanderungen sowie naturwissenschaftliche Vorträge und Seminare. In einem Aquarium kann man die lokale Wasserfauna und -flora entdecken.
▶ [E 2] Château de Lady Mond; Tel. 02 96 43 08 39; http://educatif.eau-et-rivieres.asso.fr

Ausflüge
Belle-Isle
Eine malerische Umgebung hat Belle-Isle zu bieten: Wälder und Täler laden zum Wandern, Reiten und Radfahren ein, Flüsse wie der Léguer und Le Guic zum Lachsfischen oder Kajakfahren, zahlreiche Kapellen zum Kunstgenuss.
▶ [E 2]

Vallée des Papeteries
Auf dem Gelände einer alten Papierfabrik wurde eine Art kostenloses Freilicht-

Wahrzeichen von Belle-Île-en-Mer: der Leuchtturm an der Nordspitze der Insel

museum angelegt. Hier lernt man die traditionelle Papierherstellung kennen oder studiert auf beschilderten Naturkundepfaden Flora und Fauna.
▶ [E 2] Jederzeit frei zugänglich

Info
Office de Tourisme du Pays de Belle-Isle-en-Terre
▶ [E 2] 15, rue de Crec'h Ugen; Belle-Isle-en-Terre, Tel. 02 96 43 01 71; www.ot-belle-isle-en-terre.com; Juni Mo–Sa 10–12.30, 14–17.30, Juli/Aug./Sept. Mo–Sa 10–13, 14–18 Uhr

CHÂTEAUNEUF-DU-FAOU

3500 Einwohner, 31–153 m ü.d.M. ▶ [D 3]
Eine seltsame Mischung aus Idylle und desolater Verlassenheit ist dieses Städtchen, das einmal bessere Zeiten gesehen hat – wie so viele Orte im Innern der Bretagne. Sonst hätten Künstler wie der Maler Paul Sérusier von der École de Pont-Aven wohl kaum gerade hier einige Lebensjahre verbracht und diverse Motive der Gegend in Gemälden festgehalten.

Essen und Trinken
Mod-All
»Anders« bedeutet der Name, und damit bekennt sich dieses literarische Café gleich zu einem etwas anderen Konzept. Die einzige Buchhandlung von Carhaix bietet ein reiches Sortiment an Bretagne-Büchern und Kunsthandwerk, liegt mitten im Zentrum und zählt auch das Team des Musikfestivals Vieilles Charrues zu seinen Stammkunden. Der Kaffee wird gerühmt, Alkohol sucht man vergeblich.

➤ [D 3] 15, place des Halles, Carhaix-Plouguer; Tel. 02 98 99 33 61; http://mod-all.mon
site.wanadoo.fr; tgl. außer Mo 12–21 Uhr •

Sehenswertes
Chapelle Notre-Dame-des-Portes
Die Kapelle am Steilufer über dem Fluss
Aulne und dem Nantes–Brest-Kanal faszinierte 1894 den Maler Paul Sérusier.
Wie er sie künstlerisch interpretierte, zeigt
eine Kopie seines Gemäldes auf der Staffelei vor der Kapelle. Sehr viel verändert
hat sich nicht, noch immer strahlt der Ort
heitere Ruhe aus – vor allem wegen des
schönen Blicks auf das Tal mit der alten
Steinbrücke. Ein Pardon-Fest findet hier
am vorletzten Augustwochenende statt.
➤ [D 3] Tgl. 10–18 Uhr

Église Saint-Julien
Himmelblau ist die Decke der Dorfkirche
und gibt dem Innenraum einen heiteren
Touch. Der eigentliche Schatz aber verbirgt sich gleich rechts hinter dem Eingang: die Taufkapelle, von Paul Sérusier
1914 bis 1918 ausdrucksstark gestaltet
und mit biblischen Szenen ausgemalt.
➤ [D 3] Tgl. 9–17, im Sommer bis 18.30 Uhr

Paul-Sérusier-Rundgang
Ein Rundgang durch die Stadt zeigt
Stationen aus dem Leben und Werk des
Malers Paul Sérusier, Freund von Paul
Gauguin und Begründer der Nabi-Bewe-
gung, der 1893 bis 1927 in Châteauneuf
lebte. Eine gute Stunde dauert der »cir-
cuit« zu Fuß, von der Büste auf dem
Kirchplatz über das »lavoir«, wo sich die
Frauen früher zum Wäschewaschen tra-
fen, weiter über das Haus, in dem der Séru-

sier wohnte (»La Maison du Peintre«) bis
zur Ausstellung im Tourismusbüro.
➤ [D 3] Infos beim Office de Tourisme
de Châteauneuf-du-Faou, place ar Segal;
Tel. 02 98 81 75 41; www.chateauneuf-du-
faou.com

Feste
Festival des Vieilles Charrues, Carhaix
Als ökonomisches und administratives
Zentrum für das Umland besticht Carhaix
mit seinen 8000 Einwohnern nicht gerade durch Schönheit. Allerdings erinnert
die echte Dampflok »Mallet 030« auf dem
Bahnhofsplatz daran, dass die Stadt einst
Mittelpunkt des bretonischen Eisenbahn-
netzes war. Heute macht Carhaix eigentlich nur einmal im Jahr wirklich von sich
reden: im Sommer, wenn Zehntausende
von Menschen zum Musikfestival strömen und die Stadt und vor allem Wiesen
des Umlandes in einen überdimensionalen Camping- und Festplatz verwandeln.

Das »Festival des Vieilles Charrues«,
das Fest der alten Karren, ist seit 1992

CHÂTEAUNEUF-DU-FAOU | 169

Das Schloss in Trévarez war Anfang des
20. Jahrhundert »du luxe«: Zentralheizung,
Strom, Lift und warmes Wasser.

aufgestellt. Eine früher vielerorts übliche
Tradition zu Ehren der Butter, Symbol für
Fruchtbarkeit und Glück, für Bretonen
zudem unverzichtbarer Teil der Küche.

➤ [D 3] Spézet; Sonntag nach Pfingsten;
weitere Infos bei Spézet Syndicat d'Initiative,
19, rue du Général de Gaulle; Tel. 02 98 93
91 18; http://.club.spezet.free.fr

Pardon des Chevaux, Bulat-Pestivien

Pferdefreunde begeistert dieses traditio-
nelle Fest. Seit 1747 wird die silberne
Jungfrauenstatue am Wochenende nach
dem 8. September mit einem riesigen
Pardon geehrt. Neben Messen und einem
Fohlenwettbewerb finden Prozessionen
statt, dazu Freudenfeuer, Kirchengesang,
Tanz, Jahrmarkt und Feuerwerk.

➤ [E 2] Bulat-Pestivien, zwischen Carhaix-
Plouguer und Belle-Isle-en-Terre; Infos bei
Mairie de Bulat-Pestivien, 3, porz an Ti Ker;
Tel. 02 96 45 72 00; www.bulat-pestivien.fr

alljährlich Ende Juli mit vielen bretonischen, französischen und internationalen Stars – von Alan Stivell über Julien
Clerc bis Joan Baez – das Musikfest der
bretonischen Jugend schlechthin. Nicht
immer zur Freude der Anwohner, denen
tagelang rund um die Uhr laute Musik
frei Haus geboten wird. Aber die gute
Stimmung lässt sich keiner der Besucher
verderben – nicht einmal, wenn ein typischer bretonischer Regenguss das Ganze
in eine Schlammschlacht verwandelt.

➤ [D 3] Association Les Vieilles Charrues,
place de la Mairie, Carhaix-Plouguer; Tel.
02 98 99 25 45; www.vieillescharrues.asso.fr;
Tagesticket ab 32 €

Pardon du Beurre, Spézet

Alljährlich am Sonntag nach Pfingsten
wird in der Chapelle Notre-Dame-du-
Crann, einer wunderschönen Kapelle aus
dem 16. Jahrhundert – mit denkmalgeschützten Original-Glasfenstern – als
Opfer für die Gottesmutter eine ungefähr
60 Kilogramm schwere Butterskulptur

Ausflug

Domaine de Trévarez 🔟

(→ Der gute Tipp von MERIAN, S. 170)

Info

Office de Tourisme de
Châteauneuf-du-Faou

➤ [D 3] Place Ar Segal; Tel. 02 98 81 83 90;
www.chateauneuf-du-faou.com; Juni–Sept.
Di–Sa 9–12.30, 14–18, Juli/Aug. Mo–Sa
9–12.30, 14.30–19, So/Fei 10.30–12.30,
Okt.–Mai Di, Mi, Fr, Sa 9.30–12.30, 14–
17.30 Uhr

LAND UND LEUTE
CHÂTEAU HI-TEC

»Bescheidenheit ist eine Zier, doch weiter kommt man ohne ihr«, mag sich James de Kerjégu (1846–1908) gesagt haben, als er 1895 das neogotische Schloss aus rosaroten Ziegeln und schwarzem Schiefer bauen ließ, das etwas erhöht über der Umgebung thront. Jedenfalls schmückte er sein Heim mit Eindruck schindenden Türmchen und Steinmetzarbeiten, sparte auch nicht an der neuesten Technologie. Strom, Zentralheizung, fließendes Warmwasser auf allen Etagen, sogar ein Aufzug sorgten für modernen Komfort und sollten aller Welt zeigen, dass hier ein künftiger Staatspräsident zu Hause war. Auf nichts Geringeres als dieses oberste öffentliche Amt hatte es James abgesehen. So mag er wohl auch schon an zukünftige Staatsbesuche gedacht haben, als er das 2200 Hektar große Grundstück von den besten Landschaftsarchitekten zu einem prächtigen Park gestalten ließ. Doch seine Träume zerschlugen sich – wie so viele in den ersten Jahrzehnten des 20. Jahrhunderts. Im Zweiten Weltkrieg wurde das Schloss kurzerhand von den deutschen Besatzern okkupiert und zum Erholungsort für erschöpfte deutsche und japanische U-Boot-Mannschaften umgestaltet. Dem setzte die Royal Air Force im Juli 1944 ein jähes Ende, als sie das Anwesen bombardierte und eine lange Phase des Vergessens einleitete.

Erst in den 1980er-Jahren begann die regionale Verwaltung mit der Restaurierung von Schloss, Park und Reitstall. Wunderschön sitzt man im windgeschützten Innenhof, wo einst Pferde ihre Runden zogen und heute die Terrasse des hübschen Teesalons »Goûter Breton« zu bretonischem Gebäck bzw. Kaffee und Kuchen einlädt. Dabei kann man in Ruhe darüber nachsinnen, wie viel Geld man nun wirklich lässt im Laden daneben, wo ungewöhnlich originelle Souvenirs und Gartengeräte zum Kauf locken.

Im Schloss selbst sind nur drei Säle mit regelmäßig wechselnden Ausstellungen zu besichtigen. Eindrucksvoll ist Trévarez vor allem, wenn sich der ausgedehnte, klug angelegte Park zur Zeit der Rhododendrenblüte im Mai, aber auch zur Kamelienblüte im Januar in ein gigantisches vielfarbiges Blütenmeer verwandelt.

WEGWEISER

Domaine départemental de Trévarez
➤ [D 3] Saint-Goazec, 5 km südl. von Château-neuf-du-Faou; Tel. 02 98 26 82 79; www.trevarez. com; März, Okt./Nov. Mi, Sa/So 14–17.30, April–Juni, Sept. tgl. 13–18, Juli/Aug. tgl. 11–18.30, Ende Nov.–Mitte Jan. tgl. 14–18.30 Uhr; Eintritt 4,50 €, Jugendliche 12–25 Jahre 3,50 €, Kinder bis 11 Jahre frei

LE FAOUËT

3100 Einwohner, 173 m ü.d.M. ➤ [D 4]

Im 19. und 20. Jahrhundert strömten viele Künstler aus dem In- und Ausland nach Le Faouët, um sich von der »bretonischen Exotik« inspirieren zu lassen. Einige Hotels boten damals sogar Ateliers für Maler und Dunkelkammern für Fotografen an. Heute stehen an vielen malerischen Stellen einladend Staffeleien mit Holzschemeln bereit – zum Schauen, Zeichnen oder Pinseln. Vom Blickwinkel des Malers aus, mit dem fertigen Gemälde vor Augen, sieht man die historischen Monumente in ganz neuem Licht. Berühmteste Tochter der Stadt ist allerdings keine Künstlerin, sondern die 1717 geborene Chefin einer Diebesbande in der Tradition Robin Hoods: Marion du Faouët. Ihr abenteuerliches Leben wurde 1997 von Michel Favart unter dem Titel »Marion du Faouët« verfilmt.

Hotel

La Croix d'Or

Ein traditionelles französisches Hotel-Restaurant mitten im Ort, gleich gegenüber der historischen Markthalle, in dem zur Blütezeit des Städtchens zahlreiche Künstler abstiegen.

➤ [D 4] 9, place Bellanger; Tel. 02 97 23 07 33; www.lacroixdor.com • ♿

Sehenswertes

Chapelle Saint-Fiacre

Die Glasfenster von 1550, vor allem aber der wunderschön geschnitzte, farbig bemalte Holzlettner von 1480 schaffen eine einzigartige Atmosphäre in dieser dem Schutzheiligen der Gärtner geweihten gotischen Kapelle. Sie stammt aus dem 15. Jahrhundert, genau wie die nahe Kirche von Kernascléden (mit Fresken von 1470). Es heißt, dass Engel die damals knappen Werkzeuge zwischen den beiden Baustellen hin- und hertransportierten.

➤ [D 4] 3 km südl. von Le Faouët (am Ortsrand); April–Nov. tgl. 10–12, 14–18 Uhr

Chapelle Sainte-Barbe

Das noch heute beliebte Wallfahrtsziel besticht durch die atemberaubende Lage am Steilhang eines Flusstals. Eine malerische alte Steintreppe führt hinunter zur Kapelle (1489–1512) und zur moosbewachsenen Felsengrotte (mit Marienstatue). Von unten ist das Rauschen des Wassers zu hören, von oben Vogelgezwitscher und die Pilgerglocke.

➤ [D 4] Am Ortsrand; April–Nov. tgl. 10–12, 14–18 Uhr

Les Halles

Die gewaltige Markthalle stammt aus dem 16. Jahrhundert. Unter ihrem mächtigen Holzdach von 53 Metern Länge und 19 Metern Breite herrscht noch an jedem ersten und dritten Mittwoch des Monats geschäftiges Treiben.

➤ [D 4] 1., 3. Mi im Monat; weitere Infos beim Office de Tourisme du Pays du Roi Morvan, 3, rue des Cendres, Le Faouët; Tel. 02 97 23 23 23; www.tourismepaysroimorvan.com

Musée du Faouët

Das frühere Ursulinenkloster aus dem 17. Jahrhundert zeigt alljährlich zwei wechselnde Ausstellungen. Der für ein lokales Museum beachtliche Schatz von

400 Werken französischer und ausländischer Künstler erinnert an die kreative Blütezeit des Städtchens in der zweiten Hälfte des 19. Jahrhunderts.

➤ [D 4] 1, rue de Quimper; Tel. 02 97 23 15 27; www.museedufaouet.fr; April–Juni, Sept./Okt. tgl. außer So vormittags/Mo, Juli/Aug. tgl. 10–12, 14–18 Uhr; Eintritt 4 €, Kinder bis 12 Jahre 1,60 €

Info

Office de Tourisme du Pays du Roi Morvan

➤ [D 4] 3, rue des Cendres, Le Faouët; Tel. 02 97 23 23 23; www.tourismepaysroimorvan. com; Juli/Aug. tgl. außer So nachmittags, Sept. Mo–Sa, Okt.–Juni Di–Sa 10–12.30, 14–18 Uhr

Das Château de Fougères-sur-Bièvre wird von einer 320 Meter langen Mauer geschützt und von 13 Wehrtürmen bewacht.

FOUGÈRES (FELGER)

23 000 Einwohner, 62–171 m ü.d.M. ➤ [J 3]

Als Eingangstor zur Bretagne galt Fougères schon immer – ein prächtiger Empfang, der Neuankömmlingen sicherlich Eindruck machte: jenen, die in feindlicher Absicht kamen, durch die gewaltige Festungsburg, die jeden potenziellen Angreifer abschrecken musste, und den Gästen mit friedlichem Ansinnen durch die idyllische Lage des hübschen Städtchens zwischen Gärten und Parks.

Ein hervorragend ausgeschilderter und hübsch angelegter Spazierweg, gesäumt von Tafeln mit literarischen Zitaten, führt von der modernen Oberstadt hinab in das Flusstal von Nançon und Couesnon zur mittelalterlichen Unterstadt mit ihren engen Gassen und den romantischen Fachwerkhäusern. Viele Schriftsteller wussten den nostalgischen Charme des Ortes zu schätzen – so siedelten beispielsweise Honoré de Balzac und Victor Hugo hier ihre Romane »Les Chouans« (Balzac, 1828) und »1793« (Hugo, 1836) an.

Hotel

Le Balzac

Dieses schöne Gebäude aus dem 17. Jahrhundert macht dem literarischen Taufpaten des Hotels alle Ehre. Eine Herberge in idealer und ruhiger Lage mitten in der Oberstadt, selbst wenn die Zimmer eher klein und funktionell sind. Dazu gesellt sich der angenehme Empfangsraum mit kleiner Bar.

➤ [J 3] 15, rue Nationale; Tel. 02 99 99 42 46; www.balzac-hotel.com; 22 Zimmer •

Essen und Trinken
Les Voyageurs

Als echte Institution für gepflegtes Essen im Familien- oder Freundeskreis gilt dieses Hotel-Restaurant in Fougères. Das Ambiente mit Mosaikspiegeln, eine Art moderner Interpretation grafischer Art-déco-Elemente, erinnert an die lange Glastradition der Stadt.

➤ [J 3] 10, place Gambetta; Tel. 02 99 99 14 17; www.hotel-fougeres.fr; Restaurant: tgl. außer So/Mo ••; Hotel 37 Zimmer •

Le Buffet

Wie der Name schon sagt, darf sich hier jeder Gast nach Lust und Laune selbst am Vorspeisen- und Dessertbuffet bedienen. Geschätzt wird das mit dunklem Holz und weißen Tischdecken ganz in alter Bistrotradition eingerichtete Lokal vor allem wegen des guten Preis-Leistungs-Verhältnisses.

➤ [J 3] 53 bis, rue Nationale; Tel. 02 99 94 35 76; tgl. außer So, Mi abends •

Tivabro

Eine niedliche »crêperie gourmande«, untergebracht in einem typischen Fachwerkhaus der Altstadt, die auch innen geradezu mittelalterlich wirkt. Ganz im Zeitgeist stehen jedoch die Verwendung von biologischem Mehl für Crêpes und Galettes sowie die Getränkekarte mit zehn verschiedenen Cidres.

➤ [J 3] 13, place du Marchix; Tel. 02 99 17 20 90; Juli/Aug. tgl. außer Mo, sonst tgl. außer So/Mi abends, Mo •

Sehenswertes
Le Beffroi

1397 erbaute man diesen achteckigen Wehrturm nach flämischem Modell, das Händler in Fougères publik gemacht hatten – ein Symbol für das Selbstbewusstsein der durch Tuchhandel reichen Stadt. Dieser älteste »beffroi« der Bretagne gibt den Fougerais seit mehr als 600 Jahren die Zeit vor. Vom Kirchturm Saint-Léonard hat man einen wunderbaren Panoramablick auf Fougères und das Flusstal.

➤ [J 3] Place J. Guéhenno; Tel. 02 99 99 79 59; www.ville-fougeres.fr; tgl. 10–12.30, 14–18 Uhr; Eintritt 2,15 €

Château de Fougères-sur-Bièvre

Die mittelalterliche Festung zählt zu den größten Wehrburgen Europas und gehörte zur Kette der Verteidigungsanlagen entlang der bretonischen Ostgrenze. Ein Wassergraben zieht sich um die imposante, 320 Meter lange, mit 13 Wachtürmen gespickte Ringmauer aus dem 12. bis 15. Jahrhundert, seltsamerweise zu Füßen der Stadt. Interaktive Ausstellungen in den Türmen und audiovisuelles Spektakel lassen die denkmalgeschützten Mauern virtuell aufleben.

➤ [J 3] Tel. 02 99 99 79 59; www.fougeres-sur-bievre.monuments-nationaux.fr; Mitte Juni–Mitte Sept. 10–19, sonst 10–12.30, 14–18.30 Uhr, Jan. geschl.; Eintritt 5 €, Jugendliche 18–25 Jahre 3,50 €

L'Artisan du Temps

Uhren-Begeisterten sei dieses Werkstattmuseum ans Herz gelegt, wo man den heutigen Uhrmachern über die Schulter schauen darf. Die Geschichte der Uhr-

macherkunst erfährt man in der Ausstellung antiker Stand- und Taschenuhren.
➤ [J 3] 37, rue Nationale; Tel. 02 99 99 40 98; Mitte Juni–Ende Aug. Mo–Sa 9–12.30, 14–19, So 14–18.30, Mitte Sept.–Mitte Juni Di–Sa 9–12, 14–19 Uhr; Eintritt 4,80 €, Kinder 10–18 Jahre 3,80 €

Am Abend
Le Coquelicot
Das ausgesprochen sympathische Flair schätzen Einheimische und Fremde gleichermaßen. Zudem punktet das »Hähnchen« mit seinem Angebot von 70 Bieren und auch dem Musikprogramm: Jazz, Blues, Rock, Folk, Chansons.
➤ [J 3] 18, rue de Vitré; Tel. 02 99 99 84 52; http://barlecoquelicot.free.fr; tgl. außer So/Mo 16–3 Uhr; Eintritt Do–Sa abends 3–10 €

Fest
Festival Voix des Pays
Im mittelalterlichen Schloss erklingen Anfang Juli zwei Tage lang regionale Musik und Sängerstimmen aus aller Welt. Während des Festivals finden kostenlose Konzerte in der Bar Coquelicot statt.
➤ [J 3] Office Culturel, rue Gué Maheu; Tel. 02 99 94 83 65; www.office-culturel-fougeres.fr

Spaziergang
Zwei gut beschilderte, angenehme und informative Spazierwege, »Circuit litteraire« und »Circuit découverte« führen durch den Botanischen Garten und den Park am Fluss Nancon über viele Stufen vorbei an allen Sehenswürdigkeiten, gesäumt von Tafeln mit Literaturzitaten.
➤ [J 3]

Info
Office de Tourisme de Fougères et son Pays
➤ [J 3] 2, rue Nationale, Fougères; Tel. 02 99 94 12 20; www.ot-fougeres.fr; Mitte Juni–Mitte Sept. So 13.30–17.30, Juli/Aug. Mo–Sa 9–19, So 10–12.30, 14–16, Anf. Nov.–Ostern Mo 14–18, Di–Sa 10–12.30, 14–18 Uhr

GUINGAMP (GWENGAMP)

8000 Einwohner, 74 m ü.d.M. ➤ [E 2]
Guingamp hat schon bessere Tage gesehen, das bezeugen die großbürgerlichen Häuser rund um den heute leider zur Parkfläche verkommenen Marktplatz sowie die reich ausgestattete Basilika. Einen Besuch lohnen die Fußgängerzone mit ihren Geschäften, der Theaterpark sowie vor allem die romantischen Ecken entlang der alten Festungsanlage und am Fluss. Obwohl der von Präsident Nicolas Sarkozy initiierten Zentralisierung der französischen Justiz auch das Tribunal de Guingamp zum Opfer fiel, hat die Stadt ihre Funktion als administratives Zentrum bewahrt.

Hotel
La Demeure
In der historischen Villa im Stadtzentrum laden hübsche Salons, Veranda und Garten ein zum Verweilen, Plaudern, Blättern in den Fotoalben und Bildbänden. Edel in Farbe und Material sind die Zimmer und Suiten im lichtdurchfluteten Glasanbau. Zum Frühstück und am Nachmittag gibt's hausgemachte Kuchen, zum Erholen Spa und Hamam.

➤ [E 2] 5, rue du Général de Gaulle; Tel. 02 96 44 28 53; www.demeure-vb.com; Jan. geschl.; 10 Zimmer ••

Essen und Trinken
La Boissière
In einer traditionellen Ferienvilla aus rosa Granitgestein, umgeben von einem großen Park mit Rutschbahn, Baumhaus und Ponys empfängt die Familie Monfort Feinschmecker mit Sinn für Ästhetik. Am Stadtrand Richtung Tréguier.
➤ [E 2] 90, rue de l'Yser; Tel. 02 96 21 06 35; www.restaurant-la-boissiere.com; tgl. außer Sa/Mo 12–13.30, 19.15–21 Uhr ••

L'O
Durch die enge Gasse Venelle du Moulin de la Ville gelangt man von der Place Saint-Michel an die romantische Schleuse neben der alten Stadtmauer und zur modernen Brasserie im schicken Glashaus mit exzellentem Essen und schöner Terrasse über dem Fluss.
➤ [E 2] 4 b, rue Grand Trotrieux; Tel. 02 96 13 54 84; tgl. ••

Sehenswertes
Basilique Notre-Dame de Bon-Secours
Im 13. Jahrhundert errichtete man diese Kirche zunächst in gotischem Stil mit einigen romanischen Elementen. Nachdem 1535 ein Teil des Gotteshauses eingestürzt war, baute man es mutig im damals völlig neuen Renaissancestil wieder auf. Aus dieser Zeit stammen der Turm, das Seitenschiff und das Westportal.
➤ [E 2] Place du Vally; http://paroisse-guingamp.org, www.basilique-guingamp.fr

Schlossruinen
An die Place du Vally stehen malerische Überreste der alten Stadtmauern und drei von ehemals vier Türmen des Château de Pierre II., welches im 15. Jahrhundert für Pierre II., Grafen von Guingamp und Herzog der Bretagne, errichtet und später auf Befehl Richelieus aufgegeben wurde.
➤ [E 2] Place du Vally

Place du Centre
Das Zentrum des leider als Parkplatz missbrauchten schönen Platzes mit zahlreichen, reich geschmückten Fachwerkhäusern bildet der berühmte Brunnen »La Plomée«, der im 15. Jahrhundert gebaut und 1745 vom Bildhauer Yves Corlay verschönert wurde. Geweiht ist der Brunnen der keltischen Muttergöttin Ana.
➤ [E 2] Place du Centre

Musée de la Boule Bretonne
Witzige Details über das noch immer sehr beliebte bretonische Boule-Spiel erfährt man im »Mirdi ar C'hoari Boulloù«. Untergebracht ist das kleine Museum im Fremdenverkehrsamt.
➤ [E 2] Office de Tourisme de Guingamp, 2, place du Champ-au-Roy; Tel. 02 96 43 73 89; www.ot-guingamp.org; tgl. außer So 10.15–12, 14.15–17.30 Uhr; Eintritt frei

Am Abend
Théâtre du Champ au Roy
Das hübsche kleine Theater liegt an einem Park und wird einmal wöchentlich bespielt. Auf dem Programm stehen Konzerte, Vorträge, Tanz und Theater.
➤ [E 2] Place du Champ-au-Roy; Tel. 02 96 40 64 45; 250 Sitzplätze; Karten 6–16 €

Ausflug
Chez Marie-Claire
Als amüsante Reise in die Vergangenheit erweist sich der Besuch des nostalgisch-chaotischen Krämerladens in der kleinen Ortschaft Callac südwestlich von Guingamp. Es gibt nichts, was es hier nicht gibt. Das Angebot reicht von Boule-Kugeln über Geschenke, Eisenwaren und Tischschmuck bis zu Samen und Blumenzwiebeln. Gleichzeitig dient das Etablissement als Bar.
➤ [E 2] 4, rue des Martyrs, Callac; Mo–Sa 9–21, So 9–15 Uhr; Tel. 02 96 45 50 61

Info
Office de Tourisme de Guingamp
➤ [E 2] 2, place du Champ-au-Roy;
Tel. 02 96 43 73 89; www.ot-guingamp.org;
Mo–Sa 10.15–12, 14.15–18 Uhr

HUELGOAT

1700 Einwohner, 175 m ü.d.M. ➤ [D 3]
Gigantische Steinbrocken schleuderte der Riese Gargantua auf Huelgoat – aus Wut darüber, dass ihm die Einwohner nur eine dünne Suppe zu essen gegeben hatten. Legenden scheinen Wirklichkeit zu werden in diesem malerisch ungeordneten »Granit-Chaos«. Doch natürlich gibt es auch eine rationale Erklärung, in der von Erosion die Rede ist und von Wasser, das abgetragenes Gesteinsmaterial hinwegtrug, sodass nur die aufeinandergetürmten Granitblöcke im engen grünen Flusstal zurückblieben. Zur Freude aller Kinder und Fotografen, die in verwinkelten Durchgängen und Höhlen fantasievolle Motive finden.

Hotels
Hôtel-Restaurant du Lac
Wie ein kleiner Berggasthof wirkt dieses einzige Hotel am Ort. Die Terrasse am Seeufer lädt zum Sonnenbaden ein, die meisten Zimmer haben Seeblick, sind klein, aber gemütlich. Es gibt ein traditionelles Restaurant und eine moderne Pizzeria.
➤ [D 3] 9, rue Général de Gaulle; Tel. 02 98 99 71 14; www.hoteldulac-huelgoat.com; 15 Zimmer ••–•

O'Brien's Chambres d'Hôte
Gleich neben den legendären Stätten und den Wanderwegen liegt dieses große, komplett renovierte Haus, einst Büro eines Notars. Mr. und Mrs. O'Brien (englischer Herkunft wie so viele Herbergseltern im Landesinnern) haben vier Zimmer liebevoll für Gäste eingerichtet. Ein Plus ist der Garten am See, der Hausgästen vorbehalten ist. Nach vorheriger Anmeldung kann man hier auch zu Abend essen.
➤ [D 3] 4, route de Berrien; Tel. 02 98 99 82 73; www.chateaubrien.com •

Essen und Trinken
Crêperie des Myrtilles
Sie gilt als die beste der zahlreichen Crêperien vor Ort, auch als originellste und traditionellste. Rustikales Mobiliar aus dunklem Holz auf dunkelgrauem Schieferboden, die Chefin selbst steht am Herd, backt Crêpes oder Galettes und serviert sie.
➤ [D 3] 26, place Aristide Briand; Tel. 02 98 99 72 66; Juli/Aug. tgl., sonst tgl. außer Mo, Do ab 11 Uhr, Nov.–Dez. geschl. •

So will es die Sage: Einst schleuderte der Riese Gargantua Felsen in den Wald von Huelgoat.

Crêperie à la Roche Tremblante

Einem modernen Hexenhäuschen gleich liegt diese Crêperie in einer kleinen Talsenke zwischen hohen Baumriesen und gigantischen Felsen. Vom hübschen Garten fällt der Blick auf das Naturkunstwerk, das dem Lokal den Namen gab: ein riesiger wackliger Stein, der erzittert, sobald man ihn anstößt.

➤ [D 3] Rue Roche Tremblante (Zugang vom Parkplatz); Tel. 02 98 99 98 08; tgl. •

Les Stèles

Eine gelungene Mischung aus Café, Teestube, Kunstgalerie und Trödelmarkt ist dieses Lokal am Hauptplatz. Stilistisch bunt gemischt, allesamt aber originell sind Tische, Stühle, ausgestellte Kunstobjekte, die man bewundern, aber auch käuflich erwerben kann. Hausgemachte Kuchen und ein großes Sortiment an Tees machen »Les Stèles« zum idealen Treffpunkt am Nachmittag.

➤ [D 3] 24, place Aristide Briand; Tel. 02 98 99 79 20; www.les.steles.fr; tgl. 14–18, Do ab 9.30 Uhr

Sehenswertes

Moulin du Chaos

Diese alte Kornmühle stammt aus dem Mittelalter (1339) und gehörte zunächst den bretonischen Herzögen, im 16. Jahrhundert dem König Frankreichs und im 18. Jahrhundert schließlich den Besitzern der Blei- und Silbermine. Heute ist hier unter der Brücke neben dem »Granit-Chaos« das Tourismusbüro untergebracht.

➤ [D 3] Office de Tourisme de Huelgoat, 18, place Aristide Briand; Tel. 02 98 99 72 32; www.tourismehuelgoat.fr

Grotte du Diable

Einst versteckte sich ein Revolutionär in dieser Grotte, der von königstreuen Bretonen (den »chouans«) verfolgt wurde. Um sich zu wärmen, entfachte er ein großes Feuer und setzte einen Hut mit zwei roten Federn auf. Dann nahm er eine Mistgabel in die Hand, um sich zu verteidigen. Als ihn die Royalisten so erblickten, meinten sie, den Teufel persönlich vor sich zu haben, und flohen entsetzt.

➤ [D 3]

Roche Tremblante

137 Tonnen wiegt dieser riesige Stein von sieben Meter Länge, drei Meter Höhe und 2,80 Meter Breite, der nur an einer winzigen Stelle aufliegt und das Gleichgewicht zu verlieren droht. So scheint es jedenfalls. Aber schon seit Jahrhunderten hält er sich in dieser prekären Stellung.

➤ [D 3]

Spaziergang

Neben dem »Circuit du Chaos de Granit« (1,5 Kilometer) hat Huelgoat auch einen malerischen kleinen See zu bieten, an dem es sich wunderbar spazieren lässt – umgeben von 600 Hektar »hohem Wald«, wie schon der Ortsname sagt: »huel« (hoch) und »koat« (Wald). Dieses Paradies für Wanderer, Reiter und Radfahrer gehört zum Naturpark Armorique.

➤ [D 3]

Ausflug

Parc Naturel Régional d'Armorique (Park An Arvorig)

Auch die Bretagne hat Berge – noch immer. Mit 384 Metern ist der einer zackigen Brandungswelle nicht unähnliche Roc'h Trévezel heute höchster Punkt der Bretagne. Einst waren die Monts d'Arrée genauso hoch und zerklüftet wie der Himalaja, doch der Zahn der Zeit nagte viele Jahrmillionen an dem Gebirge und reduzierte es zu größeren Hügeln. Heute ist das Areal Kernstück des 1969 gegründeten, 11 200 Hektar umfassenden und von 52 000 Menschen bewohnten Regionalparks, der von den Inseln im Mer d'Iroise über die Halbinsel Crozon und das Mündungsgebiet der Aulne bis zu den Monts d'Arrée reicht.

Zahlreiche Wander-, Reit- und Radwege erschließen eine urtümliche Landschaft mit Wäldern, Felsblöcken, Teichen, Schluchten, Bächen, kleinen Seen und vielen Legenden. So liegt im Sumpf Yeun Elez nach altem keltischem Glauben der Eingang zur Hölle, in der allerdings, ganz anders als in späterer Zeit bei den Christen, eisige Kälte herrschte. Die Torfebene zu Füßen des Berges Saint-Michel de Brasparts galt von jeher als gefährlich, weil aus dem Erdreich teils giftige Gase aufstiegen. Kein Wunder, dass die Menschen Angst hatten, hier vom Teufel selbst in sein unterirdisches Reich entführt zu werden. In moderner Zeit stand in Brennilis das erste und einzige, inzwischen jedoch schon seit 1987 stillgelegte Kernkraftwerk der Bretagne.

➤ [B/D 2/3] 15, place aux Foires, Le Faou; Tel. 02 98 81 90 08; http://www.pnr-armorique.fr

Info

Office de Tourisme de Huelgoat
➤ [D 3] Moulin du Chaos, 18, place Aristide Briand; Tel. 02 98 99 72 32; www.tourisme huelgoat.fr

Es gibt in Huelgoat einiges zu entdecken: die alte Steinbrücke im Ort, die Kirche Saint-Yves und den See vor der Haustür.

JOSSELIN (JOSILIN)

2700 Einwohner, 59 m ü.d.M. ➤ [F 4]

Als habe ein geschickter Bühnenbildner das Städtchen in Szene gesetzt, so schaffen steinerne gotische Torbogen und malerische historische Mauerreste ein mittelalterliches Ambiente, sobald man das Ortsschild Josselins hinter sich gelassen hat. Den Höhepunkt bildet natürlich das Schloss, das mit seinen Türmchen und Giebeln einem Märchenbuch entsprungen scheint und seit Jahrhunderten stolz hoch über dem Flussufer thront.

Stufen, Gassen und Bogendurchgänge führen vom Ufer bergauf zum zauberhaften Altstadtkern rund um die Basilika, die alljährlich im Zentrum der großen Pardon-Feiern steht. Um die historische Place Notre-Dame du Roncier reihen sich in teils bunt bemalten Fachwerkhäusern aus dem 16. Jahrhundert einladende Lokale, Läden und Cafés.

Hotels

Hôtel-Restaurant du Château

Gäste dieses Hauses am Ufer des Flusses Oust blicken direkt auf das Schloss gegenüber. Lage und Ambiente sind wunderbar ruhig und idyllisch, die Zimmer eher einfach. Künstliche Riesenpalmen und schwarze Ledersessel schaffen ein besonderes Ambiente im großen Speisesaal.
➤ [F 4] 1, rue du Général de Gaulle; Tel. 02 97 22 20 11; www.hotel-chateau.com; 37 Zimmer; Restaurant: Nov.–März Fr/So abends, Mo geschl. ●●–●

Le Clos des Devins

Ohne Ausblick, dafür in einer ruhigen Seitenstraße gleich neben der romantischen Altstadt, liegt diese charmante Stadtvilla mit drei komfortablen Gästezimmern.
➤ [F 4] 11, rue des Devins; Tel. 02 97 75 67 48; 3 Zimmer ●

Schlossherr Olivier de Clisson fand nebst Gemahlin in der Basilika von Josselin die letzte Ruhe.

Essen und Trinken

La Table d'O

Die beste Küche in Josselin, meinen Einheimische. Dazu der Panoramablick auf den Kanal – entweder vom hübschen Speisesaal oder von der Terrasse hinab auf das Tal. Edel sind Atmosphäre und Essen.

➤ [F 4] 9, rue Glatinier; Tel. 02 97 70 61 39; tgl. außer Mi, So abends ••

Le Guéthenoc

Rot dominiert in diesem ausgesprochen freundlichen Lokal: Rot gestrichen ist das Fachwerkhaus gegenüber der Basilika, fröhlich rot auch das Mobiliar im Erdgeschoss, und in der ersten Etage schafft zwischen Natursteinmauern dunkelroter Samt auf weißen Stühlen zu weißen Kristallüstern ein edles Ambiente. Italienisch angehaucht auch die Küche.

➤ [F 4] 11, place Notre-Dame; Tel. 02 97 70 69 57; tgl. außer Mo abends/Do •

Le Prieuré de Clisson

Wie der Name bereits andeutet, wurde dieses Lokal in einer früheren, simplen Kirche aus dem 12. Jahrhundert eingerichtet. An die einstige Funktion erinnert nur noch das bogenförmige Kirchenfenster in der Seitentür. Sonst schaffen weiße Holzmöbel und Kristallüster ein freundliches, helles Flair.

➤ [F 4] 1, rue Georges le Berd; Tel. 02 97 73 93 58; tgl. außer Mo •

Sehenswertes

Basilika Notre-Dame du Roncier

Die Basilika wurde im 11. Jahrhundert erbaut und später mehrfach erneuert. Die schrecklichen Monster und Fantasiefiguren an den Außenmauern sollten niemanden davon abhalten, innen die schönen Glasfenster aus dem 15. bis 19. Jahrhundert, die Orgel (16. Jahrhundert) und den schmiedeeisernen Predigtstuhl (18. Jahrhundert) zu bewundern.

➤ [F 4] Tgl. 9–19 Uhr

Château de Josselin

Das Château des Duc de Rohan war im Mittelalter Sitz der regionalen Grafen. Malerisch liegt das türmchenbewehrte Märchenschloss am Uferhang des Flusses Oust. In einem traumhaften Schlossgarten mit diversen Terrassen erhebt sich die reich verzierte Fassade des Gebäudes, das als Musterbeispiel der bretonischen Renaissance gilt. Im ersten Stock wohnt noch immer die Schlossherrin, daher gibt es Führungen nur durch das Erdgeschoss.

➤ [F 4] Place de la Congrégation; Tel. 02 97 22 36 45; April–Mitte Juli, Sept. tgl. sowie Okt. Sa/So 14–18, Mitte Juli–Ende Aug. tgl. 10–18 Uhr; Eintritt 7,60/5 €; Führungen auf Französisch und Englisch

Collection Rohan

600 Puppen aus aller Welt mit zahlreichen Accessoires sowie altes Spielzeug aus der »Collection Rohan«, die von der Urgroßmutter der heutigen Schlossbesitzer angelegt wurde, sind auf zwei Etagen im jeweils passenden Umfeld in Szene gesetzt – vom bretonischen Bauernhof des letzten Jahrhunderts bis zum chinesischen Kaiserpalast.

➤ [F 4] Im Nebengebäude des Schlosses, place de la Congrégation; April–Mitte Juli/Sept. tgl. 14–18, Mitte Juli/Aug. tgl. 10–18 Uhr; Eintritt 6,70/4,70 €

Fest

Fête Médiévale

Dieses mittelalterliche Festival lässt vergangenen Glanz aus 1000 Jahren Geschichte wieder aufleben. 500 Menschen schlüpfen dann in Kostüme und Verhaltensweisen des Mittelalters, amüsieren sich und das Publikum bei Ritterspielen, Turnieren, Tänzen, Straßentheater, Musik und Akrobatik. Die ganze Stadt geht zwei Tage lang um den 14. Juli auf Zeitreise.
➤ [F 4] Infos beim Office de Tourisme du Pays de Josselin, place de la Congrégation; Tel. 02 97 22 36 43; www.paysdejosselin-tourisme.com

Ausflüge

Château de Kerguéhennec

Das demokratischste Landschloss Frankreichs öffnet Park und Gebäude kostenlos für Spaziergänger, Touristen und Künstler. Wuchernde Rhododendronbüsche und Riesensequoias aus Amerika umrahmen auf 175 Hektar den Schlossteich, in dem knallig orangefarbene Riesenspiralen von der Berufung des Besitzes zum Zentrum zeitgenössischer Kunst zeugen. Monumentale Skulpturen internationaler Künstler setzen interessante Kontrapunkte zum Schloss aus dem 17. Jahrhundert.
➤ [F 4] Sagemor, Bignan; Tel. 06 07 83 73 13; www.chateau-kerguehennec.info; tgl. außer Mitte Dez.–Mitte Jan. Mo 11–19, im Winter 11–18 Uhr

L'Écomusée des Vieux Métiers

Die Welt des letzten Jahrhunderts hat Alain Guillard in seinem überdimensionalen Schuppen zusammengetragen und für Besucher zu stummen Szenen der Vergangenheit aufgebaut: etwa die ersten Autowerkstätten, eine Schulklasse, eine Bäckerei, sogar eine komplette Bar und vieles mehr. Eine wahre Schatztruhe für Nostalgiker, die jeden Film- oder Theaterausstatter vor Neid erblassen ließe. Ungefähr 70 000 Sammlerstücke finden sich auf 2000 Quadratmetern.
➤ [F 4] Bob Huet, Lizio; Tel. 02 97 74 93 01; www.ecomuseelizio.com; 15. Febr.–1. März/ 1. April–30. Juni/16. Sept.–1. Nov./ 20.–31. Dez. 14–18, 1. Juli–15. Sept. 10–12, 14–19 Uhr; Eintritt 5,80 €, Kinder 5–12 Jahre 4 €; auch 3 Ferienhäuschen zu mieten

Lizio

Verblüffend, dieses einheitliche Ortsbild schmucker Granithäuser mitten im bretonischen Nirgendwo. Es heißt, der Templerorden habe die Chapelle Sainte-Catherine gebaut. Kleine Geschäfte und Cafés laden zum Verweilen ein. Und am zweiten Augustsonntag verwandeln Handwerker aus ganz Frankreich die Häuser,

Das Écomusée des Vieux Métiers in Lizio zeigt, wie früher gelebt und gearbeitet wurde.

Firmensitz der Kosmetikmarke Yves Rocher, die hier in den 1950er-Jahren entstand und seither Wirtschaft, Kultur und Politik von La Gacilly dominiert.

Auf riesigen Feldern in der Umgebung baut das Unternehmen eine Vielzahl von Pflanzen an, die in Schönheitscremes, Gels, Shampoos und Seifen Verwendung finden. Zunehmend verstehen sich Yves Rocher und sein Sohn Jacques, der die Firma jetzt leitet, auch als Vorkämpfer für ökologisch-biologischen Anbau, für einen respektvollen Umgang der Menschen mit der Natur und miteinander. Dies alles spiegelt sich im Ortsbild von La Gacilly wider.

Höfe, Schuppen und Straßen des Ortes in riesige Ateliers, zeigen ihre Kunst den Besuchern. Den Rest des Jahres kann man die Werkzeuge und Einrichtungen vergangener Metiers im Museum bewundern.
➤ [F 4]

L'Univers du Poète Ferrailleur ⭐
(→ Der gute Tipp von MERIAN, S. 184)

Info
Office de Tourisme du Pays de Josselin
➤ [F 4] Place de la Congrégation, Josselin; Tel. 02 97 22 36 43; www.paysdejosselin-tourisme.com

LA GACILLY (GAZILIEG)

2300 Einwohner, 4–98 m ü.d.M. ➤ [G 5]

Um Schönheit dreht sich alles in La Gacilly: Schönheit der Natur, der Kunst, der Menschen. Denn der schmucke Ort zwischen Rennes und Vannes beherbergt neben zahlreichen Künstlerateliers den

Hotels/Essen und Trinken
Château de Talhouët

Jean-Pol Soulaine bewirtet seine Gäste wahrhaft fürstlich in edelstem Ambiente: Vor rund 20 Jahren erwarb er das Château de Talhouët und renovierte es originalgetreu im Stil des 16. Jahrhunderts. Heute kann man sich hier einmieten und im Liegestuhl die ländliche Ruhe genießen, durch den weiten Schlosspark schlendern sowie Billard, Tennis oder Golf spielen.
➤ [G 5] Rochefort-en-Terre; Tel. 02 97 43 34 72; www.chateaudetalhouet.com; 8 Zimmer ●●●●

La Grée des Landes

Im Mai 2009 eröffnete Yves Rocher das erste ökologische Spa-Hotel der Bretagne. Es wurden ausschließlich Naturmaterialien verwendet, die Dächer sind be-

Weiter auf S. 186

LAND UND LEUTE

11 »SCHROTTDICHTER« COUDRAY

Mit seinem Lockenkopf und den fragenden offenen Augen erinnert er an den »Petit Prince« von Saint-Exupéry. Zwar bittet er seine Besucher nicht, ein Schaf zu zeichnen, aber seine Lebensphilosophie versteckt er genau wie der kleine Prinz in wunderbar poetischen Formulierungen und ungewöhnlichen Mechanikkonstruktionen. Das »Univers du Poète Ferrailleur« – das Universum des Schrottdichters – ist ein Reich zwischen Fantasie und Realität. Eine Welt, in der grobe Maschinenmenschen aus Schrott die niedlichen Köpfe von Schaufensterpuppen tragen. Eine Welt, in der sich auf Knopfdruck alles in Bewegung setzt: Räder rollen, Karussells kreisen, Geräte rattern, seltsame Orgeln aus Autohupen und Auspuffrohren musizieren. Der nötige Strom kommt aus alternativen Energiequellen wie Sonne und Wind. 70 Quadratmeter Solarzellen und ein eigener Windmühlenpark speisen sogar die Geräte der Filmprojektionen im kleinen Kinosaal. Überall in diesem Zauberreich laden poetische kleine Texte ein zum Nachdenken oder Schmunzeln, ein ganzes Biohaus zum Nachbauen, eine Einsiedelei mit leerem Fernsehrahmen zur Infragestellung unserer Medienabhängigkeit.

»Poète Ferrailleur« nennt sich der Herr über diese Welt, Robert Coudray. Ein Poet ganz sicher und dazu Schrotthändler, Metallarbeiter und ritterlicher Kämpfer für hehre Ziele ... ein »ferrailleur« im Sinne aller drei Bedeutungen also, die das Wort im Französischen hat. So trifft auch der zweite Teil seiner Berufsbezeichnung ins Schwarze. Wie so mancher poetisch beseelte Geist hat auch Robert Coudray im Laufe seines Lebens mannigfache Berufe ausprobiert: Im Steinbruch von Lizio hat er Steinmetz gelernt, dann besuchte er die Filmschule, war zehn Jahre lang Landwirt und vor 30 Jahren wohl der erste Biobauer der Bretagne. Als solcher öffnete er Tor und Haus, empfing Städter für seine persönliche Variante von »Ferien auf dem Bauernhof«, gründete nebenbei eine Brauerei für naturbelassenen Cidre (die er in-

Es lebe die Fantasie im »Universum des Schrottdichters«.

zwischen verkauft hat und die gleich neben seinem »univers« immer neue Umsatzrekorde aufstellt) und begann schließlich, in den Wintermonaten fantasievolle Umzugswagen für den Karneval von Nantes zu bauen. Dabei lernte er die Möglichkeiten des Recyclings schätzen und fand Gefallen daran. Das Ganze mit kritischem Witz und dem Ziel, Neugierde zu wecken: »Ich möchte den Menschen durch diesen Ort und meine Arbeiten ein Stück Glück schenken und sie einladen, ihr ganz persönliches Abenteuer zu leben.«

Unerwartete Wendungen und unerschöpfliche Zukunftshoffnungen sind seine Spezialität. Darum geht es auch in dem Spielfilm, den

WEGWEISER 🏠

L'Univers du Poète Ferrailleur
➤ [F 4] La Ville Stéphant, Lizio; Tel. 02 97 74 97 94; www.poeteferrailleur.com; April–Juni, Mitte Sept.–Ende Okt. tgl. 14–18, Juli/Aug. tgl. 10.30–12.30, 14–19, Anf.–Mitte Sept. tgl. 14–18 Uhr; Eintritt 6/5 €

er im alten Steinbruch von Lizio drehen möchte und in dem ein »SDF« (ein »sans domicile fixe«, ein Obdachloser, die französisch-technokratische Bezeichnung für »Penner«) dank eines Mädchens und der Entdeckung seiner Kreativität neue Lebenslust entwickelt. Noch fehlt Coudray das nötige Kapital für die Dreharbeiten, doch sobald er jemanden gefunden hat, der ihm bei der Finanzierung hilft, kann es losgehen: Das Drehbuch ist bereits fertig.

Man verlässt dieses Universum ganz sicher anders, als man es betreten hat. Technik und Poesie verbinden sich zu einer Art bodenständiger Spiritualität. Nur darf man nicht die Geduld verlieren auf den kleinen Landstraßen: Das Reich Robert Coudrays liegt gut fünf Kilometer nördlich von Lizio, und nicht überall weisen Schilder den Weg. Doch der Abstecher lohnt sich!

Die Kunstwelt scheint in gewisser Weise echter und menschlicher als der reale Alltag. Im Herzen – und zur Erinnerung auch auf hübschen Postkarten – nimmt man die wohlmeinend-mahnenden Worte des Eisenpoeten mit, der eine Schrottskulptur des Don Quichotte so betitelt: »Die Kunst, gegen Windmühlenflügel zu kämpfen: Besteht unser Wahnsinn darin, zu große Träume zu haben? Sie leben aus Verrücktheit, ohne zu wissen, dass sie verrückt sind.« Oder zu den zahlreichen fliegenden Kisten, Maschinen, Kunstlebewesen: »Atme! Dann hebt die Seele ab. Strecke deine Flügel aus! Verlassen wir unsere Abgründe, um den Horizont erweitern, über den Kirchturm hinauszufliegen und – wenn das Leben es befiehlt – auch den Atlantik zu überqueren. Lassen wir Wind in unser Gepäck blasen und Kühnheit in unsere Reisen! Ohne Karte, als Kompass nur der Intuition folgend, den Weg in den Himmel zeichnen und die Sterne kitzeln.«

pflanzt, geheizt wird mit Sonnenenergie, das Abwasser wird durch Pflanzen gefiltert. Biologische Zutaten möglichst aus der Umgebung finden in der Küche Verwendung. Zudem verpflichtet sich das Unternehmen, für eine neutrale Kohlenstoffbilanz täglich einen Baum zu pflanzen. Sternekoch Gilles Le Gallès führt das Restaurant »Les Jardins Sauvages«.

➤ [G 5] Éco-Hôtel Spa Yves Rocher, Cournon, ca. 5 km südöstl. von La Gacilly; Tel. 02 99 08 50 50; www.lagreedeslandes.com; 29 Zimmer ●●● ♿

Sehenswertes
Atelier du Chat Noir et de la Sirène Noire

In der ehemaligen Postkutschenstation arbeitet das Künstlerpaar Anne Smith und Jean Lemonnier – er in seiner Bildhauerwerkstatt, sie im Maleratelier, wo sie auch Besucher empfängt. Als »Peintres de la Marine« sind beide viel unterwegs. Doch wenn sie zu Hause sind, ist ihr Atelier ständig für Besucher geöffnet.

➤ [G 5] 11, rue du Relais Postal; Tel. 02 99 08 24 98; www.annesmith.fr, www.jean-lemonnier.com

Jardin Botanique de la Gacilly

Europaweit der größte botanische Garten für Nutzpflanzen, nicht nur zur Verwendung in der Küche, sondern auch als Baumaterialien, Heilmittel, Kleiderstoffe, Wärmedämmung, Konservierungs- oder Färbemittel. Mehr als 1100 Pflanzenarten illustrieren die Möglichkeiten der Flora. Wussten Sie etwa, dass 95 Prozent der weltweit für die Ernährung genutzten Pflanzen von nur 20 Arten stammen?

➤ [G 5] www.jardinyr.com; Mitte Juni–Mitte Sept. tgl. 10–13, 14–19 Uhr; Eintritt 5/4 €

Végétarium

Das erste Museum in Europa, das ausschließlich der Pflanzenwelt gewidmet ist. Mit echtem Tropen- und Wüstenbiotop sowie zahlreichen interaktiven Spielen zur Entwicklung der Pflanzenwelt von einzelligen Meeresbewohnern bis zu den heutigen Blütenpflanzen.

➤ [G 5] Tel. 02 99 08 35 84; www.jardinyr. com; Mitte Juni–Mitte Sept. 10–13, 14–19, April–Mitte Juni, Mitte–Ende Sept. 14–18 Uhr; Eintritt 5 €

Yves Rocher

Industrietourismus bietet die Möglichkeit, hinter die Kulissen eines Unternehmens zu schauen. Die gesamte Produktionsanlage des Kosmetikunternehmens Yves Rocher ist im Geburtsort des Firmengründers und heutigen Firmensitz zu besichtigen. Dazu informieren Filme und Fotos über die aktuelle Forschung.

➤ [G 5] Tel. 02 99 08 35 84 und 02 99 08 68 00; www.yvesrocher-visites.com; tgl.

Feste
Festival Photo Peuples & Nature

Im Sommer schmücken sich die alten Fassaden, aber auch die Hafenmauern und Wege mit rund 200 überdimensionalen Fotowänden. Jedes Jahr geht es beim größten Open-Air-Fotofestival Frankreichs um ein bestimmtes Thema aus der Natur. Vier Monate lang werden Werke internationaler Fotografen gratis ausgestellt.

➤ [G 5] Tel. 02 99 08 68 00; www.festival photo-lagacilly.com; Juni–Sept.; Eintritt frei

Info
Office de Tourisme du Pays de La Gacilly

➤ [G 5] Place du Bout du Pont, La Gacilly; Tel. 02 99 08 21 75; www.paysdelagacilly.com; Jan./Feb., Nov. Mi–Fr 9–12.30, 14–18, Di, Sa/So 14–18, März/April, Sept./Okt. Di–Fr 9–12.30, 14–18, Sa/So 14–18, Mai/Juni Di–Sa 9–12.30, 14–18, So 14–18, Juli/Aug. Mo–Sa 10–19, So 10.30–12.30, 14.30–18.30 Uhr

LAMBALLE

5800 Einwohner, 55 m ü.d.M. ➤ [F 2]

Für die Schokoladenseite des Provinzstädtchens nähert man sich am besten vom Bahnhof aus, wo auch der TGV anhält: Der Blick auf die alte Steinbrücke über den Fluss Guessant und die mächtige gotische Kollegienkirche Notre-Dame auf dem Hügel dahinter wurde von zahlreichen Malern verewigt und ist seit Jahrhunderten unverändert geblieben. Genau wie einige alte Fachwerkhäuser am Marktplatz (Place du Martray), von denen ausgerechnet das alte Henkershaus, die »Maison du Bourreau« aus dem 14./15. Jahrhundert, als das schönste gilt. Dort sind heute Fremdenverkehrsbüro und Malermuseum zu finden. Bedeutung hatte und hat Lamballe aber vor allem für die Pferdezucht, beherbergt der Ort doch eines von insgesamt fünf staatlichen Gestüten, einen »Haras National«.

Hotel
La Tour des Arc'hants

Aus der Poststation des 17. Jahrhunderts machten die jungen Besitzer ein einfa-

Lamballe widmet das schönste Haus dem bekanntesten Sohn des Ortes: Maler Méheut.

ches, sympathisches kleines Hotel in unmittelbarer Nähe des Stadtzentrums. Viel Charme hat der Speisesaal mit seinen jahrhundertealten Holzbalken. Steile Treppen und viele Stufen, also nicht für Behinderte geeignet.

➤ [F 2] 2, rue du Docteur Lavergne; Tel. 02 96 31 01 37; latourlamballe@orange.fr; http://hotel-restaurant-seminaire-mariage-lamballe-cote-armor.latourdes archants.fr; 14 Zimmer ••–•

Essen und Trinken
Le Connétable

Das nach dem Urteil der Einheimischen beste Restaurant in Lamballe wirkt klassisch und fast privat. Hell ist der Speisesaal, freundlich der Empfang. Und gekocht

wird mit frischen Produkten aus der Umgebung, die auch im angeschlossenen Laden »Le P'tit Marché« (5, rue Paul Langevin) ein paar Meter weiter zu kaufen sind.

➤ [F 2] 9, rue Paul Langevin; Tel. 02 96 31 03 50; tgl. außer So abends/Mo ••

Chez Camille & Margaux

Wer gern eine Kleinigkeit isst und fantasiereiche Geschmackskombinationen mag, der ist hier an der richtigen Stelle. Erfrischend jung das Ambiente und der sympathische Empfang. Die offene »amerikanische« Küche erlaubt es jedem Gast, die Zubereitung seines Essens live mitzuverfolgen.

➤ [F 2] 44, rue Charles Cartel; Tel. 02 96 31 05 35; tgl. 12–14, 19.30–22 Uhr •

Sehenswertes

Haras National

Auch für Zeitgenossen, die Pferden eher respektvoll und mit gebührendem Abstand begegnen, lohnt sich eine Führung durch dieses 1825 gegründete nationale Pferdegestüt, dem insbesondere Pflege und Erhalt der Rasse »Postier Breton« anvertraut sind. Einst standen in den großen Ställen von Lamballe mehr als 400 Hengste, heute sind es nur mehr 45. In den weiten Anlagen finden heute Reitwettbewerbe, Kunstausstellungen, aber auch akrobatische oder einfach unterhaltsame Vorstellungen mit Pferden statt – im Sommer jeden Donnerstag. Pferdefans und Kinder werden vor allem die Möglichkeit schätzen, von Ponys bis zu Rennpferden und Eseln diverse Rassen zu vergleichen und streicheln zu dürfen.

➤ [F 2] Syndicat Mixte du Haras de Lamballe, place du Champ de Foire; Tel. 02 96 50 06 98; www.haraspatrimoine.com; Führungen im Sommer tgl. zwischen 10.30–17, sonst tgl. außer Mo 15 Uhr; Eintritt 5,50 €, Kinder 6–12 Jahre 3 €

Musée Mathurin Méheut

Der vielseitige, 1882 in Lamballe geborene Künstler und Hobby-Ethnologe Mathurin Méheut (gestorben 1958), 1921 von der französischen Armee als »Peintre Officiel de la Marine« ausgezeichnet, hinterließ Hunderte von Gemälden, Skizzen, Illustrationen und Gravuren. Auf ihnen ist die Bretagne des frühen 20. Jahrhunderts lebendig geblieben. Außerdem illustrierte er viele Bücher, entwarf Pla-

Von Moncontours Blütezeit zeugen heute noch elf Türme und zig verwinkelte Gässchen.

kate und wirkte an der Dekoration des Luxusdampfers »Normandie« genauso mit wie bei Kreationen der Porzellanmanufakturen HB-Henriot in Quimper und Villeroy & Boch.

➤ [F 2] Place du Martray; Tel. 02 96 31 19 99; www.mairie-lamballe.fr; April Mo–Sa 10–12, 14.30–17, Mai, Okt.–Dez. Mi, Fr/Sa 14.30–17, Juni–Sept. Mo–Sa 10–12, 14.30–18 Uhr; Eintritt 3/1 €

Feste
Les Jeudis Lamballais
Jeden Donnerstag finden im Sommer Orgelkonzerte in der Église Saint-Jean aus dem 15. Jahrhundert statt. Die Orgel von 1777 steht unter Denkmalschutz.

➤ [F 2] Im Sommer tgl. außer So 9–18.30 Uhr

Info
Office de Tourisme de Lamballe
➤ [F 2] Place du Champ de Foire; Tel. 02 96 31 05 38; www.lamballe-tourisme.com; Juli/Aug. tgl. 10–18, Sept.–Juni Mo 13.30–17.30, Di–Sa 10–12, 13.30–17.30 Uhr

MONCONTOUR (MONKONTOUR)

900 Einwohner, 98–182 m ü.d.M. ➤ [F 3]
Längst hat Moncontour keine politische oder wirtschaftliche Bedeutung mehr. Dennoch zeugen das einheitliche Stadtbild und die Festung von der Blütezeit im 14. und 17. Jahrhundert. Im Mittelalter prägte Moncontour sogar eigene Münzen. Eindrucksvoll sind die elf Türme und drei Tore der alten Stadtmauern in Form eines unregelmäßigen Trapezes – entsprechend der Form des Felsens, auf dem die Stadt steht. Als Plätzchen für Verliebte gilt Moncontour wegen der romantischen Spaziergänge in den malerischen Gassen.

Hotel
Garde Ducale
In einem eindrucksvollen Haus aus dem 16. Jahrhundert gruppieren sich großzügige Familienzimmer – jedes in seinem eigenen Stil: Louis Philippe, Belle Époque, Bretagne, »Rêves de Jeunesse« (Jugendträume) – um einen überdachten Lichthof. Einen Kontrapunkt zu den geschmackvoll eingerichteten Schlaf- und Aufenthaltsräumen bildet der Kunstgarten: so kitschig, dass er schon fast wieder schön wirkt. Das Frühstück wird im Esszimmer mit Kamin oder auf der Terrasse gereicht. Nach Anmeldung auch Dinner (traditionelle oder mittelalterliche Gerichte) am langen Tisch für 20 Personen.

➤ [F 3] 10, place de Penthièvre; Tel. 02 96 73 52 18; www.gitesdarmor.com•

Essen und Trinken
Le Chaudron Magique
Sehr touristisch, aber dennoch ganz originell – jedenfalls zur Hochsaison von Juni bis September, wenn die Kellner in historischer Kleidung mittelalterliche Gerichte servieren: Schnecken und Brennnesselsuppe zu früher beliebten himbeersüßen Weinen (»framboculum«). Auch Gäste dürfen sich aus dem Kostümfundus bedienen und sich mittelalterlich kleiden.

➤ [F 3] 1, place de la Carrière; Tel. 02 96 73 40 34; www.le-chaudron-magique.com; tgl. außer So abends/Mo •

Frog & Rosbif

»Frogs« (Frösche) heißen die Franzosen bei Engländern, weil diese Nation nicht verstehen mag, dass in Frankreich Froschschenkel als Delikatesse gelten. In diesem Bistro serviert ein englisch-französisches Paar gut gelaunt und gesprächig traditionelle Fish'n'Chips, wohlschmeckende frische Salate und klassische Gerichte. Im riesigen Kamin des mittelalterlichen Gewölbes glimmt ein wärmendes Feuer.

➤ [F 3] 18, place de Penthièvre; Tel. 02 96 69 34 48; tgl. außer Mi •

Sehenswertes
Maison de la Chouannerie

»Chouans« nannte man die anti-revolutionären und königstreuen bretonischen Bauern, die rund um Moncontour eine Art frühen Guerillakrieg führten gegen Steuererhöhungen und Polizeigewalt der Revolutionsregierung. Moncontour dagegen galt als »cité republicaine dans une campagne incivique«, als republikanische Insel in einer »unzivilisierten« Gegend. Die Epoche der »chouans« steht im Mittelpunkt des gleichnamigen Films von Philippe de Broca (1987) mit Philippe Noiret und Sophie Marceau.

➤ [F 3] Jan.–Juni, Sept.–Dez. Di–Sa 10–12.30, 14–17, Juli/Aug. tgl. 10–12.30, 14–18 Uhr; Eintritt 3 €, Kinder bis 18 Jahre 1 €; weitere Infos beim Office de Tourisme, 4, place de la Carrière; Tel. 02 96 73 49 57; www.tourisme-moncontour.com

Théâtre du Costume

Die Geschichte des Kostüms vom 11. bis 20. Jahrhundert erzählen in historischen Szenen gruppierte, auf ein Drittel der Originalgröße geschrumpfte Holzman-

Alle zwei Jahre wird's mittelalterlich: Ritter halten anlässlich der »Fête Médiévale« Einzug in die Straßen von Moncontour.

nequins. Die quirlige, über 80-jährige Carolyne Morel war früher Kostümbildnerin bei Theater, Film und Fernsehen und hat dieses Museum fast zu ihrem Privatvergnügen aufgebaut. Sie entwirft die Charaktere der Holzfiguren und kleidet sie ein, außerdem gibt sie auch Kurse für angehende Kostümbildnerinnen.

➤ [F 3] 13, rue du Docteur Sagory; Tel. 06 81 87 33 40; carolyne.morel@wanadoo.fr; Mai–Sept. tgl. 14–18 Uhr; Eintritt 3 €, Kinder 12–18 Jahre 2 €

Am Abend

La Vieille Tour

In einem historischen Gebäude aus dem 16. Jahrhundert serviert der »patron« bretonisches Bier sowie Milch, Cidre, Wurst und Käse von traditionsbewussten Bauernhöfen der Umgebung. Zur Unterhaltung der Gäste stehen Gesellschaftsspiele bereit. Gelegentlich finden abends Debatten oder Konzerte statt.

➤ [F 3] 1, rue Notre-Dame; Tel. 02 96 73 53 82; http://vielletour.over-blog.com; tgl. außer Mi

Feste

Fête Médiévale

Wenn Ritter hoch zu Ross in voller Rüstung über das mittelalterliche Kopfsteinpflaster traben, dann erstrahlt Moncontour in altem Glanz. Während die Ritter zum Turnierplatz eilen, schieben sich bäuerlich gekleidete Menschenmassen durch die engen, von Marktständen gesäumten Gassen, lassen sich von Magiern, Akrobaten und Gauklern amüsieren und fühlen sich wie einstmals ihre Vorfahren ganz zu Hause zwischen alten Festungsmauern und schmucken Hausfassaden. Dieses glanzvolle historische Fest wird in jedem ungeraden Jahr am ersten Augustsonntag organisiert.

➤ [F 3] Comité d'Animation des Fêtes Médiévales; Tel. 02 96 73 41 83; www.moncontour-medievale.com; Tickets 8 €, Kinder 6–12 Jahre 2 €; weitere Infos beim Office de Tourisme, 4, place de la Carrière; Tel. 02 96 73 49 57; www.tourisme-moncontour.com

Pardon de Saint Mathurin

Alljährlich an Pfingsten gedenkt man mit Prozession, Fackelzug, bretonischem Tanz und Freudenfeuer des heiligen Mathurin, der für die Heilung psychisch Kranker zuständig ist. Nach der Pilgermesse am Sonntagmorgen sind alle eingeladen zum großen Fest auf dem Kirchplatz.

➤ [F 3]

Info

Office de Tourisme du Pays de Moncontour

➤ [F 3] 4, place de la Carrière, Moncontour; Tel. 02 96 73 49 57; www.pays-moncontour.com, www.tourisme-moncontour.com

MÛR-DE-BRETAGNE

2100 Einwohner, 69–290 m ü.d.M. ➤ [E 3]

Das Städtchen Mûr versteht sich als das touristische Zentrum des bretonischen Landesinneren. Von hier aus lassen sich zahlreiche Kultur- und Naturschätze der Umgebung entdecken. Der Ort selbst ist zwar hübsch, aber nicht überwältigend. Längst vergangen ist die Zeit vor 1928, als der nahe Brest–Nantes-Kanal noch große wirtschaftliche Bedeutung hatte. Mit dem Bau des Dammes wurde dieser Handelsweg uninteressant, gleichzeitig aber entstand der größte See der Region, heute sehr beliebt für Freizeit und Sport.

Hotel/Essen und Trinken
Auberge Grand Maison
Wie so viele Bretonen ist auch Chefkoch Christophe Le Fur mit seiner Frau aus dem Pariser Exil zurückgekehrt in die Heimat. Beschwingt zaubert er nun aus frischen Produkten der Region köstliche Gerichte, die der rote »Guide Michelin« eines Sternes für würdig erachtet. Erfreulicherweise stieg das den beiden nicht zu Kopf, sodass der Empfang so herzlich blieb wie in einem Landgasthaus üblich.
➤ [E 3] 1, rue Léon Le Cerf; Tel. 02 96 28 51 10; www.auberge-grand-maison.com; Restaurant: im Sommer tgl. außer Mo, sonst tgl. außer Mo/Di; Hotel 9 Zimmer ●●●–●●

Sehenswertes
Chapelle Sainte-Suzanne
Schade, dass die wunderschöne, von majestätischen Eichen umrahmte Kapelle Sainte-Suzanne (15. bis 18. Jahrhundert) am Ortseingang nur im Juli und August zu besichtigen ist. Wegen der bemalten Decke und des täuschend realen Trompe-l'œil einer Orgel steht sie unter Denkmalschutz. Einst inspirierte sie im 19. Jahrhundert den Maler Jean-Baptiste Corot.
➤ [E 3] Juli/Aug. tgl. 10–12, 14–18 Uhr

Ausflug
Lac de Guerlédan
Malerisch von Wald umgeben lädt dieser 12 Kilometer lange und bis zu 45 Meter tiefe Stausee als Freizeitoase zu Sport und Erholung ein. 42 Kilometer lang ist der teils für Rollstuhlfahrer geeignete, gut ausgeschilderte Rundweg um den See. Weitere Spazier-, Wander-, Rad- und Reitpfade führen durch die Wald- und Heidelandschaft der Umgebung. In Beau Rivage verführt ein Strand zum Baden, für Wassersportler werden Kanus, Kajaks, Wasserski, Tretboote vermietet.
➤ [E 3] Natur- und Freizeitzentrum (Base Départementale de Plein Air e de Loisirs de Guerlédan), Mûr-de-Bretagne; Tel. 02 96 67 12 22; www.base-plein-air-guerledan.com

Info
Office de Tourisme de Guerlédan
➤ [E 3] 1, place de l'Eglise; Tel. 02 96 28 51 41; www.guerledan.fr; Jan.–Ostern, Okt.–Ende Dez. Mo–Fr 10–12.30, 14–17, Sa 10–12.30, Ostern–Ende Juni, Sept. 10–12.30, 14–17.30, Juli/Aug. Mo–Sa 10–12.30, 14–18.30, So/Fei 10.30–12.30 Uhr

PLOËRMEL (PLOERMAEL)
8500 Einwohner, 19–106 m ü.d.M. ➤ [G 4]
Am Rand des antiken Waldes, Forêt de Brocéliande, liegt im Land der Legenden eine der ältesten Städte der Bretagne, gegründet im 6. Jahrhundert von dem aus Cornwall stammenden Mönch Armel. Auf den ersten Blick scheint es schwierig, der einstigen Lieblingsresidenz der bretonischen Herzöge etwas abzugewinnen, angesichts der zwei etwas bombastisch geratenen Kirchen und des nichtssagenden Rathauses. Erst beim Bummel durch die Gassen hinter den Kirchen entdeckt

BESONDERE ORTE
SONNE, MOND UND STERNE

Saint-Léry, eines der romantischen, fast menschenleeren innerbretonischen Dörfer, wo die Zeit stehen geblieben zu sein scheint. Zwischen alten Steinhäusern erhebt sich die Kirche, umgeben von Gräbern. Nichts lässt darauf schließen, dass sie ein technisches Meisterwerk birgt. Doch sobald man den Kirchenraum betritt, überrascht ein ungewöhnliches Geräusch. Folgt man dem Ticktack, so entdeckt man an der hinteren Kirchenwand ein System von Kabeln, Granitkugeln, Zahnrädern, das sich langsam, aber stetig bewegt. Wie eine Zeichnung da Vincis wirkt die Konstruktion. Kein Ziffernblatt verrät, dass es sich um eine Uhr handelt. Sie wurde 1431 von einem Schmied zur Steuerung der Kirchenglocke gebaut und funktioniert noch heute!

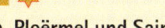

WEGWEISER

Historische Uhren, Ploërmel und Saint-Léry
➤ **[G 4]** Communauté des Frères de Ploërmel, 1, boulevard Foch; Infos beim Office de Tourisme de Ploërmel, 5, rue du Val; Tel. 02 97 74 02 70; www.tourisme-ploermel.com; Führungen für Einzelpersonen nur Juli/Aug., für Gruppen tgl.; Ticket 3 €

Offenbar war der Schmied ein begnadeter Uhrenbauer, ehe es den Beruf des Uhrmachers überhaupt gab. Erst als die Zunft an Bedeutung gewann, verbot der französische König den Schmieden, weiterhin Uhren zu bauen. Die Uhrenspezialisten entwickelten in der Folge immer großartigere Meisterwerke, darunter die astronomische Uhr in dem Innenhof eines Klosters in Ploërmel. Seit 1855 tickt sie vor sich hin, jetzt im Schutze eines Glaspavillons. Schleppend-schrill beginnen die Glocken zu läuten. »Schon wieder zwei Minuten zu früh«, murmelt der wachhabende Bruder und hält den Schlegel an. Wenig später setzt er mit einem vorsichtigen Stupser den antiken Mechanismus wieder in Bewegung ... und die vielen Zahnräder greifen neu ineinander, bewegen die zehn Ziffernblätter und Metallkugeln des schwebenden Planetensystems. Das längst unter Denkmalschutz stehende technische Wunderwerk mit Informationen über Zeit und Mondphasen, über Sonnenstand, Tierkreiszeichen und den astronomischen Kalender zieht alle Besucher in seinen Bann.

Einst Wunderwerk der Technik:
Zeitmesser im Kloster Ploërmel

man einladende Straßencafés, originelle Läden, hübsche alte Fachwerkhäuser – von denen sich die zwei schönsten wie in einem Wettkampf gegenüberstehen. Früher bildeten sie eines der Stadttore, erfährt man im Tourismusbüro anhand des historischen Modellbaus, der noch andere versteckte Schätze von Ploërmel offenbart – beispielsweise die astronomische Uhr aus dem 19. Jahrhundert (→ Der gute Tipp von MERIAN **12**, S. 193)

Hotel
Le Thy
Wer hat nicht schon einmal geträumt, ganz einzutauchen in die Bilder- und Farbenwelt von Malern wie van Gogh oder Klimt? Für die Nacht können Hotelgäste hier unter sieben Zimmern diverser Kunststilrichtungen wählen: van Gogh, Pierre Bonnard, Klimt, Pratt, Tapies oder Hopper. Verkannte Maler bevorzugen vielleicht das »Atelier« – neben dem Bett steht dort eine Staffelei bereit.
▶ [G 4] 8, boulevard Foch; Tel. 02 97 74 05 21; www.le-thy.com/index2.html; 8 Zimmer •

Essen und Trinken
Café de la Tour
Eine traditionelle französische Brasserie mit Kugellampen im Stil der 1930er-Jahre, alten Büchern zum Schmökern oder Anschauen und mit einer echten Ritterrüstung, die über allem wacht. Gemütlich die Bar-Ecke neben der Theke mit ihren tiefen Ledersesseln.
▶ [G 4] 1, place d'Armes; Tel. 02 97 74 05 40; Juni/Aug. tgl. außer So durchgehend 12–22.30, sonst 12–14.30, 19–22.30 Uhr •

Am Abend
Le Thy'Roir
»Tiroir« bedeutet »Schublade«, und so zieren diverse alte Holzschubladen die Wand des gemütlich schummrigen Kellergewölbes. Davor Ledersessel, niedrige Tische, Kerzen überall, eine Bar und eine kleine Theaterbühne mit Plüschvorhang, auf der regelmäßig Konzerte, Theaterabende, Lesungen, Tanzveranstaltungen stattfinden. Programm beim Tourismusbüro und im »Hotel Thy« (s. o.).
▶ [G 4] 19, rue de la Gare; Tel. 02 97 74 05 21; www.le-thy.com/thyroir.html; Eintritt 4–7 €

Sehenswertes
Historische Uhren **12**
(→ Der gute Tipp von MERIAN, S. 193)

Einkaufen
Brasserie Lancelot **13**
(→ Der gute Tipp von MERIAN, S. 195)

Ausflüge
Château de Comper en Brocéliande
»Centre Arthurien« verkündet kurz und bündig ein eher unscheinbares Schild vor malerisch bewachsenen Festungsmauern. Hinter dem mächtigen Tor empfängt ein sehr gepflegtes Landschloss alle, die sich für ein Seminar, einen Vortrag, ein Konzert oder einfach für den Bummel durch eine Ausstellung in die Welt der Artussage entführen lassen wollen.
▶ [G 4] Centre de l'Imaginaire Arthurien, Concoret; Tel. 02 97 22 79 96; www.centre-arthurien-broceliande.com; April–Juni, Sept./Okt. tgl. außer Mi 10–17.30, Juli/Aug. tgl. außer Mi 10–19 Uhr; Eintritt 6 €, Kinder 10–18 Jahre 4 €

EINKAUFEN

BRETONISCHES REINHEITSGEBOT

Das Rezept des alten Druiden-Zaubertranks ging leider im Lauf der Jahrtausende verloren. Nichtsdestotrotz arbeiten moderne Bretonen unermüdlich an der Perfektionierung einer anderen Form von magischem Getränk: bretonischem Bier. Schließlich tranken schon die Gallier »cervoise«, um unsterblich zu sein.

Heute werden gewisse Biernamen fast wie Geheimtipps gehandelt unter Eingeweihten, voller Stolz auf die relativ neue bretonische Braukunst, die zunehmend Anhänger findet. Zu den Vorreitern des Trends zählt die **Brasserie Lancelot**. Recht versteckt im Wald liegt die Brauerei, mitten auf dem Land, zwischen namenlosen Zufahrtswegen, die ins Nichts zu führen scheinen. Wer nicht aufgibt, wird belohnt mit einem herzlichen Empfang und Kostproben der acht Biersorten. Diese werden vor Ort produziert und tragen klangvolle Namen aus der Mythologie und Lokalgeschichte, die perfekt zur bretonischen Heimat der Brauerei passen: Cervoise, Telenn Du, Duchesse Anne, Lancelot, Blanche Hermine, Bonnets Rouges, Morgane Bio. Natürlich werden alle Sorten streng nach den fundamentalen Regeln traditioneller, chemiefreier, biologischer Braukunst hergestellt!

1990 wurde die Brasserie Lancelot gegründet. Der Name ist nicht etwa ein Werbegag in der legendendurchfluteten Bretagne – gerade hier in der Nähe des Forêt de Brocéliande und der Stätten der Artussage! Nein, Taufpate ist ganz einfach der Unternehmenschef. Und seither trägt die Brauerei stolz den Namen des tugendhaftesten aller Ritter der Tafelrunde, auch wenn der Gründervater 2007 in Rente ging und das florierende Unternehmen mit einer Produktion von jährlich 8000 Hektolitern an zwei Mitarbeiter verkaufte. Diese halten die keltische Bierbrautradition weiter hoch, lassen das Gebräu ohne chemische Zusätze fermentieren – wobei die zweite Fermentierung in Fässern oder Flaschen stattfindet, nach Zugabe einiger Aromapflanzen und bei gewissen Sorten auch Honig. Das sorgt für den typisch »keltischen« Geschmack, den Kenner so schätzen. Yec'hed mat! Prost!

WEGWEISER ⓲

Brasserie Lancelot
➤ [F 4] Site de la Mine d'Or; Le Roc Saint-André; Tel. 02 97 74 74 74; www.brasserie-lancelot.com; Mo–Fr 14–18, Führungen Mo–Fr 14.30, 15.30, 16.30 Uhr

Circuit des Hortensias

Im Sommer verwandelt sich das Südufer des Sees in ein buntes Paradies mit 5000 Hortensien, eine in Frankreich einzigartige botanische Sammlung. Bequem lässt es sich zu Fuß, zu Rad oder mit Kinderwagen lustwandeln. Am Lac au Duc, zwischen See und Golfplatz, blühen von Juli bis Oktober mehr als 500 verschiedene Arten in Rosa, Rot, Blau und Weiß.
➤ [G 4]

Forêt de Paimpont (Brocéliande)

Im Herzen der Bretagne liegt dieser etwa 7000 Hektar weite, sagenumwobene Wald, Heimat von Zauberern und Feen, Rittern und Magiern. Über den Legendenwald informieren sich die meisten Besucher zunächst im Schloss Comper bei Paimpont, bevor sie die Energie des Ortes auf sich wirken lassen oder die Gralskapelle aufsuchen, die übrigens von deutschen Kriegsgefangenen restauriert wurde.

Magisch zeigt sich die Natur im Frühling zur Ginsterblütezeit. Dann gleicht die Hügellandschaft einem endlosen gelben Meer, durch das sich wegen des Schiefergesteins dunkelrot gefärbte Felsen und Wege ziehen. Dazwischen überall legendäre Stätten, Dolmen, ein Wasserschloss aus dem 15. Jahrhundert (Château de Trécesson) und die Heilquelle Sainte-Apolline. Idyllisch wirkt der Wald, geheimnisvoll der »Miroir aux Fées«, der Teich, in dem die Feen ihr Spiegelbild bewunderten, mystisch der goldene Baum in seinem zackigen Steingarten. Dieser »Arbre en Or«, ein von Künstlerhand mit 5000 Goldblättchen überzogener verkohlter Baum, steht für die Kraft der Natur.

Man parkt am besten in Tréhorenteuc, besichtigt die Gralskapelle und besorgt sich im Tourismusbüro daneben eine Karte. Dann geht es den Schildern nach zunächst über einen asphaltierten Weg zum Wald und weiter über schmale Pfade an dem See und dem goldenen Baum vorbei durch eine wilde Heidelandschaft.
➤ [G 4]

Lac au Duc

Dieser mit 250 Hektar größte natürliche See der Bretagne versorgt die umliegenden Gemeinden mit Trinkwasser und bietet viele Möglichkeiten für Wassersport und Erholung. Rund um den See lädt die fast unverbaute Oase ein zum Wandern, Radfahren, Reiten oder Golfspielen.
➤ [G 4]

Tréhorenteuc

Die »Kapelle des Grals« vereint religiöse und heidnische Motive, seit Dorfpriester Abbé Gillard sie Mitte des letzten Jahrhunderts (mit der Hilfe zweier deutscher Kriegsgefangener) zu einem Museum der Tafelrunde umgestaltete. Daneben das Touristenbüro hinter einer mit bunten Feen-Motiven bemalten Mauer. Und außen herum Picknicktische für die mittägliche Tafelrunde moderner Auto-Ritter.
➤ [G 4] Office de Tourisme de Ploërmel Terres de Légendes, 5, rue du Val; Tel. 02 97 93 05 12; www.valsansretour.com

Info

Office de Tourisme de Ploërmel Terres de Légendes
➤ [G 4] 5, rue du Val, Ploërmel;
Tel. 02 97 74 02 70; www.ploermel.com

PONTIVY (PONDI)

13 000 Einwohner, 60 m ü.d.M. ➤ [E 4]

Neben der imposanten mittelalterlichen Burg des lebendigen Provinzstädtchens erstaunen die weiten Plätze und breiten Alleen, die für militärische Aufmärsche angelegt scheinen. Das hatte Napoleon wohl auch im Sinn, als er hier aus Dankbarkeit für die anti-royalistische Haltung Pontivys während der Revolutionszeit eine Garnison ansiedelte und einen neuen Stadtteil bauen ließ – Pontivy hieß dann sogar einige Zeit »Napoléonville«.

Eine Broschüre des Tourismusbüros (auch in deutscher Sprache) führt in einem Rundgang durch das architektonische Erbe Napoleons, zu dem auch der Kanal Nantes–Brest zu zählen ist. Bei Pontivy mündet der Fluss Blavet, der die gesamte Bretagne von Nord nach Süd durchfließt, in diesen künstlichen Wasserweg, der seit einigen Jahren sehr beliebt ist für Ferien mit dem Hausboot.

Hotel/Essen und Trinken

Hôtel de l'Europe

Für Liebhaber napoleonischer Architektur und Inneneinrichtung sind dieses Hotel sowie das angeschlossene Restaurant ein Traum. Originalmöbel, Kristallleuchter und Holztäfelungen aus dem Empire unter Napoleon III., dem Neffen des Kaisers, machen das imposante Gebäude fast zum historischen Museum. Hübsch die Veranda und der kleine Garten. Restaurantbetrieb nur abends.

➤ [E 4] 12, rue François-Mitterrand; Tel. 02 97 25 11 14; www.hotellerieurope.com; 20 Zimmer ••

Sehenswertes

Château Rohan de Pontivy

Als schönes Beispiel für die Militärarchitektur des 15. Jahrhunderts gilt diese Burg, die Jean II. aus dem Geschlecht der Rohan, denen im Mittelalter das bretonische Landesinnere gehörte, um 1480 erbauen ließ. Noch immer gewaltig sind die zwei Wehrtürme, die tiefen Wallgräben und die 20 Meter hohen Mauern.

➤ [E 4] Tgl. 10–12, 14–18 Uhr, Dez./Jan. geschl.; Eintritt 1,50/1 €

Feste

Art dans les Chapelles ⚜

Zeitgenössische Kunst in historischem Ambiente soll zwei Dutzend hübsche Kapellen der Gegend zu neuem Leben erwecken. Seit 20 Jahren zeigen alljährlich rund 20 moderne Künstler ihre Werke. Faszinierend dieses Nebeneinander von Alt und Neu, die in ganz eigener Art und Weise miteinander kommunizieren. Vier Rundfahrten laden zur Entdeckung dieser »Kapellenkunst« ein. Eine Broschüre mit Plänen, Karten und ausstellenden Künstlern wird im Sommer vielerorts angeboten (Katalog: »L'Art dans les Chapelles, Art Contemporain & Patrimoine Religieux«).

➤ [E 4] Association l'Art dans les Chapelles; Tel. 02 97 27 97 31; www.artchapelles.com; Juli/Aug. tgl. außer Di 14–19, Sept. Sa/So 14–19 Uhr; Eintritt frei

Info

Office de Tourisme de Pontivy Communauté

➤ [E 4] 61, rue Général de Gaulle, Pontivy; Tel. 02 97 25 04 10; www.pontivy-communaute.fr

RENNES (ROAZHON)

210 000 Einwohner, 20–74 m ü.d.M.
➤ Stadtplan S. 200/201 ➤ [H 4]

Zwei Großbrände prägten das Schicksal der heutigen bretonischen Hauptstadt: 1994 fiel mit dem Parlamentsgebäude die historische Sehenswürdigkeit schlechthin den Flammen zum Opfer, nachdem knapp 300 Jahre zuvor im Dezember 1720 ein riesiges Feuer 950 stattliche Fachwerkhäuser zerstört hatte. Im klassizistischen Stil wurde die Stadt damals schachbrettartig aus Tuffstein und Granit wieder aufgebaut. Diese Komplettrestauration lässt die Hauptstadt der Bretagne heute so »unbretonisch« wirken – ohne umfriedeten Pfarrbezirk, ohne Kalvarienberg. Dafür mit sehr viel Kunst und Kultur, vor allem aber sehr lebendig und jung – dank der zahlreichen Studenten, die nahezu ein Viertel der Bevölkerung ausmachen! Rennes gilt als Ort, wo es sich gut leben lässt. Bretonisches ist hier eher etwas für Touristen, auch wenn natürlich auch hier die Straßenschilder zweisprachig sind.

Hotels
Le Coq-Gadby

Hinter einer hübschen blauen Fachwerkfassade verbirgt sich ein elegantes und freundliches Vier-Sterne-Hotel. Seit vier Generationen in der Hand derselben Familie, wird hier Tradition großgeschrieben, doch Neuem aufgeschlossen begegnet – wie der nach ökologischen Kriterien errichtete Anbau mit Spa beweist. Die Künste des Chefkochs Marc Tizon brachten dem Restaurant »La Coquerie« einen Stern im Gourmetführer »Michelin« ein.

➤ S. 200 [nördl. f 1] 156, rue d'Antrain; Tel. 02 99 38 05 55; www.lecoq-gadby.com; 26 Zimmer und Suiten •••• ♿

Hôtel de Nemours

Angenehm ruhige Zen-Stimmung empfängt den Gast mitten im lebhaften Zentrum von Rennes. Das edle Ambiente in Kamelbraun und Elfenbein mutet japanisch an. Zum Ausgleich für diese Modernität zieren Fotos des »alten« Rennes zu Beginn des 20. Jahrhunderts die Flure.

➤ S. 200 [c 4] 5, rue de Nemours; Tel. 02 99 78 26 26; www.hotelnemours.com; 29 Zimmer ••

Essen und Trinken
Picca

Die Brasserie wirkt fast wie eine Verlängerung des neoklassizistischen Opernhauses nebenan. Traumhaft das großzügige Jugendstildekor im Innenraum mit geschwungenen Lampenzweigen zu tiefroten Lederstühlen, weißen Tischdecken und holzgetäfelten Wänden. Sehen und gesehen werden – das ist angesagt, vor allem auf der Terrasse am Rathausplatz unter Arkaden und Sonnenschirmen.

➤ S. 200 [c 3] Place de la Mairie; Tel. 02 99 78 17 17; www.lepicca.fr; tgl. 8–1 Uhr ••

Café Breton

Wie einst die klassischen französischen Lokale ist dieses Restaurant eingerichtet. Serviert werden Salatteller und traditionelle Gerichte. Viele Stammgäste schaffen eine kommunikative Stimmung.

➤ S. 200 [b 3] 14, rue Nantaise; Tel. 02 99 30 74 95; Di–Fr 9–15, 19–23, Mo, Sa 12–16 Uhr •

Sehenswertes

Altstadt

Was vom Großbrand 1720 übrig blieb an Fachwerkhäusern, gruppiert sich um einige enge Gassen, die bei schönem Wetter abends einem großen Freiluftfestmahl ähneln. Als schönstes Haus gilt »Ty Coz« in der Rue Saint-Guillaume, weitere sind zu bewundern in den Rues du Chapitre, Saint-Michel, Saint-Georges und Vasselot.

➤ S. 200 [b/d 2–4]

Cathédrale Saint-Pierre

Von außen unscheinbar, doch innen italienisch anmutender Prunk unter einem Rundbogengewölbe. Die neoklassizistische Gestaltung von Schiff, Chor und Lichtkuppel geht auf die großen römischen Basiliken zurück. Eine gotische Kathedrale aus dem 12. Jahrhundert war teilweise eingestürzt. So wurde 1787 bis 1844 an dieser Stelle neu gebaut.

➤ S. 200 [b 3] Rue de la Monnaie, Carrefour de la Cathédrale; Tel. 02 99 78 48 80; tgl. 9–12, 14–19 Uhr

Les Champs Libres

Ein Tipp für den verregneten Nachmittag mit der ganzen Familie. In diesem von Stararchitekt Christian de Portzamparc errichteten Kulturzentrum findet jeder Interessantes: vom Heimatmuseum und der Affäre Dreyfus über das Planetarium und den »Espace des Sciences« (Geologie, Naturwissenschaften) bis hin zur interaktiven Werkstatt und Bibliothek.

➤ S. 200 [d 5/6] 10, cours des Alliés; Tel. 02 23 40 66 00; www.leschampslibres.fr, www.musee-bretagne.fr; Di 12–21, Mi–Fr 12–19, Sa/So 14–19 Uhr; Eintritt 7 €, bis 26 Jahre 5 €

Jardin Botanique du Thabor

Gleich neben dem Stadtzentrum lädt dieser Park zur Entspannung ein. Wo früher Mönche der Abtei Saint-Mélaine Obst anbauten, gehen heute auf zehn Hektar französische und englische Gartenbaukunst bzw. -philosophie eine fruchtbare

Ruhe vor dem Ansturm am Marktplatz von Rennes

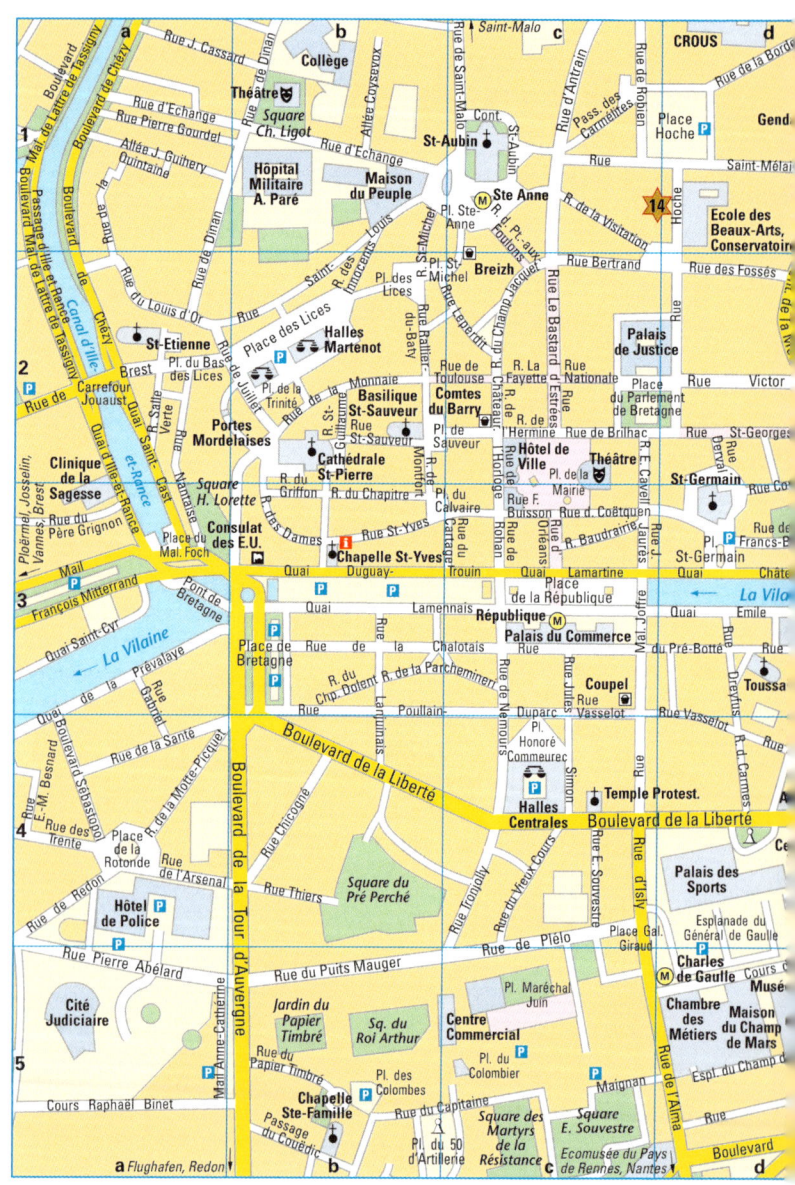

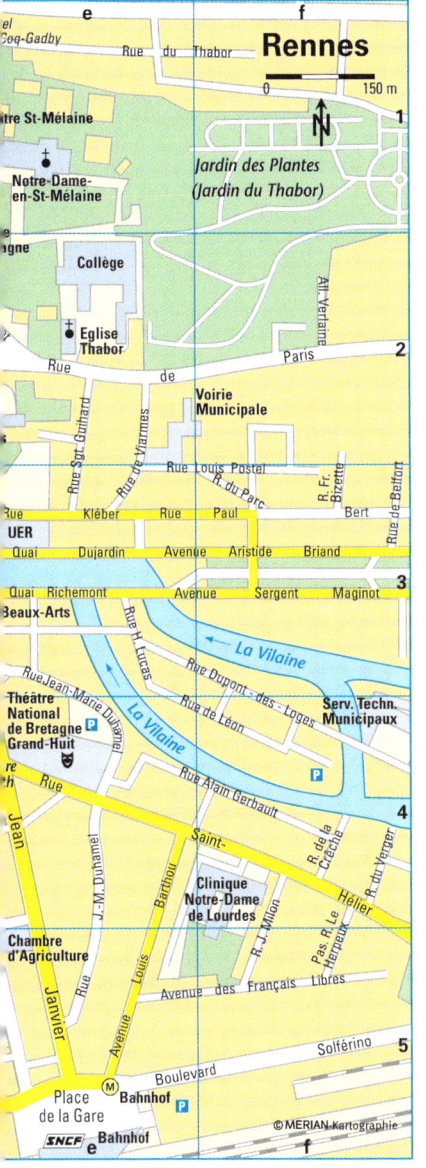

Synthese ein. 3000 Pflanzenarten umrahmen Musikpavillon, Gewächshäuser, Vogelkäfige, Grotte und Wasserfall.

➤ S. 201 [e/f 1–3] Place Saint-Mélaine; Tel. 02 23 62 19 40; tgl. 7.30–21.30, im Winter bis 18 Uhr; Eintritt frei

Les Mosaïques d'Odorico

Zwischen 1900 und 1930 verzierten zwei italienische Brüder viele öffentliche und private Gebäude in Rennes mit Jugendstilmosaiken. Darunter die Eingangshalle des Hallenbads Saint-Georges, den Wohnblock des Architekten Poirier in der Avenue Janvier, die Alain Bouchard Nursery, den Boden des Ladens »Photo Ouest« und das Wohnhaus der Künstler in der Rue Joseph Sauveur. Als Direktor eines Unternehmens mit mehr als 100 Angestellten war Isidore Odorico einer der größten Mosaikproduzenten Frankreichs. Das Tourismusbüro organisiert spezielle Führungen.

➤ S. 200 [b 3] Infos beim Office de Tourisme, 11, rue Saint-Yves; Tel. 02 99 67 11 66; www.tourisme-rennes.com

Musée des Beaux-Arts

Meisterwerke vom 14. Jahrhundert bis zur Gegenwart sind hier zu bewundern, darunter auch künstlerische Interpretationen bretonischer Motive. Arbeiten von Paul Gauguin und seinen Schülern in Pont-Aven, Aquarelle des Bretonen Ernest Guérin und Publikumsrenner wie Pablo Picassos »Badende«, die er 1928 in Dinard malte.

➤ S. 200 [d 4] 20, quai Emile Zola; Tel. 02 99 28 55 85; www.mbar.org; Mi–So 10–12, 14–18 Uhr, Di durchgehend; Eintritt 4 €

Palais du Parlement de Bretagne

Als eines von 13 Parlamenten im Königreich Frankreich hatten die bretonischen Adligen hier das Recht, gegen königliche Verordnungen und Schreiben Einspruch zu erheben sowie die 2300 bretonischen Gerichte zu überwachen. Beim Bau (1618 bis 1655) wurde an nichts gespart, so erhielt die »Grand'Chambre« eine vergoldete Deckentäfelung. Der heutige Justizpalast gilt als Wahrzeichen von Rennes.

➤ S. 200 [d 3] Place du Parlement; www. parlement-bretagne.com; tgl.; Führung nach Voranmeldung beim Office de Tourisme de Rennes Métropole, 11, rue Saint-Yves; Tel. 02 99 67 11 66; www.tourisme-rennes.com; Eintritt 6,80 €, Kinder 7–15 Jahre 4 €

Einkaufen

A L'Aise Breizh

Natürlich sind auch Marinestreifen angesagt, aber in witzig-moderner Form. Bretonische wetterfeste Kleidung in hübschen Farben, T-Shirts mit keltischen Motiven und vieles mehr ist bei dieser Marke zu finden. Im Erdgeschoss klassische Souvenirs wie Kekse oder Schmuck.

➤ S. 200 [c 3] Rue Edith Cavell; Tel. 02 99 78 35 55; www.alaisebreizh.com; tgl. außer Mo 10–12, 14–19 Uhr

Lostmarc'h 🏅

(→ Der gute Tipp von MERIAN, S. 203)

Am Abend

Le Bacchus

Zwischen altem Gemäuer und Fachwerkbalken kann man gut essen und Wein trinken, anschließend im Keller ein amüsantes Theaterstück anschauen.

➤ S. 200 [b 4] 23, rue de la Chalotais; Tel. 02 99 78 39 93; www.le-bacchus.com; Weinbar Di–Sa, 12–14, 17–3 Uhr; Eintritt zum Theater 17 €

Le Chat qui Pêche

Was eine »fischende Katze« mit Jazz zu tun hat, bleibt der Fantasie eines jeden überlassen. Jedenfalls sitzt man in der so benannten Bar schön, um zu plaudern oder abends einem Livekonzert zu lauschen.

➤ S. 200 [d 3] 2, rue Francs Bourgeois; Tel. 02 99 38 70 72; Mo, Sa 16–1, Di–Fr 9–1 Uhr

Le Chatham

Wie ein umgedrehtes Boot wirkt diese Nachtbar. Hier findet man nicht nur alle erdenklichen Getränke, sondern auch alle Werkzeuge, Utensilien und Dekostücke, die in irgendeiner Art mit dem Meer in Verbindung stehen, Schildkrötenpanzer inklusive. Viele Liveveranstaltungen.

➤ S. 200 [c 3] 5, rue de Monfort; Tel. 02 99 79 55 48; http://lechatham.pagecom.fr; tgl. außer So 16–3 Uhr

Nabuchodonosor

Nabuchodonosor war der Begründer des neubabylonischen Weltreichs – und nach ihm ist die mit 15 Litern größte im Handel erhältliche Weinflasche benannt. Natürlich wird in der ältesten Weinbar von Rennes auch Rebensaft in kleinen Mengen verkauft. Das Ambiente ist nostalgisch, im Winter am Kamin, im Sommer auf der Terrasse. Zu essen gibt's jederzeit belegte Brote, Salate und einen Tagesteller.

➤ S. 200 [d 2] 12, rue Hoche; Tel. 02 99 38 74 34 oder 02 99 27 07 58; http://nabuchodo nosor-rennes.fr; tgl. außer So/Mo 12–1 Uhr

EINKAUFEN
SO DUFTET DIE BRETAGNE

So mancher mag schon versucht haben, die frische bretonische Meeresluft einzufangen, sie in Konserven verpackt mitzunehmen, um dann im städtischen Alltag ab und zu eine Prise einzuatmen und beim Geruch von Salz, Jod, Seetang, Sand und Meeresfrüchten in romantischen Urlaubserinnerungen zu schwelgen. Ähnlich erging es Antoine Vuillermet, nur dass er als Parfümeur größere Chancen hatte, diesen Traum zu verwirklichen. So verdankt die Duftkollektion seiner Firma **Lostmarc'h** ihre Existenz der nostalgischen Liebe des Erfinders zu seiner Heimat.

WEGWEISER

Lostmarc'h
➤ S. 200 [d 2] 17, rue Hoche, Rennes; Tel. 02 23 20 39 02 (Laden); www.lostmarch.fr

Eau de Toilette, Flüssigseife, Körpercreme, Rasierwasser, Duschgel ... jedes Produkt ist eine Hommage an die Bretagne, an die heilsame Kraft dieses Landstrichs, an die Aromen von Land und Meer.

»Lostmarc'h« , so nennt sich der westlichste Strand des europäischen Festlands am Ende der Welt (»Finistère«), geprägt von wilder Schönheit. Hier auf der einerseits von Sturm und Wellen gebeutelten, andererseits dank des milden Klimas fast mediterranen Halbinsel Crozon ist Antoine Vuillermet groß geworden. Zwischen Heidekraut, Ginster, Sand und Algen. Die Natur konnte er nicht mitnehmen, wohl aber die Aromen. Schließlich ist spätestens seit Proust und den Erkenntnissen der Aromatherapie bekannt, dass Gerüche in den tiefsten Regionen unseres Gehirns verankert sind und ganz entscheidend unsere Stimmung, unsere Erinnerungen und unser Gedächtnis beeinflussen.

An ausgedehnte Strandspaziergänge, wilde Meeresbrandung, honigsüße Ginsterdickichte, zarte Mimosenblüten, frische Lorbeer- und Rosmarinbüsche sollen die »Lostmarc'h«-Kosmetika erinnern – auch wenn das Meer weit ist, die Ferien vorbei sind. Eine Botschaft, einen Gruß aus der Heimat seiner Kindheit will Antoine Vuillermet seiner Kollektion auch durch die bretonischen Namen mitgeben: »Atao« bedeutet »Immer« und wirkt mit Rosmarin- und Holzaromen männlich. »Aôd« heißt »Ufer« und duftet nach Meer, Sand und Blüten. »Lann-Aël« oder »Engelsland« weckt Lust auf Kulinarisches wie Crêpes aus Buchweizenmehl, Äpfel und Milch. »Aël-Mat« beschwört den »Schutzengel« mit Essenzen von Ginster, Heidekraut und Meerschaum. Sinnliche Souvenirs also für alle, die etwas mitnehmen wollen aus der bretonischen Duftwelt.

Opéra de Rennes

Konzerte klassischer Musik, Oper und Tanz bietet das Opernhaus von Rennes.

➤ S. 200 [c 3] Place de la Mairie; Tel. 02 99 78 48 78; www.opera-rennes.fr; Spielzeit Anf. Sept.–Mitte Juli; Karten ab 6 €

Théâtre National de Bretagne

Dieses Theater von 1836 in Form einer Rotunde wird von zwei Gebäuden mit Bogengängen und Arkaden flankiert. Neun um eine Apollostatue gruppierte Musen schmücken die Fassade. Auf dem Programm stehen Theater und Tanz.

➤ S. 201 [e 4/5] 1, rue Saint-Hélier; Tel. 02 99 31 12 31; www.t-n-b.fr; Spielzeit Ende Aug.–Mitte Juli

Feste

Les Transmusicales

Aus dem Spannungsfeld zwischen keltischer Tradition und französischer oder gar globaler Moderne hat sich in Rennes eine aktive Musikszene entwickelt, in der »fest-noz« genauso zu Hause ist wie die »Transmusicales«. Anfang Dezember treffen sich drei Tage lang Musiker mit einem jungen Publikum und mit Produzenten auf Talentsuche. Viele Kneipen wandeln sich als »Bars en Trans« zu Konzertbühnen, zum international anerkannten Experimentierfeld französischer Rockmusik. Die ganze Nacht fahren Busse (ab Place de la République), um Musikfreunde zum Parc Expo zu transportieren.

➤ S. 200 [westl. a 5] Association Trans Musicales, 10/12, rue Jean Guy; Tel. 02 99 31 12 10; www.lestrans.com; Festivalgelände: Parc Expo Rennes Aéroport, Haie Gautrais; Eintritt 9–30 €, viele Konzerte frei

Ausflug
Combourg

In Combourg dreht sich alles um Chateaubriand, den wichtigsten französischen Schriftsteller der Romantik. Zitate aus seinen Werken – häufig mit Szenen und Eindrücken aus Combourg – zieren Teller, Fassaden, Gedenksteine, Postkarten, ganz zu schweigen von dem nach ihm benannten beliebten Fleischgericht. Die hübsche kleine Altstadt liegt direkt neben dem eindrucksvollen Schloss aus dem 12. bis 15. Jahrhundert, an dem die Spuren der Zeit unbemerkt vorübergegangen zu sein scheinen. Fast unverändert der Park und die Räume, in denen Chateaubriand einen großen Teil seiner Kindheit und Jugend verbrachte. Die privaten Eigentümer und Nachkommen des romantischen Dichters öffnen für Besucher den Park sowie Säle und Zimmer mit Mobiliar aus Chateaubriands Jugend.

➤ [H 3] Château de Combourg, 23, rue des Princes; Tel. 02 99 73 22 95; www.chateaucombourg.com, www.combourg.net; Schloss: April–Juni, Sept. tgl. außer Sa 14–17, Okt. tgl. außer Sa 14–16, Juli/Aug. tgl. 11–17.30 Uhr; Park: Juli/Aug. 9.30–12.30, 14–18.30, Sept.–Juni tgl. außer Sa 10–12, 14–17 Uhr; Eintritt 7 €, Kinder ab 6 Jahre 4 €

Info
Office de Tourisme de Rennes

➤ S. 200 [b 3] 11, rue Saint-Yves; Tel. 02 99 67 11 11; www.tourisme-rennes.com; Juli/Aug. Mo–Sa 9–19, So/Fei 11–13, 14–18, Anf. Sept.–Ende Juni Mo–Sa 10–18 Uhr

Außen modern, innen klassisch: das Théâtre National de Bretagne in Rennes

Rau und unzugänglich? Die Bretonen sind herzlicher, als es das Klischee besagt. Vor allem bei Festen öffnen sie ihre Herzen – Fremde sind herzlich eingeladen mitzufeiern.

DIE MAGIE DES SÜDENS

Die südliche Bretagne zog bereits in grauen Vorzeiten die Menschen an. Davon zeugen heute noch Tausende von Menhiren, Dolmen und Steinkreisen. In der Neuzeit inspirierte sie Künstler wie Monet oder Gauguin.

Stolz sind die Südbretonen auf die zwei, drei Grad Celsius mehr – verglichen mit den nördlichen Landesteilen –, die das Thermometer für Luft- und Wassertemperatur vermeldet. Zwar bleibt das Meer dennoch kühl, das Klima bretonisch-atlantisch statt mediterran, aber bei strahlendem Wetter macht sich die mildere Südlage doch bemerkbar. Vor allem, da man gleichzeitig Sonne und Meeresblick genießen kann – in der Nordbretagne ohne gegen den Wind schützende Glasveranda fast ein Ding der Unmöglichkeit.

Allerdings haben sich die Vorteile der bretonischen Südküste inzwischen herumgesprochen und unzählige Ferienheimbesitzer angelockt, sodass die wilde Naturlandschaft während der Sommermonate stellenweise fast so übervölkert wirkt wie der Mittelmeerraum.

Das gilt vor allem für den Golfe du Morbihan, heute ein malerisches Binnenmeer, in früherer Zeit fruchtbarer Ackerboden und kulturelles Zentrum der prähistorischen Zivilisation. Davon zeugen noch heute Tausende von Menhiren, Dolmen und Steinkreisen, über deren Bestimmung man zwar rätselt, deren mythische Ausstrahlung aber auch moderne Menschen in ihren Bann zieht.

Künstler wie Claude Monet oder Paul Gauguin zeigten sich besonders sensibel für das Spannungsfeld zwischen wilder Atlantikküste einerseits und ruhigen Buchten und Flusstälern andererseits. Konträr, aber durchaus kulturell befruchtend präsentieren sich auch die zwei größten Städte der Südküste. Da ist einmal das romantische Vannes mit historischem Ambiente, das schon mehrfach zur dynamischsten Kleinstadt Frankreichs gekürt wurde; daneben das moderne, jung-dynamische Lorient, das sich vom hässlichen Entlein zum beliebten Wohnort gewandelt hat und mit einem einzigartigen Segelzentrum sowie der neu angelegten Ufermeile aufwartet.

ZUR ORIENTIERUNG

Übersichtskarte siehe Seite 208.
Die Reihenfolge der Orte in diesem Kapitel ist alphabetisch. Hier die wichtigsten auf einen Blick:

Hotels und Restaurants, die bei den Orten zu finden sind, sortieren wir nach Preiskategorien von ●●●● bis ●. Die Preisstaffeln lesen Sie auf Seite 5.

AURAY

11 300 Einwohner, 36 m ü.d.M. ➤ [E 5]

Mit zahlreichen originellen Läden zwischen historischen Fachwerkhäusern und Resten der früheren Festung lädt die Oberstadt zum Shoppingbummel in den Gassen ein. Über terrassenartig angelegte Wege lässt es sich dann wunderbar hinunterbummeln ans Ufer des Flusses Loc'h, zum früher bedeutenden mittelalterlichen Hafenviertel Saint-Goustan.

Hotels

L'Auberge

Diesen Chic erwartet man eigentlich kaum in einem Pilgerort. Das Hotel und vor allem das Restaurant genießen einen hervorragenden Ruf. Die Zimmer sind etwas kühl (aber fast Spa-ähnliche Bäder), das Essen dafür von der Region Bretagne prämiert. Klassisch-edel der Speisesaal, sehr hübsch der Garten hinter dem Hotel.

➤ [E 5] 56, route de Vannes; Tel. 02 97 57 61 55; www.auberge-larvoir.com; 12 Zimmer ●●●–●● ♿

Hôtel Celtic

Im Stadtzentrum liegt dieses sympathische Hotel. Sehr schöne Deko – teils sanfte Naturtöne, teils stimmungshebende Farben von Rot bis Lila. Die Hotelbar ist dafür modern in Schokoladenbraun. Unschlagbares Preis-Leistungs-Verhältnis.

➤ [E 5] 38, rue Georges Clemenceau; Tel. 02 97 24 05 37; www.celtic-hotel.fr; 18 Zimmer ●● ♿

Le Dihan

In einem bewaldeten Park liegen drei originelle Unterkünfte: eher klassisch die drei Gästezimmer im Granitsteinhaus, romantisch-erdverbunden die zwei Mongolenzelte, luftig die fünf Baumhäuser in bis zu zehn Meter Höhe. Für Urlauber zu Pferd steht ein Reitstall bereit.

➤ [E 5] Kerganiet, Ploemel; Tel. 02 97 56 88 27; www.dihan-evasion.org; 10 Zimmer ••–•

Essen und Trinken
La Table des Marées

Die türkis-graue Inneneinrichtung verrät schon die gastronomische Richtung: Fisch aus dem Atlantik, kombiniert mit exotischen Gewürzen. Begeistert erfindet der Chefkoch immer neue Rezepte (fast täglich wechselt die Karte) – und genauso begeistert unterhält er sich auch mit Gästen. Den Deutschen spricht er übrigens ganz besonders empfängliche Gaumen für seine kulinarischen Erfindungen zu.

➤ [E 5] 16, rue du Jeu de Paume; Tel. 02 97 56 63 60; www.latabledesmarees.com; tgl. außer So/Mo •••–••

La Croix Blanche

Traditionell treffen sich hier jeden Sonntag – und natürlich während der Pardon-Feierlichkeiten – die Menschen der näheren und ferneren Umgebung nach der Messe zum gutbürgerlichen Essen. Entsprechend herzlich ist der Empfang.

➤ [E 5] 25, route de Vannes; Tel. 02 97 57 64 44; www.hotel-lacroixblanche.com; tgl. außer Mo, Nov. geschl.; 27 Zimmer •

Feste
Sainte-Anne d'Auray

Wer Auray sagt, meint fast immer auch Anne. Sainte-Anne d'Auray, sechs Kilometer nordöstlich vor Auray, ist der meistbesuchte Wallfahrtsort der Bretagne, eine Art bretonisches Lourdes. Ein Lichtermeer von Opferkerzen empfängt den Besucher in der riesigen Wallfahrtskirche. Auch an ganz normalen Wochentagen. 800 000 Pilger sind es alljährlich, 30 000 Gläubige versammeln sich allein am 25./26. Juli zum traditionellen Pardon.

Die heilige Anne gilt als Schutzheilige der Bretagne – wahrscheinlich als Fortsetzung des uralten Kultes um Ana, die Mutter der keltischen Götter. Der Legende nach wurde Anne von ihrem Mann verstoßen, als sie schwanger war, dann von Engeln nach Nazareth in Palästina getragen, wo sie ihre Tochter gebar: Maria, die Mutter Jesu. Später kehrte sie in die Bretagne zurück und führte 1623 den frommen Bauern Yves Nicolazic zu einer farbigen Holzstatue. 1625 entstand hier die erste Kirche, der heutige Bau, dessen Fenster das Leben der heiligen Anna erzählen, stammt vom Ende des 19. Jahrhunderts.

➤ [E 5]

Info
Office de Tourisme d'Auray

➤ [E 5] Chapelle de la Congrégation, 20, rue du Lait; Tel. 02 97 24 09 75; www.auray-tourisme.com

BELLE-ÎLE-EN-MER

5200 Einwohner, bis 71 m ü.d.M. ➤ [E 6]

Das muss der Neid der anderen, weniger besuchten bretonischen Inseln ihr lassen: Sie trägt ihren Namen zu Recht – »Schöne Insel«. Vor allem wegen der großteils wilden Küste. So fasziniert war Claude Monet von den Felsenzacken im Meer vor Port Coton, dass er diese gleich 37 Mal bei unterschiedlichen Lichtverhältnissen und Tageszeiten malte. Die Originallandschaft bringt nicht nur Kunstbegeisterte nach Belle-Île. 90 Prozent der Belle-Îlois leben heute direkt oder indirekt vom Fremdenverkehr, der auf eine lange Tradition und eine imposante Gästeliste blicken kann – vom französischen Präsidenten Mitterrand über die Schauspielerin Sarah Bernhardt bis zum deutschen Regisseur Klaus Michael Grüber. Um Belle-Île wirklich zu erleben, sollte man Juli und August meiden.

Hotels

Castel Clara

Die Hauptrolle in diesem größten Hotel der Kette »Relais et Châteaux« spielt der Blick auf die idyllische, von Felsen umrandete Hafenbucht Port Goulphar – sowohl aus den Zimmerfenstern und den Salons als auch von der Terrasse mit Meerwasserpool, wo sich schon der französische Staatspräsident bei Thalassotherapie und Spa erholte.

➤ [E 6] Port Goulphar, Bangor; Tel. 02 97 31 84 21; www.castel-clara.com; Jan./erste Feb.-Hälfte geschl.; 63 Zimmer •••• ♿

Citadelle Vauban Hôtel Musée

(→ Der gute Tipp von MERIAN, S. 211)

Château de Bordénéo

Ein richtiges Landschloss mit Park, etwas abseits der Hauptstraßen, verspricht absolute Erholung. Gemütlich und einladend der Salon, witzig das Schwimmbad im ehemaligen Speisezimmer mit Blick in den Park (April bis Oktober beheizt).

➤ [E 6] Château de Bordénéo, Le Palais; Tel. 02 97 31 80 77; www.chateau-bordeneo.fr; 5 Zimmer •••

L'Aubergerie

Den alten Familienbauernhof hat Michel Banet zum hellen, ländlichen Gästehaus umgewandelt – alles ebenerdig, alles aus traditionellen Materialien. Gern erzählt Michel von der Insel, seiner Leidenschaft für Pferde und Antiquitäten, auch von Sarah Bernhardt, deren ehemaliges Bett als Sofa im Salon Verwendung findet.

➤ [E 6] Borgroix (bei Sauzon); Tel. 02 97 31 64 61; www.aubergerie-belleile.com; Jan. geschl.; 3 Zimmer •••–••

La Clef des Champs

Als Elässerin spricht Herbergsmutter Katy natürlich perfekt Deutsch. Besonders stolz ist sie auf die ökologische Wasserversorgung ihres Gästehauses im Herzen der Insel und auf ihre bretonisch-elsässischen Rezepte, die Gäste beim Brunch (bis 11 Uhr, ein Traum für Langschläfer) kosten dürfen. Wie einst bei Sarah Bernhardt, so tragen auch hier die Zimmer Namen fremder Länder und Kontinente.

➤ [E 6] Parlevant; Tel. 02 97 31 52 40; www. chambresdhotes-belle-ile.com; 5 Zimmer •• ♿

Essen und Trinken

La Désirade

Feriendorfstimmung schaffen die rosafarbenen Bungalows mit den azurblauen Fensterläden, die sich um den Swimmingpool gruppieren. Zwischen hohen Hecken und vielen Blumen liegt das Restaurant. Meeresfrüchte und Gemüse stehen im Mittelpunkt der exzellenten Küche.

➤ [E 6] Le Petit Cosquet, Belle-Île-en-Mer; Tel. 02 97 31 70 70; www.hotel-la-desirade. com; Ende März–Mitte Nov. •••; Hotel: 32 Zimmer •••• ♿

HOTELS
NEUE TÖNE AUF DEM KASERNENHOF

Militärgeschichte gehört zu diesem »Museumshotel« genauso wie der Panoramablick auf den Hafen von Le Palais oder übers Meer auf das gegenüberliegende Festland. Wenn der Museumswärter das eiserne Festungstor für Hotelgäste öffnet, erwartet diese im ehemaligen Exerzierhof eine geradezu tropisch anmutende Gartenanlage. Dennoch blieb der militärische Charakter des Ensembles gewahrt.

WEGWEISER 15

Citadelle Vauban Hôtel Musée

➤ [E 6] Citadelle Vauban, Le Palais, Belle-Île-en-Mer; Tel. 02 97 31 84 17; www.citadelle vauban.com; Mai–Okt.; 50 Zimmer ●●●

Die Rezeption in edlem, postmodernem Design befindet sich in einem dunklen Gewölbe und wurde mit Lichteffekten geschickt in Szene gesetzt. Und vom Seiteneingang aus kann man sich angesichts der früheren Häftlingszellen genügend Stoff für Albträume holen. Oder sich umso glücklicher schätzen im modernen, luxuriösen Hotelzimmer. Wie es sich für einen solchen Ort gehört, zieren unzählige Vitrinen mit stumm und bewegungslos marschierenden Zinnsoldaten die Gänge der alten Kaserne, die 2007 zum Hotel umgebaut wurde.

Wer es vorzieht, hier nicht zu wohnen, der sollte zumindest eine Tasse Kaffee oder Tee in der Hotelbar oder auf der von Zinnen geschützten Terrasse zu sich nehmen, um die ganz besondere Atmosphäre dieses Anwesens auf sich wirken zu lassen und die spirituelle Gegenwart der einstigen Bewohner in sich aufzusaugen: etwa der Mönche, die im Mittelalter auf diesem Felsen über der Hafeneinfahrt von Le Palais die erste Burg bauten; der verschiedenen Fürsten, die für den Anbau weiterer Befestigungen sorgten; schließlich vor allem des großen militärischen Baumeisters Sébastien Le Prestre de Vauban, der auf Befehl des Sonnenkönigs Ludwigs XIV. die heutige Zitadelle errichten ließ. Kurzfristig (1761–1763) fiel diese in englische Hand, diente später, im Ersten Weltkrieg, deutschen Offizieren als Gefängnis, beherbergte nach 1936 spanische Franco-Gegner und im Zweiten Weltkrieg schließlich deutsche Besatzungstruppen.

Damit endete die militärische Laufbahn der Festung, von der das Ehepaar Larquetoux so fasziniert war, dass es die gesamte Anlage erwarb und in 45 Jahren zum Museum ausbaute. Mit dem Hotelbetrieb ist seit 2007 wieder rund um die Uhr reges Leben in die Zitadelle eingezogen. Welche historischen Geister allerdings nächtens in den langen Gängen des alten Gemäuers hausen, bleibt ein Geheimnis …

La Table du Gouverneur

Wo einst der Militärgouverneur residierte und ranghohe Gäste empfing, da darf heute jeder Zahlungswillige speisen. Entweder im bepflanzten Innenhof oder in den nüchtern-eleganten Speisesälen mit schwarzen Lederstühlen und viel Holz.

➤ [E 6] Citadelle Vauban; Tel. 02 97 31 84 17; www.citadellevauban.com; Mai–Okt. ••• &

Auberge Chouk'Azé

»Setz dich her zu einem Plauderstündchen«, bedeutet der bretonische Ausdruck »Chouk'azé«. Und genau dazu lädt diese Landgaststätte auch ein. Bunte Tischdecken, einfache Holztische, hübscher Schnickschnack, gemütlich auch die Pergola mit den farbig gekachelten Tischen. Wenige, aber originell zubereitete Gerichte. Und ein großes Lob für den freundlichen Service!

➤ [E 6] Chemin du Petit Houx, Locmaria (an der Straße nach Le Palais); Tel. 02 97 31 79 69; März–Nov. •• &

Café de la Cale

Das Saint-Tropez von Belle-Île. Hier trifft sich alles, was Rang und Namen hat. Gesehen werden und dabei selbst einen Blick werfen auf das bunte Treiben von Hobbyfischern und Freizeitkapitänen an der »cale«, der Bootsrampe. Sehr beliebt ist das gemeinsame langwierige Genießen einer Platte mit Meeresfrüchten.

➤ [E 6] Quai Guerveur, Sauzon; Tel. 02 97 31 65 74; Ende März–11. Nov. tgl. •••–••

Sehenswertes
Les Aiguilles de Port Coton

Wie Reste vom Riesengebiss eines Meerungeheuers wirken die bizarr geformten Felszacken von Port Coton, die es dank einer Serie von Bildern des Impressionisten Claude Monet zu Berühmtheit brachten. Bei Sturm peitscht das Meer kleine weißliche Gischtkronen auf die Felsen, die wie Baumwolle aussehen. So entstand der Name »Port Coton«: Baumwoll-Hafen.

➤ [E 6]

Kulisse für Künstler: Les Aiguilles de Port Coton waren einst Motiv für Claude Monet.

und ein Hotel mit ganz besonderem Flair (→ Der gute Tipp von MERIAN , S. 211).
➤ [E 6]

Le Grand Phare de Goulphar

52 Meter hoch ist der »große« Leuchtturm, der seit 1836 vorbeifahrende Schiffe vor den Felsen rund um Belle-Île warnt. Wer die 213 Granitstufen und eine Eisentreppe hinaufsteigt, wird bei schönem Wetter mit einem herrlichen Rundblick belohnt.
➤ [E 6]

Musée d'Art et d'Histoire de Belle-Île-en-Mer

Das hervorragend gegliederte Museum zeigt alle Facetten von Belle-Île: Militärgeschichte, Natur, Fischerei, Sarah Bernhardt, Künstler wie Monet. Anschließend kann man die alten Verliese, Kartensäle und Waffenkammern der Festung besichtigen und beim Spaziergang auf der Festungsmauer den schönen Blick auf Hafen und Meer genießen.
➤ [E 6] La Citadelle; Tel. 02 97 31 84 17; www.citadellevauban.com; April–Juni, Sept./Okt. tgl. 9.30–18, Juli/Aug. tgl. 9–19, Nov.–März tgl. 9.30–12, 14–17 Uhr

Jean & Jeanne

Versteinerte Liebende sind diese 4,05 und 4,70 Meter hohen Menhire. Nur in bestimmten Vollmondnächten dürfen sie für kurze Zeit wieder lebendig werden, doch wer immer sie dann zu sehen bekommt, soll seinerseits zu Stein werden. Seit Jahrhunderten stehen sie in Blickkontakt und kommen sich alljährlich um einen Zentimeter näher. Mit viel Geduld hoffen sie in Jahrhunderten auf ein Happy End.
➤ [E 6] An der Hauptstraße zwischen Pointe des Poulains und Locmaria, bei der Kreuzung nach Donnant

La Citadelle

Über dem bunten Trubel der Inselhauptstadt Le Palais wacht seit Jahrhunderten die mächtige, unter Ludwig XIV. von Vauban ausgebaute Festung. Nach der Besatzung durch die deutsche Armee im Zweiten Weltkrieg verlor die Zitadelle ihre militärische Bestimmung. Heute beherbergt sie ein historisches Museum

Musée Sarah Bernhardt 16

(→ Der gute Tipp von MERIAN, S. 214)

Sauzon

Sicher der hübscheste Ort auf Belle-Île, wo es sich in der Sonne sitzen und vom Kai aus den Fischern zuschauen lässt. In seiner Glanzzeit um 1878 war Sauzon ein

MUSEEN

GÖTTLICHER ALS DIE GARBO

»Quand même«, »trotzdem«, steht auf dem Schild am Eingang des alten Forts an der malerisch zerklüfteten Westspitze von Belle-Île, das die berühmte Schauspielerin Sarah Bernhardt zu ihrem Sommersitz erkor. »Trotzdem«, das war das Lebensmotto des Weltstars. Als uneheliches Kind 1844 in Paris von einer deutschstämmigen Mutter geboren und trotzdem zu Ruhm berufen. Dann fast zur Nonne geweiht und trotzdem der Welt und irdischen Freuden zugetan. Beim Vorsprechen am Pariser Konservatorium ohne Partner für die erlernte Rolle und trotzdem angenommen – als erste und einzige Schauspielschülerin nach dem einfachen Vortrag einer Fabel in Gedichtform. Später selbst Mutter eines unehelichen Kindes, dessen Vater sie als unbekannt

> ### WEGWEISER
>
> **Musée Sarah Bernhardt**
> ➤ [E 6] Pointe des Poulains, Belle-Île;
> Tel. 02 97 31 61 29; 1. April–30. Sept. tgl.
> 10.30–17.30 Uhr; Eintritt 4/2 €

vermerken ließ, und trotzdem dem Familienleben zugetan als liebevolle Mama und Omi für zwei Enkelinnen. Als bejubelter, viel reisender Star war sie in allen Metropolen der Welt zu Hause und trotzdem tief verwurzelt in ihrer abgelegenen, von ungezähmter Natur geprägten Wahlheimat Belle-Île.

Hier fand sie neue Kraft und Energie für ihre künstlerische Arbeit, umgeben von ihrer ganzen »tribu« – wie man neufranzösisch die Freundes- und Familienschar nennt. Zwischen 1884 und 1920 – den Jahren ihrer größten Triumphe am Theater Comédie Française und in zahlreichen Filmen – verbrachte sie den Sommer an der Pointe des Poulains, baute das alte Fort zum Ferienhaus um, ließ zwei weitere Häuser daneben errichten – eines für die Familie, eines für Freunde. Einerseits hütete die »divine« (Göttliche) oder »voix d'or« (Goldstimme), wie die Medien sie tauften, die Unabhängigkeit, andererseits liebte sie die Gesellschaft. Gemeinsam ging man zum Fischen, Wandern, Jagen, organisierte Picknicks zwischen den Felsen und improvisierte Feste vor der Kulisse der gewaltigen Natur. Nichtstun war Sarah Bernhardt ein Gräuel, erzählt ihre Enkelin Lysiane. »Sich erholen, indem man sich müde arbeitet – das war ihre Vorstellung von Urlaub.«

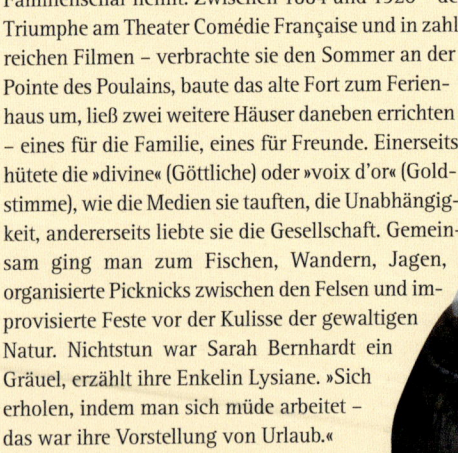

bedeutender Fischerhafen, heute verkehren hier mehr Jachten als Fischerboote.
➤ [E 6]

Einkaufen

Jean Guillaume

Miesmuscheln mutieren unter der Kunstfertigkeit von Jean Guillaume zu originalgetreuen Minibooten (rund 400 Euro): Eine große Muschel – natürlich aus Belle-Île – schleift und fräst er, verbindet sie mit winzigen Holzstückchen und Mini-Seilen, bis ein maßstabsgetreues Modell der typischen Fischerboote entsteht.
➤ [E 6] Borlagadec (östl. von Bangor); Tel. 02 97 31 42 44 oder 06 81 18 46 88; Ostern–Okt. tgl. ab 17 Uhr und nach Vereinbarung

Maison des Métiers d'Art

Hinter der weiß getünchten Kirche von Locmaria liegt dieser Ort, wo Künstler und Kunsthandwerker der Insel ihre Arbeiten ausstellen und verkaufen. Dort findet man etwa die tpyischen gehäkelten »rideaux bellilois« von Maryvonne Le Gac, dreieckige Spitzenvorhänge, die auf Belle-Île die Fenster vieler Häuser zieren.
➤ [E 6] Locmaria

Feste

Festival Lyrique en Mer

Alljährlich im Juli oder August wird ein Teil der Festung zur Bühne, wo international anerkannte Sänger und Orchester drei verschiedene Opern spielen. Konzerte ergänzen das bei Einheimischen und Fremden sehr beliebte Festivalprogramm.
➤ [E 6] Les Amis du Lyrique en Bretagne, Le Palais; Tickethotline Tel. 02 97 31 59 59; www.belle-ile.net; Mo–Fr 14.30–16.30 Uhr

Transatlantiksegelregatta

Eine Segelregatta, eine Städtepartnerschaft, vor allem aber ein Lied verbinden die beiden Inseln Belle-Île in der Bretagne und Marie-Galante in der Karibik. Sport, Musik und Volksfeststimmung – diese Mischung schafft die besondere Atmosphäre auf Belle-Île, wenn alle zwei Jahre (in geraden Jahren) Anfang April die Ein-Mann-Segelboote starten zur Atlantiküberquerung in Richtung Karibik.
➤ [E 6] Infos beim Office de Tourisme, quai Bonnelle, Le Palais; Tel. 02 97 31 81 93; www.belle-ile.com

Aktiv

Eine abwechslungsreiche Wanderung ist die Umrundung der 85 Quadratkilometer großen Insel. Drei bis vier Tage sollte man für die 102 Kilometer ansetzen, entlang der Küste auf dem alten, mit 72 Infotafeln gespickten Zöllnerweg.
➤ [E 6] Infos beim Office de Tourisme, quai Bonnelle, Le Palais; Tel. 02 97 31 81 93; www.belle-ile.com

Ausflug

Natürlich bietet Belle-Île, die bedeutendste bretonische Insel, auch Badestrände, romantische Buchten mit feinem Sand und türkisblauem Wasser. Nur sind diese Badestellen dünn gesät zwischen den allgegenwärtigen Klippen. Am schönsten ist sicher die etwas abseits liegende, nur mit Auto oder Fahrrad zu erreichende »Plage de Donnant« im Südwesten der Insel: eine breite Bucht zwischen gewaltigen Felsbrocken, die in der Mitte eine bizarre Welle erzeugen – sehr geschätzt bei Wellensurfern. Schwimmen lässt es sich an diesem Strand gleichermaßen bei Ebbe und Flut, zum Sonnenbaden ist immer irgendwo eine windgeschützte Stelle zwischen Dünen und Felsen zu finden.

➤ [E 6]

Info

Office de Tourisme de Belle-Île-en-Mer

➤ [E 6] Quai Bonnelle, Le Palais; Tel. 02 97 31 81 93; www.belle-ile.com

CARNAC (KARNAG)

4500 Einwohner, 22 m ü.d.M. ➤ [E 5]

Es sind zwar nur Steine ... aber doch geht von diesen Hunderten wie Soldaten säuberlich in Reih und Glied aufgestellten Steinen eine besondere Faszination aus. Viel weiß man nicht über Sinn und Zweck dieser Menhire. Allerdings handelt es sich ganz sicher nicht – wie US-Soldaten 1944 vermuteten – um deutsche Panzersperren! Wahrscheinlich auch nicht um in Stein verwandelte heidnische römische Soldaten, die den heiligen Cornély verfolgten, wie die Legende überliefert.

Allein über das Alter der über vier Kilometer Länge angelegten rätselhaften Steinreihen aus 4000 Menhiren herrscht weitgehend Einigkeit: Sie stammen aus der Jungsteinzeit (4500–4000 v. Chr.) und wurden wohl für astronomische Messungen – ausgehend von einem Steinkreis (»cromlec'h«) – über mehrere Kilometer in Nordost-Südwest-Ausrichtung angelegt. Jährlich staunen eine Million Besucher über das menschliche Werk des Neolithikums. Sie drängen sich dann natürlich auch im hübschen Ort Carnac und an den umliegenden Stränden.

Hotels

Lodge Kerisper

Tropisch-bretonisch wirkt der üppige Garten rund um den kleinen Swimmingpool, fast exotisch auch der Salon und Frühstücksraum in dunklen Edelhölzern. Großzügige Zimmer und Familiensuiten, mit 50 Quadratmetern fast schon kleine Wohnungen. Mit den bepflanzten Terrassen und der verwinkelten Anlage auf mehreren Ebenen gleicht die Lodge einem kleinen Dorf, einige hundert Meter abseits von Hafen, Meer und Stadt.

➤ [E 5] 4, rue du Latz, La Trinité-sur-Mer; Tel. 02 97 52 88 56; www.lodge-kerisper.com; 20 Zimmer ••• ♿

Le Galet

Sicher keine Liebe auf den ersten Blick, dieser kastenartige Hotelbau aus den 1970er-Jahren. Doch das kürzlich komplett erneuerte Innere besticht durch originelles Design, das eine Art warme Zen-Stimmung schafft. Neben dem Pool lädt ein ebenfalls rigoros moderner Bau im Bungalowstil mit Spa und Jacuzzi zu Entspannung und Wellness ein. Es gibt zwar kein Restaurant, aber eine gemütliche Bar mit Leseecke vor dem Kamin.

➤ [E 5] Saint Philibert, La Trinité-sur-Mer; Tel. 02 97 55 00 56; www.legalet.fr; 21 Zimmer •••–•• ♿

La Grande Métairie

Ökotourismus ist in. Warum nicht eine Nacht am Busen der Natur oder besser: eines Baumes verbringen? Bei Kerzenlicht romantisch im Baum den Abend ausklingen lassen, am Morgen zwischen singenden Vögeln in luftiger Höhe aufwachen,

Keine neue Idee, aber wirkungsvoll umgesetzt: leichte Küche im Restaurant »L'Azimut«.

fraîche erst zuletzt, damit die Proteine erhalten bleiben und die Lipide nicht die Überhand gewinnen. Hübsch maritim die Dekoration des Lokals, appetitanregend die Sammlung leicht abstrahierter Fotos von Lebensmitteln, für die der Sohn des Chefs verantwortlich zeichnet.

Bei Kochkursen führt der Chef dreimal wöchentlich auch Laien in seine Künste ein und gewinnt alle spielend für sein Credo von der leichten, auf frischen Produkten basierenden, gesunden Küche.
► [E 5] 1, rue du Men-Dû, La Trinité-sur-Mer; Tel. 02 97 55 80 15 oder 02 97 55 71 88; azimut56@orange.fr; außerhalb der Saison Di/Mi geschl.; Kochkurse Sept.–Juni Do/So 9.30–12 Uhr ab 30 € •••

Le Tumulus
Der Name möge niemanden abschrecken: Kein Hügelgrab ist hier gemeint, sondern ein Restaurant und Luxushotel gleichen Namens. Allerdings verdankt die Edelherberge ihre Bezeichnung dem von einer Kapelle gekrönten Tumulus gleich nebenan, den der Urgroßvater der heutigen Hotelchefin, seines Zeichens Archäologe, entdeckte und fachmännisch ausgrub. Wunderschön ist der weite Speisesaal des Restaurants aus den 1930er-Jahren mit herrlichem Blick über die gesamte Bucht von Quiberon.
► [E 5] Chemin du Tumulus, Carnac; Tel. 02 97 52 08 21; www.hotel-tumulus.com; Restaurant: Aug. tgl. außer Mo, sonst tgl. außer So-Di; Hotel: 11. Nov.–Mitte Feb. geschl.; 23 Zimmer, Bungalows ••• ♿

auf einer guten Matratze, in einem stabilen Holzhaus mit Terrasse, allerdings ohne Strom und fließendes Wasser. Die Baumhäuser gehören zu einer riesigen Ferienanlage für rund 2000 Urlauber, mit Schwimmbad, Streichelzoo, Sportplätzen und Restaurant. Im Hochsommer nicht zu empfehlen, aber zur Vor- und Nachsaison eine originelle Alternative zum Hotel.
► [E 5] D 196, Carnac; Tel. 02 97 52 24 01; www.lagrandemetairie.com; Ende März–Anf. Sept. ••

Essen und Trinken
L'Azimut
Umwerfend die (kalorienarmen) leichten und doch geschmacksintensiven, moussierenden Schaumsaucen zu Fisch, Gemüse, Meeresfrüchten. Das Geheimnis liegt im Mixen, in sparsamem Salzen und der Beimischung von Butter oder Crème

Sehenswertes

Menhire von Carnac

Lange durfte jeder nach Lust und Laune wandeln zwischen den Menhiren, doch seit 1992 sind viele »alignements« mit Metallzäunen eingefasst. Nur noch an wenigen Stellen kommt man diesen Zeugen verschwundener Kulturen ganz nahe, die sich in drei Gruppen konzentrieren.

Kerlescan: In 13 parallelen Steinreihen stehen hier 555 bis 579 Menhire, darunter der sechs Meter hohe Riese »Géant du Manio«, der gen Sonnenaufgang gerichtet ist. Daneben liegt der 20 Meter hohe und 120 Meter lange »Mont Saint-Michel«, eigentlich ein Tumulus mit Grabkammern aus dem 4. Jahrtausend v. Chr, 1664 mit dem Bau einer Kapelle »christianisiert«.

Kermario: Am schönsten zeigen sich die 982, in zehn Reihen aufgestellten, von Ost nach West größer werdenden Menhire im Abend- oder Morgenlicht entlang der kurvigen D196 – idyllisch umgeben von Kiefernwäldchen. Den besten Blick auf diese »Aufreihungen« hat man von einem alten Wachtturm am Straßenrand aus.

Le Ménec: In elf parallelen Steinreihen wurden 1120 Menhire in abnehmender Größe – von vier Meter Höhe bis 60 Zentimeter – über eine Fläche von mehr als einem Quadratkilometer errichtet: 1200 Meter lang, 100 Meter breit. Zahlreiche Steine dienten im Lauf der Jahrhunderte als Rohmaterial für Bauten der Umgebung. Teilweise in Gartenmauern eingebaut ist denn auch der ehemals aus 70 Steinen bestehende Steinkreis oder »cromlec'h« am Ende der Anlage.
➤ [E 5]

Maison des Mégalithes

Infos, Bücher, Führungen – alles, was man zu den Steinreihen wissen will, erfährt man in der Maison des Mégalithes.

Symbole unserer Vorfahren sind die rätselhaften »alignements«, Steinreihen in Carnac.

➤ [E 5] Centre des Monuments Nationaux, Sites Mégalithiques de Carnac, Carnac; Tel. 02 97 52 77 95; carnac@monuments-nationaux.fr; Mai/Juni tgl. 9–19, Juli/Aug. tgl. 9–20, Sept.–April tgl. 10–17 Uhr

> **AUTORENTIPP** Während der Sommermonate verkehrt in Carnac ein kostenloser Shuttlebus zwischen Strand, Museum und den Steinreihen. Sehr zu empfehlen angesichts der chronischen Parkplatznot!

Musée de Préhistoire

Das kleine Museum birgt einen erstaunlichen Reichtum an prähistorischen (aber auch römischen) Fundstücken: Schmuck, Werkzeuge, Gefäße. Eindrucksvoll die verzierten Menhire mit rätselhaften Motiven. Sollte die Skizze eine Göttin darstellen? Oder einen Tintenfisch? Vielleicht ein Getreidekorn? Oder die Sonne?

➤ [E 5] 10, place de la Chapelle; Tel. 02 97 52 22 04; www.museedecarnac.fr; April–Juni/Sept. tgl. außer Di 10–12.30, 14–18, Juli/Aug. tgl. 10–18, Okt.–März tgl. außer Di 10–12.30, 14–17 Uhr; Eintritt 5/2,50 €, Führungen 7,50 €

Einkaufen

Océans Galets Décoration

Die hübschen Mosaikarbeiten verbreiten eine heitere Stimmung – etwa beim Blick in den mosaikverzierten Spiegel. Aber auch Objekte wie Meeresgetier oder Lampen aus bunten Steinchen sind im Atelier zu bewundern und käuflich zu erwerben.

➤ [E 5] 21, Z.A. Mané Lenn, Route de la Trinité-sur-Mer, Crac'h; Tel. 09 65 19 77 37; www.oceans-galets-decoration.com

Feste

Pardon de Saint-Cornély

Eine lange Tradition hat die Pardon-Prozession am zweiten Septembersonntag. Ochsen zieren den Eingang der Kirche aus dem 17. Jahrhundert. Innen erzählen Szenen auf dem Tonnengewölbe die Legende um den heiligen Cornély, Schutzpatron des Hornviehs, der besonders gegen Tieropfer kämpfte. Vor römischen Soldaten versteckte er sich im Ohr eines seiner beiden Ochsen und verwandelte seine Verfolger in aufrecht stehende Steine.

➤ [E 5] 2. Sept.-Wochenende; Infos beim Office de Tourisme de Carnac-Ville, place de l'Église, Carnac; www.ot-carnac.fr

Ausflüge

Alignements de Kerzerho

Prähistorische Steinreihen ohne Gitter! Hier kann jeder zwischen den Menhiren spazieren gehen, sie anfassen, erklettern, von ganz nah fotografieren. Allerdings ist diese Anlage viel kleiner als die Steinreihen um Carnac. Von hier aus führt der Wanderweg »Le Grand Arc Mégalithique« über acht Kilometer durch die prähistorische Kulturlandschaft.

➤ [E 5] Küstenstraße D 781, Erdeven, zwischen Carnac und Lorient

Locmariaquer

Der kleine Ort am Tor zum Golf von Morbihan bietet ein ganzes Dutzend von bis zu 6500 Jahre alten Megalithstätten. Am berühmtesten ist der »Menhir Brisé«, der zerbrochene größte Menhir der Welt, der einst 20,60 Meter hoch aufragte, jetzt allerdings umgestürzt am Boden liegt – aufgesplittert in vier Stücke, das größte noch immer stattliche 12 Meter lang. 280 Tonnen schwer ist der Gigant, der im 5. Jahrhundert v. Chr. errichtet wurde.

Auch der mehr als 20 Meter lange und 350 Tonnen schwere »Grand Menhir« – »Men er Hroech'h« – liegt am Boden! Keiner weiß, ob er irgendwann einmal umfiel. Ob er umgestoßen wurde oder gar niemals aufrecht stand. Und warum hat man ihn gerade hierhergebracht? Vielleicht diente er zusammen mit anderen Menhiren als eine Art Mondobservatorium? Die »Table des Marchands« (Händlertisch) dagegen wird mit Begräbnisrituralen in Verbindung gebracht, die 4500 v. Chr. in der Bretagne praktiziert wurden. ➤ [E 5] Besucherzentrum, Route de Kerlogonan; Tel. 02 97 57 37 59; http://locmariaquer. monuments-nationaux.fr; Mai/Juni tgl. 10–18, Juli/Aug. tgl. 10–19, Sept.–April tgl. 10–12.30, 14–17 Uhr; Eintritt 5/3,50 €

Segelregatten

Im berühmten Segelort La Trinité-sur-Mer, der auch als etwas snobistisch gilt, starten alljährlich zwei prestigeträchtige Regatten: am Osterwochenende die »Spi Ouest-France Bouygues Télécom« und am ersten Septemberwochenende die »Trophée Clairefontaine des Champions«. ➤ [E 5] Infos beim Office de Tourisme de La Trinité-sur-Mer, 30, cours des Quais; Tel. 02 97 55 72 21; www.ot-trinite-sur-mer.fr

Info
Office de Tourisme de Carnac
➤ [E 5] 74, avenue des Druides, Carnac-Plage; Tel. 02 97 52 13 52; tgl. geöffnet
➤ [E 5] Place de l'Eglise, Carnac-Ville; www.ot-carnac.fr; Anf. April–Ende Sept.

HENNEBONT

15 000 Einwohner, 0–82 m ü.d.M. ➤ [E 4]

Eine Stippvisite zu der im Mittelalter bedeutenden Stadt mit heute 15 000 Einwohnern, Tor zum Kanalnetzwerk der Bretagne, lohnt sich. Vor allem wegen der Festungsmauern aus dem 15. Jahrhundert, auf denen man auf den Spuren der ehemaligen Wächter auf dem »Chemin de Ronde« spazieren gehen kann – mit schönem Blick auf den Fluss Blavet, den einst bedeutenden Hafen und das mit mächtigen Kanonen bewehrte Ufer. Über der Stadt thront die Basilika Notre-Dame de Paradis aus dem 16. Jahrhundert mit Kirchenfenstern von Max Ingrand (Mitte des 20. Jahrhunderts).

Sofort ins Auge fällt das 1861 gebaute, 222 Meter lange und 8 Meter breite Viadukt, das flussabwärts in einer Höhe von 20 bis 27 Metern (je nach Gezeitenstand) das Blavet-Tal überspannt. Berühmt ist Hennebont aber vor allem für das Pferdegestüt »Le Haras National«.

Le Haras National

Etwas außerhalb des hübschen Städtchens Hennebont gruppiert sich rund um das ehemalige Zisterzienserkloster Notre-Dame de la Joie seit 1857 der »Haras de Hennebont«, neben Lamballe das zweite staatliche Pferdezuchtgestüt in der Bretagne (von insgesamt fünf in ganz Frankreich). Es gibt eine Ausstellung zur Geschichte der Beziehung von Mensch und Pferd in der Bretagne, eine Besichtigung der Ställe, Kutschenausfahrten und eine Show, allerdings nur während der Sommermonate.

➤ [E 4] Rue Victor Hugo; Tel. 02 97 89 40 30; www.haras-hennebont.fr; Mai/Juni, Sept. Di–Fr 9.30–12.30, 14–18, Juli/Aug. tgl. 10–19, frz. Schulferien Mo–Fr 9.30–12.30, 14–19, Sa/So 14–18 Uhr; Eintritt 7 €, Kinder 5–17 Jahre 5,50 €

Les Fêtes Médiévales

Am letzten Juliwochenende lässt Hennebont seine mittelalterliche Vergangenheit wieder aufleben mit Umzügen, Ritterturnieren, Handwerksmarkt, Straßenkunst.
➤ [E 4] www.lesmedievales-hennebont.com; 10–24 Uhr; weitere Infos beim Office de Tourisme, 9, place Foch; Tel. 02 97 36 24 52

Info

Office de Tourisme Pays d'Hennebont

➤ [E 4] 9, place Foch, Hennebont; Tel. 02 97 36 24 52; tourisme.hennebont@wanadoo.fr, www.hennebont.net

ÎLE DE GROIX

2300 Einwohner, 0–48 m ü.d.M ➤ [D 5]
Weder mythisch wie die Insel Sein ist Groix noch glamourös wie Belle-Île. Statt Festung eine Konservenfabrik. Keine Luxusbleiben, sondern gemütliche Familienhotels. Und als Zugabe eine wahre mineralogische Schatztruhe, entstanden durch eine seltene Laune der Natur. An der Pointe des Chats wandelt man bei Ebbe auf 60 verschiedenen glänzenden Mineralien: roten Granaten, grau-silbernem Glimmerschiefer, blauen Glaukophanen, gelben oder grünen Epidoten. Haupteinnahmequelle war jedoch immer der Thunfischfang. Sogar auf der Kirchturmspitze dreht sich kein Wetterhahn,

sondern eine metallene Thunfischskulptur. Heute lebt die Insel vom Tourismus, wobei der Schwerpunkt auf naturnahem Reisen liegt. Sehr unterschiedliche Landschaften und abwechslungsreiche Küsten bietet Groix, dazu als belebtes Zentrum den Hafenort Port Tudy.

Hotels

Sémaphore de la Croix

Früher kontrollierte die Küstenwacht von hier aus den Bootsverkehr. Denn das »Sémaphore« bietet den besten Rundblick über das Meer, der heute den Hausgästen vorbehalten ist. Für Rundum-Erholung sorgen Garten, Terrasse und ein Jacuzzi angesichts der Weite des Meeres.
➤ [D 5] Mez Carnelet; Tel. 06 21 55 16 41; www.semaphoredelacroix.fr; 5 Zimmer ●●●
♿

Hôtel de la Marine

Direkt am Hafen liegt das charmante alte Bürgerhaus – ausgesprochen freundlich zeigt sich auch der Empfang. Hübsch eingerichtete einfache Zimmer, hervorragende Fischküche, bei Einheimischen beliebte Hotelbar. Im Sommer Terrasse.
➤ [D 5] 7, rue du Général de Gaulle, Groix; Tel. 02 97 86 80 05; www.hoteldelamarine.com; April–Sept. tgl., Okt.–März tgl. außer So abends/Mo; 22 Zimmer ●●–●

Essen und Trinken

Auberge du Pêcheur

Auf Schieferplatten serviert wird hier das Essen, häufig der traditionelle Thunfisch, beispielsweise mit Cidre und Zwiebeln. Sehr geschätzt bei Einheimischen und Fremden ist die Bar mit Billardtisch und

einem Sortiment von 100 verschiedenen Whiskys – die an der recht steilen Straße zwischen Hafen und Ortszentrum liegt.

➤ [D 5] Port Tudy, Groix; Tel. 02 97 86 56 92; http://aubergedupecheur.free.fr; 8 Zimmer ••

L'Écume des Jours

Alles, was traditionell ein Bistro ausmacht, wurde aufgenommen und neu interpretiert im »Schaum der Tage«: Dieses literarische Café ist Kommunikationszentrum für Inselbewohner und Touristen, bietet Nahrung für Körper und Kopf und Kultur in Form von literarischen Abenden, Konzerten, Ausstellungen oder Filmvorführungen. Außerdem werden Konfitüren und natürlich Bücher verkauft.

➤ [D 5] 3, place de l'Église; Tel. 06 33 58 04 16; Mo–Sa 9.30–12.30, 16–19.30, So 9.30–12.30 Uhr

Nicht achtlos rechts liegen lassen: die »Auberge du Pêcheur« – »Gasthof zum Fischer« auf der Île de Groix!

Sehenswertes

Ecomusée de Groix

Über alle Aspekte der Insel erfährt man hier einiges: den Alltag der Menschen zwischen 1870 und 1940, die Tradition des Thunfischfangs, die geologische Entstehung vor 400 000 Jahren und natürlich den reichen Schatz an Mineralien. Zudem organisiert das in einer ehemaligen Konservenfabrik untergebrachte Museum zahlreiche geführte Wanderungen, Workshops, Kurse und Bootsausflüge.

➤ [D 5] Port Tudy, Groix; Tel. 02 97 86 84 60; http://ecomusee.groix.free.fr; April–Juni, Sept.–Nov. tgl. außer Mo 10–12.30, 14–17, Juli/Aug. tgl. außer Mo 9.30–12.30, 15–19, Dez.–März Mi, Sa/So 10–12.30, 14–17 Uhr; Eintritt 4,50 €, Kinder 10–18 Jahre 2,10 €

Réserve Naturelle François Le Bail

Dieses 47 Hektar große Naturreservat wurde 1982 ins Leben gerufen, um Seevögel-Nistkolonien und mineralogische Schätze zu schützen. Es umfasst die Küstengebiete Pen Men-Beg Melen sowie Locqueltas und die Pointe des Chats.

➤ [D 5] Besucherzentrum Maison de la Réserve Naturelle, Le Bourg; Tel. 02 97 86 55 97; www.bretagne-vivante.asso.fr; Juni, Sept., frz. Schulferien tgl. außer So 10.30–12.30, Juli/Aug. Mo–Sa 10.30–12.30, 17.30–19, So 10.30–12.30, Okt.–Mai Sa 16–18.30 Uhr; Eintritt frei

Strände

An der »Plage des Sables Rouges« lohnt es sich, nach einem Sturm auf Schatzsuche zu gehen. Häufig sind Granate zu finden, die schon in der Antike als Schmuckstein genutzt wurden und im Mittelalter als Karfunkelstein beliebt waren.

Feinster heller Sand dagegen macht »Les Grands Sables« zum perfekten Badestrand, auch wenn die Form erstaunen mag. Dies ist einer der wenigen konvexen Strände Europas, der zudem ständig wandert: 160 Meter in zwei Jahren.

➤ [D 5]

Trou de l'Enfer

Dieses »Höllenloch«, eigentlich nichts weiter als eine tiefe Felsspalte, beeindruckte und erschreckte die Inselbewohner seit alters. Bei Sturm dröhnt und kracht es aus der Tiefe, sodass die Bretonen überzeugt waren, hier liege der Eingang zum Totenreich, das sie sich als versteckten unterirdischen Ozean vorstellten.

➤ [D 5]

Einkaufen
Le Comptoir de l'Île de Groix

Traditionelle Fischkonserven nach überlieferten lokalen Rezepten sind hier erhältlich – aus eigener Produktion. Denn das junge Unternehmen verarbeitet nur frisch gefangenen Fisch aus den Gewässern rund um die Île de Groix.

➤ [D 5] Mez Ker, Port Lay; Tel. 02 97 86 81 37; contact@groix-et-nature.com

Künstleratelier

Der Maler Jorge Vilain lebt und arbeitet seit 40 Jahren auf der Insel Groix. Seine Welt und seine Arbeiten sind in seinem Atelier zu entdecken.

➤ [D 5] 14, place Joseph Yvon, Groix; Tel. 02 97 86 58 82; http://www.ile-de-groix.com/ art_culture_groix/vilain.html

Am Abend
Le Bateau Ivre

Nach einem Gedicht des französischen Schriftstellers Arthur Rimbaud ist diese Taverne benannt. »Das trunkene Boot« liegt am Strand der früheren Inselhauptstadt Locmaria verankert und versteht sich als Atelier, Kulturzentrum und Bio-Bistro. Auf der Karte stehen Thunfischtarte, Biocidre oder hausgemachtes Eis. Außerdem werden Konzerte und Filmvorführungen organisiert.

➤ [D 5] Locmaria; Tel. 02 97 86 53 16; im Sommer tgl.

Pop's Tavern

Zum Boule-Spielen trifft man sich hier genauso wie zum Entspannen auf der Terrasse. Serviert werden Getränke und belegte Brote.

➤ [D 5] Locmaria; Tel. 02 97 86 83 95; dbgroix@wanadoo.fr; tgl. 9–1 Uhr

Ty Beudeff

Generationen von Fischern und Freizeitkapitänen haben sich in dieser Bar an der Straße zwischen Hafen und Ortszentrum ausgetauscht über ihr Leben und ihr Tun.
➤ [D 5] 45, Rue du Général de Gaulle, Port Tudy; Tel. 02 97 86 80 73; tgl. 18–2 Uhr

Feste

Fête de la Mer

An jedem letzten Wochenende im Juli feiert die Insel Groix ausgelassen das Meer mit Musik und Tanz.
➤ [D 5] Infos beim Office de Tourisme, Port Tudy; Tel. 02 97 84 78 00; www.lorient-tourisme.fr

Festival du Film Insulaire

Inselfilme im ursprünglichen oder übertragenen Sinn stehen seit dem Jahr 2000 im Mittelpunkt dieses alljährlich Ende August stattfindenden Festivals. Einzelheiten über die Jury, die früheren Festivals und die Preisträger der letzten Jahre findet man auf der Internetseite.
➤ [D 5] Tel. 08 92 69 26 94; www.film insulaire.com; Ende Aug.; Tickets ab 7 €

Info

Office de Tourisme de l'Île de Groix

➤ [D 5] Port Tudy; Tel. 02 97 84 78 00 oder 02 97 86 53 08; http://groix.tourisme.free.fr, www.lorient-tourisme.com; Anf. April–Anf. Juli, Ende Aug.–Ende Sept. Mo–Sa 9–12.30, Mo–Fr 14–17.30, So 9.30–11.30, Anf. Juli/ Ende Aug. Mo–Sa 9–13, 14.30–18, So 10– 13, Ende Sept.–Anf. Nov. Di–Sa 9–12 Uhr

LORIENT

65 000 Einwohner, 16 m ü.d.M. ➤ [E 4]

Lorient, das unbekannte Wesen, könnte man titeln. Riesige Betonklötze und eher hässliche graue Straßenzüge im Einheitsbaustil der 1950er-Jahre galten bis vor einigen Jahren als das Hauptkennzeichen dieser drittgrößten Stadt der Bretagne, die als deutsche U-Boot-Basis im Zweiten Weltkrieg von den Alliierten völlig zerbombt wurde. Seit Kurzem erst zeigt Lorient mit einem einzigartigen Segelzentrum und der neu angelegten Ufermeile im früheren Militärsperrgebiet eine überraschende Schokoladenseite. Viele junge Leute fühlen sich in der lebendigen Stadt wohl. Interessanter als das moderne Stadtzentrum sind für Besucher allerdings die eingemeindeten Orte rund um die weite Bucht von Lorient, insbesondere Port-Louis, das seine historischen Festungsmauern bewahren konnte.

Hotels

Zahlreiche große Hotelketten sind in Lorient vertreten – jede in ihrer Art sicher empfehlenswert, aber keine in irgendeiner Weise originell. Für individuelleres Wohnen holt man sich beim Touristenbüro eine Liste der Gästezimmer oder wählt gleich eine der charaktervollen Herbergen rund um die Bucht von Lorient.
➤ [E 4] Infos beim Office de Tourisme, quai de Rohan, Maison de la Mer; Tel. 02 97 84 78 00; www.lorient-tourisme.com

Château de Locguénolé

Ein Schloss in traumhafter Lage über einer kleinen Bucht, in der die Segelboote

Das traumhafte Château de Locguénolé liegt am Blavet, dort wo sich der Flusslauf öffnet, um bald darauf im Atlantik aufzugehen.

schaukeln und zu der sich eine weite, englisch-grüne Rasenfläche sanft neigt. Fast privat wirkt das von einem Park umgebene Schlosshotel durch die Vielzahl kleiner Salons – mit goldgerahmten Spiegeln und Gemälden, alten Tapisserien, Holztäfelung und komfortablen Sesseln. Ähnlich auch das Ambiente für kulinarische Genüsse im Hotelrestaurant (ein Stern im »Guide Michelin«).

➤ [E 4] Route de Port-Louis, Kervignac (bei Hennebont); Tel. 02 97 76 76 76; www.chateau-de-locguenole.com; Anf. Jan.–Mitte Feb. geschl.; 22 Zimmer ●●●●

Le Phare de Kerbel

Wer schon immer davon träumte, einmal als Leuchtturmwärter losgelöst vom Alltag des Festlandes zu leben, kann einen echten Leuchtturm mitsamt Wärterwohnung und kleinem Pool mieten. Hinter hohen Mauern wird man sicher von niemandem gestört, wenn man vom Zimmer hoch oben auf die zerklüftete Küste und den Atlantik dahinter schaut ... Die Besitzer leben allerdings nicht vor Ort, eine Spontananmietung ist daher nicht möglich. Unbedingt vorher reservieren!

➤ [E 5] Route de Port-Louis, Riantec; Tel. 06 08 21 37 74; www.pharedekerbel.com ●●●

Essen und Trinken
L'Amphitryon

Für Feinschmecker und Ästheten die Adresse in Lorient, die auch der Restaurantführer »Guide Michelin« mit zwei Sternen adelte. Jeder Tisch ist mit anderem Limoges-Porzellan gedeckt. Exquisit und ideenreich, berühmt für ungewöhnliche Zusammenstellungen ist auch die Küche von Jean-Paul Abadie.

➤ [E 4] 127, rue du Colonel Jean Muller; Tel. 02 97 83 34 04; www.amphitryon-abadie.com; tgl. außer So/Mo, 1. Mai-Hälfte, 1. Sept.-Hälfte geschl. ••••

Jardin Gourmand

Kulinarische Höhenflüge weiblicher Intuition (am Herd steht Nathalie Beauvais) verspricht dieses elegant eingerichtete Lokal mit Innenhof, das für sein exzellentes Preis-Leistungs-Verhältnis berühmt ist. Reservieren empfohlen!

➤ [E 4] 46, rue Jules Simon; Tel. 02 97 64 17 24; www.jardin-gourmand.fr; So abends, Mo, Di, Feb. und Anf. Sept. geschl. •••

Le Bistroy

Sehr sympathisch wirkt das nette Restaurant gleich neben dem kleinen Hafen. Viel Holz, im Zentrum ein moderner Kamin, das Menü auf einer Tafel notiert und je nach Marktangebot täglich neu. Sehr beliebt bei Einheimischen wegen des hohen Niveaus bei günstigen Preisen.

➤ [E 5] 18 bis, rue de Locmalo, Port-Louis; Tel. 02 97 82 48 41; Juli/Aug. tgl. außer So abends/Mo, sonst tgl. außer Mi/Do, So abends ••

Er Boatez Toul

Der Koch setzt seine Ehre daran, nur lokale Produkte der jeweiligen Saison auf den Tisch zu bringen. So überrascht er seine Gäste immer wieder mit neuen Kreatio-

nen, vor allem aber mit gleichbleibend freundlichem Empfang. Crêpes und über dem Holzfeuer gegrilltes Fleisch, aber auch Gemüsegerichte sind seine Spezialität. Bretonischer Landhausstil, echt rustikal.

➤ [E 5] Rue de Kervern, Locmiquélic (zwischen Lorient und Port-Louis); Tel. 02 97 33 41 22; tgl. außer So abends/ Mo mittags •

Sehenswertes

Base de Sous-Marins de Kéroman

Für die deutsche U-Boot-Flotte ließ Admiral Dönitz ab 1940 innerhalb von nur 23 Monaten drei immense Bunkerblocks aus dem Boden stampfen, die sich bis

Interaktiv, faszinierend, greifbar: Die »Cité de la Voile Éric Tabarly« vermittelt Landratten die Welt des Segelns und die Macht der Meere.

Citadelle de Port-Louis

Gewaltig erhebt sich die Festung aus dem Meer, die 1590 erbaut wurde, um den Eingang der großen Hafenbucht zu schützen. Grandios ist der Blick auf die Küste gegenüber mit der Stadt Lorient einerseits, auf das Meer und die Insel Groix andererseits. In den alten Militärgebäuden beherbergt die Zitadelle ein interessantes kleines Museum über Geschichte und Gegenwart der Rettung auf See, vor allem aber das 2007 neu gestaltete Musée de la Compagnie des Indes (s. u.).
➤ [E 4]

Cité de la Voile Éric Tabarly ⑥

Dem Thema Segeln, aber auch der metaphysischen Beziehung zwischen Mensch und Meer gewidmet ist dieses spielerisch-informative Museum, gestaltet in futuristischer, ökologisch bewusster Architektur. Taufpate stand der populäre französische Weltumsegler Éric Tabarly, dessen Faszination für Meer, Bootsbau, Umwelt und natürlich Segelsport teils virtuell mit Computeranimationen teils ganz real mit Bootsmodellen vermittelt wird. Originelles findet man im angeschlossenen Museumsshop – beispielsweise Designertaschen aus gebrauchtem Segeltuch.
➤ [E 4] Rue Bourély, Base de Sous-Marins de Kéroman; Tel. 02 97 65 56 56; www.cite voile-tabarly.com; Juli/Aug. tgl. 10–20, sonst tgl. außer Mo 10–18 Uhr, Anf. Jan.– Anf. Feb. geschl.; Eintritt 11/8 €, Kinder bis 5 Jahre frei

heute als unzerstörbar erwiesen. Seit die französische Marine zu Beginn dieses Jahrtausends die Basis räumte, kann jeder an einer Führung durch den dritten, 170 Meter langen und 142 Meter breiten Block »K-3« teilnehmen. Gewaltig und erschreckend wirkt der Bau selbst – genauso wie die Details über die Funktionsweise der U-Boot-Basis.
➤ [E 4] Info-Point zwischen Capitainerie und Musée; Führungen auf Französisch So 14.30, frz. Schulferien tgl. 14.30 Uhr; Eintritt 7,50/4 €, Kinder bis 12 Jahre frei; weitere Infos beim Office de Tourisme, quai de Rohan; Tel. 02 97 84 78 00; www.lorient-tourisme.fr

Musée de la Compagnie des Indes

Faszinierend, wie diese staatliche Handelsgesellschaft im 17. und 18. Jahrhundert die französische Wirtschaft, Politik und auch Mode beeinflusste. Hunderte von Schiffen verließen damals in ihrem Auftrag Lorient auf der »Route des Indes«. Von dieser Epoche zeugen originalgetreue Schiffsmodelle, alte Meereskarten, antike Waffen, wertvolle Handelsgüter aus Fernost. Übrigens verdankt Lorient auch seinen Namen der Kompanie: Hier baute sie ihre Schiffe, das erste trug den Namen »Soleil de l'Orient« – weshalb die Arbeiter einst sagten: »On va travailler à l'Orient«, also: »Wir gehen zur l'Orient.«

➤ [E 5] La Citadelle, Port-Louis; Tel. 02 97 82 19 13; http://musee.lorient.fr; Feb.–April, Sept.–Mitte Dez. tgl. außer Di 13.30–18, Mai–Aug. tgl. 10–18.30 Uhr, Mitte Dez.– Ende Jan. geschl.; Eintritt 5,50/4 €, Kinder bis 18 Jahre frei

Musée Sous-Marin du Pays de Lorient

In den Block K-1 der alten U-Boot-Basis ist ein privates Museum eingezogen, das mit historischen Filmen, Fotos und Dokumenten über U-Boote, aber auch über Schiffbrüche und Seenotrettung erzählt.

➤ [E 4] Tour Davis, Base de Sous-Marins de Kéroman; Tel. 06 07 10 69 41; www.tour-davis.com; Juli/Aug. tgl. 13.30–18.30, sonst So 14–18 Uhr

Einkaufen

Atelier Verre-Mer

Originell und hübsch sind Spiegel, Lampen, Schmuckstücke aus buntem Glas, in das Muscheln und andere Naturmaterialien eingearbeitet wurden.

➤ [E 4] 9, rue de la Marine; Tel. 02 97 82 57 90; bea.bauer@free.fr; Juli/Aug. tgl.

Breizh Lipous

Dieses bretonische Delikatessengeschäft verkauft außer Leckereien auch Geschirr, Tischdecken, Servietten und hübschen Schmuck regionaler Kunsthandwerker.

➤ [E 4] 37, cours de la Bôve; Tel. 02 97 64 33 00; Di–Sa 10–13, 14–19.30, Mo 14–19.30 Uhr

Le Troquet Broc

Hübschen Trödelkram gibt es hier, auch Fahrräder zu leihen und bretonisches Bier zu trinken. Der Laden ist leicht zu finden, gleich gegenüber dem inzwischen zum Feriendomizil gewandelten Leuchtturm Kerbel. Weit über die Ortsgrenzen hinaus ist das Trödelcafé inzwischen bekannt.

➤ [E 5] 54, route de Port-Louis, Riantec; Tel. 02 97 82 20 70; letroquetbroc@wanadoo.fr; Di–Fr, So 14–19, Sa 10–19 Uhr

Am Abend

Wie könnte es anders sein in einer Stadt mit nicht weniger als sechs Häfen und vielen jungen Leuten: Auch abends treffen sich Einheimische am liebsten am Meer. Entweder am Quai des Indes in der Stadt, dem Zentrum des Nachtlebens. Oder am Handelshafen (»Port de Commerce«), wo eine ganz eigene faszinierende Stimmung herrscht mit Lichtern, Kränen und Frachtschiffen aus aller Welt.

➤ [E 4] Quai des Indes; Port de Commerce

Alto

Ein beliebtes Abendlokal, besonders frequentiert nach Veranstaltungen im Grand

Théâtre daneben, einem futuristisch anmutenden Kulturzentrum, das von Henri Gaudin konzipiert wurde und in abstrakter Form ein Segelboot mit vom Wind geblähten Segeln darstellt.

➤ [E 4] Grand Théâtre, place de l'Hôtel de Ville; Tel. 02 97 84 07 58; www.lalto.fr; tgl. außer So/Mo 12–14.30, 19–22 Uhr

La Base
Einer der beliebtesten Treffpunkte am Abend ist dieses Bistro, innen ganz modern, davor ein strandähnlich angelegter Garten mit weißen Steinchen und Küstenpflanzen. Zu essen gibt es Fleisch- und Fischspieße oder Austern.

➤ [E 4] Base Sous-Marine, Z.A. Kéroman; Tel. 02 97 88 01 93; www.labaselorient.fr; Mo–Sa 9.30–1, So 10–1 Uhr

Le Cargo Sentimental
Auf der Terrasse kann man sich die frische Meeresbrise um die Nase wehen lassen und den Schiffsverkehr in der Bucht beobachten. Inzwischen ist das Lokal eine Institution in der Südbretagne.

➤ [E 5] 34, rue Port, Locmiquélic; Tel. 02 97 84 51 51; www.lecargosentimental.com

Chez Mamm Kounifl
Bretonische Flaggen, bunt gemischtes Mobiliar von Booten und aus Fischerhäusern: Hier ist Stimmung garantiert, ob mit oder ohne Musik. Der Garten wirkt wie ein Schiffsdeck. Jedes Wochenende gibt es Gratiskonzerte, Tanzkurse oder auch Stricknachmittage.

➤ [E 5] Route de Port-Louis, Locmiquélic; Tel. 02 97 33 92 37; www.mamm-kounifl.fr; tgl. 9–1 Uhr •

Feste
Avis de Temps Fort
Anfang Mai steht die historische Altstadt drei Tage lang im Zeichen der Straßenkunst. Mit Musik, Tanz, Zirkus und natürlich Theater auf allen Gassen und Plätzen in und um Port-Louis.

➤ [E 4] 1, rue de la Citadelle; Tel. 02 97 84 78 00; www.lorient-tourisme.fr, www.ville-portlouis.fr; Anf. Mai

Ausflüge
Längst ist die Stadt Lorient über ihre eigentlichen Grenzen hinausgewachsen und mit dem Umland verschmolzen. Dieses »Pays de Lorient« zeigt sich überaus vielfältig mit einem breit gefächerten Angebot von Sport, Kultur und Geschichte. Statt mit dem Auto rund um die Bucht zu kutschieren, empfiehlt sich der »Batobus« (Bootsbus) zwischen Port-Louis und Lorient, die »billigste Minikreuzfahrt der Welt« – so lautet der Werbeslogan dieses öffentlichen Verkehrsmittels.

➤ [E 4/5] Transports en commun de Cap L'Orient, Gare d'Echanges, Cours de Chazelles; Tel. 02 97 21 28 29; www.ctrl.fr; Mo–Fr 8–18.30, Sa 8.30–12.30, 13.30–18 Uhr

La Cour des Métiers d'Art
Ein breites Spektrum von Kunst aus Keramik, Holz, Stein, Leder, Glas und mehr ist hier geboten. Eintritt kostenlos.

➤ [D 4] 8, rue Prince de Polignac, Pont-Scorff; Tel. 02 97 32 55 74; Juli/Aug. Di–So 10–12, Di–Sa 14–19 Uhr

Maison de l'Île Kerner
Weder Land noch Meer – oder beides gleichzeitig. Jedenfalls ist man bei der

ausgesprochen zerklüfteten Küste nie ganz sicher, wo sie aufhört oder anfängt zwischen Marschland, Heide, sonnengelb blühenden Ginsterbüschen und violettem Algenteppich. Über Geologie, Flora, Fauna und die menschlichen Aktivitäten wie Austernzucht erfährt man alles in der Maison de l'Île Kerner. Klein wirkt dieses Besucherzentrum auf den ersten Blick, aber sehr fein! Ein Lob gebührt der interaktiven und ästhetisch ansprechenden Ausstellung. Außerdem werden Kajaktouren, geführte Wanderungen und Vogelbeobachtungen organisiert.

➤ [E 5] Rue de la Grève, Riantec; Tel. 02 97 84 51 41; www.maison-kerner.fr; Mai/Juni, Sept. Di–Fr, 9–12.30, 14–18, Sa–Mo 14–18, Juli/Aug. tgl. 10–19 Uhr; Eintritt 4,10/3,20 €

L'Odyssaum

Eine museale und reale Entdeckungsreise zu den bretonischen Lachsen für Naturfreunde jeden Alters! Der Scorff ist nur einer von 62 Lachsflüssen der Bretagne und steht unter Naturschutz. Alles über den »Königsfisch« Lachs erfährt man hier auf unterhaltsame Weise.

➤ [D 4] Moulin des Princes, Pont-Scorff; Tel. 02 97 32 42 00; www.odyssaum.fr; Mai/Juni, Sept. Di–Fr 9.30–12.30, 14–19, Sa/So 14–18, Juli/Aug. tgl. 10–19, frz. Schulferien Mo–Fr 9.30–12.30, 14–18, Sa/So 14–18 Uhr; Eintritt 5,70/4,30 €

Pont-Scorff

Grüne Luftballons an historischen Steinhausfassaden laden nicht etwa zum Kindergeburtstag ein, sondern zur Besichtigung von Künstlerateliers. Das hübsche Dorf Pont-Scorff mit seinen 3110 »scorvi-pontains« hat als Künstlerort ein zweites Leben angetreten. 27 Ateliers stellt die Gemeinde in einem Auswahlverfahren Malern, Bildhauern, Glasbläsern, Möbel- und Schmuckdesignern zur Verfügung und sorgt mit interessanten Ausstellungen und geschickt platzierter Werbung auch für einen ständigen Besucherstrom von Neugierigen, Kennern und Käufern. Der Schwerpunkt liegt hier auf moderner zeitgenössischer Kunst.

➤ [D 4] Office de Tourisme de Pont Scorff, 19, rue de Langle de Cary (Winter), Route de Lorient (Sommer); Tel. 02 97 32 50 27; www.pont-scorff.com

Port-Louis

Das Alter Ego von Lorient liegt gleich gegenüber, am anderen Ufer der Bucht. Die 2800 Einwohner von Port-Louis sind stolz auf die historischen Gebäude, die in Jahrhunderten gewachsene Altstadt, die mächtige und ästhetisch ansprechende Zitadelle, die der modernen Militäranlage in Form der hässlichen U-Boot-Basis aus Beton die Stirn bietet.

➤ [E 5] Office de Tourisme de Port-Louis, 1, rue de la Citadelle; Tel. 02 97 84 78 00; www.lorient-tourisme.fr; Di/Mi, Fr 10–12.30, 14–17.30, Do, Sa 10–12, Anf. Juli–Ende Aug. Mo–Sa 10–12.30, 14–17.30 Uhr

Info

Office de Tourisme du Pays de Lorient

➤ [E 4] Quai de Rohan, Maison de la Mer; Tel. 02 97 84 78 00; www.lorient-tourisme.fr; April–Juni, Sept. Mo–Fr 10–12, 14–17, Sa 10–13, 14–17, Juli/Aug. Mo–Sa 9.30–13, 14–19, So 10–13, Okt.–März Mo–Fr 10–12, 14–17, Sa 10–12 Uhr

PONT-AVEN

3000 Einwohner, 102 m ü.d.M. ➤ [D 4]

Das Städchen Pont-Aven war zumindest zeitweise die künstlerische Heimat vieler Maler. Ein friedlicher Platz mit Mühlen, poetischen Wasserfällen und einer alten Römerbrücke über den Fluss Aven. Ein Ort, der dank seines geschützten Hafens von Handelsschiffen lebte. Keine besonderen Vorkommnisse – bis zum letzten Jahrzehnt des 19. Jahrhunderts. Es begann damit, dass ein Maler namens Jobbe-Duval seinem Freund und Kollegen Paul Gauguin (1848–1903) erzählte, er kenne da ein »petit trou pas cher« – ein kleines preiswertes Loch – in der Südbretagne, gut erreichbar mit der Eisenbahn. Für mittellose Künstler sollte diese Aussage geradezu magnetische Wirkung entfalten: Im Sommer 1886 stellte der

damals noch weithin unbekannte Gauguin erstmals die Staffelei in Pont-Aven auf und begründete die Malerschule von Pont-Aven, die bis heute Künstler und Touristen in das Städtchen lockt.

Hotels

Les Ajoncs d'Or

In diesem traditionellen Gasthof im Stadtzentrum – alles korrekt, aber nicht besonders fantasievoll hinter der weißen Fassade mit den blauen Fensterläden – stiegen einst schon Paul Gauguin, Henri Matisse und O'Connor ab. Ihre Namen zieren die kürzlich renovierten, eher kleinen Zimmer. Gutes Preis-Leistungs-Verhältnis – das gilt sowohl für das Hotel als auch für das angeschlossene Restaurant.

Vor seinem Aufenthalt in Polynesien fand Paul Gauguin in Pont-Aven das einfache Leben.

ESSEN UND TRINKEN
⭐ 17 DÎNER CULTUREL

Die Tische sind gedeckt, die Gäste vorgefahren. Der Hausdiener hat die Autos hinter dem Nebengebäude geparkt, sodass nichts den Blick aus dem Fenster stört, der über eine breite Terrasse hinabschweift in den großzügigen Park mit mächtigen Baumriesen, Blumenwiesen und gefälligen Beeten.

Damen im Abendkleid, Herren im Smoking betreten den Salon oder die Bühne. Man nimmt Platz, nippt am Haus-Aperitif »broërec«, einem Cocktail aus bretonischem Honigmet, oder »chouchen«, lokalem Cidre und Cointreau. Beim Studium des Menüs verstummt die Konversation, eine elegante junge Pianistin setzt sich an den Flügel, greift in die Tasten. Vier gut aussehende Sänger folgen, stimmen Arien von Verdi, Mozart und französischen Komponisten an, wobei sie einige Szenen andeutungsweise zwischen

WEGWEISER ⭐ 17

Domaine de Kerbastic
➤ **[D 4]** Route de Locmaria, Guidel; Tel. 02 97 65 98 01; www.domaine-de-kerbastic.com
Mitte Nov.–Mitte Feb. geschl.; 17 Zimmer ••••
Drei-Gänge-Menü »Dîner Bel Canto« nur mit Reservierung

den speisenden und lauschenden Gästen mimen. Papageno und Papagena, Otello und Desdemona, Carmen und Don José – Sopran, Mezzosopran, Tenor und Bariton – mischen sich unter die Tafelnden, plaudern über Oper, Musik, Kultur und natürlich die **Domaine de Kerbastic.** Hier waren schon immer nicht nur der Adel, sondern auch die Kultur zu Hause, denn das Schloss beherbergte im Laufe seiner Geschichte so illustre Persönlichkeiten wie Jean Cocteau, Igor Strawinsky, Arthur Rubinstein und Marcel Proust.

Seit 2008 öffnet der alte Familienbesitz seine Tore außer Künstlern auch zahlenden Gästen, die feudale Unterkünfte und stilvolles Speisen zu schätzen wissen, genauso wie das Gefühl, hier – zumindest vorübergehend – als Prinz oder Prinzessin zu Hause zu sein. Die »echte« Princesse de Polignac reist hin und wieder vom Familienstammsitz in der Auvergne an, um die zahlreichen kulturellen Veranstaltungen in und um Kerbastic zu organisieren. Denn die alteingesessene französische Adelsfamilie Polignac fühlt sich als Mäzen – berufen, den Dialog zu fördern zwischen Kulturbesitz, Kunst und Gesellschaft. Sie begründete vor rund 25 Jahren das Musikfestival Polignac im Nachbarort Guidel, organisiert im wunderschönen Ambiente des Familienbesitzes rund ums Jahr Konzerte und Kolloquien, hin und wieder auch eine Masterclass für begabte junge Talente. Und einmal im Monat lädt Kerbastic zum »Dîner Bel Canto« ... ein magisches Erlebnis!

➤ [D 4] 1, place de l'Hôtel de Ville; Tel. 02 98 06 02 06; www.ajoncsdor-pontaven.com; Restaurant: tgl. außer So, außerhalb der Saison tgl. außer So/Mo; 14 Zimmer ••

La Chaumière Roz-Aven

Romantik pur erleben Gäste des besten Hotels vor Ort. Ein Teil der Unterkünfte ist im traditionellen Granithaus aus dem 16. Jahrhundert unter einem malerischen Strohdach untergebracht, die anderen befinden sich im modernen Anbau. Von der Terrasse aus blickt man auf Wasser und Boote im Flusshafen.

➤ [D 4] 11, quai Théodore Botrel; Tel. 02 98 06 13 06; www.hotelpontaven.com; Restaurant: tgl. außer Di; Hotel: Anf. Jan.–Anf. Feb. geschl.; 15 Zimmer •• ♿

Les Mimosas

Für mimosenhaft lärmempfindliche Besucher empfiehlt sich dieses sympathische Hotel. Es liegt etwas abseits vom Trubel, ruhig am Ende des Freizeithafens, mit hübscher Terrasse und Blick auf den Fluss und die darauf schaukelnden Boote und bietet auch ein gemütliches Lokal.

➤ [D 4] 22, square Théodore Botrel; Tel. 02 98 06 00 30; www.hotels-pont-aven.com; Mitte Nov.–Mitte Dez. geschl.; 10 Zimmer ••

Essen und Trinken

Domaine de Kerbastic [17]

(→ Der gute Tipp von MERIAN, S. 232)

Le Moulin de Rosmadec

Die alte Mühle in romantischer Lage am Flussufer, gleich neben der malerischen Steinbrücke und den heute von Seerosen und anderen Wasserpflanzen überwu-

cherten Waschbassins wurde bereits im Jahr 1931 zum Restaurant ausgebaut. Heute gilt es als das schickste und beste Lokal vor Ort (ein Stern im »Guide Michelin«). Schöne Terrasse mit Garten.

➤ [D 4] Venelle de Rosmadec; Tel. 02 98 06 00 22; www.moulinderosmadec.com; tgl. außer Do/Mo mittags, im Winter tgl. außer Do/Mo mittags/So abends ••••

Sur le Pont

Das preiswertere und hochmodern eingerichtete Zweitlokal des ehrenwerten »Moulin de Rosmadec«. Im Gegensatz zum romantischen »Mutter-Restaurant« in kühlen Beigetönen und Techno-Stil, doch mit derselben kulinarischen Qualität.

➤ [D 4] 11, place Paul Gauguin, Tel. 02 98 06 16 16; www.moulinderosmadec.com; tgl. außer Mi, im Winter tgl. außer Mi und So abends •••

Sehenswertes

Chapelle de Trémalo

Das tief gezogene Dach der Granitkapelle aus dem 16. Jahrhundert scheint mit der Erde verwachsen zu wollen, die Vegetation ringsum umfasst sie wie eine Oase. Ein magischer Ort, dessen Charme schon Paul Gauguin bezirzte. Der farbige Holzchristus im Innern (17. Jahrhundert, linke Wand des Kirchenschiffes) inspirierte den Maler zu seinen Bildern »Le Christ Jaune« (»Der gelbe Christus«) sowie »Autoportrait au Christ Jaune« (»Selbstportrait mit gelbem Christus«).

➤ [D 4] Bois d'Amour, 1 km nördl. von Pont-Aven; tgl. 10–17.30, Sommer 10–18.30 Uhr; Pardon: So nach Sainte-Anne; Messe: 11 Uhr, Fackelprozession abends

Musée Municipal des Beaux-Arts

Und mag er noch so klein sein: Ein Künstlerort wie Pont-Aven, der einer ganzen Malergruppe seinen Namen gab, braucht natürlich ein richtiges Museum. Seit 1985 erfahren Besucher hier alles über die »École de Pont-Aven«, deren Entwicklung und Bedeutung für die Kunstgeschichte. Auch einige Originalwerke von Gauguin, Sérusier und den anderen Malern von Pont-Aven sind zu bewundern.

➤ [D 4] Place de l'Hôtel de Ville; Tel. 02 98 06 14 43; www.pontaven.com/art/web/musee. html; Feb.–Juni, Sept.–Dez. tgl. 10–12.30, 14–18, Juli/Aug. bis 19 Uhr; Eintritt 4,50/2,50 €

Einkaufen

Biscuiterie Isidore Penven

1890 erfand der Bäcker Isidore Penven die berühmten »galettes de Pont-Aven« aus butterreichem Mürbteig. Einst hat man sie am heimischen Herd gebacken und im Tante-Emma-Laden verkauft, heute werden sie von rund 30 »biscuiteries« und einigen Kleinbäckereien hergestellt und in hübschen Blechdosen mit bretonischen Motiven verpackt.

➤ [D 4] Z.A. Kergazuel; Tel. 02 98 06 05 87; Fabrik Mo–Fr 8.30–12.30, 13.30–17 Uhr

Glaskunstatelier

Die Zeit, die Pflanzenwelt, Mikroorganismen und der Raum – das sind die Themen von Julie Garcia. Mit Fotoapparat und Zeichenstift fixiert sie ihre Motive, die sie dann in Glasobjekte umwandelt: bunte Fenster, Schmuckstücke und Wohnungsdekoration.

➤ [D 4] 9, rue du Bourgneuf, Quimperlé; Tel. 06 22 47 54 26; rouliettag@wanadoo.fr

Idées

Außergewöhnliche kunsthandwerkliche Souvenirs und hübsche Einrichtungsgegenstände kann man hier erwerben. Von Holzvögeln über originale Lampen und Küchenutensilien bis zu Teppichen und Möbeln reicht das Sortiment.

➤ [D 4] 4–6, rue Emile Bernard; Tel. 02 98 06 03 78; www.idees.fr; Mo 14–19, Di–Sa 9–12.30, 14–19, So/Fei 11–12.30, 15–19 Uhr

Feste

La Fête des Fleurs d'Ajonc (Ginsterblütenfest)

Dieses erste Folklorefest der Bretagne wurde 1905 vom Sänger Théodore Botrel begründet. Er wollte mit diesem Event »die Bretagne durch ihre Trachten, Lieder, Tänze und alten Bräuche glorifizieren« und durch Verteilung der Gewinne an die Armen des Landes »das Elend lindern«.

➤ [D 4] Infos beim Comité des Fleurs d'Ajonc; Tel. 02 98 09 13 81; http://pagesperso-orange. fr/fetefleursajonc; 1. So im Aug.

Mürbteig mit guter Butter: »Galettes de Pont-Aven« sind die besten Kekse der Bretagne.

geldlose Künstler wie Paul Gauguin, Paul Sérusier oder Emile Jourdan. Für Speis und Trank hinterließen sie im Lokal Gemälde, für die Unterkunft bemalten sie Türen, Fenster und Decke. Die Originale dieser 130 Arbeiten von 1889 bis 1893 – bekannt als »Collection Marie Henry« – sind schon lange in alle Welt verstreut. Doch im Nachbarhaus hat man das frühere Lokal mit den Kunstwerken rekonstruiert und eine sehr poetische Atmosphäre geschaffen, in der noch die Seelen dieser Künstler und Wegbereiter der modernen Kunst zu hausen scheinen.

➤ [D 4] Le Pouldu, 20 km südöstl. von Pont-Aven; Maison Marie Henry, 10, rue des Grands Sables, Le Pouldu, Clohars-Carnoët; Tel. 02 98 39 98 51; www.cloharscarnoet.com; April/Mai, Okt.–Mitte Nov. Do–So 14–18, Juni, Sept. Mi–So, Juli/Aug. tgl. 10.30–12.30, 15–19 Uhr; Mitte Nov.–Anf. April geschl.; Eintritt 5 €, Kinder bis 18 Jahre 3,50 €

Spaziergang

Ein schöner Weg mit romantischen Blicken auf alte Mühlen und halb überwachsene Felsbrocken geht vom Stadtzentrum den Fluss Aven entlang bis zum Meer. Oder aber stromaufwärts durch das schon bei den Malern der »École de Pont-Aven« für Schäferstündchen und romantische Winkel beliebte »Liebeswäldchen« (»Bois d'Amour«). Die nach einem lokalen Dichter benannte »Promenade Xavier Grall« am Fluss Aven führt durch das eindrucksvolle »Granit-Chaos« mit von Regen, Wind, Erosion und Strömung bizarr geformten Riesengranitblöcken.

➤ [D 4]

Ausflüge
Le Pouldu

Das Zepter im »Café de la Plage«, früher »Buvette de la Plage«, führte Marie Henry (1859–1945), mit Spitznamen Marie Poupée (Puppen-Marie). Zu den Gästen zählten so illustre und damals stets bar-

Info
Office de Tourisme de Pont-Aven

➤ [D 4] 5, place de l'Hôtel de Ville; Tel. 02 98 06 04 70; www.pontaven.com; Mo–Sa 10–12.30, 14–18 Uhr

QUIBERON (KIBEREN)

5000 Einwohner, 0–33 m ü.d.M. ➤ [E 5]
Zwei Gesichter hat die »Halbinsel des Müßiggangs«: Das eine ist nach innen gerichtet, auf die Shoppingzeilen und Straßencafés eines typischen Seebades; das andere muss an der zerklüfteten fel-

sigen Côte Sauvage, der »wilden Küste«, tagtäglich mit den Naturgewalten des Atlantiks kämpfen. Dieses Wechselspiel fasziniert, sodass zur Hochsaison Tausende von Feriengästen diese Hochburg des klassischen Bretagne-Urlaubs erstürmen. Dann gleicht die 15 Kilometer lange Zufahrtsstraße über die Landzunge oft einem riesigen Parkplatz, so dicht, lang und stockend sind die Autoschlangen. Also reist man entweder mit dem Zug an, oder macht sich ganz früh am Morgen oder spätabends auf den Weg.

Hotels
Hôtel des Deux Mers
Wie in seiner ganz privaten Ferienvilla soll man sich in diesem Hotel fühlen, daran liegt dem sympathischen Besitzerpaar. Fast griechisch anmutend die Zimmer (ohne Fernseher), voller Farben- und Formenfreude die Veranda im Jugendstil, mediterran die Terrasse unter Pinien, dahinter gleich das Meer. Ein Urlaubstraum!
➤ [E 5] 8, avenue Surcouf, Penthièvre Plage, Saint-Pierre-Quiberon; Tel. 02 52 33 75; www.hotel-des-deux-mers.com; Anf. April– Anf. Nov.; 14 Zimmer ••

Essen und Trinken
Le Petit Hôtel du Grand Large
Nomen est omen: Das kleine Hotel am großen weiten Meer besticht durch seine gekonnt stilisierte Einfachheit. Nichts soll ablenken vom Blick durch die großen Fensterscheiben auf den malerischen Hafen und den Atlantik dahinter. Dazu die gelungene kulinarische Kombination von natürlichen Produkten der Bretagne und exotischen Zutaten.

Die Skulptur der Meerjungfrau im Hafen von Quiberon greift verblichene Mythen auf.

➤ [E 5] 11, quai d'Ivy, Saint-Pierre-Quiberon; Tel. 02 97 30 91 61; www.lepetithoteldu grandlarge.fr ●●●

Einkaufen
Chocolatier Henri Le Roux

Typisch und seit Jahrzehnten höchst beliebt sind die »niniches de Quiberon«, schmale Lutscher mit Karamell- oder Fruchtaroma in 46 Geschmacksrichtungen. Als »beste Bonbons Frankreichs« wurden die Produkte dieses Confiseurs ausgezeichnet – darunter auch die »salidou«, mit salziger Butter hergestellte Karamellbonbons. Das bretonische Traditionsunternehmen ist seit 2006 in der Hand des japanischen Keksfabrikanten Yoku Moku.

➤ [E 5] 18, rue de Port-Maria; Tel. 02 97 50 06 83; www.chocolatleroux.com; tgl. außer So/Mo 10–12.15, 15–19 Uhr

Diane Loranchet

Aus angeschwemmten Holzstücken macht Diane Loranchet originelle Dekorationsstücke. Jedes Kunstobjekt ist einmalig und handgemalt. In mehreren Lokalen rund um den Golfe du Morbihan kann man ihre Werke bewundern.

➤ [E 5] Werkstatt und Galerie, 18, avenue de Groix, Portivy, Saint-Pierre-Quiberon; Tel. 06 64 31 42 65; www.lespoissonsdedilo.com; tgl. 16–20 Uhr

Ausflüge
Inseln Houat und Hoëdic

Die kleinen Schwestern von Belle-Île sind die Inseln Houat und Hoëdic, ganz naturbelassen. Ein paradiesisches Robinson-Flair herrscht hier, auch wenn Besucher nicht gezwungen sind, selbst für ihr Essen aus dem Meer zu sorgen. Erstaunlich viele Bars und kleine Lokale gibt es, die auch meist geöffnet sind. Bei schönem Wetter wirken diese Inseln wie Perlen der Karibik mit ihren weißen Sandstränden.

Houat mit 288 Hektar, 5 Kilometern Länge und 1,5 Kilometern Breite ist die Heimat für 390 Menschen, lockt im Sommer aber weitaus mehr Urlauber in die traumhaften Buchten mit feinstem Sand.

Das 210 Hektar große Hoëdic rühmt sich zu Recht, das Inselparadies für Umweltfreunde zu sein. Kein Motorenlärm stört hier die Natur oder die 140 Bewohner. Die ehemaligen Festungsanlagen aus dem 17. und 19. Jahrhundert sind schon lange zu malerischen Ruinen mutiert.

➤ [E 6]

Info

Office de Tourisme de Quiberon

➤ [E 5] 14, rue de Verdun; Tel. 08 25 13 56 00; www.quiberon.com

VANNES (GWENED)

54 000 Einwohner, 0–56 m ü.d.M. ➤ [F 5]

Vannes gilt als die Stadt der Notare und Ärzte, strahlt Zufriedenheit und Wohlstand aus. An die malerische Stadtmauer schmiegt sich ein Gürtel gepflegter Gartenanlagen, in denen häufig Kunstausstellungen stattfinden. Das historische Zentrum hinter dem alten Stadttor beherbergt viele edle Geschäfte, die Straßencafés füllen sich das ganze Jahr über mit Einheimischen und Touristen, und

das (Binnen-)Meer ist vom malerischen Flusshafen aus in wenigen Minuten zu erreichen, mehrere Strände ebenfalls. Dazu liegt diese alte gallo-romanische Hauptstadt verkehrsgünstig auf der Achse Lorient–Rennes und bietet auf überschaubarer Fläche ein reiches kulturelles Angebot. Kein Wunder also, dass Vannes in den letzten Jahren mehrfach ausgezeichnet wurde als die »dynamischste Kleinstadt Frankreichs«.

Hotels

Miramar Crouesty

An der Bugspitze darf sich jeder als Kapitän fühlen, auch wenn er lediglich auf der obersten, einem Schiffsdeck nachempfundenen Hotelterrasse steht. Offenbar diente ein Ozeanriese als architektonisches Vorbild für dieses große Hotel, wie Kreuzfahrtkabinen wirken die geräumigen Zimmer mit Balkon. Ungeheuer erholsam sind Schwimmbad, Thalasso und Spa – auch wenn man nicht ablegt.

➤ [E/F 5] Port Crouesty, Arzon; Tel. 02 97 53 49 13; www.miramarcrouesty.com; Spa, Thalasso: tgl. 8.30–18.30 Uhr; 120 Zimmer ●●●● ♿

Villa Kerasy

Bunte lange Fahnen aus Indonesien, kostbare Seidenstoffe, ein japanischer Garten: Die Faszination der Besitzer für die Handelsgesellschaft »Compagnie des Indes« ist ihrem Hotel deutlich anzumerken. Mitten in Vannes entführen sie die Gäste in eine entspannte andere Welt der Ruhe, der Teezeremonie, der klaren Formen – und seit 2009 auch in ein individuelles Ayurveda-Spa.

➤ [F 5] 20, avenue Favrel-et-Lincy; Tel. 02 97 68 36 83; www.villakerasy.com; Mitte Nov.–Mitte Dez., Jan. geschl.; 15 Zimmer ••• ♿

Le Chemin des Îles

Ein Pflanzentunnel führt vom unscheinbaren Eingangstor mitten im Dorf zu einem erstaunlich großzügig angelegten Garten und dem Gästehaus. Der »Weg zum Wohlbefinden« sei dies, verspricht die Herbergsmutter. Jedes der fünf Gästezimmer hat seinen eigenen Inselcharakter – von »Izenah« (bretonisch für Île aux Moines) über Kenia bis Polynesien.

➤ [F 5] Rue des Escaliers, Île aux Moines; Tel. 02 97 42 63 45; www.lechemindesiles.com; Mitte Dez.–Mitte Jan. geschl. ••

Essen und Trinken
Halle des Lices

Wer schnell und gut eine Kleinigkeit essen möchte, dem sei die Markthalle von Vannes ans Herz gelegt. Dort gruppieren sich im hinteren Teil um einige Tische und Stühle diverse Stände, die preiswerte Gerichte anbieten – von mexikanisch über italienisch bis zu bretonischen Austern. Dazu für zwei Euro ein Glas Wein vom Weinhändler. Allerdings schließen die Stände bereits ab 13.30 Uhr.

➤ [F 5] Place des Lices •

Sehenswertes

Über 600 Meter lang ist die gut erhaltene Stadtmauer mit zahlreichen Türmen und Toren, darunter besonders die »Tour du Connétable« aus dem 15. Jahrhundert. Einige andere historische Bauwerke sind im Stadtzentrum zu entdecken. Neben vielen traditionellen Fachwerkhäusern

vor allem »La Cohue« (wörtlich übersetzt: Gedränge) aus dem 13. Jahrhundert. Die frühere Markthalle – lange in doppelter Funktion mit Marktständen im Erdgeschoss und Gerichtssaal im ersten Stock – diente später als Theater und beherbergt heute das Musée des Beaux-Arts, wo neben moderner Malerei hauptsächlich Arbeiten bretonischer Künstler des 19. und 20. Jahrhunderts zu sehen sind.

➤ [F 5] Place Saint-Pierre, La Cohue; Tel. 02 97 01 63 00; www.tourisme-vannes.com/Vannes/Musees; Mitte Juni–Ende Sept. tgl. 10–18, Okt.–Ende Mai tgl. außer Fei 13.30–18 Uhr

Musée d'Histoire

Das prächtige Château Gaillard aus dem 15. Jahrhundert, in dem eine Zeit lang das bretonische Parlament tagte, bildet den würdigen Rahmen für eine Ausstellung zahlreicher Fundstücke prähistorischer Kulturen, die von Ausgrabungen in Carnac, Locmariaquer und anderen Stätten megalithischer Bauten stammen.

➤ [F 5] Château Gaillard, rue Noé; Tel. 02 97 01 63 00; http://www.tourisme-vannes.com/Vannes/Musees; Mitte Mai–Mitte Juni tgl. außer Fei 13.30–18, Mitte Juni–Ende Sept. tgl. 10–18 Uhr; Eintritt 4,20 €, Kinder 12–18 Jahre 2,60 €

Einkaufen
Annie & Bernard Jaouen

Originelles Kunsthandwerk aus geschmolzenem Glas: bunte Glasfische als Messerbänkchen, glasfensterartige Wandleuchten und anderer Wohnungsschmuck. Mithilfe einer speziellen Technik namens »Verre fusing« werden verschiedenfarbige

Glasstücke verschmolzen, und Inschriften verleihen einen persönlichen Touch.
► [E 5] 3, allée de Lann Kerimbert, Baden; Tel. 06 66 91 67 76; http://verrefusing. 42stores.com

La Tapenalgue
Kulinarische Köstlichkeiten der Region findet man hier: Austernpastete, eingelegte Algen und »Fleur de Sel«, aus dem Golfe du Morbihan.
► [F 5] 23, rue des Halles; Tel. 02 97 42 69 65

Am Abend
Le Corlazo Conleau
Die heiße Schokolade sollte jeder Vannes-Besucher probieren! Dazu gibt's Meerambiente, denn eigentlich war dieses Bistro direkt am Hafen die Seemannskneipe schlechthin. Noch immer ist die Stimmung im Lokal und auf der Terrasse sympathisch. Mittags kleine Gerichte.
► [F 5] 5, allée Docteur François Salomon; Tel. 02 97 63 24 43; Sommer tgl. 10–21, Winter tgl. 10–19 Uhr

Le Paddy O'Dowds
Wie schon der Name verrät, ein echter irischer Pub direkt am Freizeithafen von Vannes. Hier trifft man sich zum Apéro, zum keltischen Bier oder zu Konzerten.
► [F 5] 21–23, rue Ferdinand Le Dressay, Port de Plaisance; Tel. 02 97 47 87 81; tgl.18–2 Uhr

Feste
Jazz à Vannes
Seit 30 Jahren organisiert Vannes Ende Juli/Anfang August dieses Jazzfestival mit Konzerten im Auditorium des Parks

Jardin de Limur und am Eröffnungsabend gratis vor dem Rathaus. Hinzu gesellt sich nachmittags ein Rahmenprogramm in der ganzen Stadt mit Auftritten von Berufs- und Hobbymusikern.
► [F 5] Service Animation Culturelle, 31 rue Thiers; Tel. 02 97 01 62 40; www.mairie-vannes.fr; Ende Juli/Anf. Aug.

Journées Médiévales
Mitte Juli kommt in Vannes zwei Tage lang das Mittelalter zu Ehren. Im Gedenken an den Besuch von Anne de Bretagne als Königin Frankreichs in Vannes im Jahr 1505 wiederholen rund 1000 Statisten und Künstler in historischer Kleidung die Festlichkeiten, die damals für das Volk organisiert wurden: Ausstellungen, Turniere, Musik, Tanz, Feuerwerk, Speis und Trank an diversen Ständen. Der Eintritt ist für alle Besucher frei.
► [F 5] Service Animation Culturelle, Mairie de Vannes, 31, rue Thiers; Tel. 02 97 01 62 40; www.mairie-vannes.fr; Mitte Juli

Semaine du Golfe
In Jahren mit ungerader Zahl sammeln sich vor der malerischen Kulisse der Inselwelt des Golfe du Morbihan 1000 Segelschiffe verschiedener Epochen. Jeden Abend macht ein Teil der Flotte in einem anderen Hafen des Golfes fest, um mit den Bewohnern zu feiern bei Musik und Tanz. In Vannes herrscht dann rund um den Himmelfahrt-Feiertag allabendlich Feststimmung.
► [F 5] Wochenende nach Christi Himmelfahrt; weitere Infos bei der Mairie de Vannes, 31, rue Thiers; Tel. 02 97 01 62 40; www.mairie-vannes.fr

Von außen nicht zu erahnen: Im Château de Suscinio lagern 33 000 reich verzierte mittelalterliche Terrakottafliesen.

Ausflüge

Abtei Saint-Gildas-de-Rhuys

1125 wurde der skandalumwitterte Abélard zum Abt von Saint-Gildas gewählt, hier schrieb er sehnsuchtsvolle Briefe an seine illegitime Geliebte Héloise, von hier musste er um 1135 fliehen – vor seinen eigenen Mönchen. Der romanische Chor stammt noch aus dem 12. Jahrhundert, also aus Abélards Zeit. Der Rest der Abteikirche wurde mehrmals umgebaut, von den übrigen Gebäuden des einst bedeutenden Klosters ist nichts erhalten.

➤ [F 5] Place Monseigneur Ropert, Saint-Gildas-de-Rhuys; Tel. 02 97 45 23 10; www.abbaye-de-rhuys.fr; tgl. 10–18 Uhr; Eintritt 4 €

Butte de César

Von einem Hügel, bekannt als »Butte de César«, hat man einen guten Rund- und Überblick. Kein Wunder also, dass von hier aus angeblich der mächtige Cäsar im Jahr 56 v. Chr. die Schlacht zwischen Veneten und Römern am Golfe du Morbihan befehligte. Cäsars Armee besiegte damals die Veneten vernichtend – und so beherrschten fortan die Römer das Land.

➤ [F 5] Bei Arzon; weitere Infos beim Office de Tourisme de Port Crouesty–Port Navalo, Arzon; Tel. 02 97 53 69 69; www.crouesty.fr; Sommer Mo–Sa 9–12.30, 14–19, So 10–13, Winter Mo–Sa 9–12, 14–18 Uhr

Château de Suscinio ★7

Ein mittelalterliches Schloss aus dem 13. bis 15. Jahrhundert wie aus dem Bilderbuch – mit Wassergraben, abweisenden Mauern und mächtigen Türmen zur Überwachung der Umgebung. Kein Wunder, dass die Herzöge der Bretagne diesen Wohnsitz besonders oft aufsuchten. Im Innern birgt Suscinio einen unerwarteten Kunstschatz: 33 000 reich verzierte Terrakottafliesen aus dem 14. Jahrhundert, die erst 1975 unter Trümmern und Pflanzenwuchs entdeckt wurden.

➤ [F 5] Sarzeau; Tel. 02 97 41 91 91; www. suscinio.info, www.patrimoine-morbihan.info; Feb./März, Okt. tgl. 10–12, 14–18, April– Sept. tgl. 10–19, Nov.–Jan. tgl. 10–12, 14– 17 Uhr, historische Inszenierungen im Juli und Aug., Führungen in Deutsch und Englisch; Eintritt 7 €, Kinder 8–17 Jahre 2 €

Golfe du Morbihan

Fast zärtlich klingt der Name: »mor bihan«, »kleines Meer«. Nur durch eine schmale, einen Kilometer breite Öffnung ist es verbunden mit dem »großen Meer«, dem Atlantik. Der Legende nach entstand dieses Binnenmeer aus den Tränen der Feen, die aus dem Zauberwald Brocéliande vertrieben worden waren. Ihre Blumenkronen verwandelten sich zu Inseln – der Legende nach so viele, wie das Jahr Tage hat, in Wirklichkeit aber 42. Seit Jahrtausenden leben Menschen in dieser idyllischen Landschaft, einer Komposition von Land und Wasser, die sich vom Flusstal zur Meeresbucht wandelte und zwei Drittel des prähistorischen Weltkulturerbes beherbergt. Vielleicht wegen der optimalen Bedingungen für Viehzucht und Ackerbau, dazu das Salz als kostbares Tauschmittel – sodass die frühen Siedler einen starken Gemeinschaftssinn entwickeln konnten?

➤ [F 5]

Hügelgrab Petit Mont

Einem Tor zur Unterwelt gleich öffnet sich quietschend die Stahltür. An Betonmauern vorbei tastet man sich bei schummrigem Licht weiter in die Tiefe, meint verschlungen zu werden von der Erde, wo vielleicht gleich ein die Keule schwingender Urmensch auftaucht. Hügelgräber wie dieser Tumulus mit verzierten Dolmen, der zwischen 5000 und 2600 v. Chr errichtet wurde, lagen jahrtausendelang unbeachtet und schienen höchstens als Steinbruch oder militärischer Posten interessant. So wurde dieses sakrale Monument im Zweiten Weltkrieg von deutschen Soldaten kurzerhand zum Bunker umfunktioniert.

➤ [E 5] Bei Arzon; Tel. 06 03 95 90 78; www. gavrinis.info; April–Juni, Sept. tgl. außer Mi 14.30–18.30, Führungen 14.45, 16.30, Juli/ Aug. tgl. 11–18.30 Uhr, Führungen mehrmals tgl.; Eintritt 6 €, Kinder 8–17 Jahre 3 €

Salzgärten

Im 17. Jahrhundert wurden die »Marais Salants de Lasné« von den erfahrenen Salzgärtnern aus Guérande für die Mönche der Abtei Saint-Gildas angelegt, später aber aufgegeben. Erst seit wenigen Jahren gewinnt hier wieder ein privater »paludier« Salz aus dem Meerwasser. Führungen organisiert die Maison du Tourisme de Saint-Colombier in Sarzeau oder aber Gwen Malléjac.

➤ [F 5] Lasné, bei Saint-Armel; Eintritt 8/4 €; weitere Infos bei der Maison du Tourisme du Presqu'île de Rhuys, Saint-Colombier, Sarzeau; Tel. 02 97 26 45 26; www.rhuys.com

Info

Office de Tourisme du Pays de Vannes
➤ [F 5] 1, rue Thiers, Vannes; Tel. 08 25 13 56 10; www.tourisme-vannes.com

Die Salzgärten von Guerande waren Vorbild für die »Marais Salants de Lasné«.

Mehr als 60 Leuchttürme stehen auf den Landzungen der Bretagne. Rund die Hälfte befindet sich an der Westküste, wie hier an der Pointe de Pontusval in Brignogan-Plage.

WILLKOMMEN AM ENDE DER WELT

Als die Erde noch als eine Scheibe galt, war der äußerste Westen Frankreichs das Ende der Welt. Von jeher schmirgeln hier Wind und Wetter die Küsten und prägen die Mentalität der Menschen.

»Finis terrae«, Ende der Welt – dem heutigen Namen lateinischer Herkunft setzen die Bretonen wie zum Trotz ihre eigene uralte Bezeichnung für diese westlichste Region Frankreichs entgegen: »Penn ar bed« – was sowohl Beginn als auch Ende bedeutet. Und tatsächlich meint man angesichts der brodelnden Brandung voller Algen und Meeresschaum einer gigantischen Ursuppe gegenüberzustehen, in der alles Leben dieser Welt einstmals seinen Anfang nahm.

Hier am Westrand Europas zeigt sich die Bretagne in gewisser Weise am bretonischsten: Das Meer ist ungezähmt, die Küste zerklüftet, die Häuser suchen klein geduckt hinter Hügeln und Felsen Schutz. Auf Märkten und in Dörfern unterhalten sich die Menschen noch in der gutturalen, dem Französischen ganz und gar unähnlichen bretonischen Sprache.

Keltische Traditionen und Natur, dazu fantastische Lichtspiele zwischen Sonne, Meer und Wolken zogen schon immer Künstler in das Finistère. So macht der »wilde« Westen Frankreichs auch kulturell von sich reden mit einer Vielzahl an Festivals mit teils folkloristischer, teils progressiver Musik und Malerei.

Ungeheuer groß ist das Spannungsfeld des Finistère zwischen der traditionsverbundenen, idyllischen und blumengeschmückten Départementshauptstadt Quimper im Grünen und der modernen,

ZUR ORIENTIERUNG

Übersichtskarte siehe Seite 246.
Die Reihenfolge der Orte in diesem Kapitel ist alphabetisch. Hier die wichtigsten auf einen Blick:

Hotels und Restaurants, die bei den Orten zu finden sind, sortieren wir nach Preiskategorien von ●●●● bis ●. Die Preisstaffeln lesen Sie auf Seite 5.

jungen und eher unattraktiven Hafenstadt Brest, die nach der kompletten Zerstörung im Zweiten Weltkrieg in Rekordzeit mehr schlecht als recht wieder aufgebaut wurde. In der Kombination all dieser Aspekte liegt die besondere Faszination des bretonischen Westens.

AUDIERNE (GWAIEN)

2500 Einwohner, 0 m ü.d.M. ➤ [B 3]

Trotz des weiten Bilderbuchstrandes mit feinstem Sand, der sich in malerischem Bogen über 1,5 Kilometer erstreckt, hat es Audierne nie so recht zum Touristenort gebracht. Zum Glück, meinen die Ruhe suchenden Urlauber, denen Natur und beschauliches Hafenambiente wichtiger sind als Rummel und Freizeitstress. Dabei liegt Audierne auf der Landzunge Cap Sizun neben zwei viel besuchten bretonischen Hauptattraktionen. Zur Pointe du Raz, der wilden Westspitze Europas, sind es nur ein paar Kilometer. Und täglich wird von Audierne aus die mythische Insel Sein angesteuert – das heißt, wenn Wetter und Meer es erlauben. Nebel, Sturm und Wellengang machen die Überfahrt häufig unmöglich und stellen an dieser Küste für Fischer und Freizeitkapitäne eine ständige Bedrohung dar.

Hotels

Château de Guilguiffin

Als Gast in diesem authentischen Schloss des 18. Jahrhunderts mit Originalmobiliar, weitem Park (45 Hektar) und Reitstall vergisst man fast die Moderne. Vor allem wenn der Schlossherr und seine deutschstämmige Gattin von der Geschichte ihres Besitzes erzählen. Virtuell kann man sich sein Lieblingszimmer aussuchen: Blau, Rosa, Gelb, das »Kapellenzimmer« oder die »Gärtnerhütte«.

➤ [C 4] Château de Guilguiffin, Landudec; Tel. 02 98 91 52 11; www.guilguiffin.com; 8 Zimmer bzw. Suiten für 25 Übernachtungsgäste ••••

Hôtel de la Plage

Allein mit dem Ozean wähnt man sich beim Blick aus dem in Blau und Weiß eingerichteten Hotelzimmer oder Restaurant hinaus aufs weite Meer. Die Füße kann man bei hoher Flut fast vom Fenster aus im Wasser baumeln lassen, denn das klassische Seebadhotel liegt direkt am weitläufigen Sandstrand.

▶ [B 3] 21, boulevard Emmanuel Brusq, Audierne; Tel. 02 98 70 01 07; www.hotel-finistere.com; 19 Zimmer •• ♿

Essen und Trinken
La Korrigane
Ob auch Menschen hier als Gäste willkommen sind, scheint auf den ersten Blick noch fraglich. Schließlich bevölkern ganze Scharen von Elfen, Zwergen, Feen und Teufelchen das bunte Haus. Die mythische Legendenwelt der Bretagne lebt hier weiter. Dazu passen die traditionellen regionalen Gerichte wie Crêpes und Miesmuscheln, im Winter auch Eintöpfe, die am offenen Feuer serviert werden.

▶ [C 4] Rue Ar Marquis, Centre Bourg, Landudec; Tel. 02 98 91 55 52; creperiela korriganne@orange.fr; tgl. außer Mo 12–14, 19–22 Uhr •• ♿

Le Menhir
Fast wie ein Menhir ragt dieses Restaurant auf einem Hügel über die Bucht von Audierne hinaus. Wirklich spektakulär der Blick auf den offenen Atlantik mit stetig wechselnden Stimmungen. Da spielt das Essen selbst eine untergeordnete Rolle.

▶ [B 4] Kerrest Canté, Plozévet; Tel. 02 98 91 46 97; tgl. außer Di abends/Mi bis 22 Uhr ••

Sehenswertes
Aquarium d'Audierne
Die Tier- und Pflanzenwelt der bretonischen Küste erleben hier mehr als 100 000 Besucher pro Jahr – in riesigen Aquarien und bei einer Show mit dressierten Meeresvögeln, darunter die spektakuläre Unterwasserjagd eines Kormorans. Im Streichelbecken kann man einheimische Rochen, Katzenhaie und Lippfische liebkosen, wärmere Südseegewässer erlebt man virtuell im 3-D-Kino.

▶ [B 3] Rue du Goyen; Tel. 02 98 70 03 03; www.aquarium.fr; April–Sept. tgl. 10–19, Okt. tgl. 14–18, Nov.–März tgl. 14–18 Uhr (ohne Schau); Eintritt 14/11 €, Kinder unter 11 Jahren vormittags Eintritt frei

Einkaufen
Yvon Le Goïc Baromer
Aus Leidenschaft sammelt Yvon Le Goïc Baromer Treibholz, das von Sturm und Flut aus Nah und Fern angeschwemmt wurde und im Salzwasser Patina angesetzt hat. Aus dem von der Natur bereits bearbeiteten Material entsteht originelles Kunsthandwerk wie Wasserbarometer, Lampen oder Spiegel.

▶ [C 4] Croas Hent, Combrit Sainte-Marine; Tel. 02 98 56 46 47

Feste
Festival des Chapelles
Seit dem Jahr 1990 organisiert der Kunstverein »Cap Accueil« allsommerlich die Begegnung von alter Kirchenarchitektur und zeitgenössischer Kunst. In zehn Kapellen des »Cournouaille« am Cap Sizun sind Künstler eingeladen, mit ihren Installationen, Skulpturen, Videos oder Gemälden eine Verbindung herzustellen zum jeweiligen Ausstellungsort. Dort finden auch zehn Konzerte klassischer und keltischer Musik statt.

➤ [B 3] Festival-Büro, 9, rue Lamartine; Tel. 02 98 70 28 72; www.festivaldeschapelles.fr, www.artalapointe.fr; Büro geöffnet an Konzerttagen 10–12 Uhr; Eintritt 15 €

Ausflüge
La Maison du Pâté Hénaff

Die blau-gelben Pastetendosen sind nicht wegzudenken aus der bretonischen Gastronomie im »Pays Bigouden«. Fotos, Bücher, Filme und historische Objekte erzählen vom Leben des Firmengründers Jean Hénaff, vom Beginn der Industrialisierung in diesem Zipfel der Bretagne und von der Geschichte der Pâté Hénaff von 1907 bis heute. Natürlich kann man auch Pasteten probieren und kaufen.

➤ [C 4] Pendreff Izella, Pouldreuzic; Tel. 02 98 51 53 76 oder 02 98 54 36 59; www.henaff.fr; Feb., April–Juni/Sept. Di–Fr 10–12, 14–17, Juli/Aug. Di–Fr 10–12.30, 14–18.30, Mo/Sa 14–18.30 Uhr; Eintritt 5,20/2 €, Kinder bis 12 Jahre frei

Phare d'Eckmühl, Pointe de Penmarc'h

Mit 65 Metern Höhe und rund 50 Kilometern Reichweite ist der Phare d'Eckmühl der imposanteste Leuchtturm der bretonischen Südküste. Seinen Bau 1897 verdankt er der Spende einer gewissen Adélaïde-Louise d'Eckmühl de Blocqueville. Sie gab den Namen vor, um posthum ihren Vater zu ehren, den Prinzen von Eckmühl (Bayern) alias Louis-Nicolas Davout (1770–1823), der vor allem beim Kampf an der Seite Napoleons I. Ruhm erlangte. Rund 60 000 Besucher drängen sich jedes Jahr in der engen, mit Opalglaskacheln verzierten Wendeltreppe auf 307 Stufen.

➤ [B 4] April–Sept. 10.30–18.30 Uhr (je nach Wetter); Eintritt 2 €; weitere Infos beim Office du Tourisme de Penmarc'h; Tel. 06 07 21 37 34; www.penmarch.fr

Pointe du Raz

Ungebändigte Natur und legendäre Mythen sind hier seit Menschengedenken eng miteinander verwoben. Hier begruben die Kelten ihre Druiden, aus deren Grabsteinen – so heißt es – man die Mauern um die Kartoffelfelder ringsum baute. Ende des letzten Jahrhunderts prägten nicht Legenden, sondern Imbissstuben, Touristenbusse, Souvenirläden den mythischen Ort. Nach einer Großreinemachaktion erlebt man nun wieder Natur pur. Autos müssen im Naturschutzgebiet in einiger Entfernung parken.

Ein Besucherzentrum am Parkplatz informiert über Geschichte und Natur, veranstaltet auch kostenlose Dia- und Filmvorführungen über die Pointe du Raz sowie über die nicht weniger mythenumrankte »Baie des Trépassés« nebenan. In dieser »Bucht der Verschiedenen« legten dem keltischen Glauben zufolge die Totenboote zu ihrer letzten Reise ab.

➤ [B 3] Maison du Site, Plogoff; Tel. 02 98 70 67 18; www.pointeduraz.com; ganzjährig zugänglich, Besucherzentrum April–Anf. Juli, Ende Aug.–Ende Sept. tgl. 10.30–18, Anf. Juli–Ende Aug. tgl. 9.30–19.30 Uhr

Info
Office de Tourisme d'Audierne

➤ [B 3] 8, rue Victor Hugo, Audierne; Tel. 02 98 70 12 20; www.audierne-tourisme.com

BREST

145 000 Einwohner, 0–103 m ü.d.M.

➤ Stadtplan S. 251 ➤ [B 2]

Hässlich ist Brest, das fällt sofort ins Auge. Und das geben selbst all diejenigen zu, die Brest zu ihrer Lieblingsstadt erklären: Brest wurde als U-Boot-Station im letzten Weltkrieg nahezu komplett zerstört, dann schnell und planlos wieder aufgebaut. Das lässt sich nicht verheimlichen angesichts grauer Betonfassaden, bunkerähnlicher Kirchen wie der Église Saint-Louis und stalinistisch anmutender Architektur von Gebäuden wie dem Hôtel de Ville, dem Rathaus.

Dennoch bleibt Brest für viele Bretonen ihre eigentliche Hauptstadt, schließlich liegt es am Meer und gehört – anders als Rennes, das Verwaltungszentrum und die offizielle, im klassischen Sinne schöne Hauptstadt der Bretagne – den Underdogs, als die sich viele Bretonen unter dem Joch der Zentralregierung lange Zeit fühlten, den Hafenarbeitern, den dort stationierten Militärs und den Studenten.

Hotels

Le Continental

»Le Conti« nennen Einheimische liebevoll dieses traumhafte Art-déco-Hotel von 1913, 1948 originalgetreu wiederaufgebaut. Großzügig und stilgetreu die prächtige Eingangshalle, die berühmte Gäste empfing wie Rockefeller, Jean Gabin, Michèle Morgan. Weiträumig die Zimmer, kürzlich liebevoll renoviert.

➤ S. 251 [b 2] Square de la Tour d'Auvergne, 41, rue Emile Zola; Tel. 02 98 80 50 40; www.oceaniahotels.com/lecontinental-brest.php; 73 Zimmer ••• ♿

Wendeltreppe mit 307 Stufen: Oben belohnt der Leuchtturm an der Pointe de Penmarc'h die Mühen mit einem famosen Blick.

Océania

Als Institution gilt in Brest dieses bewährte Hotel im Stadtzentrum, dessen geräumige Zimmer 2007 komplett renoviert wurden. Munter-elegant die Einrichtung im farben- und formenfrohen Stil der 1970er-Jahre. Einladend die Hotelhalle mit der Bar im Jachtlook.

➤ S. 251 [b 1] 82, rue de Siam; Tel. 02 98 80 66 66; www.oceaniahotels.com/oceania-brest-centre.php; 82 Zimmer ••• ♿

Espace Vauban

Das Vauban, heute vor allem Bar und Konzertsaal, wurde 1951 eigentlich als Hotel begründet. Kürzlich wurden die Zimmer renoviert, noch immer »imprägniert« von all den Künstlern, die hier übernachteten. Im Zimmer 206 beispielsweise schläft man in demselben Bett, in dem sich einst Jane Birkin räkelte.

➤ S. 251 [c 1] 17, avenue Georges Clemenceau; Tel. 02 98 46 06 88; www.espacevauban.com; Restaurant: tgl. außer Mo/Di; 51 Zimmer •• ♿

Les Gens de Mer

Das langjährige Seemannsheim am Handelshafen öffnet seit dem Jahr 2000 seine Pforten auch für Landratten. Das kleine Hotel-Restaurant bewahrte jedoch seinen maritimen Charme (und gewährt Seeleuten wie auch professionellen Tauchern bedeutende Rabatte). Einfach, aber sauber sind die Unterkünfte, bunt ist die Einrichtung, es »riecht« förmlich nach Booten und Weltreisen. Ähnliche Seemannshotels gibt es übrigens auch in Concarneau und Lorient sowie in anderen französischen Hafenstädten.

➤ S. 251 [c 3] 44, quai de la Douane; Tel. 02 98 46 07 40; www.lesgensdemer.fr; Restaurant: tgl. außer So abends 12–14, 19–22 Uhr; 29 Zimmer • ♿

Essen und Trinken
Aux Vieux Gréements

Wie auf einer Millionärsjacht fühlt man sich in diesem Ambiente von Edelholz und Messing. Dazu passt auch der Name: »Zu den alten Segelschiffen«. Kulinarisch liegt die Betonung im »Vieux Gréements« am Hafenkai natürlich auf fangfrischen Produkten aus dem Meer und deren fantasievoller Zubereitung.

➤ S. 251 [c 3] 40, quai de la Douane; Tel. 02 98 43 20 48; www.aux-vieux-greements.com; tgl. außer So 12–14.30, 19.30–22.30 Uhr ••

La Fleur de Sel

Die beste Adresse in Brest für Feinschmecker. Schräg gegenüber dem Hotel »Le Conti«. Hier speist man in gediegener Atmosphäre und nimmt sich Zeit für den Genuss der einfallsreichen Küche.

➤ S. 251 [b 2] 15 bis, rue de Lyon; Tel. 02 98 44 38 65; www.lafleurdesel.com; Di–Fr 12–14, 19.30–21.45, Sa 12–14, So 19.30–21.45 Uhr, Mo geschl. ••

Ma Petite Folie

»Mein kleiner Spleen« ließe sich der Name dieses originellen Restaurants übersetzen, das in einem früheren Langusten-Fischerboot eingerichtet ist und beim Freizeithafen vor Anker liegt. Bei Flut beginnt es denn auch manchmal leicht zu schaukeln. Zu essen gibt es vor allem Fischgerichte, die Einrichtung ist gemütlich, das Personal freundlich, weshalb man zur Mittagszeit gelegentlich mit Wartezeiten rechnen muss.

➤ S. 251 [östl. c2] Port de Plaisance du Moulin Blanc; Tel. 02 98 41 43 68; tgl. ••

Amour de Pomme de Terre

Direkt hinter den eher hässlichen Markthallen im Zentrum versteckt sich eines der originellen Lokale der Stadt. Name und Speisekarte sind eine Hommage an die Kartoffel, jahrzehntelang Hauptnahrungsmittel der Bretonen. Die Kartoffelgerichte in der »Kartoffelliebe« sind preiswert, die Stimmung ist sympathisch.

➤ S. 251 [b 1] 23, rue des Halles Saint-Louis; Tel. 02 98 43 48 51; contact@amourdepommedeterre.com; tgl. •

Le Crabe Marteau

Die Tische im ältesten Gebäude des Handelshafens sind mit Zeitungspapier, Brett und Schlagwerkzeug gedeckt und harren krebshungriger Kunden. Hier muss man das zarte Fleisch mit Hammer und Pinzette, vor allem aber mit Fingern, Zähnen und Zunge aus der harten Schale lösen.

➤ S. 251 [b 3] 8, quai de la Douane; Tel. 02 98 33 38 57; www.crabemarteau.fr; Di–Sa 12–22 Uhr •

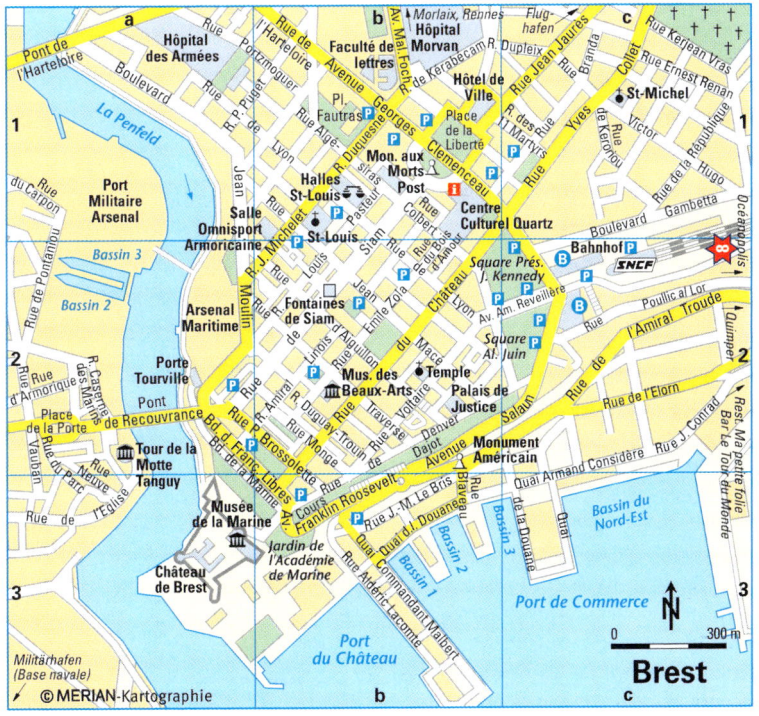

Chocolatier-Pâtissier Lallemand

Dieser »salon de thé« (was dem deutschen Café entspricht) steht bei Einheimischen und Kennern in dem Ruf, die besten Kuchen der Stadt anzubieten. Und das seit 1923, als der Großvater des heutigen Chefs die Konditorei gründete. Die Einrichtung erinnert an Art déco, die Stimmung ist entspannt.

➤ S. 251 [b 2] 39, rue Traverse; Tel. 02 98 44 27 12; www.patisserie-lallemand.fr; Di–Sa, 9–19.30, So 8.30–13 Uhr; Mo geschl.

Sehenswertes

Dem amerikanischen Bombenhagel, der 1944 Brest in Trümmer legte, hielten nur zwei Gebäude stand, beide besonders solide wegen ihrer militärischen Funktion: der Turm Tanguy und vor allem das Schloss, eher eine Festung.

➤ S. 251 [a 2/a 3]

Château de Brest mit Musée de la Marine

Seit dem 13. Jahrhundert thront diese Festung über der Stadt und der Bucht von Brest und bekam im 17. Jahrhundert vom Star-Festungsbauer Vauban ihre derzeitige mächtige Form. Das »château« beherbergt heute in drei Wehrtürmen und dem Bergfried das Marinemuseum, durchwegs mit Erklärungen auch in deutscher Sprache zur Militärgeschichte, zum »bagne«, dem Straflager in Brest, zur Festung selbst sowie zum Schiffsbau. Zu sehen ist unter anderem ein U-Boot der deutschen »Seehund«-Klasse aus dem Jahr 1944.

➤ S. 251 [a 3] Rue du Château; Tel. 02 98 22 12 39; www.musee-marine.fr; April–Sept. tgl. 10–18.30, Okt.–März tgl. 13.30–18.30 Uhr; Jan. geschl.; Eintritt 5 €, Kinder bis 18 Jahre frei; Stadtbus Nr. 1, 2, 3, 4, 11 bis Français Libres

Militärhafen (Base Navale de Brest/Marine Nationale)

Mit 150 Quadratkilometern war die »rade de Brest« von Natur aus prädestiniert zum überdimensionalen Hafenbecken, das zudem nur durch eine enge, leicht zu überwachende Passage namens »goulet« mit dem Atlantik verbunden ist. Noch immer lebt Brest als zweitgrößter Kriegshafen Frankreichs (nach Toulon) von der Militärbasis, dem »Arsenal«, wo noch im-

mer fast 20 000 Menschen Arbeit finden. Nur im Sommer und ausschließlich in französischer Sprache organisiert die französische Kriegsmarine zweistündige Führungen durch die Marinebasis, häufig mit Besichtigung eines Kriegsschiffs. Pass oder Personalausweis nicht vergessen!

➤ S. 251 [südwestl. a 3] Porte de la Grande Rivière; marine.atlantique.visite.arsenal@ wanadoo.fr; 15.–30. Juni, 1.–15. Sept. Führungen 14.30–15, Juli/Aug. 14.30–16 Uhr; Stadtbus Nr. 1, 2, 3, 11 bis Prat Lédan

Océanopolis 8

Mit 500 000 Besuchern jährlich ist dieser in Europa einzigartige maritime Entdeckungspark mit 3,7 Millionen Litern Wasser die meistbesuchte touristische Stätte der Bretagne. Die drei großen Ozeanwelten der Erde wurden in futuristischen Pavillons als Mikrokosmen konzipiert: die gemäßigte Zone – wie sie in der Bretagne zu finden ist –, die Tropen und die polare Welt des ewigen Eises. Außerdem gibt es ein 3-D-Kino, Lokale und Geschäfte.

➤ S. 251 [östl. c 2] Port de Plaisance du Moulin Blanc; Tel. 02 98 34 40 40; www. oceanopolis.com; Mai–Mitte Sept. tgl. außer Mo 9–18, Juli/Aug. 9–19, Mitte Sept.–April tgl. 10–17 Uhr; Eintritt 16/11 €, Kinder bis 4 Jahre frei; Stadtbus 3, 15

Tour de la Motte-Tanguy

Gegenüber der Festung erhebt sich am anderen Ufer des Flusses Penfeld – gleich neben der »pont de Recouvrance«, der zweitgrößten Hebebrücke Europas – der

Mehr als 1000 Meerestierarten leben im maritimen Entdeckungspark Océanopolis.

Tanguy-Turm aus dem 14. Jahrhundert, heute Museum für Stadtgeschichte. In den 1950er-Jahren beauftragte die Stadt Brest den Maler Jim Emile Sévellec, das historische Brest mit seinen verwinkelten Gassen auf Dioramen zumindest virtuell wiederauferstehen zu lassen.

➤ S. 251 [a 2] Square Pierre Péron; Tel. 02 98 00 88 60; tour-tanguy@mairie-brest.fr; Juni–Sept. tgl. 10–12, 14–19, Okt.–Mai Mi/Do 14–17, Sa/So/Fei 14–18 Uhr; Eintritt frei; Stadtbus Nr. 1, 2, 4, 11 bis Recouvrance

Einkaufen

Franc Bord

Kunsthandwerk rund ums Thema Meer: Bootsmodelle, maritime Dekoration, vom Ozean inspirierte Kleinmöbel. Hier kann man zuschauen, wie die originellen Souvenirs und Einrichtungsobjekte entstehen, die anschließend verkauft werden. Etwa ab 160 Euro maßstabsgetreue Modelle von alten Segelbooten, von Luxusdampfern wie der »France« oder von Schleppern wie der »Abeille Bourbon«.

➤ S. 251 [c 1] 23, avenue Georges Clemenceau; Tel. 02 98 43 69 32; francbord@voila.fr; Mo 14–19, Di–Sa 10–12, 14–19 Uhr

Histoire de Chocolat

Preisgekrönt wurden 2007 die selbst erdachten und von Hand gefertigten Bonbons dieses Pâtissiers beim Wettbewerb »World Master Chocolat«. Ein bisschen fühlt man sich wie im Schlaraffenland in dem gemütlichen Salon angesichts der Vielzahl von Pralinen und Kuchen wie »diamant noir« (Schokolade mit Meereshonig) oder »littoral« (weicher Karamell mit Meersalz und Schokoüberzug).

➤ S. 251 [b2] 60, rue de Siam; Tel. 02 98 44 66 09; www.histoiredechocolat.com; Mo 14–19, Di–Sa 9.30–19 Uhr

Librairie Dialogues

120 000 Titel umfasst das Angebot an Büchern in dieser Buchhandlung, darunter natürlich viel Literatur über Brest und die Bretagne. »Dialogues Musiques«, gleich daneben, bietet ca. 55 000 CDs und 3000 DVDs zur Auswahl. Wer bretonische Musik sucht, wird hier sicher fündig.

➤ S. 251 [b2] 37, rue Louis Pasteur; Tel. 02 98 44 88 68; www.librairiedialogues.fr; tgl. außer So 9.30–19.30 Uhr, Lesungen mehrmals wöchentlich 18 Uhr; Eintritt frei

Ramine

Der »chercheur de sens et confiseur d'histoire« (Sinnesforscher und Geschichtskonditor) gibt dem Begriff der »peinture maritime« eine ganz neue Bedeutung: Auf alten Zeitungen, Manuskripten oder Seekarten tummeln sich tanzende Leuchttürme, Fantasieboote und Meereswesen in intensiven Farben. Jedes Bild scheint einem Comicstrip entsprungen und lädt ein zum Träumen von einer Welt der Legenden und Fabeln. Die Kunstwerke kosten zwischen 15 und 100 €. Das Atelier in Brest ist nach Vereinbarung zu besichtigen.

➤ S. 251 [b2] 9, rue du Bois d'Amour; Tel. 02 98 80 22 36; www. ramine.com; Ramines Werke sind zu kaufen bei Franc Bord, 23, avenue Georges Clemenceau; Tel. 02 98 43 69 32

Roi de Bretagne

Alles, was Herz, Körper und Seele begehren mögen, um ein Stück von Brest und der Bretagne zu erwerben: von Matrosenmützen und Seemannskleidung über Tischschmuck, Kosmetika und Bücher bis zu einem reichen kulinarischen Sortiment (Cidre, Konfitüre, Kekse, Fischpasteten, Kuchen, Algen ...)

➤ S. 251 [b3] 12, quai de la Douane, Port de Commerce; Tel. 02 98 46 87 67; www.roidebretagne.com; tgl. außer So 9.30–12.30, 13.30–19 Uhr

Am Abend
Espace Vauban

Etwas verblichen ist der Glanz dieses lange beinahe mythischen Ensembles von Hotel, Restaurant, Brasserie-Bar, Konzertsaal. Jane Birkin hielt es einst für

einen der romantischsten und erotischsten Orte, die sie je auf ihren Reisen erlebt hatte. Ein Blick ins Gästebuch (das »Livre d'Or«) wie auch die Schwarz-Weiß-Fotos an den Wänden wecken nostalgische Erinnerungen an die Stars des französischen Chansons, von denen viele im »Vauban« auftraten. Kaum einer erinnert sich daran, dass der Jazz nach dem Krieg von Brest aus seinen Siegeszug durch Europa antrat. Das »Vauban« hatte einen nicht unerheblichen Anteil daran.

➤ S. 251 [c 1] 17, avenue Georges Clemenceau; Tel. 02 98 46 06 88; www.espacevauban. com; tgl. außer So/Mo; wöchentliche Konzerte 20.30 Uhr; Karten 5–20 €

Les Quatre Vents

In den »Vier Winden« am Handelshafen begrüßt der Chef Fifi weltoffen junge Leute von überall her in elegantem Ambiente aus Edelhölzern. Ein Schiffsrumpf dient als Bartresen. Im Juni organisiert die Bar zusammen mit der »Société des Régates de Brest« und dem Wassersportclub von Roscanvel eine Segelregatta namens »Les Quatre Vents Cup«.

➤ S. 251 [b 3] 18, quai de la Douane; Tel. 02 98 44 42 84 oder 02 98 46 91 34; www.les-4-vents.com; tgl. außer So vormittags 9–1 Uhr

The Tara Inn

Ein typisch irischer Pub, wie er im Buche steht. Langer Tresen, eher dämmriges Licht innen, dafür im Sommer oder an lauen Abenden häufig spontane (irische) Tänze auf der Terrasse vor dem Lokal. Keltische Livemusik Donnerstag- und Sonntagabend, Tanzkurse Montagabend.

➤ S. 251 [b 3] 3, rue Blaveau, Port de Commerce; Tel. 02 98 80 36 07; Mo–Fr 11–1, Sa/So 15–1 Uhr

Le Tour du Monde

Lange Zeit gehörte dieses gewiss nicht klinisch reine, dafür aber gemütliche Bistro dem in Frankreich berühmten und für seine Geselligkeit beliebten Weltumsegler Olivier de Kersauson. Inzwischen hat der Besitzer gewechselt, die einzige Spezialität des Hauses ist geblieben: Serviert wird ausschließlich das belgische Nationalgericht »moules-frites«, Miesmuscheln mit Pommes frites.

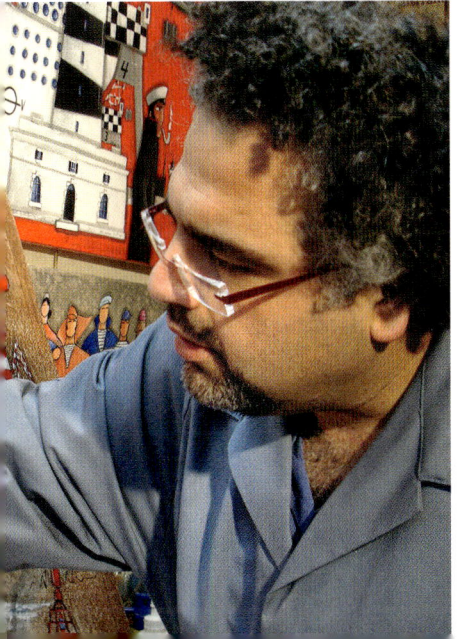

Kunst macht Spaß: In Brest schafft Ramine Bilder wie Comicstrips – und das zu bezahlbaren Preisen.

➤ S. 251 [östl. c 2] Port de Plaisance du
Moulin Blanc; Tel. 02 98 41 93 65; le-tour-
du-monde@wanadoo.fr; tgl. geöffnet

Feste

Fête Maritime Internationale

Alle vier Jahre strömt alles, was sich für
Segelboote und maritime Seefahrtsge-
schichte interessiert, nach Brest zum
internationalen Meeresfest. Über 700 000
Besucher kamen im Juli zu »Brest 2008«,
um die rund 2000 historischen Segelboote aus aller Welt zu bewundern, die sich
eine Woche lang in der »rade« von Brest
tummelten und sich nachts von Licht-
spielen und Feuerwerken feiern ließen.
➤ S. 251 [a/c 3] Infos beim Office de Tourisme de Brest; Tel. 02 98 44 24 96; www.brest-
metropole-tourisme.fr, www.brest2008.fr

Les Jeudi du Port

Im Sommer finden jeden Donnerstag-
abend am Handelshafen Gratiskonzerte
statt. Alle sind eingeladen, zuzuhören,
mitzutanzen, mitzutrinken. Am besten
kommt man zu Fuß (ca. 15 Minuten vom
Zentrum), denn die Parkplätze am Port
de Commerce dienen als Festbühne.
➤ S. 251 [b/c 3] Infos beim Office de
Tourisme de Brest; Tel. 02 98 44 24 96;
www.brest-metropole-tourisme.fr

Info

Office de Tourisme de Brest
Métropole Océane

➤ S. 251 [b 1] Place de la Liberté, Brest;
Tel. 02 98 44 24 96; www.brest-metropole-
tourisme.fr; Juli/Aug. Mo–Sa 9.30–19,
So 10–12, Fei 10–18, Sept.–Juni Mo–Sa
9.30–18 Uhr

CONCARNEAU (KONK-KERNE)

19 700 Einwohner, 0–106 m ü.d.M. ➤ [C 4]

Um das Fischen ging es in Concarneau
schon in vorgeschichtlicher Zeit. Seit
dem 14. Jahrhundert umgibt eine mächtige Festungsmauer die Innenstadt, »Ville Close« genannt, die wie eine historische Insel im modernen Becken des
Fischereihafens liegt. Dort ankerten zu
Boomzeiten bis zu 800 Fischerboote, einige davon auf den Thunfischfang auf
hoher See spezialisiert. Früher wurde der
Fisch hier gepresst, getrocknet und auf
Karren ins Landesinnere verfrachtet.

Ungeheuren Aufschwung brachten
ab 1851 die Konservenfabriken: Tonnen-
weise wurden die Sardinen aus dem Meer
geholt, anschließend von 2000 Männern
und vor allem Frauen in bis zu 30 Fabri-
ken zu Konserven verarbeitet. Eine Kata-
strophe war dann 1905 das plötzliche,
unerklärliche Verschwinden der Sardinenschwärme. Noch ist die Fischerei allgegenwärtig, aber wie lange noch?

Hotels

Hôtel Kermoor 🏨

(→ Der gute Tipp von MERIAN, S. 257)

Hôtel Les Sables Blancs

Im Gegensatz zu seinem Nachbarn »Kermoor« (→ Der gute Tipp von MERIAN 🏨,
S. 257) setzt dieses Hotel direkt am Strand
ganz auf modernes Dekor: schwarz-weiße
gerade Linien, klare Formen, von Mee-
resflora und -fauna inspirierte geometri-
sche Muster. Ebenso die hellen, freundlichen Zimmer in Weiß, Beige und
Schokobraun. Das Hotelrestaurant »Le

HOTELS
EIN HAUS WIE EIN SCHIFF

Wen reizte das nicht: eine Kreuzfahrt garantiert ohne Seekrankheit, dafür in einem Ambiente, das den Kabinen eines nostalgischen Luxusdampfers im Stil der »Titanic« entsprungen scheint? Man nehme Kurs auf die Südbretagne und besteige die fest verankerte Welt des **Kermoor**.

> **WEGWEISER**
>
> **Hôtel Kermoor**
> ➤ **[C 4]** 37, rue des Sables Blancs, Concarneau;
> Tel. 02 98 97 02 96; www.hotel-kermor.com;
> 11 Zimmer ●●● ♿

Blickt man von der Reling auf das weite Meer, hinter sich die runden Bugfenster des Salons, links und rechts ofenrohrähnliche Kommunikationsrohre zur Kapitänsbrücke, dann meint man unter den Holzplanken bisweilen Bootsmotoren und ein leichtes Schwanken zu spüren und steht doch mit beiden Beinen auf festem Boden. Bewusst haben die Besitzer ihr originelles Hotel über dem Sandstrand wie ein Schiff konzipiert, mit kajütenähnlichen Badezimmern und Mobiliar, das ausschließlich von verschrotteten Ozeankreuzern stammt. Vom Kapitänsstuhl über Schalen und Kristallgläser bis zu Messinggriffen und Teakmöbeln – insgesamt 485 Gegenstände aus dem letzten Jahrhundert, die einst auf schwimmenden Palästen Dienst taten und dort im Lauf der Zeit, von Salzwasserluft und Meeresbrise imprägniert, nostalgische Patina angesetzt haben. Zwischen Kompass, Steuerrad und Kleidertruhe schmücken außerdem 135 Ölgemälde und Aquarelle mit maritimen Motiven die Wände des Hotels – mit Liebe und Kunstfertigkeit gemalt vom Eigentümer Michel Violant höchstselbst.

»Dass ich male, kommt von meinem Beruf«, erklärt der »patron« mit einem Schmunzeln, »schließlich muss ich mich irgendwie beschäftigen in den langen Stunden, wenn ich auf Kunden warte ...« Als Vorbild dienen ihm alte Fotos oder die Grafiken in antiken Büchern. Ein besonderes Faible hat er für die Dampfschiffe der 1920er-Jahre und bedauert, dass er – ganz unbretonisch – mit Öl statt Butter malen muss. Um Platz zu schaffen für neue Kreationen, verkauft er ab und zu einige Werke: Gemälde und selbst gefertigte Bootsmodelle, weil Letztere – so Michel Violant – leider die unangenehme Eigenschaft haben, perfekte Staubfänger zu sein.

Neben dem originellen Mobiliar geben Witz und Poesie dem Hotel die ganz besondere Note. Jeder darf sich hier als Kapitän fühlen und täglich in einer Art »Captain's Dinner« im Restaurant dinieren, dabei den Blick schweifen lassen über die Unendlichkeit des Ozeans.

Nautile« bietet eine moderne, erfindungsreiche Küche, basierend auf den kulinarischen Reichtümern des Ozeans. Man speist in einer Lounge mit sanftem Licht und Blick auf Meer und Strand, im Sommer auch auf der Terrasse.

➤ [C 4] Plage des Sables Blancs; Tel. 02 98 50 10 12; www.hotel-les-sables-blancs.com; 16 Zimmer, 4 Suiten ••• ♿ 🐴

Gîte Pontage

Als Bretagne-Liebhaber sind die deutschen Gertrud Schwab und Manni Lieb in ganz Concarneau bekannt. Voller Hochachtung begegnet man auch ihrem Engagement für einen behindertengerechten Urlaub. Speziell für Rollstuhlfahrer eingerichtet sind nämlich die Ferienwohnungen des Paares. Es gibt kreative

Concarneaus Altstadt, die Ville Close, liegt auf einer Insel und ist von einer Mauer umgeben.

Workshops und einen Garten mit Schafen, in dem Haustiere willkommen sind.

➤ [C 4] Le Penquer en Lanriec; Tel. 02 98 60 59 46; www.pontage.net • ♿ 🐴

Essen und Trinken

L'Amiral

Direkt gegenüber der »ville close« und dem Hafen bietet dieses Feinschmeckerlokal beim Essen einen schönen Blick aufs Meer. Elegant-klassisch, fast diskret die Inneneinrichtung mit maritimen Elementen: Nichts lenkt ab von den wohlschmeckenden Gerichten. Neben dem Speisesaal werden in der Brasserie durchgehend Imbisse, Kuchen und Getränke serviert.

➤ [C 4] 1, avenue Pierre Guéguin; Tel.
02 98 60 55 23; www.restaurant-amiral.com;
Juli/Aug. tgl., Sept.–Juni tgl. außer So
abends/Mo ••

L'Auberge du Saint-Laurent

An einer Kreuzung liegt dieser gemütlich-
rustikale Gasthof, wo Einheimische und
Fremde traditionell einen Zwischenstopp
einlegen auf dem Weg zwischen Concarneau und La Forêt Fouesnant. Meeresfrüchte und Fisch dominieren die Speisekarte. Romantisch sitzt man bei schönem
Wetter auf der Terrasse im Garten.

➤ [C 4] Beg-Menez, La Forêt Fouesnant;
Tel. 02 98 56 98 07; Juli/Aug. tgl. außer Mi,
Sept.–Juni tgl. außer Mo, Mi, Di abends ••

Sehenswertes

Château de Keriolet

Ein echtes Dornröschenschloss mit ebenso märchenhafter Geschichte: Ende des
19. Jahrhunderts ließ die sagenhaft reiche
russische Prinzessin Zenaïde Narischkine
das Schlösschen aus dem 15. Jahrhundert
im romantisch-neogotischen Stil ausbauen – als Geschenk an ihren Gemahl.
Aus Liebe zur Bretagne ließ sie Fassaden
und Innenräume mit zahlreichen bretonischen Symbolen und Statuen berühmter Bretonen schmücken. Kürzlich wurde
das halbverfallene Schloss renoviert und
dient seither als feierlicher Rahmen für
Feste, Ausstellungen, Weihnachtsmärkte.
Eine Führung (innen und außen) dauert
etwa eine Stunde, Ansprechpartner ist
Monsieur Lévêque Christophe.

➤ [C 4] Rue de Keriolet, Beuzec-Conq; Tel.
02 98 97 36 50; www.chateaux-france.com/
keriolet/index.phtml?l=fr; Juni–Sept. tgl.

außer Sa nachmittags 10.30–13, 14–18 Uhr;
Eintritt 5/3 €

Fischereimuseum (Musée de la Pêche)

Innerhalb der Ville Close entdeckt man
auf 1500 Quadratmetern die Geschichte
und Techniken des Fischfangs auf den
Weltmeeren. Videofilme, Modellboote
und ein Aquarium führen in die Welt des
Fischens ein und damit in die Geschichte
der Stadt Concarneau. Zu besichtigen ist
auch die »Hémérica«, ein 34 Meter langes
traditionelles Schleppnetzfischerboot, das
am Museumskai vor Anker liegt. Der interessante Museumsladen vertreibt Pla-
kate, Bücher, Modelle und viele weitere
originelle Souvenirs – beispielsweise alte
Sardinendosen, die teilweise beträchtlichen Sammlerwert haben unter »puxy-
sardinophiles« (Sardinendosensammlern).

➤ [C 4] 3, rue Vauban, Ville Close; Tel.
02 98 97 10 20; http://museedelapeche.blogs.
letelegramme.com; Feb./März tgl. 10–12,
14–18, April–Juni, Sept. tgl. 10–18, Juli/
Aug. tgl. 9.30–20 Uhr; Eintritt 6 €, Kinder
5–15 Jahre 4 €

Ville Close

Die festungsumrandete Inselstadt mitten
im Hafenbecken gehört zu den meistbesuchten historischen Stätten der Bretagne.
Innerhalb der alten – im 13. Jahrhundert
erbauten, im 15. Jahrhundert nach An-
weisung Vaubans erneuerten – Granit-
mauern präsentiert sich alles hübsch und
unterhaltsam dank zahlreicher Läden,
Crêperien und Straßenkünstler – fast ein
bisschen Disneyworld … Und doch ein
echtes »monument historique«. Eine Fuß-
gängerbrücke verbindet mit dem Quai Pe-

neroff gegenüber der Place Jean Jaurès, eine kleine Fähre mit dem Osten der Stadt.

➤ [C 4] Infos beim Office de Tourisme de Concarneau, Quai d'Aiguillon; Tel. 02 98 97 01 44; www.tourismeconcarneau.fr; Eintritt 1 €

Einkaufen
Anh Gloux
Zum Reinbeißen sind die hübschen Holzpuppen in traditioneller bretonischer Tracht, die Anh Gloux kreiert und unter dem hübschen Namen »Breizh Kokeshi« (Puppen der Bretagne) verkauft. 20 bis 30 Euro kostet solch ein Püppchen. Das Atelier (zugleich Anh Gloux' Domizil) lohnt auf jeden Fall einen Besuch, auch wegen der anderen originellen Arbeiten.

➤ [C 4] 109, rue de Trégunc; Tel. 06 82 01 26 52; http://.anh.gloux.free.fr; tgl. 10–12, 14–18 Uhr; www.4sardines.canalblog.com

Rosquijeau
Filigrane Insekten aus Draht, die diverse Instrumente spielen und das Tanzbein schwingen, sind die Spezialität von Taras Michel und Friot Martine. Sehr originell!

➤ [C 4] Poullaouen bei Concarneau; Tel. 02 98 99 33 45; martine.friot@orange.fr

Feste
Fête des Filets Bleus
Am vorletzten Sonntag im August werden die Sardinen gefeiert mit festlichen Umzügen, Musik und Folkloregruppen. »Filets bleus«, blaue Netze, heißt das Fest zu Ehren von Fischen wie Sardinen, Makrelen und Thunfisch, die an der Meeresoberfläche schwimmen und die man auch als »poissons bleus« bezeichnet.

➤ [C 4] http://filetsbleus.free.fr

Ausflug
Les Îles de Glénan
Unbedingt empfehlenswert ist ein Bootstrip zu den zehn Kilometer entfernten Îles de Glénan (ganztägig oder nachmittags). Das mit weißen Sandstränden und azurblauem Meer fast tropisch wirkende Archipel besteht aus neun traumhaften Inselchen, die im Winter weitgehend Meeresvögeln überlassen sind, im Sommer aber zum Segelsportzentrum mutieren.

➤ [C 4] Vedettes Glenn; www.vedettes-glenn.fr; April–Sept. tgl. Fahrten ab Fischerhafen; Ticket 15–30 €; Vedettes de l'Odet; www.vedettes-odet.com; Mitte Juli–Ende Aug. tgl. Fahrten ab Freizeithafen

Info
Office de Tourisme de Concarneau
➤ [C 4] Quai d'Aiguillon; Tel. 02 98 97 01 44; www.tourismeconcarneau.fr; Mai/Juni, Sept. Mo–Sa 9–12.30, 13.45–18.30, So/Fei 10–13, Juli/Aug. tgl. 9–19, Okt.–April Mo–Sa 9–12, 14–18 Uhr

DOUARNENEZ

15 600 Einwohner, 0–86 m ü.d.M. ➤ [C 3]

Noch immer gilt das heute eher unbedeutende Städtchen als »capitale du patrimoine maritime breton«. Der Fischereitradition zollt man hier alle Ehre, vor allem dem Sardinenfang. »Penn sardin«, »Sardinenköpfe«, nannte man scherzhaft die Einwohner. Von den 1000 Fischerbooten und 30 Konservenfabriken des 19. Jahrhunderts haben nur wenige überlebt. Seit etwa 100 Jahren wandern die Sardinenschwärme aus unbekannten Gründen immer weiter in südliche Richtung.

Hotels

Le Clos de Vallombreuse

Schlossartig thront das stattliche Bauwerk vom Beginn des 20. Jahrhunderts mit Terrasse über der Bucht von Douarnenez. Dementsprechend schön nostalgisch gestaltet wurden die geräumigen Zimmer. Mit Kristallleuchtern und Holztäfelungen bleibt schließlich auch der Speisesaal des Feinschmeckerlokals dem schlossähnlichen Ambiente treu.

➤ [C 3] 7, rue d'Estienne d'Orves; Tel. 02 98 92 63 64, www.closvallombreuse.com; Anf. Feb.–Ende Dez.; 20 Zimmer •• ♿

Essen und Trinken

Le Bigorneau Amoureux

Zwar ist »bigorneau« eine Meeresschnecke, dazu noch bisexuell, und dieses originelle Lokal spezialisiert auf das einst wichtigste Nahrungsmittel der armen Bretagnebauern, die Kartoffel ... Aber verliebt sein kann man ja in jedes Mahl – oder? Zum Essen gibt's oft Ausstellungen und Konzerte, immer den Blick auf die Bucht und die Île Tristan.

➤ [C 3] Boulevard Richepin, Plage des Dames; Tel. 02 98 92 35 55; www.bigorneau-amoureux.com; tgl. außer Mo, außerhalb der Saison tgl. außer Mo/Sa nachmittags •

Sehenswertes

Bootsmuseum (Port-Musée)

Das erste französische Bootsmuseum mit echtem Meerwasserbecken fasziniert alle, die Schiffe und das Meer lieben. 30 Boote in Originalgröße sind zu besichtigen – vom Langustenfangsegler bis zum Dampfschlepper. Auch die Geschichte von Fischfang, Werften, Segeltuch- und Konservenfabriken wird in Bild und Ton lebendig.

➤ [C 3] Place de l'Enfer; Tel. 02 98 92 65 20; www.port-musee.org; April–Mitte Juni, Mitte Sept.–Anf. Nov. tgl. außer Mo 10–12.30, 14–18 Uhr, Mitte Juni–Mitte Sept. tgl. 10–19 Uhr; Eintritt 6,50/4 €

Hoch lebe der Fisch: Ende August putzt sich Concarneau heraus, um die Fête des Filets Bleus zu begehen.

Einkaufen

Man sollte Douarnenez, die Hauptstadt des »kouign amann«, nicht verlassen, ohne einen dieser berühmten butterreichen Kuchen erworben zu haben. Erfunden wurde er um 1860 von einem Bäcker in Douarnenez. Heute kauft man ihn als Einzelstück oder als Kuchen für sechs bis acht Leute – am besten mit Gütesiegel: »véritable kouign amann«.

Feste

Das »Festival du Cinéma de Douarnenez« findet im August statt und präsentiert Filme über fremde Völker und Minderheiten. Für das Festival »Les Arts Dînent à l'Huile« (»Die Kunst diniert mit Öl«) im Juli wird jeweils ein Ort mit Sardinenfangtradition eingeladen – als Erinnerung daran, wie wichtig Sardinen für die Geschichte der Stadt einstmals waren.

▶ [C 3] Infos beim Office de Tourisme, place Edouard-Vaillant; Tel. 02 98 92 13 35; www.douarnenez-tourisme.com

Ausflüge

Abbaye de Landévennec und Musée de l'Ancienne Abbaye de Landévennec

Heute erinnern nur wenige Ruinen daran, dass dies einst eine der wichtigsten christlichen Stätten der Bretagne war. Die Abtei wurde Ende des 5. Jahrhunderts von dem bretonischen Mönch Guénolé gegründet, später mehrfach zerstört, wieder aufgebaut und in den Wirren der Revolutionszeit endgültig vernichtet.

Das Museum erzählt mit Rekonstruktionen eines Skriptoriums, Dokumenten, Modellen und Fundstücken der Ausgrabungen von der Christianisierung der Region, der Geschichte der Abtei und von den archäologischen Arbeiten der letzten 25 Jahre. Gelegentlich gibt es Konzerte.

▶ [C 3] Landévennec, Tel. 02 98 27 35 90; www.pnr-armorique.fr; April–Juni tgl. außer Sa 14–18, Juli–Mitte Sept. tgl. 10–19, Mitte Sept.–Anf. Okt. Mo–Fr 10–18, Sa/So 14–18, Okt.–März So/Fei 14–18 Uhr; Eintritt 4 €, Kinder 8–18 Jahre 3 €

Presqu'île de Crozon

Die Halbinsel Crozon ist ein Tipp für echte Naturfreaks. Vom Wind zerzaust, den vom Atlantik heranbrausenden Elementen in Form von Sturm, Regen, Nebel und Hagel nahezu schutzlos ausgesetzt, aber erstaunlicherweise auch mit einer fast südlichen Vegetation ausgestattet – an windstillen Flecken jedenfalls.

Ein Hauch von Karibik: das Cap de la Chèvre im tiefen Süden der Halbinsel Crozon

Carhaix treten Ende Juli/Anfang August drei Tage lang Musiker aus aller Welt auf.

➤ **[B 3]** Boulevard de Pralognan la Vanoise, Crozon; Tel. 02 98 27 00 32; www.festival duboutdumonde.com; Ende Juli/Anf. Aug.; Tickets ab 28 €, Kinder bis 12 Jahre frei

Zöllnerweg GR 34

Große Steigungen muss man nicht bewältigen auf dem 1791 zur Küsten- und Schmugglerüberwachung angelegten Zöllnerweg (GR 34, rot-weiße Kennung). Mit nur 330 Meter Höhe mag der höchste Berg Menez Hom wenig beeindrucken, doch die typische Silhouette prägt die Landschaft. Schließlich ist er einer der ältesten Berge der Erde, auf dem der Sage nach König Marc'h begraben liegt.

Besonders spektakulär präsentiert sich die Südspitze von Crozon. Die Landzunge Cap de la Chèvre mit bis zu 100 Meter hohen Felsenkliffs hat im Westen ein kahles Aussehen, wie abgeschliffen durch Sturm und Erosion, an der Ostseite jedoch schaffen Pinien und tiefblaue Meeresbuchten mediterrane Stimmungsbilder.

➤ **[B 3]** Pays du Menez Hom Atlantique, Boulevard de Pralognan la Vannoise, Crozon; Tel. 02 98 26 28 81; www.menez-hom.com

Am besten zieht man Wanderschuhe an, packt Wasser und Picknick ein und macht sich zu Fuß auf den Weg durch das sagen- und legendenumwobene Reich des Königs Marc'h, wo das Zwergenvolk der Korrigans Spaziergänger foppt und neckt, aber auch die Überreste vieler Festungsanlagen von der sehr realen, wenig mythenhaften militärischen Vergangenheit dieses »Pays du Menez Hom« zeugen.

➤ **[B 3]**

Festival du Bout du Monde

Seit 1999 beherbergt die kleine Halbinsel Crozon das internationale Musikfest »vom Ende der Welt« – in Anspielung auf den Départementnamen Finistère. Bei dieser Konkurrenzveranstaltung zum großen Musikfestival »Les Vieilles Charrues« bei

Info

Office de Tourisme du Pays de Douarnenez

➤ **[C 3]** 1, rue du Docteur Mével, Douarnenez; Tel. 02 98 92 13 35, Fax 02 98 92 70 47; www.douarnenez-tourisme.com

ÎLE D'OUESSANT (ENEZ EUSA) 9

860 Einwohner, 0–60 m ü.d.M. ➤ [A 2]

Täglich gegen 11 Uhr, nach Ankunft des Bootes, sorgen die 300 Passagiere kurzzeitig für Chaos am Hafenkai, bevor sich alle in die bereitstehenden Busse, Sammeltaxis oder Privatwagen verteilt haben. Ein paar Minuten später füllt sich der Ort Lampaul am anderen Ende der Insel Enez Eusa (»die Höchste«). Kurz darauf verläuft sich alles, sind die Besucher unterwegs auf einem der zahlreichen Wege, die Ouessant durchkreuzen. Autos sind nur Einheimischen erlaubt. So grüßen sich Touristen zu Fuß oder zu Rad, viele mit Fernrohr zur Vogelbeobachtung, denn Ouessant gilt als Paradies für zahlreiche (auch seltene) Vogelarten.

Hotels

Ti Jan Ar C'hafe

Die mit Abstand schönste und edelste Herberge auf Ouessant, etwas abseits des Ortszentrums, an der Straße zwischen Lampaul und Hafen gelegen. Keinerlei Marinestil prägt Zimmer, Veranda und Holzterrasse im Garten, sondern tropisch inspiriertes Mobiliar bestimmt das Haus.
➤ [A 2] Kernigou; Tel. 02 98 48 82 64; hoteltijan@wanadoo.fr; Mitte Feb.–Mitte Nov.; 8 Zimmer ••

La Duchesse Anne

Etwas verblichen ist der Charme, aber atemberaubend nach wie vor die Lage dieses einst besten Hotels am Platze. Direkt an der Bucht von Lampaul, höchstens fünf Gehminuten vom Ortszentrum entfernt, ist in Speisesaal und Zimmern hautnah Meer oder Sturm zu fühlen. Das Essen ist korrekt, die Stimmung familiär.
➤ [A 2] Port de Lampaul; Tel. 02 98 48 80 25; www.hotelduchesseanne.fr; Mitte Feb.–März geschl.; 9 Zimmer •

Essen und Trinken

Die Öffnungszeiten auf der Insel ändern sich fast täglich, je nach Wetter, Besucherstrom, Bootsverkehr, Lust und Laune der Besitzer. Im Grunde ist alles jederzeit offen. Sonst hängt ein Zettel an der Tür mit den nötigen Informationen.

Ty Korn

Eindeutig das beste Restaurant auf Ouessant. Der Pub im Erdgeschoss mit der wie ein Boot geformten Holztheke, der Speiseraum im ersten Stock wie ein Schiff spitz zulaufend mit Takelagen, blauen Stühlen und der Pern-Spitze als Wandtapete. »Korn« hat übrigens nichts mit Schnaps

zu tun, sondern bedeutet auf Bretonisch Ecke – weil das Lokal in einem Eckhaus liegt. An Sommerabenden gelegentlich Konzerte. Das ganze Jahr hindurch gute Stimmung in der Bar bei Algenbier & Co.

➤ [A 2] Bourg, Port de Lampaul; Tel. 02 98 48 87 33 ••

Sehenswertes
Maison du Niou
Im 100 Jahre alten »Haus von Niou« erlebt man hautnah und authentisch, wie die Menschen zusammenlebten: Schrankbetten dienten als Raumteiler, erlaubten aber auch jedem zumindest nachts eine gewisse Intimität. Dazu erfährt man viel über die Gebräuche der Ouessantins, auch über das Matriarchat. Während die Männer auf See waren, mussten die Frauen schließlich allein zurechtkommen.

➤ [A 2] Phare du Créac'h; Tel. 02 98 48 86 37; Öffnungszeiten wie Leuchtturmmuseum (s. u.)

Musée des Phares et Balises
Das einzige Museum Frankreichs zum Thema Meereszeichen befindet sich im Unterbau des bekannten Symbols der Insel, des Leuchtturms Créac'h. Scheinwerfer, Dokumente, eine wertvolle Sammlung von Fresnel-Linsen sowie teils in Szene gesetzte Ausstellungsstücke erzählen die Geschichte der Insel und beschreiben den Alltag der Leuchtturmwärter.

➤ [A 2] Phare du Créac'h; Tel. 02 98 48 80 70; April–Sept. 10.30–18.30, frz. Ferien 10.30–17.30, Nov./Dez. 13.30–17, Jan.– März, Okt. 13.30–17.30 Uhr

Fresnel-Linsen im Musée des Phares et Balises – einst eigens für Leuchttürme entwickelt

Einkaufen
L'Abri du Mouton
Wollige Minischäfchen zieren Karten, Stifte, Ohrringe. Die originellen, recht preiswerten Souvenirs (ab 5 Euro) fertigt die Kunsthandwerkerin und gebürtige Ouessantine Isabelle Patard. Authentisches, »made in Ouessant«, mit Wolle der berühmten Schafe statt »made in China«.

➤ [A 2] Place de l'Église; Tel. 02 98 48 88 42

Galerie Couleurs de Grève
Das Atelier von Claudie Prigent mit den farbenfrohen Bildern von molligen, fröhlichen Badenden fällt sofort ins Auge. Witzig auch ihre breit- oder hochformatigen Ansichten der für Ouessant so typischen Schafe. Der Preis von 1000 Euro für ein originales Werk sprengt vielleicht das Urlaubsbudget, aber die kleineren Drucke sind preiswerte und originelle Souvenirs.

➤ [A 2] Toulalan; Tel. 02 98 30 30 05 oder 06 30 60 45 82; frz. Ferien 10–12, 16– 19 Uhr; www.claudie-prigent.info

Feste
Musiciennes à Ouessant
Matriarchalische Tradition verpflichtet: Auf der »Fraueninsel« gründete die Pianistin Lydia Jardon ein Sommerfestival für Musikerinnen, »Musiciennes à Ouessant«. Fast ausschließlich weibliche Interpreten und Komponisten stehen seit dem Jahr 2000 eine Augustwoche lang im Mittelpunkt. Die teilweise kostenlosen Konzerte finden in der Dorfkirche und im Gemeindesaal statt.

➤ [A 2] Diverse Spielorte; www.musiciennes aouessant.com; Anf. Aug.

Spaziergang

Kalon Eusa – Reise ins Herz der Insel

Ein originales Konzept hat die gebürtige Ouessantine Ondine Morin verwirklicht: Sie bietet persönliche ein- bis zweistündige Inselführungen an (auch in Deutsch). Dabei rücken Themen wie Leuchttürme, die alte Wohnkultur oder archäologische Ausgrabungen ins Zentrum.

➤ [A 2] Tel. 06 07 06 29 02; www.kalon-eusa.com; ab 7,50 €, Kinder 5–15 Jahre frei

Info

Office de Tourisme Ouessant

➤ [A 2] Place de l'Église, Bourg de Lampaul; Tel. 02 98 48 85 83; www.ot-ouessant.fr; Mitte Juli–Ende Aug. Mo–Sa 9–13, 13.30–19, So/Fei 9.30–13, Sept.–Juni Mo–Sa 10–12, 14–17, So/Fei 10–12 Uhr

ÎLE DE SEIN (ENEZ SUN)

300 Einwohner, 1,50 m ü.d.M. ➤ [B 3]

»Es ist nicht jedem gegeben, auf der Insel Sein leben zu können«, warnen Einheimische. Eine romantische Szenerie zwischen Felsen und Buchten, südlich wirkende malerische Gassen ohne Autos und weiter Meeresblick schützen nicht unbedingt vor dem Inselkoller – vor allem in den Wintermonaten, wenn Sein oft tagelang auf sich allein gestellt ist und im tobenden Sturm kein Boot die Überfahrt wagt. Mehrfach stand die knapp einen Quadratkilometer kleine Insel vor dem Untergang, mussten sich die Bewohner vor den Sturmfluten auf ihre Hausdächer flüchten, wo ihnen der Priester die Generalabsolution erteilte.

Hotels

Ar Men

Wer Sein wirklich erleben will, muss über Nacht bleiben. Sind die Tagesgäste fort, gewinnt die Insel ihr besonderes Flair zurück als Vorposten Europas, wo Gezeiten wichtiger sind als die Uhrzeit. Hautnah erlebt man die Natur in diesem einfachen, aber komfortablen Hotel mit Restaurant.

➤ [B 3] Route du Phare; Tel. 02 98 70 90 77; www.hotel-armen.net; Hotel: Anf. Feb.–Mitte Nov., Restaurant: So abends, Juli/Aug. So abends/Mi geschl.; 10 Zimmer ●●–●

Les Trois Dauphins

Im Ortszentrum, an einem der Kais, liegt dieses beste Haus am Platze. Geräumige, helle, holzvertäfelte Zimmer gibt es im ersten Stock, eine Bar im Erdgeschoss.

➤ [B 3] 16, quai des Paimpolais; Tel. 02 98 70 92 09; www.hoteliledesein.com; 7 Zimmer ●

Essen und Trinken

O Crabe qui rit

»Zum lachenden Krebs« ist nicht nur Crêperie, sondern auch ein Meeresfrüchterestaurant – fast ein Muss auf dieser von Felsen umgebenen Insel, zwischen denen Hummer, Meeresspinnen und Taschenkrebse gedeihen. Terrasse auf dem Kai.

➤ [B 3] 25, quai des Français Libres; Tel. 02 98 70 92 42; www.ocrabequirit.com; April–Sept. tgl. ●

Info

Office de Tourisme d'Île de Sein

➤ [B 3] Rue Saint-Guénolé; Tel. 02 98 70 90 35 oder 02 98 70 93 45; www.enezsun.com

ÎLE MOLÈNE (MOAL ENEZ)

230 Einwohner, 0–26 m ü.d.M ➤ [A 2]

Im Gegensatz zum bedeutenderen Nachbarn Ouessant hat die Natur dem Inselarchipel von Molène einen geschützten Hafen geschenkt. So konnten die Menschen hier schon von jeher ihren Lebensunterhalt mit dem Fischfang verdienen – und mit dem Sammeln von Seetang: Rund um die felsenbewehrte Küste liegt das größte Algenfeld ganz Europas. Heute lebt auch Molène (»moal« bretonisch für »kahl«) großteils vom Tourismus.

Hotel/Essen und Trinken

Kastell an Daol

Das Zentrum schlechthin auf Molène zum Schlafen, Essen, Plaudern, Musikhören und für vieles mehr ist dieses Hotel-Restaurant. Trotz Panoramablick auf das Meer prägen nicht etwa See- und Fischereitradition das Ambiente, sondern der Kult um den französischen Vorzeige-Rocker Johnny Hallyday. Wirt, Chef und DJ Erwan Masson hat im Lauf der Jahre eine erstaunliche Kollektion zu Ehren seines Idols zusammengetragen. Beim Essen jedoch bleibt er seiner Heimat treu und bringt vor allem Fisch, Meeresfrüchte und Algen auf den Tisch.

➤ [A 2] Tel. 02 98 07 39 11; www.kastell-an-daol.com; Bar-Musée Johnny Hallyday: Mitte Jan.–Mitte Feb. geschl.; 10 Zimmer ••–•

Sehenswertes

Musée du Drummond Castle

Dieses Museum erzählt die (wahre) Geschichte vom Schiffbruch eines englischen Dampfers am 16. Juni 1896: Als die »Drummond Castle« einen Felsen zwischen Molène und Ouessant gerammt hatte, sank sie binnen fünf Minuten. Von den 246 Passagieren überlebten nur drei.

➤ [A 2] Tel. 02 98 07 38 41; April–Juni, Sept./Okt. Sa/So 14.30–18, Juli/Aug. tgl. 14.30–18 Uhr

Info

Rathaus (Mairie)

➤ [A 2] Tel. 02 98 07 39 05; www.molene.fr

Île d'Ouessant – ihr wurde mit dem französischen Spielfilm »Die Frau des Leuchtturmwärters« ein Denkmal gesetzt.

LANDERNEAU (LANDERNE)

15000 Einwohner, 1–175 m ü.d.M. ➤ **[C 2]**
Berühmt ist das hübsche, im 17. Jahrhundert dank des Leinenhandels wohlhabende Städtchen vor allem wegen seiner Brücke, auf der Häuser und Lokale stehen – eine der letzten bewohnten Brücken Europas. Im 16. Jahrhundert wurde sie von Jean II. von Rohan als Ersatz für die verfallene Holzbrücke aus römischer Zeit errichtet. Unter den malerischen Gewölbebogen fließen Meer und Fluss zusammen – ein Schauspiel, das sich gut von den Ufern oder von einem der Restaurants auf der Brücke beobachten lässt.

Info
Office de Tourisme de Landerneau
➤ **[C 2]** Pont de Rohan; Tel. 02 98 85 13 09; www.ville-landerneau.fr www.tourisme-landerneau-daoulas.fr, www.landerneau.com

LE CONQUET (KONK-LEON)

2400 Einwohner, 0–51 m ü.d.M. ➤ **[B 2]**
Einladend wirkt das historische Zentrum von Le Conquet mit hübschen alten Häusern, originellen Läden, Ausblicken auf die idyllische Hafenbucht und mit der typischen bretonischen Kirche. Für viele ist Le Conquet (etwas zu Unrecht) nur Durchgangsstation auf dem Weg zu und von den Inseln Molène und Ouessant, die von hier aus täglich angefahren werden.

Hotels
Hôtel de la Vinotière
Im historischen Zentrum gelegen, mit viel Holz, dazu edles Beige und Braun in den Zimmern, zu denen eine wundervolle geschwungene Steintreppe aus dem 16. Jahrhundert führt. Ein Whirlpool steht Gästen zur Verfügung. Im Teesalon gibt es hausgemachte Kuchen und ausgewählte, nach allen Regeln der Kunst zubereitete Tees (auch biologische Tees der bretonischen Marke »l'Ilot Thé«)
➤ **[B 2]** 1, rue du Lieutenant Jourden; Tel. 02 98 89 17 79; www.lavinotiere.fr; 11 Zimmer •• ♿

Essen und Trinken
Embruns et Mistral
An der Straßenkreuzung zwar nicht sehr romantisch gelegen, aber innen voller Charme. Und seit der Eröffnung 2008 das Lieblingslokal vieler Einheimischer.
➤ **[B 2]** Route de la Plage des Blancs Sablons, Lanfeust; Tel. 02 98 89 17 47; www.embrunsetmistral.fr; März–Juni, Sept.–Dez. tgl. außer Mo/Di, Juli/Aug. tgl. außer Mo •

Einkaufen
Boutique Michel Tromeur
Hier gibt es originelles lokales Kunsthandwerk, witzige Bilder wie beispielsweise »Flugstunde bei Familie Möwe« ... eine Schatzgrube für Souvenirjäger.
➤ **[B 2]** 2, rue Lieutenant Jourden; Tel. 02 98 89 02 37; boutique-michel@wanadoo.fr; tgl. außer Mo 9.30–13, 15–20, Sommer tgl. 9.30–13, 15–20 Uhr

Pâtisserie Denis Lunven
Ein echter Dorfladen auf den ersten Blick, wo es (fast) alles und nichts zu kaufen gibt. Auf den zweiten Blick aber die Bäckerei-Konditorei der Region – jedenfalls, was originelles Gebäck wie Al-

genkuchen angeht, der auf der meist be-
wegten Überfahrt zu den Inseln als Stär-
kung sehr zu empfehlen ist.

➤ [B 2] 1, rue Clemenceau; Tel. 02 98 89
00 34; tgl. außer Mi 8–12.30, 15–19 Uhr

Ausflüge

Musée de l'Abbaye de Saint-Mathieu

Hier erfährt man in Form von Dokumenten, Modellen und Videofilmen viel
Interessantes über die Geschichte der
Abtei, die im 6. Jahrhundert begründet
wurde, um die Reliquien des heiligen
Matthäus zu beherbergen, später von Be-
nediktinern übernommen und wie viele
religiöse Monumente während der Französischen Revolution zerstört wurde.

➤ [B 2] Tel. 02 98 89 00 17 oder 02 98 84
41 14; www.plougonvelin-fr.com, www.
amis-st-mathieu.org, www.vacances-en-
iroise.com; Mai/Juni Sa/So/Fei 14–18.30,
Juli/Aug. tgl. 10–19.30, Sept. tgl. außer Di
10–12.30, 14–18.30, frz. Ferien tgl. außer
Di 14–18.30 Uhr; Eintritt (Museum und
Leuchtturm) 3 €, Kinder 4–9 Jahre 1 €

Pays des Abers

Als »bretonische Fjorde« rühmt man die
sogenannten »Aber«, diese dem Wechsel
von Ebbe und Flut unterworfenen Fluss-
mündungen oder Rias in Form von
schlauchförmigen, tief ins Land zurück-
greifenden Meeresbuchten. Drei dieser
ökologischen Nischen zählt die Nordbretagne: Aber Wrac'h, westlich davon die
mit 32 Kilometern längste, Aber Benoit,
und schließlich die kleine idyllische Aber
Ildut. Vor den gefährlichen Felsenriffen
und Untiefen der Küste warnen 17 Leuchttürme an Land und 13 weitere im Meer.
Traumhafte, verschlafene Urlaubsorte laden zur Entdeckung der Natur und der
menschlichen Aktivitäten ein, illustrieren
den Alltag von Algensammlern, Leucht-
turmwärtern oder Fischern.

➤ [B 2] www.aberslegendes-vacances.fr;
weitere Infos beim Office de Tourisme,
Le Conquet; Parc de Beauséjour; Tel. 02 98
89 11 31; www.leconquet.fr

Naschkatzen mögen das »Hôtel de la Vinotière« – wegen der hausgemachten Petit Fours.

Pointe de Saint-Mathieu 🔟

Eingezwängt zwischen Leuchtturm und
Küstenüberwachungsstation (»sémaphore«) lässt das Skelett der dachlosen Abteikirche nur ahnen, welche Bedeutung ihr
einst zukam. Nur die Außenwände aus
dem 12. bis 16. Jahrhundert stehen noch
und geben durch Mauerlücken den Blick
frei auf das Meer. Statt eines Kirchturms
erhebt sich seit 1835 ein Leuchtturm an
der Pointe Saint-Mathieu. Aus 56 Metern
Höhe blickt man von dort auf das Meer.
➤ [B 2] Öffnungszeiten wie Musée de
l'Abbaye de Saint-Mathieu

Info

Office de Tourisme
➤ [B 2] Parc de Beauséjour, Le Conquet;
Tel. 02 98 89 11 31; www.leconquet.fr

Wo früher der Turm der Abteikirche in den
Himmel ragte, dreht sich nun die Laterne des
Leuchtturms an der Pointe de Saint-Mathieu.

LE FOLGOËT (AR FOLGOAD)

3200 Einwohner, 30–77 m ü.d.M. ➤ **[C 2]**
Überraschend erhebt sich ein mächtiger
Kirchturm über dem sonst eher nichtssagenden Ort, einem mahnenden Finger
gleich. Die gewaltige Basilika aus dem
15. Jahrhundert gilt als eine der schönsten Kirchen Frankreichs – insbesondere
wegen des filigranen Lettners aus rotem
Granit, der Chor und Kirchenschiff trennt,
eines der Meisterwerke bretonischer Stein-
metzkunst des 15. Jahrhunderts.

Ein Wunder veranlasste den Bau dieses Gotteshauses. Denn auf dem Grab eines geistig Behinderten, der sein Leben

lang ständig die beiden Worte »Ave Maria« stammelte und bei allen nur »Fol Goat« (Irrer aus dem Wald) hieß, wuchs eine weiße Lilie, auf deren Blütenblättern der Schriftzug »Ave Maria« stand. Seither findet in Le Folgoët alljährlich am ersten Septemberwochenende die zweitwichtigste bretonische Wallfahrt statt.

Hotels

Hôtel La Baie des Anges

Überall liegen, stehen, fliegen Engelchen (»anges«), über die Internetseite genauso wie auf den Tischen der Hotelhalle. Der Name verpflichtet offenkundig. Engelhaft ruhig und romantisch ist auch die Lage, freundlich der Empfang dieses sympathischen Hotels. Panoramafenster zur himmlischen Mündungsbucht des Aber-Wrac'h. Geschmackvoll und modern das Design der Einrichtung in Naturtönen.

▶ [B 2] 350, route des Anges, Port de l'Aber Wrac'h, Landeda; Tel. 02 98 04 90 04; www.lesanges.fr; 25 Zimmer ••• ᵔ

Moulin du Couffon

Geschickt hat man die Architektur der alten Mühle aus dem 16. Jahrhundert in Szene gesetzt. Das wuchtige alte Mühlrad dient nun als Empfangspult, weitere historische Maschinerien schmücken die Zimmer und Gemeinschaftsräume. Auf sechs Etagen liegen die großzügigen Unterkünfte, teils mit traditionellen bretonischen Möbeln wie »lit-clos« (Schrankbetten). Schöner Blick auf die Bucht, in der sich Meer und Fluss mischen.

▶ [C 2] Kerlouan, Tel. 02 98 25 78 43; www.moulinducouffon.com; 5 Zimmer •• ᵔ

Terre du Pont

Mit einer Brücke hat der Name nichts zu tun, sondern mit der Familie Pont, der das strohgedeckte Anwesen am Ortsrand von Brignogan-Plage seit dem 15. Jahrhundert gehörte. Ruhe wird hier großgeschrieben – auf der windgeschützten Terrasse zwischen Granitsteinhäusern und am Pool im Garten. Die Herbergsmutter Odile Berthoule spricht Deutsch.

▶ [C 2] La Terre du Pont, Brignogan-Plage; Tel. 02 98 83 58 49; www.terredupont.com; Ostern–Anf. Nov.; 4 Zimmer •• ᵔ

Essen und Trinken

La Butte

Nicht besonders einladend wirkt der seltsam gestreifte 1950er-Jahre-Bau auf dem Hügel (französisch »butte«). Doch die Küche des Restaurants gilt als exzellent, der Panoramablick auf die weite Bucht von Goulven als grandios. Um seine Leidenschaft für kulinarische Spezialitäten der Region zu teilen, organisiert Chef Nicolas auch Kochkurse und freitags musikalische Dîners mit Live-Pianojazz.

▶ [C 2] 10, rue de la Mer, Plouider; Tel. 02 98 25 40 54; www.labutte.fr; tgl. außer So abends/Mo mittags •••–•• ᵔ

La Corniche

Direkt am Strand und mit Blick auf eine idyllische Bucht, in der sich Boote jeder Art im ständigen Auf und Ab der Gezeiten drehen und wiegen. Edel und nicht gerade preiswert das Essen, sehr gepflegt das Ambiente mit Fischermotiven.

▶ [C 2] Brignogan-Plage, Port du Pontusval; Tel. 02 98 85 81 99; www.restaurant-la-corniche.fr; Ostern–Sept. tgl., sonst Sa/So ••

LOCRONAN (LOKORN)

800 Einwohner, 150 m ü.d.M. ➤ [C 3]

Fast wie eine Fata Morgana, auf mystische Art aus vergangenen Jahrhunderten in die Gegenwart transportiert, wirkt Locronan, dessen Name nach dem gleichnamigen Heiligen und Schutzpatron »die Stadt von Ronan« bedeutet. Locronan war im 15. Jahrhundert berühmt für sein Segeltuch und hat sich heute zur hübschen Museumsstadt gemausert, die fast ausschließlich vom Tourismus lebt, zahlreiche Künstler beherbergt und regelmäßig als Filmkulisse dient.

Sehenswertes

Man beachte die Place Centrale mit altem Brunnen und Granithäusern sowie die Kirche Saint-Ronan aus dem 15. Jahrhundert, eines der schönsten Beispiele für den Baustil »gothique flamboyant breton«. Sehenswert sind der Predigtstuhl von 1707 sowie die Glasfenster aus dem 15. Jahrhundert. Der Kirchturm stürzte ein, als er 1808 vom Blitz getroffen wurde.

➤ [C 3]

Feste

Troménie

Im 5. Jahrhundert v. Chr feierten keltische Druiden an dieser Stelle eine Art Initiations- und Fruchtbarkeitsritus namens »Nemeton«. Der heilige Ronan setzte diese Tradition unter einem neuen, christlichen Vorzeichen fort. Noch heute wird Locronan am zweiten Julisonntag zum Wallfahrtsort eines Pardon. In traditioneller Festkleidung und mit Fahnenbannern beten alle sechs Jahre (2013, 2019 usw.) Tausende von Pilgern aus der ganzen Bretagne bei der »Grande Troménie« auf 12 Kilometern bei 12 Pilgerstationen, die übrigen Jahre dann auf sechs Kilometern bei einer »Petite Troménie«.

➤ [C 3] Infos beim Office de Tourisme, 1, place de la Mairie; Tel. 02 98 91 70 14; http://locronan.org

Info

Office de Tourisme de Locronan

➤ [C 3] 1, place de la Mairie; Tel. 02 98 91 70 14; http://locronan.org

MORLAIX

15 700 Einwohner, 0–104 m ü.d.M. ➤ [D 2]

Im engen Flusstal, über das sich eine gewaltige, 58 Meter hohe und 292 Meter lange Eisenbahnbrücke aus dem Jahr 1861 schwingt, zeugen Boote mit im Wind klappernden Segelmasten vom nahen Meer. Schifffahrt, Leinenhandel und Tabakindustrie brachten der Stadt Wohlstand, wie zahlreiche schöne Bauten in den engen, belebten Gassen zeigen. Obwohl Ende des 20. Jahrhunderts auch die letzte Fabrik schließen musste, herrscht heitere Stimmung. Vielleicht ein Relikt der Korsarentradition mit ihrem gegenwartsbezogenen Abenteurergeist.

Hotels

Grand Hôtel des Bains

Direkt am Meer, zwischen Strand und Hafen, liegt dieses wunderbar nostalgisch anmutende Hotel, das im Jugendstil renoviert wurde. Das überdachte Schwimmbad erlangte eine gewisse Berühmtheit, als dort 1970 Proust verfilmt wurde.

Das Eisenbahnviadukt über dem Fluss Morlaix ist das Wahrzeichen der gleichnamigen Stadt.

dunklem Holz geschnitzt der Treppenaufgang, eindrucksvoll allein schon durch die Höhe der Frühstücksraum mit Mobiliar aus der Zeit Napoleons III.
➤ [D 2] 1, rue d'Aiguillon; Tel. 02 98 62 11 99; www.hotel-europe-com.fr; Mitte Dez.–Mitte Jan. geschl.; 60 Zimmer ●●●–●● ⚐

Manoir de Ker-Huella
Eine noble Allee führt von dem gewaltigen Eisentor durch die Parkanlage zum putzigen Renaissanceschlösschen. Hochherrschaftlich wohnt man hier am Hang der Stadt, umgeben von Mobiliar aus dem 19. Jahrhundert. Im Jugendstil eingerichtet ist der Wintergarten, in dem das Frühstück serviert wird.
➤ [D 2] 78, voie d'Accès aux Ports; Tel. 02 98 88 05 52; http://monsite.orange.fr/ manoirdekerhuella; 4 Zimmer ●●

Essen und Trinken
Restaurant Patrick Jeffroy
Mit zwei Sternen im roten »Guide Michelin« ausgezeichnet ist das Hotelrestaurant, in dem der Küchenchef exquisite Produkte seiner bretonischen Heimat serviert – kunstvoll zubereitet, versteht sich. Drei Sterne verdient der Blick aus dem Speisesaal über Bucht, Felsen und Inselchen.
➤ [D 2] 20, rue du Kelenn, Carantec; Tel. 02 98 67 00 47; www.hoteldecarantec.com; Mi–Fr ●●●●

➤ [D 2] 15, rue de l'Église, Locquirec; Tel. 02 98 67 41 02; www.grand-hotel-des-bains. com; Brasserie de la Plage: tgl. mittags ●●●●

L'Hôtel de Carantec
Einziges Hotel im Ort – mit dem Charme einer edlen, doch familiären Bleibe in einem traditionellen Seebad. Tati alias M. Hulot lässt grüßen. Terrassenförmig angelegter ruhiger Garten. Der Strand ist gleich unterhalb des Hotels. Zimmer teils mit Terrase zum Meer und Panoramablick.
➤ [D 2] 20, rue du Kelenn, Carantec; Tel. 02 98 67 00 47; www.hoteldecarantec.com; 12 Zimmer ●●●●–●●●

Hôtel de l'Europe
Direkt im Zentrum liegt das großzügige Hotel mit 200-jähriger Geschichte. Aus

Café Tempo

Wie in einem Boot fühlt man sich in dieser früheren Hafenmeisterei. Direkt am Hafenkai wird drinnen und draußen exotisch angehauchtes, im Grunde aber französisches Essen serviert – sehr zur Freude von Stammgästen wie den Journalisten der lokalen Zeitung »Le Télégramme«. Abends trifft man sich hier zu einem Glas Wein in romantischer Atmosphäre direkt am Wasser. Ein Billardtisch steht im ersten Stock.

➤ [D 2] Port de Plaisance, Quai de Tréguier (Ostufer); Tel. 02 98 63 29 11; Mo–Fr 10–1, Sa 17–1 Uhr ••

La Table de Ty Pot

Ein heller, geräumiger Ort zum Leben, Essen, Plaudern ... Gemütliche Holztische, eine Sofaecke mit einladenden Ledersofas und große Schiefertafeln, auf denen sich jeder verewigen oder einen Partner suchen darf. Die Kinder haben ihren eigenen Raum mit DVDs, Spielen und Büchern. Und durch eine Tür geht's direkt zum Laden, wo allerlei hübsche Dekorationsobjekte, witzige Küchenutensilien sowie leckere Konfitüren und Pasteten verkauft werden.

➤ [D 2] 5, place de la République, Carantec; Tel. 02 98 78 33 00; typot@wanadoo.fr; tgl. außer Di, Mi ••

La Terrasse

Zum Träumen von alten, glamourösen Zeiten lädt die edle Brasserie ein, die 1885 im Jugendstil an einem Platz im Stadtzentrum eröffnet wurde. Im Sommer werden jeden Nachmittag (14–19 Uhr) frische Crêpes auf der Terrasse serviert.

➤ [D 2] 31, place des Otages; Tel. 02 98 88 20 25; contact@laterrasse-morlaix.com; tgl. außer So 8.30–1 Uhr ••

Le Chaudron

Den kaum zu stillenden Appetit eines Obelix hat die Chefin im Sinn, wenn sie mit Schürze am Kessel (frz. »chaudron«) steht und ihren Gästen immer neu zu einem Nachschlag zuredet. Üppige Mahlzeiten in familiärem Ambiente.

➤ [D 2] 7, rue Ange de Guernisac; Tel. 02 98 63 47 59; tgl. •

La Reine Anne

Seit er das Qualitätslabel »Restaurant du Terroir« erhielt, fühlt sich der Küchenchef seiner Heimat besonders verpflichtet. »Wer die Bretagne kennenlernen will, der muss hier essen«, konstatiert er augen-

Ort zum Leben, Essen, Plaudern – und Kaufen: »La Table de Ty Pot« in Carantec

zwinkernd und empfiehlt die von ihm erfundene, patentierte Leckerei »pavé de Morlaix«, einen Karamell-Apfelkuchen.

➤ [D 2] 45, rue du Mur; Tel. 02 98 88 08 29; tgl. außer Mo •

Sehenswertes

Cairn de Barnenez

Neben Carnac und Loqmariaquer an der Südküste zählt dieser Grabhügel (französisch »cairn«) zu den drei wichtigsten Megalithstätten der Bretagne: Bis 1955 galt der Steinhaufen als Geheimtipp bei der Beschaffung kostenlosen Baumaterials. Heute ist ebendieser Steinhaufen von Stacheldraht und Dornenhecken geschützt. Denn der 90 Meter lange und rund 30 Meter breite Grabhügel aus aufgetürmten Steinen mit elf Dolmengängen, die zu rechteckigen oder polygonalen Grabkammern führen, ist 7000 Jahre alt und damit einer der ältesten und größten ganz Europas – eines der ersten von Menschenhand aus beständigem Material errichteten Bauwerke überhaupt.

➤ [D 2] Centre des Monuments Nationaux Cairn de Barnenez, Plouezoc'h; Tel. 02 98 67 24 73; http://barnenez.monuments-nationaux. fr; Mai–Aug. 10–18.30, Sept.–April tgl. außer Mo 10–12.30, 14–17.30 Uhr; Eintritt 5 €

Saint-Jean-du-Doigt

Nach dem Finger (dem ersten Knöchel des Zeigefingers) des heiligen Johannes, der hier seit Jahrhunderten als Reliquie verehrt und aufbewahrt wird, heißt der Ort. Der Reliquie verdankt er auch die gewaltige Kirche im spätgotischen Flamboyantstil und den imposanten Kirchhof, den man durch einen prächtigen Triumphbogen betritt. Denn besagter Finger soll große Wunderheilkraft besitzen, sodass schon seit vielen Jahrhunderten eine große Zahl von Pilgern nach Saint-Jean-du-Doigt kommen.

➤ [D 2]

Einkaufen
Cidres Domaine de Kervéguen

Der »Carpe Diem Prestige« zu acht Euro die Flasche wird seit zehn Jahren dem französischen Präsidenten im Élysée-Palast serviert. Das spricht für die besondere Sorgfalt, mit der Eric Baron seinen Apfelwein herstellt und im Keller des alten Landschlosses in 80 Eichenfässern lagert. Diverse Cidresorten sind im Angebot.

➤ [D 2] Guimaëc (5 km südwestl. von Locquirec); Tel. 02 98 67 50 02; www.kerveguen.fr/contact.php; April–Juni, Sept. tgl. 14.30–18, Juli/Aug. tgl.10.30–18.30, Okt.–März Sa 14.30–18 Uhr

Am Abend
Bar Ty Coz

Wie eine Höhle liegt die Bar hinter der kleinen Terrasse. Im Kamin fackelt ein Holzfeuer, um das sich seit mehr als 100 Jahren Barbesucher scharen. Aus einer fröhlichen Gästerunde entstand 1985 ein ganz besonderes Bier – die Geburtsstunde des berühmten Coreff-Bieres.

➤ [D 2] 10, venelle au Beurre, Tel. 02 98 88 07 65; Di 16–1, Mi–Fr 11–1, Sa 10–1, So 18–1 Uhr

CapLan & Co

Einem Schiffsbug gleich thront der spitz zulaufende Bau über der Bucht. Innen laden dicht bepackte Bücherregale zum Schmökern ein und auch zum Kaufen. Denn eigentlich ist das Café »CapLan« eine Buchhandlung, die ihren Kunden und Gästen neben der geistigen auch ganz handfeste Nahrung an-

bietet: Kuchen, griechische Salate und andere kleine Mahlzeiten. Aus der ganzen Umgebung kommen Ausflügler, um hier bei einem Glas Retsina nach einem ausgiebigen Spaziergang über Literatur und Politik zu diskutieren. Abends werden oft Konzerte organisiert.

➤ [D 2] Place Léo Ferré, Poul Rodou, Guimaëc; Tel. 02 98 67 58 98; www.caplanandco.fr; Sommer tgl. 12–24, sonst Sa 15–21, So/Fei 12–21 Uhr

Feste
Festival des Arts dans la Rue (FAR)

Ein »far« ist eine Art bretonischer Quarkkuchen. Doch in Morlaix bezeichnet dieses Kürzel das alljährliche Festival der Straßenkunst, das Anfang August jeden Abend für Unterhaltung in den Gassen, Straßen und Plätzen sorgt.

➤ **[D 2]** Centre National des Arts de la Rue Le Fourneau; Tel. 02 98 46 19 46; www.artsdanslarue.com; Anf. Aug.

Ausflüge
Carantec

Als das »Beverly Hills« des nördlichen Finistère wurde dieses traditionelle Seebad wegen seiner schönen Villen bezeichnet – meist Ferienresidenz begüterter Pariser. Eindrucksvoll erhebt sich vor der Küste im von zahlreichen Inselchen übersäten Mündungsgebiet des Flusses Morlaix das Château du Taureau. Ein beliebtes Ausflugsziel, genau wie die Île de Callot mit ihrer kleinen Kapelle des 16. Jahrhunderts (Pardon am 15. August). Angenehmen Nervenkitzel verspricht ein Besuch hier: Besucher müssen rechtzeitig vor der Flut die Insel wieder verlassen, wollen sie nicht vom Meer umzingelt werden.

➤ **[D 2]** Office de Tourisme de Carantec, 4, rue Pasteur; Tel. 02 98 67 00 43; www.carantec-tourisme.com

Château du Taureau

Im 16. Jahrhundert errichtete man diese Festung auf einer Insel im Mündungsgebiet vor Morlaix, um die Stadt vor den Überfällen der englischen Piraten zu schützen. Später teilte das Bauwerk das Schicksal vieler solcher Bastionen: Es wurde Gefängnis, Urlaubsort, Wassersportzentrum, und während der Sommermonate dient es für einige Tage sogar als Theaterbühne (Théâtre de la Corniche, Compagnie de l'Arbre à Pommes).

Seit mehr als 100 Jahren Treffpunkt: Die »Bar Ty Coz« in Morlaix ist eine Institution.

➤ **[D 2]** Schlossinsel; Tel. 02 98 62 29 73; www.chateaudutaureau.com; Anf. April–Anf. Nov.; Bootsausflüge ab Carantec (Plage du Kelenn) oder Plougasnou (Port du Diben); Tickets 13 €, Kinder 4–12 Jahre 6 €

Locquirec

Erstaunlich wild ist diese kleine Halbinsel, nur einen Katzensprung von der Küstenstraße von Lannion nach Morlaix entfernt. Locquirec wurde kürzlich zur Pilotstation für den behindertengerechten Tourismus auserkoren und soll in den nächsten Jahren so ausgebaut werden, dass jeder Behinderte dort in absoluter Selbstbestimmung urlauben kann.

➤ **[D 2]**

Saint-Thégonnec

Berühmt ist die Gegend rund um Morlaix für die schönsten umfriedeten Pfarrhöfe, »enclos paroissiaux«, der Bretagne. Diese kunsthistorische Besonderheit geht auf das 16. und 17. Jahrhundert zurück, als der Tuchhandel florierte. Damals baute man Mauern um Kirche, Friedhof, Beinhaus, Kalavarienberg und Dorfbrunnen, um das religiöse vom profanen Leben zu trennen. Eine Schwelle, manchmal auch ein imposantes Tor bildet die Grenze dieser beiden Welten. Innen meißelten lokale Künstler in Granit, was sie aus dem Neuen Testament wussten und von der Kanzel hörten, aber auch, was Handlungsreisende und Pilger nach der Rückkehr aus dem Morgenland berichteten. Die schönsten Pfarrhöfe findet man in Guimiliau, Lampaul-Guimiliau, La Martyre, Commana, Sizun und Pleyben, vor allem aber in Saint-Thegonnec.

Einer der schönsten Kreuzgänge der Bretagne zeichnet das Kloster Abbaye de Daoulas aus.

Durch ein mächtiges Triumphtor, 1587 im Renaissancestil erbaut, betritt man dort den Pfarrhof, dessen eindrucksvollstes Monument der Kalvarienberg von 1610 ist. In vielfältigen künstlerisch gestalteten Details wird darauf die Leidensgeschichte Christi von der Verhöhnung durch die Schergen bis zur Grablegung und Auferstehung dargestellt.

➤ [D 2] Office de Tourisme de Saint-Thégonnec, Park an Iliz; Tel. 02 98 79 67 80; www.saint-thegonnec.fr, www.morlaix tourisme.fr

Info

Office de Tourisme de Morlaix

➤ [D 2] Pavillon du Tourisme, Place des Otages; Tel. 02 98 62 14 94; www.morlaix tourisme.fr

PLOUGASTEL-DAOULAS

12 250 Einwohner, 0–145 m ü.d.M. ➤ [C 2]

Hinter der beeindruckenden Brücke, die sich über den Fluss Elorn spannt, liegt im für seine köstlichen Erdbeeren berühmten Dorf Plougastel-Daoulas einer der größten Kalvarienberge, der zwar 1944 zerstört, dann aber originalgetreu wieder aufgebaut wurde. Ursprünglich hat man ihn 1598 bis 1604 nach einer Pest-Epidemie errichtet und damit ein dreidimensionales Neues Testament geschaffen: 180 Figuren stellen die wichtigsten Szenen aus dem Leben Jesu dar. Details erfährt man auf den sehr informativen, klaren Schautafeln, die das Kunstwerk umrahmen.

Sehenswertes
Abbaye de Daoulas

Laut Legende geht die Abtei auf das Jahr 510 zurück, bewiesen ist ihre Existenz als Augustinerkloster allerdings erst ab dem 12. Jahrhundert. Unter den seltenen Bauwerken romanischer Kunst in der Bretagne zählt der (1880 originalgetreu restaurierte) Kreuzgang sicher zu den schönsten. Spirituelle Ruhe geht von der ganzen Parkanlage mit dem hübschen Oratorium, den steinernen Heiligenstatuen zwischen exotischer Vegetation und dem berühmten Kräutergarten aus.

Das Kulturzentrum neben der alten Abtei hat sich seit 1986 einen Namen für die jährlich wechselnden Ausstellungen zu großen Weltkulturen gemacht.

➤ [C 2] 21, rue de l'Église; Tel. 02 98 25 84 39; www.abbaye-daoulas.com; Mai–Jan. tgl. 10.30–18.30 Uhr; Eintritt 6 €, Kinder 10–18 Jahre 3 € ♿

Info
Office de Tourisme de Plougastel-Daoulas

➤ [C 2] 4, place du Calvaire; Tel. 02 98 40 34 98; www.mairie-plougastel.fr, www.plougastel.com

QUIMPER

64 900 Einwohner, −5–151 m ü.d.M.
➤ Stadtplan S. 281 ➤ [C 4]

»Bigouden oder Penn Sarde«?, fragen sich die Einheimischen bei der ersten Begegnung. Kein Geheimcode, sondern eine Kulturzugehörigkeit im Südwesten des Finistère. Die Bigouden dort empfinden sich als die einzig wahren, »echten« Bre-

tonen. So wurden die typischen, fast einen Meter hohen Hauben der Gegend von Quimper international zum Wahrzeichen der gesamten Bretagne schlechthin.

Quimper selbst, Hauptstadt des Départements Finistère, gilt mit den blumengeschmückten Stegbrücken, seiner romantischen Altstadt, den Fachwerkhäusern des 17. Jahrhunderts und der Kathedrale als ideale Verkörperung alles Bretonischen. Wer Tradition sucht, wird hier fündig – in jeder Beziehung. Modernen Bretonen ist die Stadt abseits der wilden Küste allerdings zu gelackt.

Hotels
Manoir Hôtel des Indes

Indien und der Orient standen Pate für die Dekoration dieses charmanten Hotels im Schlosspark – als Hommage an die Seeleute und Expeditionsreisenden des 18. Jahrhunderts. Ganz aktuell zeigt sich dagegen die ökologisch bewusste Bauweise mit Bioziegeln, Hanf, Kalk und einer Anlage zum Recycling des Wassers.

➤ S. 281 [nördl. b 1] 1, allée de Prad Ar C'hras; Tel. 02 98 55 48 40; www.manoir-hoteldesindes.com; 14 Zimmer ●●●●–●●● ♿

Villa Tri Men

Für jene, die wie einst die Pariser Oberschicht stilvoll urlauben wollen, zwischen malerischer Küste, hohen Bäumen und künstlerisch inspiriertem Ambiente. Spannend der Kontrast zwischen Türmchen und Winkeln der neogotischen Architektur von 1913 und den blanken weißen Wänden mit Originalgemälden bretonischer Künstler wie Lucien Simon und Lionel Floch. Unterhalb der Terrasse mit

Holzplanken lädt eine steinerne Balustrade direkt über dem Meer zum Träumen ein. Das Meer liefert die Ingredienzen für köstliche Fisch- und Meeresfrüchtegerichte: Miesmuscheln mit Orangen, Thunfisch mit exotischen Gewürzen.

▶ S. 281 [südl. b 3] 16, rue du Phare, Sainte-Marine, Combrit; Tel. 02 98 51 94 94; www. trimen.fr; Restaurant: tgl. abends außer So/Mo; 17 Zimmer, 3 Bungalows ●●●–●●● ♿

Hôtel Gradlon

Etwas angegriffen wirkt die frühere Poststation von außen. Doch innen lässt man sich angesichts des verschwenderisch mit Rosensträuchern bepflanzten Innenhofs, wo einst die Pferde ihrer Postsäcke entledigt wurden, vom britisch angehauchten Charme des Ortes gefangen nehmen – trotz der gewagten Kombination diverser Blumenmuster von Teppichen und Tapeten. Pastellfarben präsentieren sich die Zimmer – ganz in der Tradition des über 50 Jahre alten Hotels.

▶ S. 281 [c 2] 30, rue de Brest; Tel. 02 98 95 04 39; www.hotel-gradlon.com; Mitte Dez.–Mitte Jan. geschl.; 20 Zimmer ●● ♿

Essen und Trinken
Brasserie de l'Epée

Elegant wirkt die hübsch renovierte Jugendstil-Brasserie am Odet-Ufer. Kurios die dreidimensionalen Wandgemälde, beinah wie eine Art modernes Luxusboudoir (Freudenhaus) das Dekor der hinteren Speiseräume mit knallroten Polstersesseln. Gepflegte Küche, nicht ganz billig.

▶ S. 281 [b 3] 14, rue du Parc; Tel. 02 98 95 28 97; www.quimper-lepee.com; tgl. 10–24 Uhr ●●

Le Steinway

Ein riesiger Haifisch öffnet sein zahnbewaffnetes Maul als Willkommensgruß und gibt das Motto des Lokals vor, das an Hemingways Romane erinnert. Es dreht sich alles um die 1950er-Jahre: Benzinpumpe, Radio und Telefon aus der Nachkriegszeit. Auf der Karte steht teils gepflegtes US-Fast-Food, teils Französisch-Bretonisches wie »Breizh foie gras« mit »chouchen/honirmet«. Ab und zu Konzerte.

▶ S. 281 [a 2] 20, rue des Gentilshommes; Tel. 02 98 95 53 70; tgl. außer So/Mo mittags ●●

Le Bistro à Lire

Auf Krimis spezialisiert hat sich dieses literarische Café mitten in der Altstadt. Mehr als 3000 Bücher, darunter auch Koch- und Kinderliteratur, säumen die blutroten Wände. Dazwischen kann man sich mit selbst gebackenen Kuchen, Quiche und anderen kleinen Gerichten stärken.

▶ S. 281 [b 2] 18, rue des Boucheries, Tel. 02 98 95 30 86; Di, Do 10–18, Mi, Fr 10–19, Sa 11–19 Uhr

Sehenswertes
Cathédrale Saint-Corentin

Rundum renoviert wurde die Kathedrale in den letzten Jahren, keine Patina lässt ihre lange Geschichte erahnen. 1239 bis 1494 wurde sie auf den Fundamenten einer früheren romanischen Kathedrale gebaut, erst 1854 durch Türme komplettiert. Die Westfassade schmückt eine Reiterstatue König Gradlons, einer mythischen Figur des Königreichs Cornouaille.

▶ S. 281 [b 2] Place Saint-Corentin; Juni–Okt. tgl. außer So vormittags 9.30–12, 13.30–18.30, Nov.–Mai 9–12, 12.30–

18.30 Uhr; Führungen Mitte Juli–Mitte Aug.
Do, Sa 10.30 Uhr, Treffpunkt beim Office de
Tourisme, Place de la Résistance; Tel. 02 98
53 04 05; www.tourisme-quimper.com

Musée des Beaux-Arts

In einem prächtigen, palastartigen Gebäude italienischen Stils, 1862 bis 1872
erbaut, ist bretonische Kunst zu bewundern, darunter Werke der von Gauguin
begründeten Malerschule in Pont-Aven.
➤ S. 281 [b 2] 40, place Saint-Corentin;
Tel. 02 98 95 45 20; http://musee-beauxarts.
quimper.fr; Juli/Aug. tgl. 10–19, Sept.–Juni
tgl. außer Di 10–12, 14–18 Uhr, Nov.–März
auch So vormittags geschl.; Eintritt 4,50 €,
bis 26 Jahre 2,50 €, Kinder bis 12 Jahre frei

Palais des Évêques de Cornouaille/ Musée Départemental Breton

Nach moderner Museumspädagogik in
Szene gesetzt sind die archäologischen
Funde, religiösen Statuen und zahlreichen Trachten des Museums, das seit
1846 im ehemaligen Palast der Bischöfe
von Cornouaille untergebracht ist. Allein
das Gebäude ist einen Besuch wert: zwei
Flügel um den zentralen Turm von 1507
– eines der schönsten Beispiele für Re-
naissancearchitektur in der Bretagne.
➤ S. 281 [b 2] 1, rue du Roi Gradlon; Tel.
02 98 95 21 60; www.cg29.fr/passe-port_2005/
mdb.html; Juni–Sept. tgl. 9–18, Okt.–Mai tgl.
außer Mo/So vormittags 9–12, 14–17 Uhr;
Eintritt 4/2,50 €, Kinder bis 18 Jahre frei

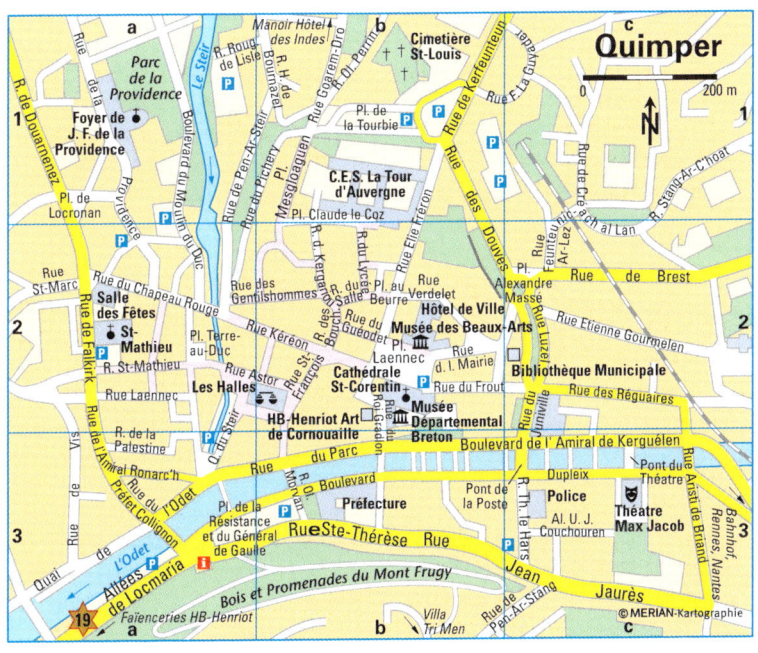

Einkaufen

Ar Bed Keltiek

Gegenüber dem Musée Départemental Breton, nahe der Kathedrale. Bretonisch-keltische Bücherei mit riesigem Angebot an (Fach-)Zeitschriften aus dem ganzen keltischen Raum. Im ersten Stock werden Schmuck und Instrumente gezeigt.

➤ S. 281 [b 2/3] 2, rue du Roi Gradlon; Tel. 02 98 95 42 82; www.arbedkeltiek.com

Armor Lux

Die Kleidung im Marinestil dieser Marke ist seit 1938 allen Bretagne-Liebhabern ein Begriff. Zunächst auf Unterwäsche und Marinepullis spezialisiert, hat sich die Palette inzwischen auf Mode für die ganze Familie erweitert – und modernisiert.

➤ S. 281 [östl c3] Fabrikverkauf, Z.I. Kerdroniou, Quimper; Tel. 02 98 90 83 83; www.armorlux.com; Juli/Aug. Mo–Sa 9.30–20, So 10.30–20, Sept.–Juni Mo–Sa 9.30–19 Uhr

Faïenceries HB-Henriot ⭐

(→ Der gute Tipp von MERIAN, S. 283)

Keltia-Musique

Alles, was Freunde keltischer Musik zu finden hoffen und gern hören: bretonisch, irisch, walisisch. Dazu die geeignete Literatur, um selbst ein (keltisches) Musikinstrument zu erlernen.

➤ S. 281 [b 2] Place au Beurre; Tel. 02 98 95 45 82

Le Comptoir du Chocolat

Hübsch und köstlich die Spezialität des Chocolatiers: »Ti Palets de Grand Mère Anna« mit »Faïences de Quimper«: also in Schokolade gehüllte Karamellbonbons

mit salziger Butter, verziert mit typischen Motiven des Quimper-Porzellans.

➤ S. 281 [a 2] 4, rue Saint-Mathieu; Tel. 02 98 64 29 26; Mo–Sa

Vitraux & Mosaïques

Die Kreationen der Kunsthandwerkerin Laurence Charlot erinnern an Kirchenfenster oder alte Fototechniken, als die Negative noch auf Glas und nicht auf beschichtetes Papier gebannt wurden. Sie verarbeitet Fotografien und andere Motive, um sie puzzleartig zu Fenstern oder Mosaiken zusammenzusetzen.

➤ S. 281 [nordöstl. c 1] 43, rue Jeanne d'Arc, Pont-l'Abbé; Tel. 02 98 82 37 69

Am Abend

Le Ceilli

Garantiert bretonisch-keltische Stimmung herrscht in dieser Kneipe. Kommunikation wird hier großgeschrieben.

➤ S. 281 [östl. c 2] 4, rue Aristide Briand; Tel. 02 98 95 17 61; Mo–Sa 10.30–1, So/Fei 17–1 Uhr

Spaziergang

Einen großartigen Panoramablick auf Quimper hat man vom 70 Meter hohen Mont Frugy aus. Auf den Berg führt ein Fußweg, der hinter dem am Fluss Odet gelegenen Tourismusbüro beginnt.

➤ S. 281 [b 3]

Info

Office de Tourisme de Quimper en Cornouaille

➤ S. 281 [a 3] Place de la Résistance Charles de Gaulle, Quimper; Tel. 02 98 53 04 05; www.quimper-tourisme.com

EINKAUFEN
MIT RUHIGER HAND

Archaisch sind die Rohstoffe, gefragtes Kunsthandwerk ist das Ergebnis. Dazwischen liegen viel Arbeit, eine ausgefeilte Technik und immer neue kreative Ideen, um aus Lehm, Wasser und Feuer das begehrte, hübsch dekorierte Steingut zu fertigen. Seit 1690 wird in Quimper Geschirr hergestellt und von Hand bemalt, seit der Südfranzose Jean-Baptiste Bousquet die Kunst der Porzellanmalerei in die südbretonische Stadt brachte und in Quimper die erste Töpfermanufaktur gründete. Dass er diesen Standort wählte, liegt an der Nähe des Flusses Odet, der einerseits den Warentransport erlaubte, andererseits die nötigen Rohstoffe lieferte: Wasser und Ton.

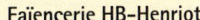

> **WEGWEISER** 🔷
>
> **Faïencerie HB-Henriot**
> ➤ [C 4] Rue Haute, Locmaria, Quimper; Tel.
> 02 98 90 09 36; www.hb-henriot.com; Juli/Aug.
> Mo–Sa, sonst Mo–Fr 9–11.15, 13.30–16.15 Uhr;
> Führungen in Französisch und Englisch; Eintritt
> 5 €, Kinder 8–14 Jahre 2,50 €

Aus diesen Anfängen entwickelte sich ein gedeihlicher Wirtschaftszweig, der durch kluge Strategien auch schwierige Zeiten überdauerte. So konnte die Porzellanmanufaktur selbst in den Krisenjahren nach der Revolution weiterbestehen, weil sie nicht nur hübsche, sondern vor allem nützliche Gebrauchsobjekte herstellte. Für einen neuen Aufschwung sorgte ab 1873 der Maler Alfred Beau, der typische Szenen der Bretagne auf Steingut bannte und genau den Zeitgeist traf. Später, in den 1920er- und 1930er-Jahren, ließen sich die Faïenceries von Künstlern wie Mathurin Méheut und René Quillivic neue Muster und Modelle entwerfen, die bretonische Tradition geschickt mit modernen Stilelementen verbanden und heute bei Sammlern sehr begehrt sind.

Seit 1984 bürgt der Markenname **HB-Henriot Quimper** (»HB«, da der letzte Nachkomme des Porzellanahnen Jean-Baptiste Bousquet »de la Hubaudière« hieß; »Henriot«, weil HB 1968 die »Henriot Faïencerie« übernahm) für hohe Qualität: Die poröse, feinkörnige Steingutware wird noch immer mit Schwämmen und Pinseln von Hand dekoriert. Faszinierend, mit welcher Präzision und Schnelligkeit die Porzellanmaler auch feinste Striche ansetzen.

ROSCOFF

3500 Einwohner, 7 m ü.d.M. ➤ [D 1]

Kein Wunder, dass in Roscoff 1899 die Thalassotherapie erfunden wurde. So präsent ist das Meer, so mild das Klima, so jodreich die Luft. Ungeheuer reich war dieser Handelshafen im 16. und 17. Jahrhundert, und auch heute noch herrscht lebhafter Betrieb. Mehrere 100 000 Passagiere nehmen hier jährlich Abschied von Frankreich, bevor sie mit den Fähren des französischen Vorzeigeunternehmens »Brittany Ferries« übersetzen nach England oder Irland. Besucher fühlen sich das ganze Jahr hindurch wohl in der schmucken Stadt, lustwandeln zwischen den mit Türmchen und Erkern bewehrten, reich verzierten Reederhäusern aus dem 15. und 17. Jahrhundert, kuren mit Thalasso und lassen sich in den zahlreichen Lokalen kulinarisch verwöhnen.

Hotels

Grand Hôtel Talabardon

Seit 1890 leitet die Familie dieses traditionsreiche Hotel in einem imposanten Granitsteinbau direkt am Meer, »les pieds dans l'eau« – wie es heißt. Einige Zimmer haben sogar Badewannen mit Meerblick!

➤ **[D 1]** 27, place Lacaze-Duthiers; Tel. 02 98 61 24 95; www.hotel-talabardon.com; Mitte Feb.–Mitte Nov.; 37 Zimmer •••

Aux Tamaris

Das familiäre Hotel mit Meerblick liegt nahe am Zentrum und am Badestrand. Die Atmosphäre ist imprägniert und inspiriert von Spaziergängen in der Umgebung. Es riecht förmlich nach Bretagne.

➤ **[D 1]** 49, rue Edouard Corbière; Tel. 02 98 61 22 99; www.hotel-aux-tamaris.com; Mitte Feb.–Mitte Nov.; 26 Zimmer ••

Chefköche kaufen selber ein: Jean-Yves Crenn vom »Le Temps de Vivre« in Roscoff

Essen und Trinken

Le Temps de Vivre

Dieses vom Gourmet-Führer »Guide Michelin« mit einem Stern ausgezeichnete Lokal mit herrlichem Blick auf die Insel Batz gilt als das beste in Roscoff. Chefkoch Jean-Yves Crenn ist berühmt dafür, dass er Produkte von Land und Meer auf raffinierte Art zubereitet und dennoch ihren natürlichen Charakter bewahrt. Moderne Zimmer in einem wunderschönen Haus aus dem Jahr 1585.

➤ [D 1] place Lacaze-Duthiers; Tel. 02 98 61 27 28; www.letempsdevivre.net; tgl. außer Mo/Di mittags ••••

La Moule au Pot

Ungewöhnliche Gerichte und gemütliches Wohnzimmerambiente etwas abseits vom Rummel. Wie der Name (»moule«) verspricht, gibt es hier viele Miesmuschelgerichte, dazu als Spezialität »tartines aux oignons rosés de Roscoff« (mit rosa Zwiebeln aus Roscoff belegte Brote).

➤ [D 1] 13, rue Edouard Corbière; Tel. 02 98 19 33 60; la-moule-au-pot@orange.fr; April–Okt. tgl. außer Mi ••

Sehenswertes

Église Notre-Dame de Croas-Batz

Reiche Händler finanzierten 1522 den Bau der üppig verzierten Kirche. Erstaunlich das Spiel mit Volumen und Proportionen, an den Wänden Skulpturen von Segelschiffen als Hinweis auf die Seefahrertraditionen, daneben farbige Holzskulpturen. Der fein gegliederte Kirchturm zählt zu den spektakulärsten des Finistère. Das Beinhaus aus dem 17. Jahrhundert schien den Gläubigen wohl irgendwann zu schade als Knochenlager und wurde kurzerhand zur Kapelle umgebaut.

➤ [D 1] Tgl. 9–18 Uhr

Jardin Exotique de Roscoff

Rund 3000 Pflanzenarten insbesondere der Südhalbkugel finden im Schutz eines 18 Meter hohen malerischen Granitfelsens ideale Wachstumsbedingungen. So gedeihen hier unter bretonischem Himmel Kakteen, Riesenfarne und Palmen.

➤ [D 1] Tel. 02 98 61 29 19; www.jardin exotiqueroscoff.com; April–Juni, Sept./Okt. tgl. 10.30–12.30, 14–18, Juli/Aug. tgl. 10–19, März, Nov. tgl. 14–17 Uhr, Dez.–Feb. geschl.; Eintritt 6 €, Kinder 12–18 Jahre 4 €; vom Hafen den Schildern »car-ferry, casino« folgen, zu Fuß ca. 20 Minuten

Maison des Johnnies et de l'Oignon Rosé

Schon immer wuchs Gemüse gut im milden Klima von Roscoff. Um die Überproduktion an rosa Zwiebeln gewinnbringend zu verkaufen, überquerten ab 1828 jährlich Hunderte Kleinbauern den Ärmelkanal, um die britischen »cousins« mit ihrem Gemüse zu beglücken. Bergeweise hatten die »Johnnies« – wie sie von englischen Hausfrauen getauft wurden – ihre Räder mit geflochtenen rosa Zwiebelzöpfen beladen. Inzwischen wird Gemüse in ganz anderer Dimension exportiert, im Museum kommen die »Johnnies« zu Ehren.

➤ [D 1] 48, rue Brizeux; Tel. 02 98 61 25 48; maisondesjohnnies@wanadoo.fr; Mitte Juni–Ende Sept. Mo–Fr Führungen 11, 15, 17, So 15–17, frz. Ferien Mo, Di, Do, Fr 15, sonst Di 10.30, Do 15 Uhr, Jan. geschl.; Eintritt 4 €, Kinder 10–18 Jahre 2,50 €

Einkaufen

Thalado – Centre de Découverte des Algues

In einer Art Showroom taucht man ein in die Welt der Algen. Auf verschiedene Weise wird versucht, die Faszination der Besucher für die Meerespflanzen zu wecken: Diashows, Kochkurse, Kosmetika und Lebensmittel auf Algenbasis, Beobachtung von Mikroalgen auf einer Leinwand, Ausflüge, Publikumsgespräche mit Forschern. Natürlich kann man auch Algenprodukte kaufen – hübsche, wohlschmeckende, wohltuende Geschenke.

➤ [D 1] 6, rue Victor Hugo; Tel. 02 98 69 77 05; www.algopole.fr; Mo–Fr 10–12, 14–17.30 Uhr

Spaziergang

Ein hübscher Spaziergang führt am Hafen entlang zur 1619 auf einer Anhöhe als Navigationshilfe erbauten Kapelle Sainte-Barbe. Die heilige Barbe ist die Schutzpatronin der Seeleute, die am dritten Julisonntag mit einem Pardon gefeiert wird. Früher grüßte jedes Schiff, das aus dem Hafen fuhr, die Kapelle mit einem dreimaligen Hochziehen der Flagge. Vom Belvedere aus hat man einen wunderbaren Blick auf die schöne Altstadt von Roscoff und die Bucht vor der Insel Batz.

➤ [D 1]

Ausflug

Île de Batz (Enez Vaz)

Nur einen Katzensprung von Roscoff entfernt liegt Batz (ausgesprochen »Ba«) – und ist eigentlich ein überdimensionaler Gemüsegarten. Die Hälfte der Inselfläche (180 Hektar) ist landwirtschaftlich genutzt,

drei Viertel davon mit biologischem Anbau. Gedüngt wird mit Algen. Autos sind verpönt, Traktoren und Fahrräder beherrschen die Szenerie. Zeit spielt keine große Rolle, die Hektik des modernen Alltags bleibt jenseits der Bucht. Ausgesprochen erholsam also für Zivilisationsmüde, die die geschützte Küste im Süden und die wilde Nordseite entdecken, sich im botanischen Garten zwischen Pflanzen aus aller Welt verlieren und von Reisen träumen wollen. Trotz wunderbarer Sandstrände blieb Batz von der sommerlichen Urlauberflut weitgehend verschont. Sanfter Tourismus ist angesagt, friedlich die Stimmung, seit Pol-Aurélien, einer der sieben Gründerväter der Bretagne, hier im 6. Jahrhundert mit Cape und Stock den Drachen besiegte.

➤ [C/D 1]

AUTORENTIPP Es gibt täglich regelmäßige Überfahrten vom Alten Hafen von Roscoff aus, mit wechselnden Zeiten – je nach Saison und Gezeitenstand. Die Überfahrt dauert 10 bis 15 Minuten. Da das Hafenbecken von Roscoff bei Ebbe nicht mit Booten befahrbar ist, wurde ein 500 Meter langer Steg gebaut, von dessen Spitze die Fähre bei Ebbe ablegt. Also eventuell Fußmarsch einkalkulieren! Tel. 02 98 61 78 87.

Info

Office de Tourisme de Roscoff

➤ [D 1] 46, rue Gambetta; Tel. 02 98 61 12 13; www.roscoff-tourisme.com

Hier begrenzt die Natur den Bauplatz: ein altes Fischerhäuschen an der Küste bei Kerlouan

REISE-SERVICE

Eine Reise in die Bretagne, und sei es nur ein Kurztrip, will gut geplant sein. Deshalb finden Sie im Folgenden nützliche Hinweise von A wie »Anreise« bis Z wie »Zoll«. Internetadressen, wichtige Telefonnummern, jede Menge Stichworte und ein Sprachführer werden Ihnen helfen, sich in Frankreichs äußerstem Westen zurechtzufinden.

Bretonisch für Anfänger: ein zweisprachiges Straßenschild in Carnac.

WISSENSWERTES VON A–Z

ALLGEMEINES

Bevölkerung und Fläche: In Frankreich leben auf einer Fläche von rund 675 000 Quadratkilometern (inklusive der überseeischen Gebiete) derzeit rund 62 Millionen Menschen (davon 5,6 % Ausländer). Die Bretagne stellt mit rund drei Millionen Menschen etwa 5 % der Einwohner und mit 27 000 Quadratkilometern etwa 4 % der Fläche Frankreichs.

Über Jahrhunderte hinweg galt die Bretagne als Auswandererland, doch seit einigen Jahren nimmt die Bevölkerung eher zu. Das liegt einmal an den vielen Pariser Bretonen, die nach Ende ihres Berufslebens nichts Eiligeres zu tun haben, als ganz rasch wieder in ihre Heimat gen Westen zu übersiedeln. Oft haben sie dort ein Ferienhaus gebaut oder geerbt, das sie dann zum (aktiven) Alterssitz umbauen. Aber auch junge Leute suchen in den zahlreichen, hoch angesehenen weiterführenden Schulen und Universitäten der Bretagne einen guten Start ins Arbeitsleben. Die hohe Qualität der bretonischen Bildungseinrichtungen wird damit erklärt, dass die Bretagne erst relativ spät in den Genuss allgemeiner kostenloser Schulpflicht kam, dass außerdem die Bretonen in Bildung über Jahrzehnte die einzige Möglichkeit sahen, ihre Lebensbedingungen zu verbessern. Natürlich kommen die jungen Leute auch deshalb in die Bretagne, weil hier eine sehr aktive kulturelle Szene lockt mit einer Vielzahl von Konzert-Bistros, Literaturkneipen, Straßentheatertruppen, kleinen alternativen Bühnen, Musikfestivals, ganz zu schweigen von den »festoù-noz«. Diese lebendige Kultur, ebenso die vielfältigen Sportmöglichkeiten haben dazu geführt, dass die Bretagne bei Lehrern, aber auch bei Ingenieuren ganz oben auf der Versetzungswunschliste steht. Echte Lebensqualität ist hier geboten – auch wenn die Gehälter weit niedriger liegen als beispielsweise in Paris.

Viele wissen es auch zu schätzen, dass es in der Bretagne so gut wie keine gewalttätigen »banlieues«, Vororte, gibt, überhaupt wenig außereuropäische Ausländer. Die Kriminalität ist relativ gering, auf dem Land lassen die Leute oft noch immer ihre Häuser und Autos unverschlossen, außer im Sommer zur Touristenzeit, wenn mit den Urlaubern auch die Diebe anreisen, so sagt man.

So hat sich die einst verlachte, wegen ihrer Armut und Rückschrittlichkeit, auch wegen des strengen Katholizismus und der Abgelegenheit verspottete Bretagne zur beliebten Wohnregion gemausert – das gilt aber nur für Städte wie Rennes, Fougères, La Gacilly sowie für die Küstenregionen. Das Landesinnere vereinsamt mehr und mehr, wären da nicht die Engländer, die verfallende Häuser billig kaufen und gekonnt renovieren.

Politik und Verwaltung: Politisch gilt in ganz Frankreich seit dem 4. Oktober 1958 unter dem Namen »V. Republik« ein parlamentarisches System mit einem mächtigen Präsidenten, der alle fünf Jahre direkt vom Volk gewählt wird und – wie das Parlament und fast alle wichtigen politischen Institutionen – in der Hauptstadt Paris residiert.

Der Präsident ernennt Präfekten, die mit strenger Hand und straffer Führung jeweils eines der 101 Départements (seit 2009 mit der Insel Mayotte) verwalten.

In letzter Zeit kommt diese administrative Aufteilung in bürokratische, nicht gewachsene Verwaltungseinheiten mehr und mehr in Verruf. Erstens, so argumentieren Politiker und Philosophen, sollte an der Spitze jeder Teilregion in einer Demokratie eigentlich ein gewählter Volksvertreter stehen, nicht ein vom Präsidenten eingesetzter politischer Beamter. Und zweitens sind die Grenzen der Départements und ihre Zuordnung zu den insgesamt 26 Regionen gerade in der Bretagne heftig umstritten. So gehört das Département Loire-Atlantique mit der historischen bretonischen Hauptstadt Nantes offiziell nicht mehr zur Bretagne, besteht diese doch nur aus den vier Départements Côtes-d'Armor im Norden, Finistère im Westen, Morbihan im Süden und Ille-et-Vilaine im Zentrum. Trotz jahrhundertelanger Bemühungen, den Regionalstolz der Bretonen zu brechen, fühlen sich diese mehr denn je zuvor ihrer Geschichte, ihrer Kultur, ihrem Land verbunden. Und selbst in Paris ist man inzwischen bereit, der Bretagne (und anderen Regionen) mehr Mitspracherecht und generell mehr Bedeutung einzuräumen. Das Europa der Regionen sehen jedenfalls viele Bretonen als große Chance.

Religion: Kirche und Staat sind in Frankreich streng getrennt, Verfassung und Politiker legen großen Wert darauf. Es gibt keine Kirchensteuern, daher auch keine offizielle Religionszugehörigkeit. Katholisch getauft sind rund die Hälfte der Franzosen, ungefähr 3 % wurden evangelisch getauft, rund 4 % bekennen sich zum Islam. Wie in ganz Europa geht der Kirchenbesuch zurück. Viele Gemeinden haben keinen eigenen Priester mehr, sogar in der traditionell sehr katholischen Bretagne, wo noch im letzten Jahrhundert mindestens ein oder zwei Söhne der stets kinderreichen Familien das Priesterseminar besuchten. So ähnelten die Pfarrhäuser selbst in kleinen Gemeinden strengen Knabeninternaten. Heute werden die weiträumigen Gebäude meist zu Sozialwohnungen umgebaut. Die Kirchen bleiben meistens leer, wegen des akuten Priestermangels ist ein Geistlicher oft für mehr als ein Dutzend Gemeinden verantwortlich.

Sprache: Keiner bestreitet mehr die Vorherrschaft des Französischen, aber die alte keltische Sprache, die von der auf Zentralismus angelegten Staatsgewalt so lange unterdrückt wurde, hat in den letzten Jahren wieder an kultureller Bedeutung gewonnen. So existiert nun ein ganzes Netz von bretonischsprachigen Schulen, die staatlich anerkannten »Diwan«, es gibt Fernseh- und Radioprogramme in Bretonisch sowie einige Seiten in jeder regionalen oder lokalen Zeitung und Zeitschrift. Dieses hat zur Folge, dass die einst sehr unterschiedlichen lokalen Dialekte vereinheitlicht wurden, sodass sich heute ein Bretone aus Tréguier ohne Probleme mit einem Landsmann aus Quimper unterhalten kann. Auf Märkten, in Vereinen, bei Festen und in Bistros ist im Norden und Westen der Bretagne häufig diese alte, fremd klingende Sprache zu hören. Typischerweise aus sehr alten oder sehr jungen Mündern, seltener von der mittleren Generation, denen ihre bretonische Muttersprache in der Schule verboten wurde. Somit ist Französisch die einzig gültige Landessprache. Immerhin haben die Bretonen erreicht, dass inzwischen so gut wie alle Straßenschilder zweisprachig den Weg weisen, neben den französischen auch die alten keltischen Ortsnamen angeben – ganz selten auch nur Letztere. Was nicht immer sofort zu verstehen ist für Fremde. Auch öffentliche Einrichtungen, Vereine, Straßen tragen, vor allem an der Nordküste und im Finistère, oft zwei Namen. Heute sind immerhin noch rund 700 000 Menschen des Bretonischen mächtig.

ANREISE

Die einst berüchtigten engen, kurvenreichen Straßen wurden seit 1968 ausgebaut zur autobahnähnlichen, aber mautfreien Nationalstraße, der TGV fährt in nur drei Stunden von Paris nach Brest, und England ist über mehrere Fährverbindungen mit Hafenstädten der Bretagne verbunden. Damit ist die Infrastruktur geschaffen, mit deren Hilfe sich die Bretagne zur zweitwichtigsten Fremdenverkehrsregion Frankreichs (nach der Côte d'Azur) gemausert hat.

Mit dem Auto

Für die Entdeckung der Bretagne ist der Privatwagen sicher das geeignetste Transportmittel. In der Region selbst fallen keine Mautgebühren an (auf der autobahnähnlichen Nationalstraße darf man zwar nur 110 km/h fahren, dafür aber kostenlos), doch

östlich von Laval stoppen die »péage« genannten Mautstellen überall auf Frankreichs (außerhalb der Saison angenehm leeren) Autobahnen den Reiseverkehr. Dort ist die Straßenbenutzungsgebühr bar oder auch mit Kreditkarte (nicht aber EC-Karte) zu entrichten – wobei man sich gleich in die richtige Spur einordnen sollte: »CB« etwa steht für »Carte Bancaire«, Kreditkarte.

Seit dem 1. Juli 2008 ist es auch in Frankreich Vorschrift, im Auto eine reflektierende Sicherheitsweste und ein Warndreieck mitzuführen, sonst droht eine Strafe von 135 €. Tempolimits: in geschlossenen Ortschaften 50 km/h, Landstraßen 90 km/h, Schnellstraßen 110 km/h, Autobahnen 130 km/h; Informationen unter www.securiteroutiere.gouv.fr

Mit dem Flugzeug

Selbst mittelgroße Städte haben ihren eigenen Flugplatz. Nicht immer sinnvoll, diese manchmal nur 50 Kilometer voneinander entfernten Mini-Flughäfen in Morlaix, Lannion oder Saint-Brieuc, aber manchmal sind Flüge bei frühzeitiger Buchung nicht gar so teuer. Regelmäßige Verbindungen von und nach Paris bieten sie alle an. Weitere Flugziele sind aber direkt nur erreichbar von größeren Flugplätzen wie Rennes oder Brest. Dinard und Brest werden von Ryanair angeflogen und offerieren daher Direktflüge nach London und zu anderen britischen Zielen. Manchmal kann es sich lohnen, von Berlin, Salzburg oder anderswo über London nach Dinard oder Brest zu fliegen.

Sonst bietet Air France mit der Tochtergesellschaft Brit Air durchaus akzeptable Preise und checkt (anders als Ryanair!) das Gepäck durch. Letzteres ist wichtig, weil noch immer fast alles über die Pariser Großflughäfen Charles de Gaulle (recht weit nördlich der Stadt) und Orly (stadtnah im Süden) läuft. Allerdings gibt es dort sehr gut funktionierende Flughafenbusse zu den großen Pariser Bahnhöfen.

Auskünfte und Internetbuchungen: www.airfrance.de, www.lufthansa.de, www.ryanair.com, www.airberlin.com

Mit dem Zug

Hervorragend ausgebaut ist das Bahnsystem in Frankreich, solange man auf den Hauptstrecken bleibt. Dort aber sorgt der Hochgeschwindigkeitszug TGV (Train à Grande Vitesse) für regelmäßige, schnelle Verbindungen. Seit Neuestem gibt es auch einige Züge, die Paris umfahren und somit Reisenden das mühsame Wechseln des Bahnhofs von einem Ende der Stadt zum anderen ersparen. Die TGV-Strecke zwischen Paris und Brest wird laufend weiter ausgebaut, sodass demnächst die Schnellzüge mit Höchsttempo bis Rennes brausen – nicht nur bis Le Mans, wie lange Zeit. Der TGV verbindet Paris (meist im Stundenrhythmus, allerdings nur tagsüber) mit Brest, Rennes, Quimper, Saint-Malo und diversen Bahnhöfen dazwischen. Unbedingt sollte man checken, wo genau der Zug hält – das ändert sich häufig. Und manchmal geht es ganz ohne Halt über lange Strecken. TGVs in die Bretagne fahren stündlich ab dem Pariser Bahnhof Gare Montparnasse, der dank der Métrolinie 4 direkt mit dem Gare de l'Est und dem Gare du Nord und so mit den Zügen in Richtung Deutschland

verbunden ist. Dabei sollte man fürs Umsteigen mindestens eine Stunde einkalkulieren. Und auch wenn in Paris das Taxifahren relativ preiswert ist, in Stoßzeiten – wenn in der Metropole Millionen Autos nur im Schneckentempo vorankommen – vorzugsweise die Métro benutzen.

Wie beim Fliegen gilt auch bei der Bahn: So früh wie möglich reservieren! Dann gibt es oft erstaunliche Rabatte: Kinder, Jugendliche und Senioren reisen preisgünstiger. Anders als in Deutschland muss man seine Fahrkarte am Bahnsteig an den kleinen gelben Automaten abstempeln, sonst ist sie nicht gültig. Und sollte der Zug mehr als 40 Minuten Verspätung haben, verteilen SNCF-Beamte am Bahnsteig Formulare, mit denen man eine Gutschrift für die nächste Bahnreise anfordern kann.

Infos und Internetbuchungen: www.sncf-voyages.com, www.tgv-europe.com, www.bahn-de.frankreich, www.thalys.com

ÄRZTE

Zwischen Deutschland wie Österreich besteht ein Versicherungsabkommen mit Frankreich, das ärztliche Hilfe im Notfall garantiert. Seit 2006 ersetzt innerhalb der EU die EHIC (European Health Insurance Card), die sich der Versicherte vor Antritt seines Auslandsaufenthaltes von seiner Krankenkasse ausstellen lassen sollte, den früheren Auslandskrankenschein (E 111). Auf der Rückseite der in Deutschland nun üblichen Gesundheitskarte wird auch die EHIC aufgedruckt. Eine Zusatz-Auslandsversicherung für Urlauber ist dennoch zu empfehlen. Weitere Infos: www.dvka.de

Der Arztbesuch in Frankreich muss immer gleich bezahlt werden (kostet allerdings nur ca. 25 € beim Allgemeinarzt und rund 35 € beim Facharzt), und auf der Rechnung des Arztes muss die Diagnose leserlich vermerkt sein. Mit der heimischen Krankenkasse können Arzt- und Apothekenrechnungen nach der Reise abgerechnet werden.

APOTHEKEN

Eine am grünen, blinkenden Kreuz schon von Weitem deutlich sichtbare »pharmacie« gibt es fast in jedem Ort. Die meisten Apotheken sind sonn- und feiertags geschlossen. Es existiert jedoch immer eine Notfallapotheke (»de garde«), deren Adresse im Schaufenster oder an der Tür jeder Apotheke aushängt. Mehr Medikamente als in Deutschland sind rezeptfrei, viele günstiger. Auch Sonnen- und Mückenschutzmittel, Kosmetik und Kondome bekommt man in Apotheken. Drogeriemärkte wie in Deutschland sind unbekannt. Apotheker in Frankreich sind hoch qualifiziert, da sie ein sechsjähriges Pharmaziestudium abschließen müssen. Bei kleineren Beschwerden oder Krankheiten ist es daher oftmals sinnvoll, zunächst einen Apotheker aufzusuchen. Auch in Frankreich unterscheidet man zwischen verschreibungspflichtigen und verschreibungsfreien Medikamenten. Antibiotika sind z. B. verschreibungspflichtig. Sie müssen zunächst den gesamten Betrag selbst bezahlen und bekommen dann ein Formular, mit dem Sie Ihre Krankenkasse um Erstattung bitten können. Wichtig ist die »vignette« darauf, ein Schild, das von der Arzneimittelpackung abgelöst und auf das Formular geklebt wird.

AUSKUNFT

Französisches Fremdenverkehrsamt in Deutschland
Maison de la France, Zeppelinallee 37, 60325 Frankfurt/Main; Tel. 0 90 01 57 00 25, (Servicenummer 0,49 €/Min.); www.franceguide.com

BEHINDERTE

Seit einigen Jahren wird auch in Frankreich viel getan, um allen Reisenden das Leben angenehm zu gestalten: Rampen wurden gebaut, Wege asphaltiert, Gebärdensprachen-Dolmetscher oder gar speziell ausgebildete Museumsführer angestellt. Um Behinderten (Rollstuhlfahrern, Hör- und Sehbehinderten sowie geistig Behinderten) bei der Auswahl der richtigen Unterkünfte, Museen, Lokale und Ferienorte zu helfen, haben die bretonischen Fremdenverkehrsämter eine spezielle Internetseite eingerichtet: www.tourisme-handicaps.org

BUCHTIPPS

Balzac, Honoré de: »Le dernier Chouan ou la Bretagne en 1800«. Paris 1829. Romanfassung der nachrevolutionären Zeit, als die »Chouans« in der Bretagne gegen revolutionstreue Truppen kämpften. Auf Deutsch: »Die Chouans oder die Königstreuen«, Lübbe, 2001.
Chateaubriand, François-René de: »Erinnerungen von jenseits des Grabes. Meine Jugend. Mein Leben als Soldat und als Reisender (1768–1800)«. Ars Una, 1994. Chateaubriand gilt als einer der großen Bretagne-Autoren und -Liebhaber. Sein Grab auf der Insel Grand Bé vor Saint-Malo besuchen Einheimische und Touristen.

Hélias, Pierre-Jakez: »Le Cheval d'Orgueil.
Mémoires d'un Breton du Pays Bigouden«.
Nur noch antiquarisch erhältlich.
Herzig, Tina und Horst: »Bretagne«.
Mythen und Legenden; Stürtz-Verlag, 2008.
Die legendären Geschichten um König Artus,
Ritter Lancelot, die Feen Morgane und Vivi-
ane sowie den Zauberer Merlin u.a., mit my-
thisch anmutenden Schwarz-Weiß-Fotos.
Kellermann, Bernhard: »Das Meer«.
Fischer Verlag 1910, derzeit nur antiquarisch
erhältlich.
Le Braz, Anatole sammelte Legenden, z.B.
um Ankou, die bretonische Figur des Todes:
»La légende de la mort en Basse Bretagne«,
1893. Deutsch »Todeslegenden der Bretagne«,
übersetzt von C. Myrddin, Gruen Verlag, 2003.
Loti, Pierre: »Pêcheurs d'Islande«, 1886;
mehrere dt. Übs.; Neuauflage dtv München,
2008 (→ Literarische Stimmen, S. 48).
Queffélec, Henri: »Un recteur de l'île de
Sein«, 1944, keine deutsche Übersetzung.
Vom selben Autor, der als einer der großen
Bretagne-Autoren gilt, auf Deutsch antiquarisch: »Ein Königreich auf dem Grunde
des Meeres«, Bertelsmann, 1959.
Thorel, Jacques: »Bretonische Küche
zum Verlieben«, Morstadt-Verlag, 2008;
150 Rezepte des Zwei-Sterne-Kochs Thorel
mit typischen Produkten der Bretagne
(Thorel ist Chefkoch in der »Auberge Bretonne« in La Roche-Bernard).

DIPLOMATISCHE VERTRETUNGEN

**Informationsstelle der deutschen
Botschaft**
24, rue Marbeau, 75116 Paris
Tel. 01 44 17 31 31

Österreichische Botschaft
6, rue Fabert, 75007 Paris
Tel. 01 40 63 30 63
Schweizer Botschaft
142, rue de Grenelle, 75007 Paris
Tel. 01 49 55 67 00

FAHRRÄDER

Vielleicht sind es ja die steigenden Benzin-
preise ... jedenfalls haben Franzosen seit
Kurzem das Radfahren entdeckt. Bisher traten nur am Wochenende professionell ausgestattete Freizeitsportler gruppenweise in
die Pedale ihrer exklusiven Sporträder, doch
zunehmend wird das Rad einfach als Verkehrsmittel betrachtet. In großen Städten
mehren sich die Radwege – allerdings noch
immer selten, verglichen mit Deutschland.
Doch die Bretagne hat in den letzten Jahren
zahlreiche offizielle Radwanderwege angelegt. Zudem sind fast überall Fahrräder
stunden- oder tageweise zu mieten. Auf den
vielen kleinen Nebenstraßen außerhalb der
Städte lässt sich wunderbar die Landschaft
entdecken – ganz besonders empfehlenswert die »voie verte«, der »grüne Weg«,
stillgelegte Nebenstrecken der Eisenbahn,
die zu Rad- und Spazierwegen umgebaut
wurden (auch für Rollstuhlfahrer geeignet).
Übrigens müssen Radfahrer seit September
2008 außerhalb geschlossener Ortschaften
nachts – und bei schlechter Sicht auch tagsüber – eine rückstrahlende gelbe Sicherheitsweste tragen, andernfalls droht eine
Strafe von 35 €.

FEIERTAGE

→ Zu Gast, S. 93

FERIEN

Die Sommerferien dauern in ganz Frankreich noch immer zwei Monate. Dann sind alle Schulen – und im August auch viele Betriebe und Büros – von Anfang Juli bis Ende August geschlossen. An Weihnachten dagegen haben die Schüler in ganz Frankreich zum selben Termin nur rund 10 Tage Ferien (kurz vor Weihnachten bis Anfang Januar), im Herbst rund zwei Wochen an Allerheiligen. Um die Urlaubsorte besser auszulasten und die traditionellen Verkehrsstaus etwas zu entzerren, hat man für die Winterferien im Februar/März und für die Frühlingsferien im April die französischen Schulakademien in drei Zonen aufgeteilt (ähnlich wie in Deutschland). Viele Museen richten für diese Perioden (jeweils insgesamt über vier Wochen verteilt) besondere Öffnungszeiten ein. Zu erfahren sind die Ferienzeiten ab 2010 im Internet unter dem Stichwort »mentor« (dann: »vacances scolaires«) bzw. unter: www.education.gouv.fr

GELD

Seit dem 1. Januar 2002 ist der Geldwechsel für Bürger aus EU-Staaten, deren Zahlungsmittel der Euro ist, kein Thema mehr. Bürger aller anderen Länder können bei Banken, in Postfilialen und Wechselstuben Euros erhalten. Aus Geldautomaten (»distributeurs automatiques«) ist die Versorgung rund um die Uhr problemlos möglich.
Kreditkarten (CB – »carte bancaire«, »carte de crédit«) sind gebräuchlich und werden nur bei kleinen Familienbetrieben nicht akzeptiert. Sonst gilt die Ablehnung eher als Marotte. Wer in Frankreich größere Beträge bar begleicht, wird unter Umständen misstrauisch beäugt ... Postbanken, in denen man Geld bekommt, sind mit entsprechendem Kartenlogo versehen. EC-Karten dagegen werden bei Weitem nicht überall akzeptiert. Telefonnummern für den Fall des Verlustes der Kreditkarte:

• American Express: Tel. 0 69/97 97 10 00
• Diners: Tel. 01 80/2 34 54 54
• Mastercard: Tel. 0 69/74 09 87
• Visa: Tel. 08 00/8 14 91 00

Seit dem 1. Juli 2005 gibt es in Deutschland eine einheitliche Telefonnummer für alles, was sich sperren lässt, also Kreditkarten wie Handys: 11 61 16. Aus dem Ausland wählt man davor 00 49.
Banken sind im Allgemeinen Montag bis Freitag von 8.30 bis 12 und von 14 bis 17 Uhr geöffnet (einige Geldinstitute sind Samstagvormittags von 9 bis 13 Uhr geöffnet, dann aber montags geschlossen). Die wichtigsten Banken in Frankreich sind

• BNP-Paribas: www.bnpparibas.fr
• Société Générale: www.societegenerale.fr
• Crédit Agricole: www.credit-agricole.fr
• Caisse d'Epargne: www.caisse-epargne.fr
• Crédit Lyonnais: www.creditlyonnais.com

GEZEITEN

Ebbe und Flut entstehen durch die Einflüsse des Mondes und der Sonne auf die Weltmeere. Durch die gegenseitige Anziehung von Erde und Mond werden die Wassermassen der Erde einerseits vom Mond angezogen, zum anderen sorgt die Fliehkraft für eine Bewegung der Ozeane weg vom Mond. Diese Gezeitenkräfte sind zwar sehr gering und für den Menschen nicht spürbar, aber sie bewirken, dass sich das Wasser nicht gleichmäßig auf der Erdoberfläche verteilt, sondern so fließt, dass es zwei gleich große Flutberge auf der dem Mond zugewandten und abgewandten Seite der Erdoberfläche bildet.

Unter diesen Flutbergen dreht sich nun die Erde, und zwar genau einmal in 24 Stunden um ihre eigene Achse. Bei dieser Umdrehung wird ein Ort zwangsläufig zweimal pro Tag Flut und dazwischen zweimal pro Tag Ebbe erleben. Der zeitliche Abstand zwischen Ebbe und Flut müsste demnach genau 6 Stunden betragen. In Wirklichkeit verschiebt sich das Gezeitenspiel täglich um eine knappe Stunde, sodass man bei einem einwöchigen Aufenthalt in der Bretagne jeden Wasserstand zu jeder Tageszeit erleben kann.

Je nachdem, wie Mond und Sonne zueinander stehen, verstärken oder vermindern ihre Flutberge den Gezeitenunterschied. Bei Vollmond oder Neumond stehen Erde, Mond und Sonne in einer Linie. In der Folge türmen sich die Flutberge von Mond und Sonne übereinander, die Unterschiede zwischen Ebbe und Flut sind dann besonders groß. Diese Erscheinung nennt man Springflut (»grande marée«). Ungefähr eine Woche später bilden Sonne, Erde und Mond bei Halbmond einen rechten Winkel, sodass die Flutberge der Sonne genau zwischen denen des Mondes liegen und für einen gewissen Ausgleich sorgen. Bei dieser »Nippflut« (»mer morte«) bewegt sich das Meer kaum.

Um das Tagesprogramm dem Gezeitenstand anzupassen, empfiehlt sich unbedingt ein Blick in die Zeitung oder in einen speziellen Gezeitenkalender, den es überall zu kaufen gibt (»almanach des marées«)!

HÄFEN

Fast jeder Ferienort hat seinen kleinen oder größeren Hafen für Segel- und Motorboote – manchmal ein aufwendig angelegtes Becken mit Schleusenbetrieb (und dem Nachteil, dass wegen der Gezeiten das Tor nur wenige Stunden täglich geöffnet ist, was eine genaue Zeitplanung nötig macht), manchmal nur eine geschützte Bucht mit einer einfach gemauerten Kaimauer zum An- und Ablegen (bei Ebbe liegen natürlich die Boote auf dem Trockenen). Entsprechend variieren auch die Tarife. Wer mit dem eigenen Boot ankommt, bekommt alle nötigen Informationen beim jeweiligen Hafenmeister (»maître du port«) in der »capitainerie«. Übrigens sind die Freizeithäfen meist getrennt von den Hafenanlagen der Berufsfischer, Handelsschiffe, Fähren und natürlich Marineanlagen.

INTERNET

www.franceguide.com ist die Website des zentralen französischen Fremdenverkehrsamtes Maison de la France mit Informationen über Reiseziele im ganzen Land, einer Fülle von Tipps und interessanten Links, vieles wird auch in deutscher Sprache angeboten. Speziell über die Bretagne informieren www.bretagne-reisen.de und das regionale Tourismusbüro (E-Mail: tourism-crtb@tourismebretagne.com).

Auch www.frankreich-info.de bietet umfassende Informationen zu Frankreich im Allgemeinen und den einzelnen Regionen im Speziellen, u.a. zu Unterkunftsmöglichkeiten, Gastronomie etc.

Besonders interessant: eine deutschsprachige Internetseite mit vielen Informationen

über die Bretagne, insbesondere über bretonische Musik (www.breizh.de), sowie www.bretagne.com mit Veranstaltungstipps für den Bretagne-Urlaub.
Über Ökotourismus in Frankreich informiert www.oekotourismus-in-frankreich.de. Ausschließlich in französischer Sprache bieten folgende Organisationen tiefere Einblicke in die bretonische Kultur und »Seele«:

- Organisation der emigrierten Bretonen: www.bretonsdumonde.org
- Bretonisches Kulturinstitut: www.culture-bretagne.org
- Bretonisch-Sprachkurse für Erwachsene: www.skolanemsav.com
- Termine der »Nacht-« und »Tag-Feste«: (»festoù-noz«/»festoù-deiz«) www.fest-noz.net
- Netzwerk der Tourismusbüros und Kulturstätten in der Bretagne: www.asteria.fr
- Harfenmusik: www.harpenciel.com
Sehr ausführliche Informationen liefert http://www.justlanded.com/deutsch/Frankreich für alle, die Frankreich bereisen und dort einige Zeit leben wollen.

KINDER

Die Bretagne gilt als klassisches Feriengebiet für Familien mit Kindern. Damit dies für Eltern nicht zu anstrengend wird, gibt es an allen größeren Stränden im Juli und August Strandclubs für Kinder. Dort werden 5- bis 12-Jährige stunden- oder tageweise betreut und mit einem bunten Programm an Spielen, Sport, Basteln, Verkleidungsfesten, überwachtem Schwimmen etc. unterhalten.
Normalerweise sind Kinder in Restaurants und Hotels stets willkommen, oft hat man

für sie Lese- oder Spielecken eingerichtet. Schließlich ist Frankreich stolz darauf, eine kinderfreundliche Politik zu betreiben und die höchste Geburtenrate in Europa vorweisen zu können – was sicher auch an der hervorragenden staatlich organisierten und preiswerten ganztägigen Kinderbetreuung von zwei Jahren aufwärts liegt.

MEDIEN

Wer einen Blick in die französische Regionalpresse werfen mag, die ausführlich über Festivals, Kulturveranstaltungen, touristische Ziele, Ausstellungen usw. informiert, dem sei die jeweilige lokale Ausgabe von »OUEST-France« empfohlen (übrigens Frankreichs größte Tageszeitung, mit überregionalem Mantel und jeweiligem Lokalteil). An der Nordküste erfreut sich auch die Wochenzeitung »LE TREGOR« großer Beliebtheit bei Einheimischen und Urlaubern, weil dort im Mittelteil ein komplettes Wochenprogramm für Kultur, Sport, Ausflüge etc. zu finden ist.
Eine bunte Vielfalt an französisch- und bretonischsprachigen Radioprogrammen bietet für jeden Geschmack etwas, z. B. Radio France Musique (klassische Musik), Radio France Info (Nachrichten rund um die Uhr, in Französisch), NRJ (Popmusik), Radio Kreiz Breizh RKB (teils in bretonischer Sprache) www.radio-kreiz-breizh.org.
Während das private und staatliche Fernsehen (tf1, France2, fr3, canal+, tv5) nur wenige regionale Sendungen ausstrahlen, hat sich ein bretonischer Privatsender auf Regionales spezialisiert: TV Breizh (Firmensitz: Lorient) sendet seit dem Jahr 2000 über Kabel und Satellit in französischer

und bretonischer Sprache Nachrichten, Dokumentarfilme, aber auch Unterhaltungsprogramme, die nach Angaben des Fernsehkanals derzeit von rund 16 Millionen Menschen im In- und Ausland empfangen werden (http://www.tv-breizh.com).
Rund um die Uhr sendet Armor TV – allerdings nur im Internet (www.armortv.fr). In französischer Sprache erfährt man hier viel Interessantes über Kultur, Sport, Menschen, aber auch Aktuelles.
Schön aufgemacht mit Hochglanzfotos und interessanten (französischen) Artikeln sind Zeitschriften über die Bretagne wie »Ar Men« (www.armen.net) oder »Bretagne Magazine« (www.bretagnemagazine.com).

NEBENKOSTEN (in €)	
1 Tasse Kaffee	ab 2,00
1 Bier	3,00–6,00
1 Cola	2,50–6,00
1 Baguette	0,65
1 Schachtel Zigaretten	5,00
1 Liter Benzin	1,35
Mietwagen/Tag	ab 50,00

MIETWAGEN
Fahrzeuge kann man in den größeren Städten leihen. Die Buchung vor dem Urlaub am Heimatort, beim Reisebüro oder bei internationalen Mietagenturen ist in vielen Fällen jedoch günstiger, besonders lohnen Wochenpauschalen und Ferienangebote.

Reservierungszentralen in Frankreich:
• Avis: Tel. 08 20 05 05 05
• Budget France: Tel. 08 25 00 35 64
• Europcar: Tel. 08 25 35 83 58
• Hertz France: Tel. 08 25 86 18 61
• National-CITER: Tel. 08 25 16 12 20
• SIXT-Eurorent: Tel. 08 20 00 74 98

NOTRUF
Für Deutsche mag es etwas seltsam klingen, aber in Frankreich ruft man in Notfällen erst einmal die Feuerwehr. Die heißen »sapeurs-pompiers« und sind darauf trainiert, nicht

nur bei Brand Erste Hilfe zu leisten. Jedoch fast ausschließlich in französischer Sprache. In Notfällen wendet man sich am besten an das örtliche Krankenhaus (»urgence«), wo leider die Warteschlangen oft lange sind ... Die wichtigsten Notfallnummern können Sie kostenlos von jedem Telefon anrufen:
• Generelle Notfälle: 112
• Krankenwagen (SAMU): 15
• Feuerwehr (»sapeurs-pompiers«): 18
• Polizei (»police«, bzw. »gendarmerie«): 17
• ACE: 00 49/18 02 34 35 36
• ADAC: 00 49/18 02 22 22 22

ÖFFENTLICHE VERKEHRSMITTEL
Öffentliche Verkehrsmittel werden zwar hochgelobt und teilweise auch neu eingeführt (z. B. die Métro in Rennes), sind aber nur in den Großstädten zu empfehlen. Busse zwischen Kleinstädten und Dörfern sind seit Langem abgeschafft oder verkehren nur ein- bis zweimal täglich. »Co-voiturage« wird daher immer beliebter, also das gegenseitige Mitnehmen zum Arbeitsplatz oder auch zum Einkaufstrip. Wer ohne das eigene Auto unterwegs ist, sollte außerhalb der Städte einen Mietwagen nehmen.

ÖFFNUNGSZEITEN

Was Essen und Trinken betrifft, so kann man in Frankreich noch immer besser einkaufen als in deutschsprachigen Ländern. Beides hat einen so hohen Stellenwert im Leben der Franzosen, dass sie (noch?) auf hohe Qualität und vielfältige Auswahlmöglichkeit bestehen. Die größeren Supermärkte bieten ein reiches Sortiment an Delikatessen und sind meistens ganztägig geöffnet, oft bis 20 oder 21 Uhr, sonntags geschlossen. Auf dem Land und in Kleinstädten dagegen schließen fast alle Geschäfte (inklusive kleiner Supermärkte und auch Apotheken!) über die Mittagszeit (meist 12 bis 14 bzw. 15 Uhr), bleiben dafür aber am Abend länger geöffnet (meist bis 19 Uhr). Besondere Öffnungszeiten gelten in vielen Museen für die je zweiwöchigen Schulferien im Februar/März und im Frühling (April/Mai), die zu wechselnden Terminen nach drei Regionen gestaffelt sind.
(→ Feiertage, S. 93, und Ferien, S. 296)

POST

Bei den Postämtern (»la poste«), im Allgemeinen Mo–Fr 9–12 und 15–18, Sa 9–12 Uhr geöffnet, kann man Geld abheben, Briefmarken und Telefonkarten kaufen – aber beides bekommt man auch im »tabac«, an der roten Zigarre über der Tür erkennbar. Das Porto beträgt für Postkarten und Briefe bis 20 g ins Ausland 0,65 € (Inland 0,55 €). Die in vielen Läden erhältlichen Briefmarkenheftchen (»carnet de timbres«) enthalten zehn ewig gültige Briefmarken für Inlandsbriefe bis 20 g. Für das Ausland muss man also noch eine zusätzliche 10-Cent-Marke draufkleben.

REISEDOKUMENTE

Für EU-Bürger genügt ein bis zu drei Monate gültiger Personalausweis oder Reisepass, für Kinder ein Kinderausweis oder Eintrag im elterlichen Pass. Autofahrern wird die internationale grüne Versicherungskarte empfohlen.

REISEKNIGGE

Bretonen gelten als dickköpfig und stur, aber liebenswert. Hat man einmal die äußerste harte Schale durchdrungen, dann weiß man die Treue und Beständigkeit zu schätzen. Freundschaft und Familie sind Werte, die – vielleicht wegen der keltischen Traditionen – sehr hoch im Kurs stehen, Respekt vor der Natur ebenfalls. Wenn es etwas gibt, was die Bretonen nicht mögen, dann sind es Pariser. Deutsche dagegen sind sehr beliebt – vielleicht weil Deutsch vom Klang her dem Bretonischen ähnelt. »Ja« beispielsweise bedeutet in beiden Sprachen dasselbe. Selbst in den Städten herrscht eine lockere Stimmung, die Menschen feiern gerne und reden miteinander. Mit der Pünktlichkeit nimmt es kaum einer ganz genau – das gilt für private Verabredungen genauso wie für den Beginn von Vorstellungen. Will man wirklich das Herz eines Bretonen gewinnen, so lobt man seine schöne Region, seine lebendige Kultur und versucht sich in ein paar Brocken Bretonisch, damit man zum Abschied sagen kann: »Kenavo« – Auf Wiedersehen!

REISEZEIT UND KLIMA

Man kann es auch positiv sehen: In der Bretagne hat man mehrmals täglich schönes Wetter, so wechselvoll zeigt sich der Himmel

Mittelwert	JAN	FEB	MÄR	APR	MAI	JUN	JUL	AUG	SEP	OKT	NOV	DEZ
Tagestemperatur	9	9	11	12	15	18	20	20	19	16	12	10
Nachttemperatur	4	4	5	6	8	11	12	13	12	10	6	5
Sonnenstunden	2	3	4	6	7	7	7	7	6	4	3	2
Regentage pro Monat	18	15	16	11	11	9	8	9	10	13	15	16
Wassertemperatur	10	10	10	10	12	14	15	16	15	14	13	11

Quelle: www.wetter.com

in der Regel. Wacht man nun bei strahlend blauem Himmel auf, so heißt das gar nichts: Es kann so bleiben, sich aber auch innerhalb von 30 Minuten völlig ändern ... und dann zwei Stunden später wieder aufklaren. Natürlich badet man bei einem Bretagneurlaub nicht im warmen Mittelmeer, sondern im frischen Atlantik. Aber selbst die Nordküste liegt nicht nördlicher als Süddeutschland ... nur eben viel, viel weiter westlich – was sich durch eine rund eineinhalbstündige Verschiebung des Tageslichts bemerkbar macht. Im Juni bleibt es also fast bis Mitternacht hell!

Bei Franzosen hat die Bretagne wettermäßig einen miserablen Ruf. Dabei regnet es im Jahresdurchschnitt weniger als in Südfrankreich. Und apropos kühl ... allgegenwärtige Palmen, mitten im Winter blühende Kamelien und Mimosen und immergrüne Blumenwiesen zeugen davon, dass der Golfstrom nicht weit ist und für ein zwar feuchtes, aber durchwegs mildes Klima sorgt. Was die hiesigen Bauern schon immer zu schätzen wussten, können sie doch beispielsweise pro Jahr bis zu dreimal Blumenkohl ernten.

Während die verbreitete intensive Schweinezucht noch immer für negative Schlagzeilen sorgt – so sollte man angesichts der recht hohen Nitratwerte im Trinkwasser lieber abgefülltes Wasser aus anderen Regionen trinken –, steigt die Zahl der biologisch geführten Betriebe. Auf Wochenmärkten und in Bio-Supermärkten verkaufen sie ihre mit Algen gedüngten köstlichen Kartoffeln, die schmackhaften »carottes de sable« und andere, mit Bio-Gütezeichen (AB für »agriculture biologique« u.a.) ausgewiesene landwirtschaftliche Produkte.

RUNDFUNK UND FERNSEHEN
→ Medien, S. 298

STRÄNDE

Reich an Stränden ist die Bretagne – und da das Meer durch Ebbe und Flut zweimal täglich den »Hausputz« übernimmt, sind diese auch fast immer picobello sauber. Hunde sind zur Badezeit an den Stränden verboten (woran sich nicht immer alle halten). An vielen Stränden werden im Sommer Zelte aufgebaut, die man mieten kann, und auch Trampoline, auf denen man gegen eine geringe Gebühr hüpfen darf. In den touristischen Orten sind die Strände im Sommer überwacht. Im Gegensatz zur Atlantikküste um Bordeaux kann man so gut wie überall in der Bretagne gefahrlos baden. Die Strömungen sind zwar stark, aber die Brandungskraft wird vielerorts durch vorgelagerte Inseln gebrochen. Am angenehmsten ist das Wasser, wenn es an Sommertagen gegen Abend steigt und sich über dem sonnenwarmen Sand aufheizt. Auch bei Ebbe kann man an geschützten Stellen in lauem Wasser baden und fühlt sich fast wie in einem Teich. Wer die Bretagne kennt, sucht sich an dem Wind ausgesetzten Stränden gleich den richtigen Felsen (je nach Windrichtung), hinter dem er sonnenbaden kann. Witterung, Luft, Meer und heller Sand lassen die Haut schnell bräunen, machen aber auch einen geeigneten Sonnenschutz unerlässlich.

STROM

Für größere Geräte empfiehlt sich ein passender Zwischenstecker, normale kleine Apparate passen auch so in die Steckdosen.

TELEFONIEREN

Ganz Frankreich ist in fünf Zonen unterteilt, denen jeweils eine zweistellige Vorwahl zugeordnet ist. Für Westfrankreich ist das: 02. Diese Ziffern müssen jedoch (anders als beim deutschen Vorwahlsystem) jedes Mal mitgewählt werden. Das erklärt, warum alle Telefonnummern in Frankreich zehnstellig sind. Bei öffentlichen Telefonzellen geht ohne »télécarte« (für 40 oder 120 Einheiten, in der Post, im Tabak- oder Zeitschriftenladen, bei

der Bahn, an Flughäfen erhältlich) fast nichts mehr. Das Handy ist weit verbreitet und heißt »portable« oder »mobile«. Handynummern erkennt man an den Anfangsziffern: 06 ...
Ländervorwahl: D, A, CH → F 0033
F → D 0049
F → A 0043
F → CH 0041

TRINKWASSER

Natürlich kann man überall in Frankreich das Leitungswasser trinken. Doch in der Bretagne sind dort wegen der allgegenwärtigen Landwirtschaft noch immer relativ viele Nitrate enthalten. Vorsichtige Menschen greifen daher lieber zu abgefülltem Wasser. In Restaurants hat übrigens jeder Gast das Recht, kostenlos eine Karaffe mit Wasser zum Essen gereicht zu bekommen. Manchmal muss man nachfragen (»une carafe d'eau s.v.p.«).

ZEITUNGEN

→ Medien, S. 298

ZOLL

Mengenmäßige Ein- und Ausfuhrbeschränkungen sind innerhalb der EU abgeschafft. Es muss jedoch klar erkennbar sein, dass die Waren ausschließlich für den privaten Gebrauch bestimmt sind. Für Schweizer und beim Dutyfree-Einkauf gilt weiterhin: 200 Zigaretten, 100 Zigarillos, 50 Zigarren oder 250 g Tabak, 1 l Spirituosen oder 2 l Likör und 2 l Wein, 50 g Parfum oder 0,25 l Eau de Toilette. Gefälschte Luxusgüter kann der Zoll ersatzlos beschlagnahmen.
Weitere Auskünfte unter www.zoll.de, www.bmf.gv.at/zoll und www.zoll.ch

GLOSSAR

Aber
So nennt man die tief ins Land reichenden Meeresbuchten an der Küste nördlich von Brest, eine Art bretonischer Fjorde.

Allée couverte
Eine überdachte Allee aus prähistorischer Zeit. Sie besteht aus mehreren Dolmen und diente als Grabkammer.

Alignements
Steinreihen von mehreren Dutzend Menhiren, am eindrucksvollsten in Carnac zu erleben.

Ankou
So heißt der Tod in armorikanischer Tradition, dargestellt als Skelett und mit einem klappernden Leiterwagen seine Opfer einsammelnd.

Anne de Bretagne (1477–1514)
Die wichtigste Herzogin der Bretagne war gleich zweimal Königin von Frankreich und damit eine erfolgreiche Lobbyistin für ihre Heimatregion.

Armorique
So hieß die Bretagne bis in 5. Jahrhundert – aus den bretonischen Worten »ar« und »mor«, also »nahe am Meer«. Daraus leitet sich der heutige Name des Départements 22, Côtes d'Armor, ab.

Artus (Artussage)
Hauptperson der gleichnamigen Legende. Artus suchte mit seiner ritterlichen Tafelrunde auch in der Bretagne nach dem Gral, dem Abendmahlskelch, aus dem Jesus getrunken haben soll.

Bagad
Bretonische Musikgruppe, die mit »bombarde« (Oboe) und »biniou« (Dudelsack) für Unterhaltung sorgt, keineswegs nur bei Touristenfolklore, sondern bei zahlreichen lokalen Tanzfesten.

Breizh
So heißt die Bretagne in bretonischer Sprache; die Abkürzung »BZH« schmückt viele Autos – statt oder neben dem Nationalkennzeichen »F«.

Cairn
Ein »Steinmal« oder Tumulus, in prähistorischer Zeit aus Steinbrocken als Hügelgrab angelegt.

Calvaire
Ein Kalvarienberg (meist aus dem 16. Jahrhundert) gehört zu jedem bretonischen Kirchhof und besteht aus einem Steinkreuz mit bis zu 180 Skulpturen und Szenen aus der Leidensgeschichte Christi – wahrhaft in Stein geschlagene Bibeltexte.

Coiffe
Eine Stoffhaube war früher wesentlicher Bestandteil der lokalen Trachten und erreichte teilweise astronomische Höhen. Rund 70 verschiedene »coiffes« existierten in der Bretagne und sind heute fast ausschließlich in Museen zu bewundern, da die Frauen damit kein Auto besteigen können.

Criée
Fischgroßmarkt am Hafen, der vielerorts zu bestimmten Zeiten auch neugierigen Besuchern offen steht.

Cromlec'h
Steinkreis der Kelten aus mehreren aufrecht gestellten Steinen, wie er aus dem englischen Stonehenge berühmt ist.

CROSS
Das »Centre Régional Opérationnel de Surveillance et de Sauvetage« überwacht die Schifffahrtswege am Eingang des Ärmelkanals bei Ouessant, um weitere Ölkatastrophen wie bei der »Erika« oder »Amoco Cadiz« zu vermeiden.

Diwan

»Samen« heißt das Netzwerk der bretonischsprachigen Schulen, das derzeit insgesamt
36 Volksschulen, fünf Collèges und ein Lycée
(in Carhaix) umfasst und für den Erhalt der
alten keltischen Sprache kämpft, die noch von
knapp 300 000 Menschen gesprochen wird.

Dolmen

»Steintisch« bedeutet dieser Begriff wörtlich
und beschreibt eine Grabkammer aus der
Steinzeit.

Druiden

Die Weisen der Kelten wurden als Zauberer,
Ärzte, Richter, Dichter, Musiker, Astrologen
und Astronomen verehrt. Noch heute lebt die
Tradition in esoterischen Zirkeln weiter.

Enclos Paroissal

Ein Kirchhof oder umgrenzter Pfarrbezirk,
besteht aus Kirche, Kalvarienberg, Beinhaus,
Friedhof, sowie einer Art Triumphbogen. Als
Gegenbewegung zur Renaissance, die in ganz
Europa Strukturen öffnete, begann man im
16. Jahrhundert in der Bretagne, das Wesentli-
che (die Kirche, den Glauben) zu umfrieden.

Fest-deiz/Fest-noz

Die bretonischen Tag- bzw. Nachtfeste vereinen alle Generationen bei (keltischer) Musik
und Tanz in einer Art »bal populaire«.

Gallo

Bezeichnet die Haute-Bretagne (Ostteil) und
die dort früher übliche Sprache romanischer
Herkunft, die nichts zu tun hat mit dem keltischen Bretonisch.

GR 34

Der Küstenwanderweg umrundet die ganze
Bretagne – meist dem alten Zöllnerweg folgend – und entstand 1968 aus der Jugend-
herbergsbewegung.

Gwenn ha Du

»Weiß und schwarz« heißt die bretonische
Flagge von 1925 nach ihren fünf schwarzen
und vier weißen Streifen – Erstere stehen für
die fünf Bistümer der nicht Bretonisch spre-
chenden Haute-Bretagne (Dol, Nantes, Rennes,
Saint-Malo, Saint-Brieuc), Letztere für die Bistümer der bretonischsprachigen Basse-
Bretagne: Cornouaille, Léon, Trégor, Vannes.

Hermine

Das Hermelin – eine Dachsart – gilt als wich-
tigstes Symbol der Bretagne, das in den Wap-
pen zahlreicher bretonischer Städte, auf vielen
Schildern und Produkten zu finden ist und für
die Bretagne denselben Stellenwert hat wie
das Lilienbanner »Fleur de Lys« für das Königs-
haus Frankreichs.

Korrigan

Zwerg oder Geist der bretonischen Mythologie.
Korriganen haben einen eindrucksvollen Haar-
schopf und rot leuchtende Augen. Sie leben
unter der Erde und können gutmütig oder
böswillig sein.

Lancelot

Der edle Ritter par excellence aus der Artussage, die im bretonischen Forêt de la Brocéliande beheimatet ist.

Lit clos

Das Schrankbett war typisch für die aus nur
einem Raum bestehenden bretonischen Häuser
und erlaubte den einzelnen Familienmitgliedern
in den Nachtstunden eine gewisse Intimität.

Marée noire, marée verte

»Marées« steht eigentlich für »Gezeiten«, doch
als »schwarze« bzw. »grüne Flut« bezeichnet man
die beiden ökologischen Hauptprobleme der
Bretagne: die schwarze Ölpest und die grüne,
durch Überdüngung entstandene Algenpest.

Malouinière

Um der Enge und dem Gestank der Altstadt zu entgehen, errichteten die reichen Korsaren von Saint-Malo prächtige Villen im Umland.

Megalithen

Aus dem Griechischen: megas = groß, lithos = Stein. Unbehauene Steinbrocken, die in der Jungsteinzeit und der frühen Bronzezeit aufgerichtet wurden und deren Bedeutung bis heute nicht zufriedenstellend geklärt ist.

Menhir

Bretonisch für »langer Stein« (»maen« = Stein, »hir« = lang), eines der inoffiziellen Wahrzeichen der Bretagne aus ihrer mythischen Vorzeit und überall in diversen Größen anzutreffen.

Nominoë (bretonisch Nevenoe)

Der bretonische Herzog (gest. 851) wird oft als erster König der Bretagne bezeichnet, wobei die Berechtigung dieses Titels wissenschaftlich strittig ist. Nach dem Tode Ludwigs (840) unterstützte Nominoë in den Erbfolgeauseinandersetzungen zunächst Karl II., bevor er seine eigene hoheitliche Stellung beanspruchte, die Karl der Kahle nach der Schlacht von Ballon (22. November 845) anerkennen musste. Nominoë gründete ein von der Frankenherrschaft unabhängiges Herzogtum Bretagne. Von da an behielten die Bretonen fast 700 Jahre lang ihre Unabhängigkeit.

Ossuaire

Das Gebeinhaus gehört zu den bretonischen Besonderheiten. Durch das verbürgte Recht, die Toten in der Kirche zu bestatten, kam es zu einer »Überbevölkerung« der Kirchen, denn keiner wollte mehr außerhalb auf dem Friedhof begraben werden. Daher musste die Kirche regelmäßig von allen Knochen entleert werden, die dann ins Gebeinhaus gebracht wurden.

Ostréiculture

Die Austernzucht bildet einen wichtigen Wirtschaftszweig an der bretonischen Küste.

Paludier (saunier)

»Salzgärtner« gewinnen durch ein kompliziertes System von Kanälen und Becken aus Meerwasser mineralienreiches Salz.

Pardon

Zum Fest des Ortsheiligen gehören Messe, Prozession, Speis und Trank. An den Pardons zu Ehren der wichtigen bretonischen Heiligen (z. B. Saint Yves in Tréguier oder Sainte Anne in Auray) nehmen Tausende Pilger teil.

Pêche à pied

Beim beliebten »Fußfischen« sammelt man bei Ebbe Muscheln und Krebse. Um den Bestand der Tiere zu schützen, gelten bestimmte Vorschriften, deren Nichteinhaltung streng bestraft werden kann.

SNSM

Die »Société Nationale de Sauvetage en Mer«, die nationale Meeresrettungsgesellschaft, wird in der stürmischen Bretagne hochgeschätzt.

Triskell

Dieses keltische Symbol aus drei spiralenförmig aufgerollten Zweigen symbolisiert den Kreislauf des Lebens (Kindheit, Erwachsensein, Alter), die drei Elemente (Wasser, Erde, Feuer) und den Kreislauf der Sonne.

Tumulus

Ausnahmsweise ein lateinischer, kein keltischer Begriff, der einen Hügel aus Erde, Sand und Gestein bezeichnet.

Vauban, Sébastien Le Prestre de (1633–1707)

Als oberster Baumeister des Sonnenkönigs Ludwig XIV. ließ er die gesamte Küste der Bretagne und Frankreichs durch Befestigungsanlagen sichern.

SPRACHFÜHRER

Wichtige Worte

Ja – *oui*
Nein – *non*
Vielleicht – *peut-être*
Bitte ... – *s'il vous plaît*
(s'il te plaît)
Danke – bitte – *merci* –
de rien
Wie bitte? – *Comment?*
Ich verstehe nicht – *Je ne*
comprends pas
Entschuldigung – *pardon*
Hallo – *salut*
Guten Morgen/Tag – *bonjour*
(bonne journée = schönen Tag!)
Guten Abend – *bonsoir (bonne*
soirée = schönen Abend!)
Auf Wiedersehen – *au revoir*
Bis bald! – *A bientôt! (familiär:*
A plus!)
Bis gleich – *A toute à l'heure!*
Ich heiße ... – *Je m'appelle* ...
Ich komme aus ... –
Je viens de ...
... Deutschland – *l'Allemagne*
... Österreich – *l'Autriche*
... der Schweiz – *la Suisse*
Wie geht's? – *Ça va? (förm-*
licher: Comment allez-vous?)
Danke, gut. – *Très bien, merci*
Sprechen Sie Deutsch/
Englisch? – *Parlez-vous*
allemand/anglais?
Heute – *aujourd'hui*
Morgen – *demain*
Gestern – *hier*

Zahlen

1 – *un*
2 – *deux*
3 – *trois*
4 – *quatre*
5 – *cinq*
6 – *six*
7 – *sept*
8 – *huit*
9 – *neuf*
10 – *dix*
11 – *onze*
12 – *douze*
13 – *treize*
14 – *quatorze*
15 – *quinze*
16 – *seize*
17 – *dix-sept (usw: dix-huit* ....)
100 – *cent*
1000 – *mille*
Ein Dutzend – *une douzaine*

Wochentage

Montag – *lundi*
Dienstag – *mardi*
Mittwoch – *mercredi*
Donnerstag – *jeudi*
Freitag – *vendredi*
Samstag – *samedi*
Sonntag – *dimanche*
Feiertag – *jour férié*

Unterwegs

Rechts – *à droite*
Links – *à gauche*
Geradeaus – *tout droit*

Ich möchte nach ... –
Je voudrais aller à ...
In welcher Richtung liegt es?
– *C'est dans quelle direction?*
Wie weit ist es nach ...? –
A quelle distance se trouve ...?
Weit/nah – *loin/tout près*
Wie kommt man nach ...? –
Comment fait-on pour aller à ...?
Wo ist ...? – *Où est...* ?
... ein Arzt? – *un médecin?*
... eine Apotheke? –
une pharmacie?
... die Polizei? – *la police (auf*
dem Land: la gendarmerie)?
... die nächste Werkstatt? –
le garage le plus près?
... der Bahnhof? – *la gare?*
... das Tourismusbüro? –
l'office de tourisme?
... der Geldautomat –
le guichet automatique
... die nächste Tankstelle? –
la station de service la plus
proche?
Bitte voll tanken! –
Faites le plein, s'il vous plaît!
Normalbenzin/Super –
essence normale/super
Diesel – *diesel/gazole*
Bleifrei – *sans plomb*
Ich möchte ein Auto (Fahrrad)
mieten. – *Je voudrais louer une*
voiture (un vélo).
Wir hatten einen Unfall. –
On a eu un accident.

Ich bin bestohlen worden. –
On m'a volé ....
Eine Fahrkarte nach ... –
Un billet pour ...

Übernachten

Ich suche ein Hotel. –
Je cherche un hôtel.
Preiswert – *pas trop cher*
Ruhig – *calme*
Am Meer – *au bord de la mer*
Ich suche ein Zimmer für ...
Personen. – *Je cherche une
chambre pour .... personnes.*
Ich möchte ein Zimmer mit
Bad/Badewanne/Dusche. – *Je
voudrais une chambre avec sal-
le-de-bain/baignoire/douche.*
Haben Sie noch ein Zimmer
frei? – *Est-ce que vous aurez
une chambre libre?*
Ich habe ein Zimmer reserviert.
– *J'ai réservé une chambre.*
Kann ich mit Kreditkarte zah-
len? – *Est-ce que je peux payer
avec carte de crédit?*
Ich möchte mich beschweren.
– *Je voudrais porter plainte
(höflicher: Je voudrais vous
signaler un problème).*
... funktioniert nicht. –
... ne marche pas.

Einkaufen

Wo gibt es ....? – *Où est-ce
qu'il y a ...?*
Haben Sie ...? – *Est-ce que
vous avez ....?*

Wie viel kostet ...? –
Combien coûte ....?
Das ist zu teuer. –
C'est trop cher.
Das gefällt mir gut. –
*Cela me plaît beaucoup.
(oder: J'aime beaucoup.)*
Das gefällt mir gar nicht. –
Cela ne me plaît pas du tout.
Ich nehme es. – *Je le prends.*
Geben Sie mir bitte ... –
S'il vous plaît, donnez-moi ...
100 g/1 kg ... – *cent grammes/
un kilo de ...*
Danke, das ist alles. –
Merci, ce sera tout.
Geöffnet/geschlossen –
ouvert/fermé
Bäckerei/Konditorei –
boulangerie/pâtisserie
Kaufhaus – *grand magasin,
grande surface*
Markt – *le marché*
Metzgerei – *la boucherie
(Fleisch)/la charcuterie
(Wurstwaren)*
Lebensmittelgeschäft – *épicerie*
Post/Postamt – *la poste/
le bureau de poste*
Briefmarken für einen
Brief/eine Postkarte –
*des timbres pour une lettre/
une carte postale*

Gesundheit

Krankenhaus – *hôpital/clinique*
Rettungswagen – *samu*
Fieber – *la fièvre*

Ich habe Bauchschmerzen/
Zahnschmerzen/Kopfschmer-
zen – *J'ai mal au ventre/aux
dents/à la tête*
Ich habe Durchfall. –
J'ai la diarrhée.
Mir ist schlecht. –
J'ai mal au coeur.
Schmerztabletten –
les anti-douleurs
Hilfe! – *Au secours! A l'aide!*
Das ist ein Notfall. –
C'est une urgence.
Notaufnahme (Krankenhaus)
– *les urgences*

Bretonisch

Willkommen – *Degemer mad*
Guten Tag – *Demat*
Auf Wiedersehen – *Kenavo*
Prost – *Yec'hed mad*
Bretagne – *Breizh*
Ja – *Ja*
Weiß – *Gwen*
Schwarz – *Du*
Klein – *Bihan*
Groß – *Bras/braz*
Brot und Wein – *Bara & Gwin*

In Ortsnamen häufig

Plou – *Kirchengemeinde*
Ker – *Ansammlung von
Häusern*
Ty – *Haus*
Loc – *Einsiedelei, geweihter Ort*
Tres – *Strand*
Enez – *Insel*
Iliz/ilis – *Kirche*

ESSDOLMETSCHER

Artichauts – *Artischocken, Distelart, allgegenwärtig in der Bretagne*

Beurre salé – *gesalzene Butter, wichtig in der bretonischen Küche, auch für Desserts*

Bière – *Bier*

Chou-fleur – *Blumenkohl, typisch für die Bretagne, bis zu drei Ernten pro Jahr*

Coco – *Weiße Bohnen aus Paimpol mit dezentem Nussaroma*

Caramel au beurre salé – *mit salziger Butter zubereitete Karamellbonbons*

Chouchen (= hydromel) – *Honigmet aus Wasser und gegorenem Honig*

Cidre – *Apfelwein (wird traditionell aus Tassen getrunken: »bolée«)*

– doux – *süß (ca. 3 % Alkohol)*

– brut – *trocken (ca. 6 % Alkohol)*

– bouché – *mit Korkenverschluss*

Échalottes – *Schalottenzwiebeln*

Far (breton) – *Kuchen aus Milch und Ei mit Dörrpflaumen (in Rum getränkt), sehr beliebt als Dessert*

Fraises de Plougastel – *delikate Erdbeeren aus dem Ort Plougastel (Finistère)*

Fromage – *Käse*

Fruits – *Obst*

Galette – *salziger »Bruder« der Crêpes, wird mit Schinken, Käse, Ei, Fisch usw. gereicht*

Galettes – *traditionelle, mit salziger Butter gebackene Kekse*

Jambon – *Schinken*

Kig ha farz –*traditioneller Eintopf aus Speck, Gemüse, Buchweizen (ähnlich dem Pot-au-feu)*

Kouign amann – *berühmter butterreicher Kuchen aus Douarnenez*

Lambig – *aus Cidre gebrannter Schnaps*

Œufs – *Eier*

Oignons – *Zwiebeln*

Pain – *Brot*

Potage/Soupe – *Suppe*

Pommeau de Bretagne – *Apfellikör (Apfelmost + Cidre-Schnaps »ambig«)*

Pommes de terre – *Kartoffeln*

Potée bretonne – *traditionelles Eintopfgericht mit Fleisch, Wurst, Kohl, Kartoffeln*

Riz – *Reis*

Salade – *Salat*

Sel de mer (gros/fin) – *(grobes/feines) Meersalz*

Vin – *Wein (Muscadet stammt aus der historischen Südbretagne um Nantes, die heute zum Département Loire-Atlantique zählt)*

Meeresfrüchte

Fruits de mer – *Meeresfrüchte: Muscheln, Schalentiere ....*

Plateau de fruits de mer – *Spezialität: Austern, Miesmuscheln, Krebse, Meeresschnecken usw. auf einem Algenbett, dazu Mayonnaise, Brot und gesalzene Butter*

Araignée de mer – *Seespinne*

Belons – *flache Austern*

Bernique – *Napfschnecke*

Bigorneau – *Strandschnecke*

Bulot – *Wellhornschnecke*

Coque – *Herzmuschel*

Coquilles Saint-Jacques – *Jakobsmuscheln; gegessen wird nur der delikate weiße Muskel (auch roh), am besten frisch – also im Winter!*

Couteau – *Schwertmuschel*

Crabes – *Krabben*

Crevette/Bouquet – *Garnele (klein, größer)*

Crevette grise – *Krabbe*

Écrevisse – *Krebs*

Etrille – *Samtkrabbe*

Homard – *Hummer*

Huitres – *Austern*

Langoustine – *Scampi, Kaisergranat*

Moule – *Miesmuschel*

Ormeau – *Abalone, Ohrmuschel (fast wie Kalbsfleisch)*

Palourde – *Teppichmuschel*

Praire – *Venusmuschel*

Salicorne – *grasartige Alge, oft wie Essiggurken eingelegt*
Tourteau (dormeur) – *Taschenkrebs*

Fisch

Poisson – *Fisch*
Bar – *Wolfsbarsch (am Mittelmeer loup de mer genannt)*
Barbue – *Glattbutt*
Cabillau – *Kabeljau*
Carrelet (= plie) – *Scholle*
Congre – *Meeraal*
Cotriade – *Fischsuppe (v. a. Südbretagne, wie Bouillabaisse)*
Daurade grise – *Zahnbrasse*
Daurade rose – *Goldbrasse*
Hareng – *Hering*
Lieu noir – *Seelachs*
Lotte – *Seeteufel*
Maquereau – *Makrele*
Merlan – *Wittling*
Merlu – *Seehecht*
Morue – *Kabeljau/Dorsch*
Mulet – *Meeräsche*
Raie – *Rochen*
Requin – *Hai*
Rouget Grondin – *Knurrhahn*
Rouget des roches – *Meerbarbe*
Saint-Pierre – *Petersfisch*
Sardine – *Sardine*
Saumon – *Lachs (in bretonischen Flüssen recht häufig)*
Sepia (calamar) – *Tintenfisch*
Sole – *Seezunge*
Thon – *Thunfisch*
Turbot – *Steinbutt*
Vieille – *Lippfisch*

Im Restaurant

Tisch – *table*
Stuhl – *chaise*
Teller – *assiette*
Glas – *verre*
Tasse – *tasse*
Flasche – *bouteille*
Besteck – *couvert*
Messer – *couteau*
Gabel – *fourchette*
Löffel – *cuillère*
Teelöffel – *petite cuillère*
Teller – *assiette*
Serviette – *serviette de table*
Getränk – *boisson*
Stilles Wasser – *de l'eau plate*
Sprudelwasser – *de l'eau gazeuse*
Leitungs-/Trinkwasser – *de l'eau potable*
Eine Flasche Wein – *une bouteille de vin*
Rot-/Weißwein – *vin rouge/blanc*
Speisekarte – *le menu, la carte*
Getränkekarte – *la carte des vins*
Tagesgericht – *plat du jour*
Vegetarische Gerichte – *des plats végétariens*
Frühstück – *le petit-déjeuner*
Mittagessen – *le déjeuner*
Abendessen – *le dîner*
Vorspeise – *l'entrée*
Nachspeise – *le dessert*
Zwischenmahlzeit (nachmittags) – *le goûter*
Pfeffer – *poivre*

Salz – *sel*
Essig – *vinaigre*
Öl – *huile*
Zucker – *sucre*
Rechnung – *addition*
Ich habe einen Tisch (für zwei/vier Personen) bestellt. – *J'ai réservé une table (pour deux/quatre personnes).*
Die Speisekarte bitte! – *La carte, s'il vous plaît!*
Ich hätte gern ... – *Je voudrais*
Wo finde ich die Toiletten? – *Les toilettes sont où?*
Welchen Wein empfehlen Sie? *Vous recommandez quel vin?*
Ich möchte kein(en) Fleisch/Fisch. – *Je ne prends pas de viande/poisson.*
Fleisch durchgegart/rosa/Blutig – *à point/médium/saignant(e)*
Ich bin allergisch gegen – *je suis allergique contre le/la/les*
Ich bin Vegetarier/in. – *Je suis végétarien/ne*
Noch etwas Brot – *encore un peu de pain*
Auf Ihr Wohl! – *A votre santé!*
Das Essen ist kalt/heiß. – *Le repas est froid/chaud.*
Das war sehr gut. – *C'était très bon.*
Wir nehmen noch einen Kaffee. – *Nous prenons un café.*
Die Rechnung bitte! – *L'addition, s'il vous plaît!*

Hier finden Sie, alphabetisch aufgeführt, die in diesem Band beschriebenen Orte und Ziele, Hotels und Restaurants. Bei einzelnen Nennungen stehen jeweils dazugehörige Kategorien (H, R) in Klammern. Zudem enthält das Register sämtliche MERIAN Top Ten sowie wichtige Stichworte aus den »Spezials« und aus »Der gute Tipp von MERIAN«. Wird ein Begriff mehrfach aufgeführt, verweist die **fett** gedruckte Zahl auf die Hauptnennung, eine *kursive* Zahl auf ein Foto.

Liebe Leserinnen und Leser,

wir freuen uns, dass Sie sich für einen Titel aus unserer Reihe MERIAN *Reiseführer* entschieden haben. Damit werden Sie sich an Ihrem Reiseziel wie ein Kenner fühlen können.

Alle Angaben in diesem Reiseführer sind gewissenhaft geprüft. Der Verlag übernimmt jedoch für evtl. Fehler keine Haftung. Preise, Öffnungszeiten usw. sind schnelllebig. Änderungen, die nach Drucklegung entstehen können, sind daher nie auszuschließen.

Schließlich interessiert uns noch Ihre persönliche Meinung. Bitte schreiben Sie uns, wenn Sie Berichtigungen und Ergänzungen haben – und natürlich auch, wenn Ihnen etwas ganz besonders gefällt.

TRAVEL HOUSE MEDIA
Redaktion MERIAN *Reiseführer*
Grillparzerstr. 12
D-81675 München
merian-reisefuehrer@travel-house-media.de

Bei Interesse an Karten aus MERIAN Reiseführern schreiben Sie bitte an:
iPUBLISH GmbH, Abt. Cartography
merianmapbase@ipublish.de
www.merianmapbase.de

Bei Interesse an Anzeigenschaltung:
KV Kommunalverlag GmbH & Co KG
Mediacenter München, Tel. 0 89/92 80 96-44
winzer@kommunal-verlag.de

©2010 TRAVEL HOUSE MEDIA GmbH, München
MERIAN ist eine eingetragene Marke der
GANSKE VERLAGSGRUPPE

PROGRAMMGESCHÄFTSLEITUNG
Dr. Stefan Rieß
REDAKTIONSLEITUNG
Birgit Chlupacek
REDAKTION
Anne-Katrin Scheiter
LEKTORAT
Ewald Tange, tangemedia, München
SCHLUSSREDAKTION
Isolde Durchholz
ART DIREKTION
Michael Darling, München
SATZ/GESTALTUNG
Ewald Tange, tangemedia, München
BILDREDAKTION
Lisa Grau
UMSCHLAGGESTALTUNG
Heuer & Sachse, Hamburg
KARTEN
MERIAN-Kartographie, München
PRODUKTION
Gloria Gabriela Schlayer
DRUCKVORSTUFE
Repro Ludwig, Zell am See
DRUCK UND BINDUNG
Offizin Andersen Nexö, Leipzig
GEDRUCKT AUF
EuroBulk von der Papier Union

Ein Unternehmen der
GANSKE VERLAGSGRUPPE

1. Auflage 2010
ISBN 978-3-8342-0444-8